4차 산업과 과학

Industry 4.0 and Science

박흥재 • 정구철 공저

공감북스

머 리 말

오늘날 컴퓨터와 네트워크를 이용한 정보습득 및 관리 능력은 현대를 살아가는 모든 사람에게 공통적으로 요구되는 필수불가결한 요소이다. 특히 무수한 정보가 생성되고 변화가 빠른 정보화 사회에서 현대인들은 자신에게 필요한 정보를 신속히 발췌하고 정확한 해결책을 제시할 수 있는 능력을 갖추어야 한다. 21세기 정보화 사회에서 컴퓨터는 인간의 보편적인 생활과 함께 직간접적으로 깊은 연관을 맺고 있으며 사회의 모든 분야에 걸쳐 그 활용 방법이 나날이 확대 발전해 나가고 있다.

더욱이 인공 지능, 사물 인터넷, 빅데이터, 모바일 등 첨단 정보통신기술이 경제·사회 전반에 융합되어 혁신적인 변화가 나타나는 4차 산업혁명은 초연결(hyperconnectivity)과 초지능(superintelligence)을 특징으로 하기 때문에 기존 산업혁명에 비해 더 넓은 범위에 더 빠른 속도로 크게 영향을 끼치고 있으며, 그 중심축에 있는 최첨단 컴퓨터는 인간과 같이 사고하고 생각하고 학습하고 판단하는 논리적인 방식을 사용하는 인간지능을 본 딴 인공지능의 세계에까지 도달하고 있다.

이러한 시대적 흐름에 적극 부응하여 고등학교와 대학교의 교육도 과학기술에 대한 학생들의 흥미와 이해를 높이고 융합적 사고력을 기르는 교육으로 변화되고 있다. 여기에 창의성을 함께 길러주는 STEAM 교육은 과학(science), 기술(technology), 공학(engineering), 인문예술(art), 수학(mathematics) 분야가 중심이 되어 융합되어지는 교육으로써 STEAM 교육의 한 축을 담당하는 과학교육도 점차 융합 교육으로 개선되어 가고 있다. 그러나 학생들이 21세기 첨단 ICT 분야에 대한 개념적 이해가 없이는 융합 과학 과목을 근본적으로 납득하기는 거의 불가능하다.

이러한 측면에서 대학에서의 과학 교육 또한 시대적 환경에 부응하고 미래의 전략적 가치를 수립하여 다가오는 4차 산업혁명 시대를 대비할 수 있도록 변화되어야 한다.

본서는 앞으로 전개될 STEAM 교육의 기반교과로써 대학생들이 현대 및 미래의 과학기술을 이해하고 4차 산업혁명에 대비한 잠재적 과학기술 인력으로의 진출을 도모하기 위해 필요한 ICT 기반 과학기술 내용을 기술하고자 한다. 이러한 목표를 달성하기 위하여 **1장 4차산업혁명**에서는 산업혁명의 태동/인더스트리 4.0/지능정보사회를, **2장 사물인터넷**에서는 IoT 개념과 시스템 아키텍쳐/데이터 생성/데이터 전달/서비스 및 보안을, **3장 빅데이터**에서는 빅데이터의 개념과 특징/빅데이터 기술/빅데이터 활용을, **4장 인공지능**에서는 인공지능의 개요와 종류/인공지능 기술/인공지능의 활용을, **5장 디지털 라이프**에서는 진화하는 몸/블록체인/엣지 컴퓨팅/디지털 트윈을 기술하였으며 **6장 앱 인벤터**에서는 앱 인벤터를 이용하여 안드로이드 디바이스에서 실행되는 응용 프로그램을 실습을 통하여 숙지할 수 있도록 앱 인벤터 구성 요소와 알고리즘/앱 인벤터를 활용한 프로젝트 11가지를 소개하였다.

20여년 이상 컴퓨터 관련 강좌를 맡아 오면서 학생들이 ICT 기반 과학기술에 대해서 이 정도는 알아야 하지 않겠는가? 하는 욕심에 본 교재를 출간하게 되었지만 한정된 시간에 다양한 주제와 내용을 담느라 내용과 편집이 부실함을 시인하지 않을 수 없다. 독자 여러분의 아량과 질책이 있기를 기대하면서 본서가 출간되기까지 물심양면으로 수고해 주신 공감북스 대표님과 편집부 직원 여러분께 감사를 드린다.

2018년 3월

저자 일동

차 례

CHAPTER 1

4차 산업혁명

지능 정보 사회로의 이전

CHAPTER 1 4차 산업혁명

정보통신기술과 과학기술의 발전이 초래하는 변화가 거세다. 사물인터넷은 물리적 세상을 디지털로 기록하고, 유무선 통신망과 클라우드 컴퓨팅은 모든 디지털 기기를 연결하는 동시에 그 데이터를 실시간·대용량으로 전송한다. 빅데이터와 인공지능은 자율 진화적 알고리즘으로 데이터를 분석하여 현실을 이해하고 상황을 판단하는 단계에 이르렀다. 조만간 인간은 직접 자동차를 운전하거나, 수요를 예측하여 공장을 가동하는 것과 같은 지적 개입의 부담에서 벗어날 수 있을지도 모른다. 또한 바이오기술은 인간의 생로병사에 대한 간편한 대응과 근본적인 해답에 근접하는 길을 열어주고 있다. 이 외에도 인류가 상상할 수 있는 모든 분야에서 경험하지 못한 변화가 발생하고 있는데, 이것을 통틀어 '4차 산업혁명'이라고 부른다.

4차 산업혁명으로 명명되는 거대한 변화에 대한 기대는 이미 사회의 전 영역에 확산되어 있다. 기업은 제조공정의 혁신과 새로운 제품·서비스의 출시를 통한 수익 창출을 노리고 있으며, 소비자는 다양한 경험을 기대하면서 동시에 일자리 충격을 우려한다. 정부는 이 변화를 국가 성장과 혁신의 지렛대로 삼기 위해 예의주시하고 있다.

1.1 4차 산업혁명의 태동

2016년 1월 스위스 다보스에서 열린 세계경제포럼(WEF, world economic forum)에서 '4차 산업혁명의 이해'가 주요 의제로 논의된 이후 이제껏 한 번도 경험하지 못했던 새로운 변화가 경제, 사회, 문화 전반에 가시적인 결과물을 내기 시작하면서 '4차 산업혁명'은 현재 전 세계적으로 가장 주목받는 키워드가 되었다.

4차 산업혁명이란 용어는 과거 3차 산업혁명의 연장선상에서 한 단계 더 진화한 수준으로 해석될 수 있겠으나 그 범위와 파급력으로 볼 때 그렇게 단순하지만은 않다. 4차 산업혁명은 초연결(hyper-connectivity)과 초지능(super-intelligence)을 앞세워 기존 산업혁명과는 완전히 차원이 다른 수준으로 더 넓은 범위에 더 빠른 속도로 더 크게 영향을 끼치게 될 것이다.

1.1.1 산업혁명의 변화

산업혁명은 새로운 기술이 등장해 새로운 산업 생태계를 만들고, 그것이 인간이 삶을 영위하는 방식을 획기적으로 변화시킬 때 붙일 수 있는 개념이다. 이는 산업 분야의 변화에 그치지 않고 정치, 사회, 문화에도 혁명적인 변화를 이끌어 낸다.

그런 측면에서 1700년대 중반 증기기관의 발명은 기존의 자연과 동물 등에 의존한 생산 방식에서 벗어나 인간의 미약한 물리적인 힘을 극복하고 당시의 삶과 사회에 커다란 변화를 가져왔으므로 이를 '1차 산업혁명'이라 부른다. 인간은 생명까지 위협하는 육체노동의 굴레에서 벗어날 수 있었고, 사회 전체의 생산량은 크게 늘어났다. 철도와 선박 등 이동수단의 발달로 세계의 물리적 거리가 급격히 좁혀지는 놀라운 경험을 할 수 있었다.

1800년대 중반, 전기의 발견으로 공장에 전기가 공급됐고 컨베이어 벨트가 도입되면서 생산성은 폭발적으로 증가했다. 대량 생산으로 상품과 서비스가 대중화되면서 물질적으로 풍요로운 시대를 맞게 되었고 인간은 다시 한 번 시간과 공간의 한계를 넘어설 수 있었다. 중산층이 증가하고 교육이 대중화되면서 민주주의가 발전하는 계기를 마련했다. 이를 '2차 산업혁명'으로 부르는 데 부족함이 없다.

1970년대 이후 전자를 기반으로 한 새로운 테크놀로지는 자동화를 가능하게 하고 제조업과 산업을 다시 한 번 뒤흔들었다. 여기에 인터넷의 등장은 시간과 공간의 거리를 거의 해소하는 데 극적으로 기여했다. 소통 방식이 달라지고, 지구촌은 실시간으로 연결되고, 경제 행위를 크게 바꾸어 놓았다. 문명사회는 정보화라는 새로운 프레임으로 변모하게 된다. 따라서 이러한 변화를 3차 산업혁명으로 명명할 수 있을 것이다.

그런데 놀라운 것은 1차 산업혁명부터 3차 산업혁명까지 전개되는 시간의 간격이 급격히 짧아지고 있다는 점이다. 1차 산업혁명이 시작된 이후 불과 200여 년 만에 3차 산업혁명까지 이루어짐으로써, 이전까지 7만 년 동안 크게 변하지 않은 채 진행되어 온 인간의 역사와 완전히 다른 양상을 보여 주고 있는 것이다.

그리고 이제 인간은 또 한 번의 도약을 앞두고 있다. 그것은 인간의 물리적인 한계를 넘어선 지금까지의 과정과는 완전히 다른 맥락에서 진행되고 있다. 바로 인간의 지능까지 대체하려는 것이다. 인간의 지능을 닮은 기계를 만들어 인간이 하던 많은 일을 대신하게 한다는 것이다. 이렇게 되면 인간의 역사와 삶은 또 다른 차원으로 넘어갈 것이다. 기계가 인간을 대신할 정도가 아니라 아예 인간의 지능을 초월하는 세계도 상정할 수 있다.

인공지능이 인간의 지능을 초월하는 역사적 시점이 언제일까에 대해 그동안 막연한 예상만 있었다. 그런데 레이 커즈와일(Ray Kuzweil)은 2006년 『특이점이 온다(The Singularity is Near)』에서 '기술적 특이점(technological singularity)'에 대해 상세하게 고찰했다. 여기서 특이점이란 미래에 기술 변화의 속도가 빨라지고 그 영향이 매우 깊어서 인간의 생활이 되돌릴 수 없도록 변화되는 시기를 말한다. 그는 특이점의 시대에 이르러서는 인간과 기술 간의 구별이 사라질 것이라고 보았다.

▲ 그림 1-1 산업혁명의 변화

2016년 세계경제포럼 보고서는 특이점의 시기가 오기 위한 많은 티핑 포인트[1]가 나타날 것이라고 보았다. 2021년에는 로봇 서비스가 일반화되고 2022년에는 3D프린터에 의한 대량 생산, 2023년에는 빅데이터(big data)에 의한 의사 결정이 일반화되며 2025년에는 인공지능(AI, artificial intelligence)이 화이트칼라 노동을 대체하고 미국 내 자율주행 차(self-driving car)가 10%를 넘고, 기업의 30%는 인공지능으로 회계 감사를 수행할 것이며, 정부는 블록체인(block chain)으로 세금을 징수하게 될 것이라 보았다. 2026년에는 인공지능이 스스로 자신의 의사를 결정하게 될 것이라고 전망했다.

1.1.2 4차 산업혁명의 요소

4차 산업혁명의 핵심은 '연결(connectivity)'과 '지능(intelligence)'이다. 인간과 사물을 포함한 모든 것들이 연결되고 전자 기기는 지능화되며 현실 세계는 사이버 세상과 융합되는 초연결 사회라는 새로운 패러다임으로 급속하게 변화하는 중이다. 사물인터넷(IoT, internet of things) 환경에서 빅데이터가 산출되며, 이것을 처리, 활용하는 인공지능이 발전하고 현실 세계는 가상현실(VR, virtual reality), 증강현실(AR, augmented reality)과 다시 연결된다. 이런 4차 산업혁명이 가져오는 사회는 지능정보사회이다.

가) 사물인터넷

인간의 역사는 연결을 확대해 온 역사로도 설명된다. 테크놀로지의 발전과 융합을 통해서 인간은 연결의 폭과 깊이를 한층 더해 왔다. 물리적 연결은 그 속도를 빠르게 좁히고 있다. 불과 100년 전까지만 해도 서울에서 뉴욕까지 가는 데 1개월이 걸리던 것이 이제 비행기로 14시간 정도로 좁혀졌다. 앞으로 초음속 여객기 'X플레인(X-Plane)'이 등장하면 이 시간이 3시간으로 앞당겨질 것이라고 한다. 물리적 연결보다 가상 세계에서의 연결은 더욱 극적이다. 웨어러블 기술은 '디지털 존재감'을 향상시켜 왔다. 이제는 인간과 인간의 연결뿐만 아니라 인간과 사물, 사물과 사물의 연결이 실현되고 있다.

연결은 더 나아가 현실과 사이버를 융합시키는 결정적인 역할을 한다. 예전에는 현실과 사이버 세상이 서로 다르고 상호 보완적인 것으로 여겨졌지만, 이제는 융합되는 방향으로 변화하고 있다. 사이버의 수요를 현실 공급자로 연결하는 비즈니스인 O2O(online to offline)가 등장하는 것이 대표적인 사례다. 이것은 생활의 편의를 제공할 뿐만 아니라 라이프 스타일을 바꾸고, 인식의 전환을 가져온다.

사물인터넷(IoT, internet of things)은 이러한 연결을 가능하게 하는 기반으로 정보통신기술(ICT, information & communication technology)과 다양한 산업 간의 융·복합을 통해 스마트 그리드, 스마트 홈, 헬스케어, 지능형 차량 등의 서비스를 창출하는 기술을 통칭한다.

2016년 세계경제포럼의 보고서는 2025년까지 1조 개 이상의 센서가 인터넷에 연결될 것으로 예상하였다. 인간은 센서를 갖춘 스마트한 기기와 더욱 연결되고, 이는 우리 주변에 무한대로 도입된다. 가정, 액세서리, 교통, 도시, 에너지 등 모든 분야가 인터넷으로 연결된다. 자

1) 티핑 포인트(tipping point) : '갑자기 뒤집히는 점' 어떠한 현상이 서서히 진행되다가 작은 요인으로 한순간 폭발하는 것

율주행 자동차는 운전자 개입 없이 스스로 도로를 주행하고 스마트 빌딩은 자체적으로 건물 환경과 에너지 사용량을 파악해 스스로 에너지를 관리할 수 있게 된다. 심지어 센서가 인간의 몸에 주입되어 인터넷과 직접 연결해 소통할 수 있다. 이 경우 인간의 건강 상태를 항상 모니터해 질병을 예방할 수 있고, 실종된 사람을 찾는 데도 큰 도움을 줄 수 있다. 그러나 반면에 프라이버시가 침해되거나 조직 등에서 인간을 감시하는 데 이용될 여지도 커진다.

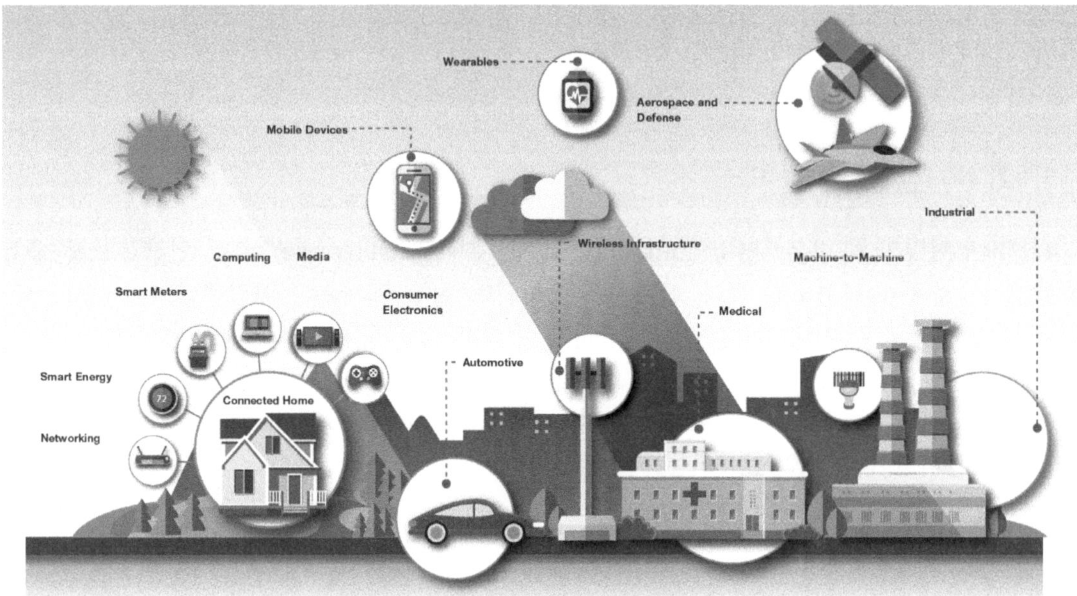

▲ 그림 1-2 사물인터넷 개념도

나) 빅데이터

사물인터넷의 확대, 스마트폰과 같은 스마트 기기의 빠른 보급률, 소셜 네트워킹 서비스(SNS)의 활성화와 같은 디지털 사회의 확산으로 수집 가능한 데이터의 양이 폭발적으로 늘어나기 시작했으며 그 속도는 더욱 빨라지고 있다. 빅데이터란 이렇게 취득된 막대한 양의 데이터 집합을 의미하는 용어로서 그 범위가 방대하고, 생성 주기도 짧고, 형태도 수치 데이터뿐 아니라 메타 정보와 멀티미디어 데이터를 포함하고 있어 그 규모와 복잡성으로 인해 기존의 관리 방법이나 분석 체계로는 처리하기 어려운 특성을 가지고 있다.

PC와 인터넷, 모바일 기기 이용이 생활화되면서 사람들이 도처에 남긴 데이터의 흔적은 기하급수적으로 증가하고 있다. 쇼핑의 예를 들어 보자. 데이터의 관점에서 보면 과거에는 상점에서 물건을 살 때만 데이터가 기록되었다. 반면 인터넷 쇼핑몰의 경우에는 구매를 하지 않더라도 방문자가 돌아다닌 기록이 자동적으로 데이터로 저장된다. 어떤 상품에 관심이 있는지, 얼마 동안 쇼핑몰에 머물렀는지를 알 수 있다. 쇼핑뿐 아니라 은행, 증권과 같은 금융거래, 교육과 학습, 여가활동, 자료검색과 이메일 등 하루 대부분의 시간을 PC와 인터넷에 할애한다. 사람과 기계, 기계와 기계가 서로 정보를 주고받는 사물지능통신망(M2M, Machine to Machine)의 확산도 디지털 정보가 폭발적으로 증가하게 되는 이유다.

사용자가 직접 제작하는 UCC를 비롯한 동영상 콘텐츠, 휴대전화와 SNS에서 생성되는 문자 등은 데이터의 증가 속도뿐 아니라, 형태와 질에서도 기존과 다른 양상을 보이고 있다. 특히 블로그나 SNS에서 유통되는 텍스트 정보는 내용을 통해 글을 쓴 사람의 성향뿐 아니라, 소통하는 상대방의 연결 관계까지도 분석이 가능하다. 게다가 사진이나 동영상 콘텐츠를 PC를 통해 이용하는 것은 이미 일반화되었고 방송 프로그램도 TV수상기를 통하지 않고 PC나 스마트폰으로 보는 세상이다.

▲ 그림 1-3 빅데이터 개념도

2017년 말 현재 트위터(twitter)에서만 하루 평균 2억 730만 건의 트윗이 발송되고[2] 유튜브(YouTube)에는 분당 300시간 분량의 동영상이 업로드 되고 있다.[3] 『데이터에이지2025(Data Age 2025)』 백서에 따르면, 2025년까지 전 세계 데이터 총량은 약 163제타바이트[4](ZB)까지 늘어날 전망이다. 63ZB는 지난 20여 년 동안 출하된 하드디스크의 총량인 4ZB와 비교해보면 얼마나 어마어마한 용량인지 대략 가늠할 수 있을 것이다.

주요 도로와 공공건물은 물론 심지어 아파트 엘리베이터 안에까지 설치된 CCTV가 촬영하고 있는 영상 정보의 양도 상상을 초월할 정도로 엄청나다. 그야말로 일상생활의 행동 하나하나가 빠짐없이 데이터로 저장되고 있는 셈이다.

이렇게 저장된 거대하고 다양한 형태의 빅데이터는 사물인터넷과 인공지능의 발전에 힘입어 미지의 사업 영역을 발굴하고 새로운 가치를 창출하기 시작하면서 IT분야의 리서치 회사인 가트너(Gartner)는 빅데이터를 '21세기의 원유'에 비유하기도 하였다. 이제 빅데이터 처리 기술은 인간의 오랜 경험과 지식, 연륜을 바탕으로 했던 사전 예측과 의사결정, 통찰의 영역에까지 그 적용 범위를 넓히며 공공 정책과 기업 비즈니스에서 시행착오를 최소화하고 최적의 솔루션을 찾아내는데 크게 공헌하고 있다.

빅데이터는 엄청난 잠재력만큼 위험 요소도 적지 않다. 대규모 개인정보 유출사고와 관련한 '개인정보보호'에 대한 불안, 데이터를 수집·이용하는 정부와 기업에 대한 불신 등이 있으며 그 중 가장 문제가 되는 것은 정보 독점과 사생활 침해이다. 어항 속의 금붕어처럼 개인의 사생활 일거수일투족을 감시당하는 사회 체계에서 프라이버시 영역은 점점 사라져 가는 한편, 정보 불균형이 심화되어 언젠가는 정보 독점으로 사회를 통제하는 권력, 일명 '21세기의 빅브라더'가 등장할 것이라는 우려가 그것이다.

다) 인공지능

2016년 알파고(AlphaGo)와 이세돌 기사의 대국 결과는 당시 과학계의 주요 사건이었고 알파고를 통해 인공지능은 전 세계의 관심을 받게 되었다. 인공지능은 오랜 침체기를 거쳐 클라

2) 실시간 세계 통계 : http://www.worldometers.info
3) 유튜브 통계 : https://fortunelords.com/youtube-statistics
4) 데이터 크기의 표현 단위 : Kilo(2^{10}), Mega(2^{20}), Giga(2^{30}), Tera(2^{40}), Peta(2^{50}), Exa(2^{60}), Zetta(2^{70}), Yotta(2^{80})

우드 컴퓨팅 환경의 급속한 발전과 빅데이터가 뒷받침되어 딥러닝이 구현되는 극적인 돌파구가 열리면서 전환기를 맞았다. 이제 인공지능은 4차 산업혁명의 핵심 요소로 떠올랐다.

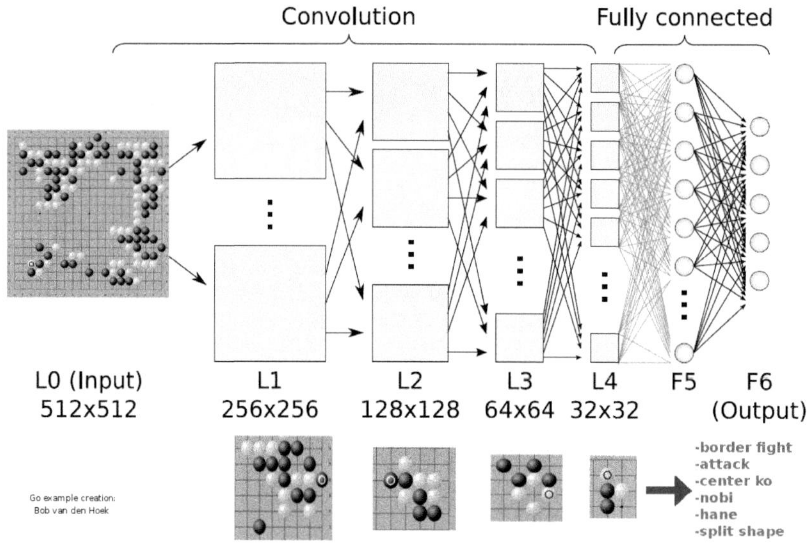

▼ 그림 1-4 알파고 딥러닝 개념도

인공지능의 역사는 생각보다 오래 되었다. 인간의 지능을 가진 스스로 사고하는 기계를 만들겠다는 생각은 인간이 컴퓨테이션[5] 방법을 발전시키면서 자연스럽게 대두되었으나 오랜 시간 별다른 진전을 보지 못하다가 1950년 앨런 튜링에 의해 튜링 테스트(Turing Test)가 개발되고, 수리논리학이나 컴퓨테이션, 사이버네틱스(인공두뇌학), 정보 이론 등 인간의 사고 과정에 대한 이론들이 등장하면서 생각하는 기계에 대한 기대가 본격화되기 시작했다. 2014년 영국 레딩대는 심사위원이 동시에 컴퓨터 2대를 두고 각각 5분씩 채팅을 하며 어느 쪽이 컴퓨터이고 어느 쪽이 사람인지를 판별해야 하는 튜링 테스트를 러시아 개발진이 만든 '유진 구스트만'이라는 프로그램이 최초로 통과했다고 발표했다.

인공지능(AI, artificial intelligence)이라는 용어는 1956년 존 매카시 교수가 개최한 디트머스 컨퍼런스에서 처음 사용됐다. 그러나 일반적인 지능 프로그램을 만드는 것이 생각보다 어렵다는 것이 판명되어 1970년대까지 다시 침체기를 겪는다.

그러다 1980년대 신경망(neural networks) 이론으로 인공지능이 재발견되었다. 신경망 이론은 인간의 사고를 두뇌 작용의 산물로 보고 이 두뇌 구조를 분석하고 처리하는 메커니즘을 규명해 생각하는 기계를 만들 수 있다는 이론에서 출발한 이론이다. 그러나 이 이론을 적용하기에는 방대한 데이터를 관리할 방법을 찾지 못해 또 다시 침체기를 맞았다가 1990년대 인터넷의 발전으로 다시 부활했다.

인공지능의 세 번째 부활은 빅데이터의 출현과 기계 스스로가 학습할 수 있는 '딥러닝(deep learning)'이라는 알고리즘의 개발 덕분이다. 신경망 구조로 인간의 뇌를 모방한 딥러닝은 다량의 데이터 분석을 통해 핵심적인 내용을 추출해내는 머신 러닝[6]을 기반으로 한 알고리즘이다.

---

5) 컴퓨테이션(Computation) : 컴퓨터를 이용한 정보처리
6) 머신 러닝 : 컴퓨터가 스스로 학습할 수 있도록 하는 기술

인공지능의 발전으로 우리는 좀 더 스마트한 삶을 영위할 수 있다. 반면에 인공지능의 발전으로, 인공지능에게 인간의 일을 빼앗기는 것은 아닌지, 인공지능에 의해 인류가 지배당하는 것은 아닌지에 대한 우려가 제기되었다. 심지어는 인간의 정신과 신체의 기계화 정도에 따라 인간이 다양한 종으로 분화하는 것 아니냐는 우려가 등장하기도 한다.

1.1.3 4차 산업 혁명에 대응하는 국가별 전략

지능화 시대가 도래하고 4차 산업혁명이 시작되면서 지능기술에 기반한 혁신을 얼마나 빠르게 수용하는지가 국가 발전의 주요 척도가 될 전망이다. 미국 · 독일 · 일본 · 중국 등 주요 국가들은 지능정보기술의 파괴적 영향력에 앞서 주목하고 기술 선도와 서비스 선점을 위한 전략을 수립하고 장기간에 걸쳐 대규모 연구와 투자를 체계적으로 진행하는 등 국가 차원의 정책과 프로젝트 추진에 앞 다투어 뛰어들고 있다. 세계 주요 기업들도 지능정보기술 선점에 기업의 사활이 걸려있다고 보고 대규모 투자 및 M&A를 확대하고 지능정보기술 조기 개발 · 사업화를 통한 경쟁력 강화에 매진하고 있다.

가) 미국 : AMP 2.0, NNMI

가장 많은 지능기술 기업을 보유한 미국은 민간의 IT 기술 우위성을 기반으로 클라우드 서비스, AI, 산업 플랫폼 등을 결합하여 4차 산업혁명 구현을 추진 중이다.

2009년 '미국혁신전략(Strategy for American Innovation)'은 첨단 IT 생태계 조성 관점에서 추진되었으나, 2015년 개정된 전략에서는 빅데이터, 사이버물리시스템, 로봇 등을 디지털 경제의 기반기술로 규정하고 초고속 네트워크, 차세대 슈퍼컴퓨터, 사이버물리시스템, SW 엔지니어링, 정보관리 등을 지원하여 경쟁력 있는 기업 환경의 조성을 강조하였다.

2011년 '첨단제조업파트너십(AMP, Advanced Manufacturing Partnership)' 프로그램을 발표하면서 '미국혁신전략'에서 제시한 첨단제조업 활성화 방안을 구체화하기 시작하였다. AMP는 산 · 관 · 학의 역량을 결집하여 질 높은 제조업 고용 창출 및 국가경쟁력 향상에 이바지하는 ICT, 바이오기술, 나노기술 등 신기술 R&D 투자에 목적을 둔 정책이다. 이를 위해 안보, 첨단소재, 로봇공학, 제조공정 등 4대 중점 영역을 선정하여 5억 달러 이상의 예산을 투입하였다.

2013년에는 보완된 AMP 2.0를 출범하여 국가 제조혁신 발전 및 지속을 위한 구체적이고 실행 가능한 계획을 개발하며, 3D 프린팅(additive manufacturing), 디지털 디자인 및 제조(digital design & fabrication), 차세대 전력(next generation power electronics), 경량소재(lightweight materials), 복합소재(complicated materials) 등 첨단 제조기술 분야를 담당하는 국가제조혁신네트워크(NNMI, national network of manufacturing innovation)의 구축이 가속화되었다.

2015년 현재 NNMI에는 지역별 · 기술별로 특화된 총 9개 연구기관이 참여하고 있으며 장기적으로 10년 동안 45개까지 참여기관의 수를 확대해 나갈 것을 계획하였다. 그 후 2013년 인공지능 발전을 위한 목적으로 '뇌 연구(brain initiative)'를 추진하였다. 그 밖에 사이버물리시스템(CPS) 중심의 디지털 혁신 전략으로 '스마트 아메리카 챌린지(smart america challenge)'를 추진하였다. 또한 2016년에는 빅데이터와 관련하여 '연방 빅데이터 R&D 전략계획(the federal big data research & development strategic plan)'을 발표하였다.

▼ 그림 1-5 2013년 버락 오바마 대통령이 백악관에서 Brain Initiative를 발표하는 장면

나) 독일 : 인더스트리 4.0(Industry 4.0)

독일은 인더스트리 4.0이 대표적인 정책으로 알려져 있다. 인더스트리 4.0은 2012년 범국가적 사업으로 추진하는 '하이테크 전략 2020 액션 플랜'의 일환으로 시작되어 점차 4차 산업혁명 변화에 대응하기 위해 핵심적인 정책 아젠다로 부상하였다. 2006년에 만들어진 10개 '발의(initiative)'는 산학연에 초점을 맞추고 있으며, 인더스트리 4.0은 인터넷기술을 활용하여 산업을 통합하는 비전을 제시하는 계획이었다. 독일의 혁신전략은 학계, 정부정책, 연구기관, 산업계를 아우르는 통합적인 전략을 강조하며, 글로벌 기술선도국 도달을 목표로 한다. 인더스트리 4.0은 이러한 맥락에서 추진 중이며, 인터넷기술을 활용하여 독일의 전통적인 핵심 산업을 보호하고 전 세계에 독일의 기계와 공장을 확대 보급하고자 하는 관점을 가지고 있다.

현재는 '플랫폼 인더스트리 4.0 (platform industry 4.0)' 사무국에서 인더스트리 4.0 실현을 목표로 스마트공장 구축, 사이버물리시스템 및 인공지능시스템 기술 개발 및 확산, 통신 및 인터넷 기술 개발 등을 중점 추진하면서 산학연관 및 노동조합이 참여하는 공동 프로젝트로 진행 중이다.

인더스트리 4.0의 도입으로부터 4차 산업혁명이 시작되었다는 점에서 시기적으로나 개념적으로 중요한 의미를 가지므로 자세한 내용은 별도의 장에서 다시 다루기로 한다.

다) 중국 : 인터넷 플러스, 중국제조 2025

중국 제조업은 2010년에 세계 최대로 부상했으나 최근 몇 년간 인건비 상승, 공급과잉 등으로 제조업 성장률이 크게 둔화하였다. 이에 대응방안을 고심하는 중국 정부는 미국·독일 등 선진국에서 추진 중인 인더스트리 4.0에 주목하고 자국의 기술 경쟁력 제고 및 국제 영향력을 강화하고 경제 구조조정 및 산업 고도화를 지원하기 위한 정부 주도의 정책 추진에 속도를 내고 있다.

2015년 7월 '인터넷 플러스(互联网+) 행동계획'을 발표함으로써 상대적으로 우위에 있는 인터넷 기업 및 관련 인프라를 바탕으로 경제·사회 전 분야에서의 혁신을 달성하고 인터넷과 경제 및 사회 전반의 융합을 통해 신성장 동력을 창출하기 위한 4대 목표와 11대 중점분야를 제시하고 규제 완화, 세제 혜택 등 정책 지원을 확대하였다. 또한, 세계 최대의 인터넷 및 모바일 인구를 갖고 있다는 장점을 적극 활용하여 인터넷과 제조업 융합뿐만 아니라 금융, 정부 공공부문 등도 인터넷과 연결하고, 인터넷 기업의 해외진출까지 추진하고 있다. 2015년 기준 중국이 AI 분야에서 출원한 특허건수가 총 6,900건에 달해 미국(9,786건)에 이어 세계 2위를 차지하고 있다.

2015년 3월 발표한 '중국제조 2025(中国制造 2025)' 정책은 독일의 인더스트리 4.0의 중국판이라 할 수 있다. 2016년 9월 중국과 독일은 정부 간 합의와 기존의 합작경험을 바탕으로 산업협력, 표준화 구축, 시범단지 및 인재양성 등 4대 분야에서 14개의 스마트 제조 시범 합작 프로젝트의 추진키로 하였다. 저비용 단순 가공에서 탈피하여 혁신역량과 경쟁력을 갖춘 선진형 제조 강국 실현을 목표로 제조 대국에서 제조 강국을 향한 5대 기본방향, 10대 전략산업 등 로드맵을 제시하였다. '중국제조 2025'는 중국의 제조 및 혁신 강국 3단계 전략 중 첫 번째 단계이고 2035년까지 독일과 일본 제조업 수준을 넘는 것이 두 번째 단계 목표, 2049년경에는 미국 수준의 세계 제조업의 선두그룹으로 진입하는 것을 목표로 하고 있다.

▲ 그림 1-6 2017년 제3회 중국제조 2025 서밋 포럼

'인터넷 플러스'와 '중국제조 2025'는 그 성격상 일부 영역이 겹침에도 불구하고 초창기에는 각각 독립적으로 추진되다보니 정책이 중복되거나 혼선에 발생하는 등 비효율성이 노출하였다. 두 정책이 통합적으로 추진되기 시작한 것은 2016년 5월로, 이를 기점으로 중국의 4차 산업혁명 대응은 2단계로 접어든 것으로 해석되고 있다.

세계 최대의 생산 기지로서 제조업 기반이 강한 중국은 기존의 제조업에 성장 잠재력이 큰 스마트 팩토리를 도입해 새로운 도약을 시도하고 있다. 기업들도 적극 동참하여 일부 산업의 선두 기업들은 가시적인 성과를 거두었다. 한 예로 중국 최대의 가전업체 하이얼(Haier)은 2015년 초 가전업체로는 세계 최초로 냉장고 생산 스마트 팩토리를 구축해 운영 중이다. 이 공장에서는 100미터에 달하던 전통적인 생산 라인을 각 18미터에 불과한 네 개 생산라인으로 교체, 수백 개가 넘는 부품이 미리 입력된 데이터에 따라 자동으로 분류되고 묶어져 다품종 대량 생산이 가능해짐에 따라 고객의 요구에 빠르게 대응할 수 있게 되었다. 스마트 팩토리를 운영으로 57%의 인원을 감축할 수 있었고 생산라인의 설비능력은 80% 높아졌으며 주문 생산 및 배송 시간도 47% 단축되었다.

라) 일본 : Society 5.0, 신산업구조비전

일본은 2010년 '신성장전략'을 통해 환경 · 에너지 · 관광 · 물류 · 제조업 · 금융 등의 분야에서 국제적 허브로 재도약하겠다는 의지를 표명하였다. '신성장전략'의 기본 방향은 환경, 저출산 · 고령화 등 일본경제가 안고 있는 구조적 문제 해결을 통한 신규수요 창출 및 경제성장에 중점을 두고 있다. '신성장전략'은 2012년 동일본 대지진 사고를 계기로 지진 · 원전 사고 피해 복구, 디플레이션 탈피와 중장기 경제 · 재정 운영 등을 목표로 하는 '재생전략'으로 수정 보완하였다.

일본 자민당은 2012년 말 집권이후, 20년 가까이 이어져 온 디플레이션과 엔고 탈출을 위해 기존의 '재생전략'을 기초로 하되 소득 재분배보다 경제성장에 중점을 둔 '아베노믹스'[7] (abenomics)를 발표하였다. 아베노믹스의 '3개의 화살'[8] 중 성장전략인 '재흥전략'은 설비투자 촉진, 규제완화 등 기업 환경 개선에 정부가 적극적으로 개입하겠다는 의지를 담고 있다.

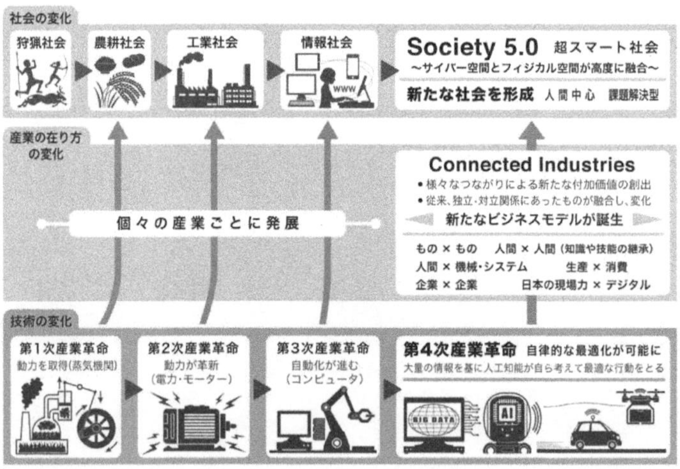

▲ 그림 1-7 일본 Society 5.0 개념도

일본은 2015년 '재흥전략'의 목표를 '생산성 혁명'으로 재설정함으로써 처음으로 4차 산업혁명에 대한 정책대응을 시작하였다. 구체적인 정책으로는 IoT, 빅데이터, 인공지능에 의한 산업구조, 취업구조 변혁과, 사이버 시큐리티 확보를 통한 IT 활용의 촉진 등을 강조하였다. 다음해인 2016년에는 '신산업구조비전'의 중간발표를 통하여 정책의 종합적 성격과 완성도, 추진력을 배가시켰다. 2017년에는 '신산업구조비전'의 최종판을 제시하면서 정책과제와 추진체계를 완성하였다.

---

7) 아베노믹스(Abenomics) : 유동성 확대를 통해 디플레이션에서 벗어나겠다는 아베 신조 일본총리의 경기부양책
8) 3개의 화살 : 적극적인 금융정책의 완화, 경기 부양을 위한 공공사업 확대, 규제 완화를 통한 민간투자 장려

'신산업구조비전'은 2030년을 목표로 4차 산업혁명 기술을 활용하여 각 산업을 연결하고 다양한 제약요인을 극복해 나가는 과정에서 개인의 문제해결과 새로운 경제시스템이 상호작용하면서 '초 스마트 사회(society 5.0)'를 실현하는 것을 목표로 하고 있다. 일본정부는 4대 전략 분야로 ① 이동(모빌리티), ② 공급 사슬의 스마트화, 제조 생산현장의 고도화 · 효율화, ③ 건강 · 의료 · 간병, ④ 생활(새로운 마을 조성, 셰어링, 핀테크) 분야를 선정하였다.

▼ 표 1-1 주요국의 제4차 산업혁명 대응 전략 비교

구분	미국	독일	일본	중국
용어	• Digital Manufacturing Revolution, • Innovation Revolution	• Industrie 4.0 • 4차 산업혁명	• Society 5.0 • 4차 산업혁명	• 인터넷플러스 • 4차 산업혁명
민간/정부 역할	민간 주도 정부 지원	민간주도 → 민관 공동	민관공동 주도, 공동실행	정부 주도 민간 실행
거버넌스	민간 컨소시움 민관 파트너쉽	플랫폼 인더스트리 4.0	제4차 산업혁명 관민 회의	정부(국무원, 공업신식화부)
핵심전략	AMP2.0('13.9)	인더스트리 4.0 ('11.4)	4차 산업혁명 선도전략('16.4)	중국제조 2025('15.3) 인터넷플러스('15. 7)
핵심기술	CPS, 빅데이터, IoT, 인공지능, 로봇공학, 클라우드 등			
대응방향	제조업 중심의 정책방향 설계 미국의 글로벌 IT기업의 적극적 참여	제조업 중심의 정책 방향 자동차, 기계설비 관련 독일 글로벌 기업 중심 추진 국가 차원의 아젠다 제시와 민관 공동대응	정부 아젠다 중심의 대응전략 기존의 강점인 로봇 기술 중심의 전략 수립	정부의 강력한 정책 추진 기존 제조업의 발전 수단으로 ICT 기술 활용 중국 내수시장 규모 적극 활용
특징	기술과 자금을 보유한 제조업 기업 주도	제조업 · ICT 융합 국제표준화 선도 프라운호퍼 연구소	기술, 인재육성, 금융, 고용, 지역경제 등 종합대응	제조업 발전을 통한 경쟁력 제고 규모의 경제가 가능한 내수시장
한계	일자리, 소득분배 등 다양한 파급력에 대한 종합적 대응 미흡	제조업 중심에서 경제전반으로 기술발전의 시너지 제고 필요	사회구조적 과제 해 결이 쉽지 않고 재정 여력 악화 등 정부지원 지속의 한계	빈곤, 지역격차, 노령 화 등도 동시에 대응 해야 하는 복잡한 상황

1.2 인더스트리 4.0

4차 산업혁명의 개념은 독일의 '인더스트리 4.0(industry 4.0)'에서 출발했다. 독일의 경우 제조업 경쟁력이 세계 최고 수준이지만, 지속적인 제조업 비중의 하락, 생산인구의 감소, 노동생산성 둔화, 에너지 효율 개선 등의 문제를 해결하고자 2011년부터 국가 경쟁력 유지를 위한 산업 부흥 정책인 '하이테크 전략 2020 액션 플랜(high-tech strategy 2020 action plan)'내 에너지, 환경, 통신 등 핵심 미래기술과 함께 '인더스트리 4.0'을 주요 주제로 포함시켜 강도 높게 추진하고 있다.

1.2.1 인더스트리 4.0의 첫걸음

인더스트리 4.0은 제조업과 ICT 융합을 가속화함으로써 모든 생산 공정, 조달 및 물류, 서비스까지 통합 관리하는 '지능형 공장(smart factory)'으로 진화하고, 이를 위한 기반 기술의 개발과 표준화 과정을 통해 생태계를 선점하려는 산업정책으로 제4세대 산업생산시스템이라고도 한다. 1차 증기기관의 발명, 2차 산업혁명(대량생산, 자동화), IT가 산업에 접목된 3차 산업혁명에 이어, 사이버물리시스템(CPS, cyber-physical system)[9]이 네 번째 산업혁명을 가져올 것이라는 의미에서 붙여진 명칭이다.

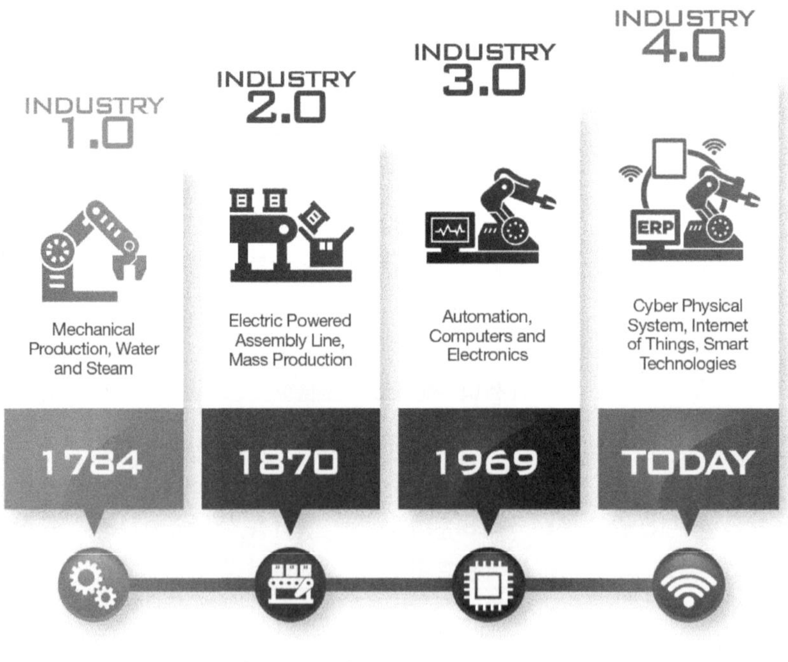

▲ 그림 1-8 그림 1- Industry X.0 개념도

인더스트리 4.0은 기계의 도입, 자동화의 진행, 컴퓨터와 로봇의 등장에 이어 기계와 사람, 인터넷 서비스가 상호 연결되는 새로운 제조업 패러다임으로의 진화이자 소재 · 제품 · 기기의

9) 사이버물리시스템(CPS) : 모든 사물이 IoT 기반으로 연결되고 컴퓨팅과 물리세계(physical world)가 융합되어 사물이 자동·지능화되는 시스템. 제조와 의료·헬스 케어, 에너지·송전, 운송, 국방 등 다양한 분야에 광범위한 적용이 예상되면서 선진국은 핵심 기술로 개발에 총력을 기울이고 있음

지능화 통해 과거 무겁고 경직된 중앙집중식 생산체계에서 모듈 단위의 가볍고 유연한 분산·자율제어 생산체계를 구현하려는 시도이다. 이를 통해 생산에서 노동자가 차지하는 비중이 더욱 줄어들고 창의적인 기술개발과 혁신이 제조업의 경쟁력을 좌우하게 됨으로써 인구감소 등의 변화에도 불구하고 산업 생산성이 30%까지 향상되어 낮은 인건비를 바탕으로 도전해오는 신흥국과의 경쟁력을 유지할 수 있는 전략이다.

인더스트리 3.0은 소재, 제품, 기기의 지능화를 통해 과거 중앙제어장치의 명령을 받아 생산기기가 소재를 가공하던 단방향 서비스 로직인데 반해, 인더스트리 4.0은 소재와 반제품에 RFID[10] 등 스마트 메모리를 장착해 스스로 지능화된 생산기기와 통신을 통해 경로를 결정하는 모듈 단위의 유연한 분산·자율제어 생산체계이다. 모듈단위 생산체계로 인해 제품의 변경이나 고객주문에 따라 생산 레이아웃 변경이 가능하고 교체 즉시 가동하는 Plug & Produce(P&P) 시스템이 가능하다.

한편, 인더스트리 4.0은 고객 주문으로부터 택배 물류까지 가치 사슬 전 과정의 서비스 연결 및 기기 간 통신을 구축해야 하는 엔지니어링이 필요하며, 모든 기기가 인터넷에 연결되어 있어 바이러스 공격에 취약할 수 있으므로 클라우드 보안기술 등이 확보되어야 한다.

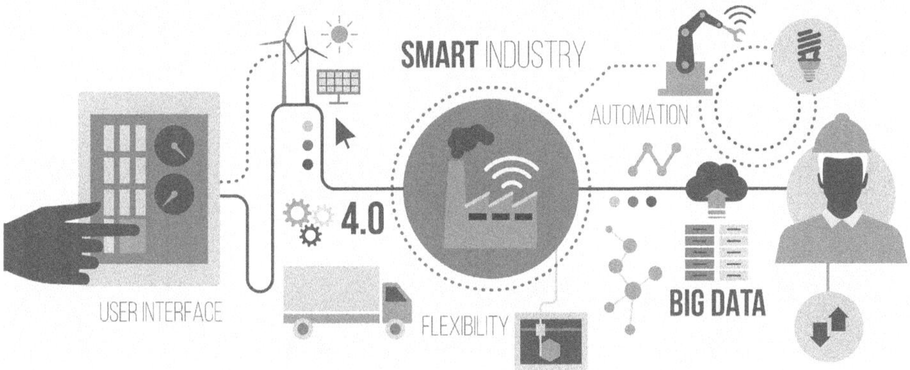

▲ 그림 1-9 CPS Diagram

인더스트리 4.0의 핵심요소는 스마트공장, IoT, 빅데이터이다.

스마트 공장은 센서로 연계된 기계·설비·공정과 인간이 데이터베이스를 중심으로 연결 되어 M2M(machine to machine) 커뮤니케이션을 수행한다. 자원의 고효율성, 공정 오류의 통제, 가상 생산기술 적용 등을 통해 제품개발 소요시간을 단축하고, 공정 관리자가 효과적으로 프로세스 통제할 수 있으며, 스마트 모빌리티, 스마트 물류, 스마트 그리드 등의 산업 환경 변화에 따른 생산과정의 복잡화에도 효과적인 대응이 가능하다.

사물인터넷은 4차 산업혁명의 기반기술로써 사물이 인터넷에 연결되어 자율 기능할 수 있는 기술을 실현한다. 전자공학, 마이크로시스템, 통신, RFID, HCI(human-computer interaction), 소프트웨어 분야 기술의 비약적 성장으로 인해 사물인터넷 시스템의 구현이 가능하게 되었다.

10) RFID(Radio Frequency Identification) : 극소형 칩에 안테나를 달아 무선으로 데이터를 송신하는 장치

스마트 임베디드 시스템, 클라우드, 소셜 네트워크, Web 2.0 관련 응용 플랫폼 등의 세부 기술의 혁신으로 IoT를 통해 축적된 빅데이터의 안전한 처리·분석이 가능하게 되었고 지속적인 정보 획득을 위한 플랫폼으로서의 역할을 수행한다.

1.2.2 인더스트리 4.0의 특징

제조업 전반에 걸쳐 많은 변화를 가져올 인더스트리 4.0은 스마트 생산시스템 수직적 네트워킹, 새로운 글로벌 가치 사슬 네트워크의 수평적 통합, 전체 가치 사슬[11]에 걸친 엔지니어링, 기하급수적인 기술발전을 통한 가속화의 4가지 특징을 가진다.

가) 스마트 생산시스템의 수직적 네트워킹

인더스트리 4.0의 첫 번째 특징은 미래 공장의 스마트 생산시스템의 수직적 네트워킹이다. 수직적 네트워킹은 사이버물리 생산시스템(CPPSs, Cyber-physical Production Systems)을 이용하여 수요와 재고의 변화, 불량품에 대하여 빠르게 대응할 수 있게 한다. 지능형 공장(smart factory)은 자율제어로 운영되며 고객별 특화되고 개별화된 생산이 가능하도록 한다. 이를 위해 데이터의 광범위한 통합이 필요하며, 공정을 모니터링하고 자율제어하기 위하여 스마트 센서 기술이 필요하다.

CPPSs는 생산관리뿐만 아니라 유지보수도 자율제어로 한다. 자원과 제품은 네트워크로 연결되어 있으며, 소재와 부품은 언제, 어디에서나 사용할 수 있도록 배치될 수 있다. 생산프로세스의 모든 단계가 기록되며 이상 징후는 자동적으로 등록된다. 주문수정, 불균질한 품질과 생산설비 고장이 신속하게 처리된다. 이러한 프로세스는 자재의 낭비를 좀 더 효율적으로 모니터링하고 예방하게 하여 낭비를 줄인다.

중요한 것은 자재, 에너지, 인적자원 등 자원의 효율적 사용이 가능하다는 것이다. 생산, 적재, 물류, 유지보수 등 업무에 대한 인력 수요는 감소할 것이고 CPPSs를 효율적으로 사용할 수 있는 새로운 스킬을 가진 인력 수요는 증가할 것이다.

나) 새로운 글로벌 가치 사슬 네트워크의 수평적 통합

인더스트리 4.0의 두 번째 특징은 새로운 글로벌 가치 사슬 네트워크의 수평적 통합이다. 새로운 글로벌 가치 사슬 네트워크는 투명하고, 문제점과 결함을 보다 빨리 대응할 수 있는 높은 유연성이 있고, 글로벌 최적화를 촉진할 수 있는 실시간 최적화된 네트워크를 말한다. 네트워크로 연결된 생산시스템과 유사하게 이러한 네트워크는 입고, 생산, 마케팅, 영업, 출고, A/S에 이르기까지 CPPSs로 네트워킹 된다. 모든 부품과 제품에 대한 이력은 기록되고 항상 이용가능하고 추적가능하다.

자재구매에서 판매까지 전체 가치 사슬에 걸쳐 투명성과 유연성이 확보된다. 제품개발, 주문접수, 생산계획, 생산, 배송 등에 고객별 특화가 가능하다. 품질, 납기, 가격, 공해문제 등도 실시간으로 전체 가치 사슬에서 능동적으로 처리가 가능하다.

---

11) 가치 사슬(value chain) : 생산, 판매, 원료 관리, R&D, 인적 자원, 정보 시스템, 그리고 그 회사 지원시설을 포함하는 일련의 가치 창출 과정

고객과 파트너 간 수평적 통합을 통해 완전히 새로운 사업 모델과 협업 모델의 기회가 생길 수 있다. 이는 또한 도전이 될 것이다. 법률문제, 책임소재, 지적재산권 보호 등의 이슈가 부각될 것이다.

다) 전체 가치 사슬에 걸친 엔지니어링

인더스트리 4.0의 세 번째 특징은 전체 가치 사슬과 제품과 고객의 전체 라이프 사이클에 걸친 통합 엔지니어링이다. 이러한 엔지니어링은 새로운 제품과 서비스의 디자인, 개발, 제조 기간 동안 끊임없이 이루어진다.

새로운 제품은 새롭고 변경된 생산시스템이 필요하다. 새로운 제품 및 새로운 생산시스템의 개발과 제조는 제품 라이프 사이클과 통합되고 상호작용하며 제품 개발과 생산시스템에 새로운 시너지가 창출된다.

이러한 엔지니어링의 특징은 데이터와 정보가 제품 라이프 사이클의 모든 단계에서 활용되며, 새롭고 좀 더 유연한 프로세스가 시제품 모델링 단계와 생산 단계별로 취합된 데이터를 통해 정의될 수 있다.

라) 기하급수적인 기술발전을 통한 가속화

인더스트리 4.0의 네 번째 특징은 기하급수적인 기술발전으로 생산 프로세스에서 개별적으로 특화된 솔루션, 유연성, 원가절감이 촉진되고 가속화된다는 것이다. 인더스트리 4.0에서 자동화 솔루션은 높은 수준의 인지기술과 자율제어 기술이 요구된다. 인공지능, 첨단 로봇, 센서 기술은 자율제어를 더 발전시키고 개별화, 유연성을 증대시킬 잠재력을 가진 분야이다.

인공지능은 공장이나 창고의 무인 작업차량 경로를 보다 효율적으로 디자인하고, 공급 사슬[12] 상에서 시간과 비용을 절감하고, 생산의 신뢰성을 높이고, 빅데이터를 분석하는데 사용될 뿐만 아니라 새로운 공정 개발, 이슈의 해결방안 고안, 인적자원과 기계의 협업을 향상시키는데 사용될 수 있다.

기능성 나노물질과 나노센서는 보다 효율적인 품질관리를 위한 생산통제 분야에 활용될 수 있으며, 안전하고 사용하기 편한 차세대 로봇 생산에 활용될 수 있다. 밤과 낮, 지형, 날씨와 무관하게 생산 공정을 날아다니는 유지보수 로봇과 창고 재고수준을 관리하고 여분의 부품을 이동시키는 드론은 미래의 자율제어형 스마트 공장에서 쉽게 적용될 수 있는 기술들이다.

인더스트리 4.0을 더욱 가속화시키고 유연하게 만드는 기하급수적인 기술발전의 좋은 사례는 3D 프린팅이다. 3D 프린팅은 새로운 생산 솔루션(추가비용 없이 더 복잡한 생산을 가능하게 함) 또는 새로운 공급 사슬 솔루션(재고 감소, 빠른 배송 시간) 또는 새로운 생산 솔루션과 새로운 공급 사슬 솔루션의 결합으로 완전히 새로운 사업 모델이 만들어 질 수 있다.

그러나 3D 프린팅을 활용하여 필요한 여분의 부품을 현지에서 생산할 경우 생산품의 품질, 공급 연결고리와 재고 관리의 변화는 잘 살펴야 한다. 또한, 지적재산권, 제품손해배상, 관세, 부가가치세 등은 3D 프린팅이 해결해야 할 이슈들이다.

12) 공급 사슬(supply chain) : 제품의 개발에서 원자재 획득, 생산 및 공급에 이르는 연쇄적인 전체 과정을 의미

1.2.3 인더스트리 4.0의 변화

2억 유로를 넘는 막대한 예산을 투자하며 야심차게 시작했던 인더스트리 4.0는 2년이 넘도록 표준화에 대한 합의가 지연되고 구체적인 진행이 늦어지면서 일각에서의 '초기 접근방법의 실패'라는 비판적인 평가가 확산되었다.

미국의 제너럴 일렉트릭(GE, General Electirc) 주도의 IIC(industrial internet consortium)는 제일 좋은 것이 아닌 제일 빠른 것을 임시표준으로 삼아 먼저 실행하는 방식을 취하고, 마케팅을 잘한 쪽이 표준화에 유리한 방식으로 진행하여 시장을 주도한 반면, 인더스트리 4.0는 모든 것을 철저히 고려해 완벽한 표준을 만들겠다는 집념 때문에 표준화가 더디게 진행되면서 오히려 시장을 선도하지 못했다.

가) 실패의 요인

- 완벽한 표준을 추구하는 과정에서 추진력 약화되었다. 인더스트리 4.0은 연구 및 표준화를 중점 의제로 추진되고 있는 반면, IIC는 관련 기술 활용 및 시장 확대 가능성을 검증하는데 초점을 두고 있었다.
- IT 보안 및 데이터 거버넌스[13] 문제가 대두되었다. 데이터가 해커뿐만 아니라 경쟁사에게 노출되는 위험이 증가하였고 데이터의 공유 범위와 소유권의 법적 기준에 대한 정책적 협의가 필요하였다.
- 중소기업들은 인더스트리 4.0의 이해가 부족한 탓에 막대한 투자 규모나 제조 공정 데이터의 유출 가능성 등의 이유를 내세워 참여에 소극적이었다.
- 생산 공정이 바뀌면서 지금까지와는 다른 형태로 새로운 직군의 다양한 직원들이 요구되었으나 변화의 개념을 이해하고 새롭게 업무를 수행할 수 있는 전문 인력 부족하였다.

나) 플랫폼 인더스트리 (Platform Industry) 4.0

앞서 언급한 비판에 대응하여 2015년 4월 기존의 인더스트리 4.0은 경제통상부와 교육과학부 주도로 플랫폼 인더스트리 4.0으로 새롭게 정비되었다. 그 핵심은 정부 주도로 관련 협회뿐만 아니라 노조는 물론 더 많은 기업들이 참여하여 폭넓은 정치적, 사회적 지지를 바탕으로 실용화를 추진하겠다는 의지의 표명이었다.

또한 시장에 적합한 연구 및 신속한 상용화를 목적으로 과제를 재설정하고 추진 주체를 보완하여 빠른 목표 결과물을 도출하고 기업 환경에서의 실질적 사업 모델로 발전시키겠다는 계획이다. 특히, 이 과정에서 중소기업들이 디지털화에 대응하지 못해 시장 창출 기회를 상실하지 않도록 '중소기업 4.0(Mittelstand 4.0)'프로젝트를 출범시켜 중소기업에 인더스트리 4.0 생산라인을 설치하는 한편, R&D에 참여하여 기술 노하우를 축적할 수 있는 기회 제공하는 등 구체적인 지원을 확대하고 있다.

---

13) 거버넌스(governance) : 국가 통치·지배라는 의미보다는 '경영'에 가까운 의미. 사회 구성원이 자율성을 지니면서 함께 국정운영에 참여하는 통치방식을 말하며, 다양한 행위자가 통치에 참여·협력하는 점을 강조해 '공공경영', '협치'라고도 한다.

▼ 표 1-2 기존의 인더스트리 4.0과 새로운 플랫폼 인더스트리 4.0 비교

구 분	인더스트리 4.0	플랫폼 인더스트리 4.0
주 체	산업협회 (BITKOM, VDMA, ZVEI)	경제통상부와 교육과학부
형 태	'연구 어젠다' 중심. '첨단기술전략 2020 액션플랜' 10개 핵심 주제에 포함	정부기관 책임 하에 산업, 노조, 연구 기관이 함께 참여하는 현 정부 핵심 추진 과제
핵 심 추 진 과 제	인더스트리 4.0 개발/발전 및 적용 전략 도출	인더스트리 4.0의 적용전략 제안을 바탕으로 5개 핵심 분야로 세분화, 각 분야별 실제 적용 가능한 결과물 도출 - Reference architecture 및 표준 - 연구 및 혁신 - 연결된 시스템에서의 보안 - 법적, 정책적 조건 - 인력 육성, 교육
목 표 결과물	인더스트리 4.0 실행 기획안 2015년 4월 적용전략 제안문서 발표	각 핵심 분야에서 손에 잡히는 결과물 도출 2015년 11월 19일 IT 최고정책회의에서 1차 결과물 발표

1.3 지능정보사회

4차 산업혁명의 핵심인 '연결'과 '지능'을 기반으로 한 사회는 지능정보사회다. 고도화된 정보통신기술(ICT) 인프라를 통해 생성, 수집, 축적된 데이터와 인공지능이 결합한 지능정보기술이 경제, 사회, 삶 모든 분야에 보편적으로 활용됨으로써 새로운 가치가 창출되고 발전한다. 데이터와 지식이 기존 생산요소인 노동, 자본보다 중요해지고 다양한 제품, 서비스 융합으로 산업간 경계가 붕괴되며, 지능화된 기계를 통한 자동화가 지적노동 영역까지 확장되는 등 경제, 사회 전반에 혁신적인 변화가 발생한다.

1.3.1 지능정보사회의 개념

지능정보사회는 인간이 주도하는 사회가 아니라 인간과 사물이 함께 지능을 가지고 주도하는 사회이다. 지능정보기술을 기반으로, 경제는 물질 경제를 넘어서 서비스 경제화 되고 공유경제와 체험 경제로 발전한다. 또한, 권력의 속성은 하드 파워(hard power)에서 소프트 파워(soft power)로 이동하고 소프트 파워는 대중문화의 전파, 특정 표준의 국제적 채택, 도덕적 우위의 확산 등을 통해 강화된다.

연결에 의한 관계는 사회 전반이 개방형 사회로 변화하는 기초가 된다. 기술과 데이터에 대한 신뢰 이슈 등장으로 신뢰성을 확보하기 위한 사회적 합의가 중요해지며 이를 위해 위계적 사회구조와 네트워크 사회구조가 결합된 혼계(heterarchy) 사회로 발전한다.

가) 소프트 파워

인류는 자연에서 생존하고, 여러 종을 지배하기 위해 공동체 중심 사회를 유지해 왔다. 그런데 지능이 인간 이외에 사물로까지 확대되어 지능을 외부 사회에 독립적으로 존재하는 상품으로 변화시켜 누구나 활용할 수 있는 것이 되면 공동체를 흔들게 된다. 공동체나 결사체보다는 개인 중심, 개인과 기계의 연결에서 오는 관계가 더욱 중요해진다. 지능이 대량화되어 생산성과 효율성이 크게 향상되므로 기능의 우열에서 오는 격차가 줄어든다.

인간에게는 다른 인간이나 기계와 더욱 공감하는 역할이 중요해진다. 공감사회의 성격이 강해지며, 여기서 사회자본이 중요한 역할을 한다. 사회자본이 풍부하면 사회 구성원들의 상호 이익을 위한 연결이 긍정적인 역할을 한다. 사물인터넷과 인공지능으로 연결이 극대화되는 지능정보사회에서는 사회자본의 역할이 그 어느 때보다 크다. 연결을 통한 공유가 잘 작동되기 위해서는 사회적 신뢰에 바탕을 둔 사회자본이 풍부해야 한다. 그리고 인공지능 등에 의해 다른 인간의 감정을 이해하고 지각하는 공감의 능력이 사회 운영의 키워드가 된다.

이는 조지프 나이(Joseph Nye)가 제시한 소프트 파워의 역량과 같은 맥락이다. 지능정보사회는 하드 파워보다 소프트 파워가 중요하다. 이미 조지프 나이는 정보화에 따른 지식과 네트워크의 확산으로 권력의 속성이 군사력이나 경제력과 같은 하드 파워로부터 문화·정치적 가치, 외교 등과 같은 소프트 파워로 이동했다고 주장했다. 강제나 구속, 보상과 같은 방식이 아니라 상대방의 마음을 사로잡아 설득하는 방식이 우위에 있다는 것이다. 지능정보사회는 사회의 운용과 작동 방식이 하드 파워에서 소프트 파워로 변하는 변곡점이 될 것이다.

나) 서비스 경제 · 공유 경제

따라서 지능정보사회의 경제도 소프트 파워의 특성을 포함하는 디지털 경제의 특징을 갖는다. 사물인터넷은 창의적인 아이디어와 결합해 더욱 창의적이고, 저비용이며 새로운 서비스를 발굴하는 지속적인 경제성장 추진체로 기능한다. 사물인터넷은 가치 연결 역할을 통해 산업 간의 협력을 이루어 완전히 새로운 가치를 창출한다. 자동차, 의료, 에너지, 전력 등 연결 환경을 기반으로 하는 분야에 사물인터넷을 적용해 새로운 부가가치를 창출하는 것이다.

제조업의 서비스화가 진행되어 서비스 경제로 이어진다. 기업은 종전에 단지 제품을 판매하던 것에서 서비스를 제공하는 방식으로 변화한다. 사회적 생산의 중요성이 커진다. 사회적 생산은 소셜 네트워크로 연결된 다양한 사람들의 자발적, 개방적, 수평적 협업(interaction)을 통해 제품이나 서비스를 생산하는 방식이다.

자본주의 시장과 공유 경제가 혼합된 경제의 특성을 갖게 된다. 우리는 자동차, 집, 가구, 의류 등을 소셜 미디어, 조합, 재활용 단체 등을 통해 공유하는 방식에 익숙해지고 있다. 물건이나 재화의 소유자가 물건을 보유하는 것이 아니라 이용자가 주체가 된다. 제품, 서비스, 콘텐츠 공유를 위한 거래비용을 대폭 줄여서 효율적으로 활용할 수 있게 되는 것이다. 제러미 리프킨(Jeremy Rifkin)은 사회 자본이 금융 자본 못지않게 중요하며, 접근(access)이 소유(ownership)를 대체하고, 경쟁보다는 협력, 자본주의의 '교환가치'가 공유 경제의 '공유가치'로 대체된다고 역설했다.

다) 플랫폼 사회

지능정보사회는 사회 전체가 하나의 플랫폼으로 작동하게 되어 플랫폼 사회적인 특성이 강화된다. 지능기술은 그것이 구현되는 사회의 플랫폼 수준에 의존한다. 그래서 1차 산업혁명이 공장을 중심으로 이루어졌다면, 4차 산업혁명은 플랫폼을 중심으로 일어난다는 말이 나온다. 그러므로 앞으로의 기술 발전도 네트워킹 기술(networking technology)과 컴퓨팅 기술(computing technology)이 결합하면서도 컴퓨팅 기술이 결정적인 역할을 하는 방향으로 전개된다. 사물인터넷과 인공지능, 가상현실은 그러한 기술 발전의 연장선상에 있는 것들이다.

지능정보사회는 대량생산 중심이 아니라 이용자 개별 맞춤형 경제가 중심이 된다. 지능화로 인해 규모의 경제가 축소되고, 소규모 서비스와 소수 대상 상품 등이 주류가 된다. 이는 개인의 상황과 요구를 반영한 개인화된 맞춤형 서비스로 삶의 질을 향상하는 데 기여할 수 있다.

또한 지능을 활용해 사회문제 해결을 위한 경제활동의 비중을 늘릴 수 있다. 경제활동이 에너지 관리, 환경, 안전, 범죄, 보건, 교통, 기상 등 사회문제 해결의 견인차가 된다. 지능화된 여러 시스템과 기술을 활용해 불확실성을 통제하고, 위험에 대한 사전 예측 및 선제적 대응으로 사회질서를 확립하고 범죄 없는 사회를 구현하고자 하는 목표를 갖는다.

공유와 연결에 지능이 부가되어 사회의 지배질서는 수직적인 위계적 지배 질서로부터 수직·수평적인 혼계적 질서 위주의 사회의 특징을 갖게 되고 국정 운영에 있어서도 통치

(command and control)보다는 지능정보사회에 걸맞은 협치(governance)가 더욱 더 요구될 것이다.

이를 헤테라키(heterarchy, 혼계) 민주주의로 정립하고자 하는 연구도 제시되었다. 헤테라키 민주주의는 국가, 시민, 시장이 권력을 공유하고, 협력적으로 통치하는 합의주의형(consensual) 민주주의로, 웹 2.0 시대의 소셜 미디어 민주주의보다 한 단계 진화한 민주주의다. 헤테라키 민주주의를 실현하는 기반이 바로 빅데이터이다.

빅데이터는 시민들에게 무한한 정보를 제공함으로써 시민들이 '완전한 정보를 가진 시민(informed citizen)'이 되게 하는 기반이다. 따라서 빅데이터에 기반을 둔 정보를 가진 시민이 정책의 생산자, 공급자이면서 동시에 정책의 사용자, 운용자인 프로 유저(pro-user)가 됨으로써 사회의 대표와 시민 간에 진정한 수평적 협력 관계, 권력의 공유를 실현할 수 있게 한다는 것이다.

▼ 표 1-3 산업사회-정보사회-지능정보사회 패러다임 변화

구 분	산업사회	정보사회	지능정보사회
특 징	• 19세기~20세기 중반 • 기계와 에너지 중심 • 생산 능력 제고	• 1960~2007년 전후 • 컴퓨터와 인터넷 중심 • 정보 활용 능력 제고	• 2013년 이후~ • 데이터와 알고리즘 중심 • 생각하는 능력 제고
경 제 사 회 구 조	• 제조업이 성장 견인(기계) • 노동력과 천연자원이 힘 • 위계적 기계식 사회구조 • 상품 교역, 정보 국내 • 대량 생산 • 노동력 공급 위한 대량사회	• ICT가 성장 견인(컴퓨터) • 정보와 네트워크가 힘 • 수평적 네트워크 사회 • 상품 교역, 정보 교역 • 대량 정보 • 정보연결 통한 사이버사회	• 신제조업이 성장 견인 (기계 + 컴퓨터) • 데이터와 알고리즘이 힘 • 신뢰와 협력의 혼계사회 (Heterarchy) • 상품 국내, 정보 교역 • 대량 지능 • 지능사물 위한 플랫폼사회

라) 사회의 시대

한편, 이와 같은 긍정적인 측면 이면에는 유의할 점이 많다. 빅데이터가 기반이 되는 새로운 민주주의 형태가 오히려 '빅데이터 브라더(Big Data Brother)'가 되지 않도록 유의해야 한다. 인류의 역사는 빅 브라더와 같은 리더에 의해 파행을 겪은 아픔을 고스란히 간직하고 있다. 정부나 권력을 가진 어떤 집단이 독주하지 않도록 개방적인 시민사회의 참여를 통한 견제와 균형이 보완되어야 한다. 더 나아가 노동 시장이 인공지능 등 전문 기술직과 단순 노동직으로 더욱 양분되어 전체 일자리가 줄어들 것으로 예상되어 불평등이 심화될 수 있다. 고비용의 인간이 담당하던 일자리가 줄어들어 중산층의 지위가 축소될 수 있다.

인공지능과 기계가 사회적 삶의 문제에 해답을 제시하기는 어렵다. 미디어에 빅데이터 분석을 적용한 한 연구에 따르면, 1960년대부터 1980년대 초까지의 한국 사회가 산업화로 표상되는 '경제의 시대'였고, 1980년대에서 2000년대까지가 민주화로 집약할 수 있는 '정치의 시대'

였다면, 향후 15년은 경제와 정치에 비해 상대적으로 지체된 '사회적 삶의 질(Quality of Social Life)' 향상을 최우선 목표로 하는 '사회의 시대'가 도래할 것이라고 전망했다[14]. 지능정보사회가 우선적으로 다루고 해결해야 할 문제는 사회가 기술 만능에 빠지지 않고, 인간의 사회적인 삶의 질을 향상시키는 것이어야 할 것이다.

1.3.2 지능정보사회의 기술 발달

기술 개발에 따른 새로운 산업 수요와 사회 구조 변화를 예측해보는 근거로 2015년도 한국전자통신연구원(ETRI) 보고서에서는 기술 발달 트렌드를 크게 3가지로 구분하고 있다. 이 보고서에서는 융합기술 트렌드를 '지능화', '가상화', '초연결'로 구분하고 있다.

가) 지능화

지능화는 인간과 기계의 관계로서, 머신 러닝, 딥러닝, 빅데이터 등의 기술이 인간처럼 기계가 사고하도록 범용기술(GPT, General Purpose Technology)[15]로 진화되는 현상이다. 자율주행차 운행, 드론 배송, 실시간 자동 음성번역 등이 서비스로 등장하였고 지능화 서비스는 산업·고용구조 변화 등 경제사회 전반적 변화를 유발하고 있다.

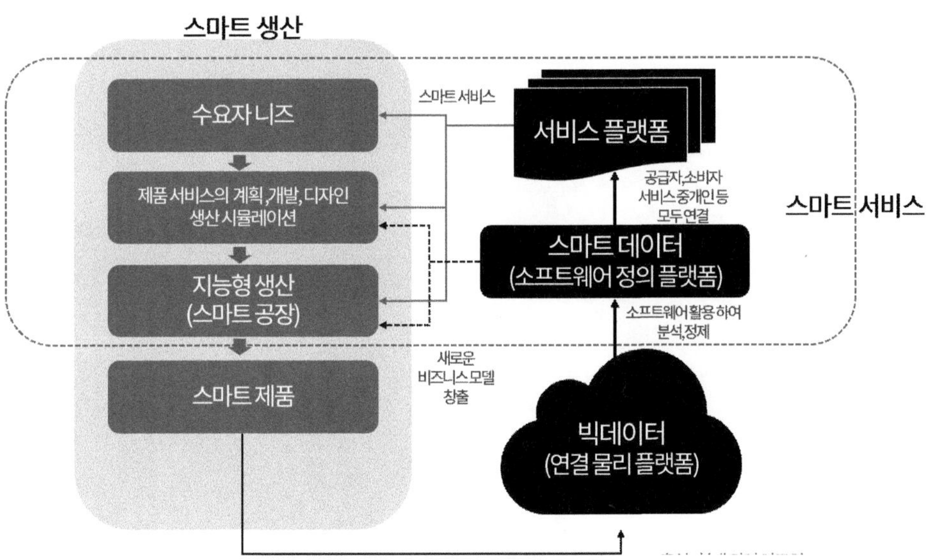

▲ 그림 1-10 스마트 생산과 스마트 서비스

농업·제조업·서비스업 등 주요 산업분야 생산방식이 인간의 개입을 최소화하고 데이터 기반으로 완전 지능화되어 생산비용을 대폭 절감된다. 지능형 학습로봇이 수요에 대응한 유연한 맞춤형 생산체계를 갖추고 낭비제로(Zero) 생산에 도전한다. 더 나아가 제품 개발과 생산, 마케팅 전반에 영향을 미치면서 새로운 서비스와 경제적 효과를 창출한다. 실시간 피드백이나 타깃팅이 가능해지면서 주문형 생산방식이 확산되고, 개인화된 고부가가치 제품·서비스 생산이 가능한 수요자 중심 경제(on-demand economy)가 실현된다. 모든 인적 물적 자원이 네

14) 한국정보화진흥원, 2016
15) 범용기술 : 전기, 컴퓨터, 인터넷 기술처럼 사회 전반에 중요한 충격을 미칠 수 있는 잠재력을 지닌 새로운 기술

트워크에 접속되어 생산 거래 비용이 급감하면서 생산, 관리, 유통 전 단계에 진입장벽이 무너지고 1인 공장과 같은 새로운 참여자가 등장한다.

기술과 산업 간의 융합이 가속화됨에 따라 그 경계가 없어지고, 제품에 내장된 센서가 수집하는 방대한 데이터를 분석해 고객에게 혁신적 서비스를 제공하는 '제조업의 서비스화'가 가속화된다. O2O(online to offline), 공유경제 등 혁신적 사업모델이 하드웨어의 가치를 약화시키고 소프트웨어와 서비스로 산업 경쟁의 판도를 변화시킨다. 이로 인해 지능정보기술이 혁신원천이 되어, 지능 정보기술에 앞선 ICT기업이 기존 산업구조 재편을 주도하고 지능기술력, 보유 데이터의 양적·질적 차이에 따라 국가나 기업 간 경쟁력 차이가 양극화되어 후발주자 경쟁력 회복이 불가능하게 된다.

지능화 사회에서는 노동시장의 변화도 예견된다. 체스·장기·바둑 등 정형화된 분야에서 인공지능 기술은 이미 인간의 능력을 추월한지 오래이다. 로봇 기자의 등장은 그동안 신속한 보도를 위해 발 빠른 정보 수집과 분석, 예측을 하던 기자의 업무가 신속성이나 정보 수집 능력, 예측의 정확성 측면에서 과연 로봇 기자보다 더 잘 한다고 할 수 있는가 하는 논란을 일으켰다. 머지않아 변호사 사무실의 판례 검색, 의료분야 질병사례 검색, 보험업계 심사, 은행인증 등 지식과 판단력이 필요한 분야뿐만 아니라 현재 존재하는 모든 직업에 대해 로봇과 알고리즘으로의 대체 논란이 가속화될 것이다.

▲ 그림 1-11 Google Deep Dream이 그린 작품

인간 고유의 영역이라 여겼던 예술 창작의 분야도 마찬가지이다. 2016년 일본의 한 문학상의 공모전에 인공지능이 쓴 소설이 1차 심사를 통과해 큰 이슈가 되었고 구글이 만든 인공지능 화가 '딥 드림(Deep Dream)'이 그린 그림이 1억 원에 낙찰됐으며 '머신 러닝(Machine Learning)'으로 작곡된 80초짜리 피아노곡이 발표되는 현실에서 예술가는 자신의 정체성에 대한 물음에 직면하게 되었다.

지능형 스마트 홈, 스마트 오피스, 스마트 빌딩 등이 구현되면서 사회 시스템이 최적화되고 개인의 삶과 연계되어 생활이나 업무 편의성이 비약적으로 향상된다. 이용자의 라이프 스타일에 직접 연결되는 웨어러블 디바이스에서 수집된 정보를 이용해 취향과 목적에 맞추는 개인 맞춤형 서비스는 최적의 의료, 복지, 교육 등의 서비스 제공을 통해 개인 삶의 질을 향상시키고 있다.

정부 서비스 분야에서도 지능화 기술 인프라가 구축됨으로써 고령화에 따른 노동력 감소, 치안, 재난대응, 국방 등 국가 사회적 문제를 해결하는데 중요한 역할을 하게 된다. 예를 들어 지능형 무인 시스템으로 재해나 범죄 발생 시 즉각적인 대응이 가능하며 고령자 장애인 등 취약계층에 대한 행정 서비스 품질도 향상되고 정책 수립은 효용률이 제고될 것이며 안전하고 살기 좋은 사회를 만드는데 기여할 것이다.

나) 가상화

다음으로 가상화는 현실세계와 가상세계와의 융합 현상으로, 특히 가상현실(VR, virtual reality)이나 증강현실(AR, augmented reality), 더 나아가 혼합현실(MR, mixed reality) 체험 기술이 발달하고 인간의 경험과 인지 영역이 확장되면서, 사회 구성원들의 물리적 일상이나 사회 경제 활동 전반이 가상화될 것으로 예측된다.

가상현실은 '실제와 유사하지만 실제가 아닌 인공 환경'을 의미하며 가상의 세계를 현실의 공간으로 착각하게 만들 정도의 몰입도와 이용자와의 다양한 상호작용, 360도 카메라로 쉽게 제작 가능한 콘텐츠의 확장성 등의 장점이 있어 주로 게임이나 엔터테인먼트, 방송과 영화 등 미디어 분야로 이용되고 있지만 그 외에도 다양한 분야에 적용이 가능하다.

스포츠는 가상현실을 대중화하기에 적합한 분야다. 이미 2016년 8월 리우올림픽에는 가상현실로 제작한 영상이 등장했다. 2018년 평창올림픽 이후에는 상당히 보편화될 것이다. 교육 분야에서도 이미 먼 거리에 떨어진 두 개의 대학 연구소에서 하나의 가상현실 공간에서 물리 실험을 함께 하고, 데이터를 수집하고, 실험의 결과를 도출해 내는 등의 가상 랩(Virtual Lab) 프로젝트가 추진되고 있다. 또한, 일대일 가상 과외를 통해 맞춤형 교육이 가능해지면서 창의적인 교육의 가능성을 열 수 있다. 의료 · 헬스 케어 분야에서는 VR 기기를 통해 원격 진료와 처방이 이루어지고 비가 오는 날에도 화창한 해변을 달릴 수 있거나, 자신의 운동 자세를 확인하고 운동 효과를 높여 건강 증진에 기여할 수 있다.

증강현실은 현실 환경에 가상정보를 추가한 것으로 스마트폰의 위치 기반 서비스 등에서 찾아볼 수 있다. 거꾸로 가상환경에 현실 정보를 추가할 수도 있다. 2016년 7월, 증강현실을 활용한 모바일 게임 '포켓몬고'는 전 세계에서 폭발적인 인기를 얻으며 미국 뿐 아니라 국내에서도 이슈가 된 바 있다. 증강현실은 가상현실과 비교해볼 때 실제 존재하는 현실 공간에 홀로그램 등으로 가상물체를 겹쳐 보여줌으로써 실제와 가상의 세계를 동시에 체험할 수 있게 해준다는 장점이 있다. 가령, 일상생활에서는 상대방에게 전화하면 상대방의 모습을 형상화한 아바타가 나타나거나, 자동차 앞 유리에 현재 보이고 있는 도로와 건물의 정보가 표시되기도 하고, 스마트폰 화면을 보지 않고도 안경처럼 생긴 장치를 착용해 문자나 웹서핑 등 정보를 실시간으로 확인하고 처리하는 것이 가능해진다.

별도의 기기를 구매해야 하는 가상현실에 비해 증강현실은 스마트폰에서 앱을 내려 받아 바로 실행할 수 있고 기술적으로도 가상현실보다 덜 어렵기 때문에 현실에서 활용 가능성이 높은 모바일기기와 연계해 산업, 교육, 의료 분야의 다양한 디지털 콘텐츠와 결합한 새로운 서비스를 제공한다면 향후 가상현실보다 더 활용도가 높을 것으로 보고 있다.

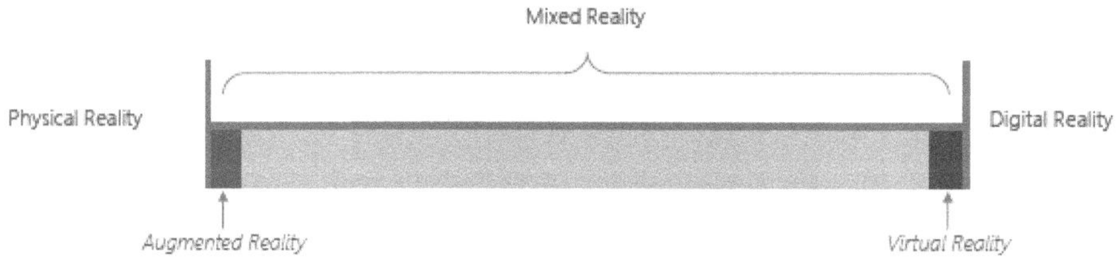

▲ 그림 1-12 Mixed Reality Spectrum

마이크로소프트사는 2017년 혼합현실을 지원하는 플랫폼으로서 'Windows MR' 운영체제와 디바이스를 발표한 이후 관련 제품들이 속속 출시되고 있다. 혼합현실은 증강현실과 종종 혼동되어 사용되는데, 이유는 둘 다 사용자가 눈으로 보는 현실세계를 포함하기 때문이다. 혼합현실은 디지털화되어, 현실세계와 상호 작용하는 가상의 사물을 제공한다. 현실세계에 가상의 사물을 겹쳐 보이게 하는 증강현실과는 다르게, 혼합현실은 현실세계와 가상의 사물을 통합시킨다. 대표적인 예로 영화 '아이언맨'에서 과학자 토니 스타크가 3D 설계 도면을 눈앞으로 불러내 자유자재로 수정하는 장면을 들 수 있다, 이처럼 가상의 사물들은 현실세계와 같이 다뤄질 수 있는데, 마이크로소프트의 '홀로 렌즈(holo lens)'와 '매직 립(magic leap)'의 안경이 대표적인 혼합현실 기기이다

▲ 그림 1-13 MS사의 혼합현실 헤드셋 'Holo Lens'

산업현장에서도 혼합현실 기술은 직무능력과 생산성을 향상시킬 기술로 주목받고 있다. 제조 분야에 혼합현실 기술을 활용한 가상훈련시스템이 도입됨으로써 작업자의 편의성과 효율성을 높여줄 수 있기 때문이다. 실제, 가상훈련시스템은 고위험, 고난도의 직무훈련을 현실감 높은 가상 환경에서 체험하게 하여 반복 시행을 통해 직무훈련 효과를 높일 수 있으며, 제조 현장의 훈련비용을 감소시킬 수 있다.

다) 초연결

마지막으로 SNS, 가상현실, 만물 인터넷(IoE : internet of everything) 등을 기반으로 모든 것이 연결되는 사회로의 변화 예측이다. '연결'은 혁신을 가져오는 원동력이다. 특정한 아이디어나 산출물이 새롭고 독창적이기만 해서는 혁신적이라고 인정하기 어려우며 사회, 문화적 맥락에서 가치 있게 인정되고 실현될 때 혁신으로 인정된다. 이는 '연결'이 혁신을 이루어 낸다는 의미이다. 스티브 잡스는 "창의성이란 '연결'하는 것에 불과하고, 따라서 창의적인 것을 어떻게 해냈느냐고 물어보면 실제로 한 게 아니기 때문에 죄책감까지 느낀다."고 말했다. 혁신은 연결되어 있지 않는 것을 연결하는데 있는 것이다.

'초연결'은 고유하게 식별 가능한 사물이 만들어낸 정보를 네트워크를 통해 공유할 수 있는 환경으로, 기존의 유선통신 기반 인터넷 및 모바일 인터넷보다 진화된 단계를 의미한다. 인간과 사물, 서비스 등 분산된 구성 요소들 간에 인위적인 개입 없이 상호 협력적으로 센싱, 네트워킹, 정보 교환 및 처리 등의 지능적 관계를 형성하는 사물 공간 연결망으로써, 연결의 대상이 사람에서 사물에까지 광범위하게 확장되며 정보의 수집도 직접 입력하는 방식에서 센싱(sensing)의 개념으로 변화하고 있다.

챗봇(Chatbot)은 인간 대화를 스스로 학습해 사람과 대화하는 '가상 대화 친구'를 말한다. 인간이 메시지를 건네면 챗봇이 개인 맞춤형 답변을 하며 대화를 이어가거나 정보를 대신 검색해 주고, 쇼핑 주문 등을 대신해 준다. 이미 일부 쇼핑몰에서는 로봇이 고객과 대화하며 원하는 상품이 있는 매장까지 직접 안내하기도 하고 고객 불만 전화에 응대하는 일도 능숙하게 처리하고 있다. 한때 유행했던 가상현실 게임 세컨드라이프는 챗봇에서 진화한 인공지능 비서로 구현될 전망이다. 구글, 아마존, 애플, 페이스북 등이 모두 인간을 보좌하는 인공지능 비서를 실현하기 위해 상당한 노력을 경주하고 있다.

다양한 센서와 단말을 이용해 언제 어디서나 인터넷에 연결된 수많은 데이터를 효율적으로 관리하고 분석하여 유의미한 서비스를 만들어낸다. 우리 주변에서 일어나는 사소한 모든 것들은 빠짐없이 관찰되고, 수집되고, 활용되고 있다. 경제·산업적으로 다양한 산업분야와 비즈니스간 협업과 결합을 통해 새로운 비즈니스와 산업을 창출하고 사회적으로는 치안, 안전, 환경 등 기존 사회문제를 해결하는 새로운 대안을 제시하기도 한다. 특히, 일반생활에 있어서는 개인화된 서비스를 통해 최적의 의료, 복지 서비스 등을 제공해줌으로써 저비용 고효율 서비스 완성한다.

초연결 사회에서 대부분의 데이터는 클라우드(cloud)에 저장되고 사용자나 서비스에서 필요에 따라 접근해서 원하는 용도로 사용될 것이며, 클라우드와 모바일, SNS, 빅데이터 등의 상호의존성은 더욱 높아질 것이며, 새로운 네트워크 사회를 연결하는 제3의 플랫폼으로 발전할 것이다. 클라우드 컴퓨팅은 서버, 스토리지, 소프트웨어 등 ICT 자원이 필요할 때 이용자가 그것을 직접 소유·관리하는 대신, 필요한 만큼의 자원을 가상화된 형태로 분산처리하고 네트워크를 통해 제공 받는 방식의 서비스이다. 즉, 자원을 소유하던 기존 방식을 '연결'로 전환시킴으로써 자원의 통합, 공유, 분배를 통해 비용 절감은 물론 시·공간적인 제약을 해소시키는 역할을 한다. 클라우드 컴퓨팅은 기업의 정보기술 이용방식 및 소비패턴의 변화를 주도해왔으며, 현재 도입 규모 확대와 더불어 고객과 솔루션 확장을 도모하는 단계로 발전하고 있다.

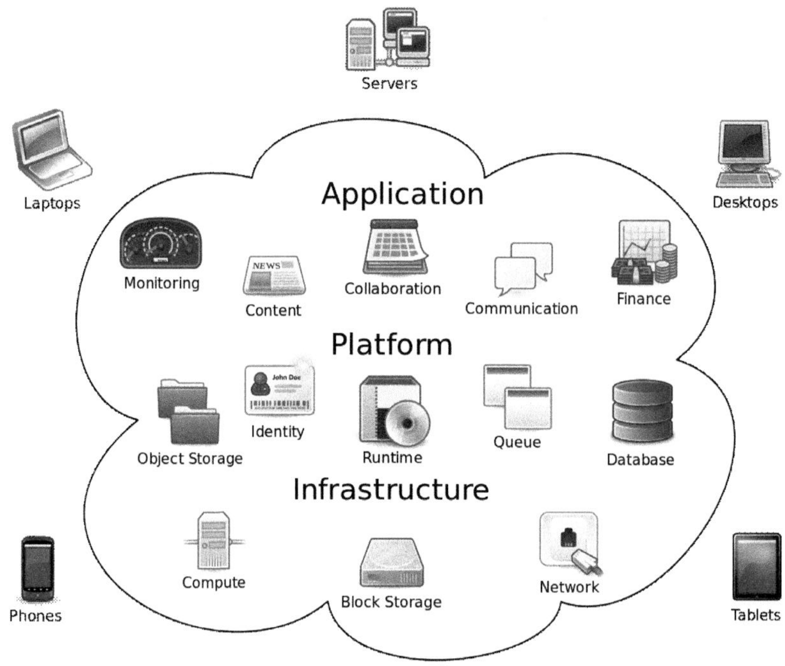

▲ 그림 1-14 Cloud Computing

'초연결 사회(hyper-connected society)'는 캐나다 사회과학자 애나벨 관-하세(Anabel Quan-Hasse)와 배리 웰만(barry wellman)이 2001년 처음 사용하였으며 ICT를 바탕으로 사람, 프로세스, 데이터, 사물이 서로 연결됨으로써 지능화된 네트워크를 구축하여 이를 통해 새로운 가치와 혁신의 창출이 가능해지는 사회를 의미한다.

연결이 인간을 넘어서는 단계까지 진화하면 단순히 소통 수단의 개선이나 네트워크의 효율성 제고, 거래비용의 감소 등 경제적 측면뿐 아니라 인간과 기계의 경쟁과 공존, 문화적 변화 등에 커다란 영향을 미칠 것이다. 영화 '그녀(HER, 2013)'는 네트워크 운영체제와 사랑에 빠지는 인간의 이야기를 다루고 있고, 한 로봇 제조사에서 실험용 로봇 강아지를 발로 차는 영상을 보고 분노한 사람들에 대한 이야기가 화제가 되기도 했다.

▲ 그림 1-15 Boston Dynamics 사의 4족 로봇 spot의 균형 잡기 실험 영상

사이버와 현실의 연결은 단지 두 세계의 만남이 아니라 또 하나의 다른 '사회'를 만들어 낸다. 그것이 전혀 다른 소셜 플랫폼으로 기능할 수 있다. 연결의 범위는 시공간을 뛰어넘어 무한정 확장되면서, 사회 전반에 걸친 글로벌화가 가속화되고, 지구상에 일어나는 모든 정보들이 공유되고, 논의될 것이다. 개인 간의 소통뿐만 아니라 여론형성 과정, 정책 결정, 의사결정 등에도 영향을 미쳐 새로운 집단행동 양태를 일으키면서 산업 구조를 재편하고 가치관, 직업 및 사회 시스템을 재정의함으로써 전통적 정치, 경제 구조에도 영향을 미칠 것이다.

1.3.3 지능정보사회의 전망

가) 산업구조의 변화

지능정보기술은 대규모 데이터에 대한 머신 러닝(machine learning)을 통해 알고리즘 성능을 지속적으로 강화하므로 데이터와 지식이 산업의 주요 경쟁 원천이 된다. 스스로 데이터를 확보할 수 있는 생태계를 구축하고 이를 활용할 수 있는 알고리즘을 보유한 기업이 시장을 주도하고 수익을 창출하게 될 것이다.

대규모 시설 · 인력의 중요성은 감소하는 대신 소비자 맞춤형 제품 · 서비스 제공 등의 시장 대응이 상대적으로 중요해져서 싼 인건비나 세제 혜택, 완화된 규제를 찾아 해외로 생산기지를 옮겼던 제조 기반이 판매 시장을 따라 선진국으로 다시 회귀하는 리쇼어링[16)](reshoring)이 발생한다.

지능정보기술은 학습을 통해 성능이 지속적으로 발전하고 정교해지므로 시장에 먼저 진출하여 생태계를 구축한 기업이 시장을 지배하게 될 것이다. 대규모 플랫폼 기업은 많은 사용자로부터 데이터를 수집 · 축적하여 양질의 서비스를 저렴하게 제공하게 되고 사용자가 더 늘어나는 선순환 구조를 갖게 됨으로써 가입자 · 데이터에 기반을 둔 규모의 경제 효과를 누리게 된다.

- 2016년 8월 기준 전 세계 시가총액 10대 기업 중 7개가 플랫폼 기반의 ICT 기업(애플, 구글, MS, 아마존, 페이스북, GE, 차이나모바일)으로 이들 기업 모두 지능정보기술에 적극 투자 중이다.
- 아디다스는 자동화 로봇도입을 통해 아시아 지역의 생산시설을 독일 · 미국으로 리쇼어링하여 운동화 생산기간을 1주일에서 5시간으로 단축하였다.
- 애플은 2007년 iPhone 출시이래 모바일 플랫폼을 기반으로 '애플 생태계'를 조성하여 사용자가 많아질수록 효용이 높아지고 앱 개발사 등의 참여 유인도도 따라서 높아지는 구조를 갖게 되었다.

나) 고용 구조의 변화

단순한 반복 작업뿐만 아니라 지적노동, 중급 사무업무, 정밀한 육체노동까지 자동화로 대체되는 반면, 지능정보기술 분야 인력수요는 증가하고 기술 혁신에 따른 새로운 일자리가 생

16) 리쇼어링(reshoring) : '제조업의 회귀'. 비용 절감 등의 이유로 해외에 나간 기업이 다시 국내에 돌아오는 현상

겨난다. 근로자의 역할은 자동화로 대체되기 어려운 창의적·감성적 업무분야로 재편성되고 기계로 대체되기 쉬운 정형적인 지적노동 및 육체노동은 인간과 기계간 일자리 경쟁이 발생하여 업무의 질과 대우가 낮아질 우려가 있다.

전통적 평생직장 개념이 사라지고 거래 계약 또는 프로젝트 기반으로 노동을 제공하는 탄력적 고용이 확대된다. 산업간 경계가 사라짐에 따라 공유경제, O2O서비스, 대중노동[17] (crowd work) 등 플랫폼 기반의 서비스가 발전되면서 노동 시간·장소나 고용주에 종속되지 않는 기능 중심의 비전형적 고용이 확대되고 노동자의 근로선택권이 강화된다.

다) 삶의 모습·환경 변화

지능정보기술의 활용을 통해 각종 서비스의 비용이 감소하고 품질 향상으로 편의성이 증대된다. 예를 들어 의료 분야에서 질병 진단 및 치료의 정확도가 높아짐에 따라 치료 횟수 감소 등 의료비용 절감 및 의료 품질·접근성이 향상될 것이다. 고도화된 언어인지 및 자동번역 기술의 발달로 국내외 서비스 이용이 편리해지고 언어장벽으로 인한 불편이 감소될 것이다.

경계·감시 및 위험임무 수행에 무인시스템 도입 및 빅데이터를 활용한 범죄예측 모델 활용 등으로 국방·치안 서비스가 강화되고 교통정보의 실시간 공유와 교통흐름의 지능적 제어를 통해 교통 혼잡이 줄어들어 사고를 예방하는 등 안전한 생활환경이 조성될 것이다.

생활 전반에 걸쳐 자신의 수준에 맞는 맞춤형 학습이 보편화됨에 따라 학원, 과외 등 사교육 부담이 줄어들고 교사는 창의·인성 교육에 주력할 수 있다. 노인·장애인·아동 등 전통적인 취약계층 및 저숙련 노동자 등 빈곤계층에 대한 복지사각지대 예측을 강화하여 복지행정이 내실화된다.

라) 역기능

로봇으로 대체되는 직업군에 실업자가 양산되고 지능기술 보유 여부에 따른 노동·기업·산업구조의 양극화가 심화되어 소득의 양극화, 고착화로 이어질 수 있다. 일상 속에서 지능화 기기에 지나치게 의존하게 됨에 따라 대인 접촉이 점차 줄어들게 되고 정상적인 사회활동과 인간관계를 회피하는 등의 몰인간성이 발생할 수 있다.

정보획득의 불균형으로 도덕적 해이, 역선택 문제가 빈번히 발생되어 피해자가 양산된다. 지능정보 신기술이 기존 법·제도에서 수용되지 못하여 관련 분쟁이 증가할 우려가 있다. 수집되는 정보의 양이 확대됨에 따라 사생활 침해가 우려되고 전력, 교통 등 지능정보 서비스망에 해킹 발생 시 국가시스템에 큰 위협 요소가 될 수 있다.

---

17) 대중 노동(crowd work) : 플랫폼 노동과 유사한 개념으로 노무 제공자가 사용자에게 종속된 노동자가 아닌 일반 대중으로 디지털 플랫폼을 매개로 사용과 노동이 직접 필요한 만큼만 거래되는 새로운 노동 형태

CHAPTER 2

사물인터넷

모든 것이 연결된 세상

CHAPTER 2 사물인터넷

지금의 정보화 세상은 우리가 몸으로 체감할 수 있는 실세계와 컴퓨터 혹은 네트워크상에 정교하게 구축된 가상세계로 구성되어 있다. 오프라인과 온라인을 교류하는 정보화 시대의 삶은 당연한 일상으로 자리 잡았고 스마트폰의 가세로 언제 어디서나 편리하게 가상세계와 접속할 수 있게 되었다.

하지만 차원이 다른 두 세계는 어디까지나 현실과 가상으로 나누어져 있고, 이 두 세계를 연결하는 매개체는 여전히 인간이었다. '만약 이 두 세계가 인간의 개입 없이도 상호 연결되어 스스로 소통하게 된다면 어떤 일이 일어날까?' 현실세계에 존재하는 사물들이 지능을 갖게 되어 스스로 정보를 생성하고, 인터넷에 연결되어 클라우드에 존재하는 인공지능 컴퓨터나 네트워크에 연결된 사람들과 정보를 주고받으며, 그에 따라 작동하는 세상, 사물인터넷은 이러한 초연결 사회를 상상하는 것에서부터 시작되었다.

2.1 사물인터넷의 개요

사물인터넷(IoT, internet of things)은 단어의 뜻 그대로 '서로 연결된(internet) 사물들(things)' 혹은 '사물들로 구성된 인터넷'을 말한다. 기존의 인터넷이 컴퓨터나 휴대전화 등 무 · 유선 전자통신장치 위주로 연결되어 구성되었던 것과는 달리, 사물인터넷은 책상, 자동차, 가방, 나무, 애완견 등 세상에 존재하는 모든 사물이 연결되어 구성된 인터넷이라 할 수 있다. 연결되는 모든 사물은 그 대상에 있어서 책상이나 자동차처럼 단순히 유형의 사물에만 국한되지 않으며, 교실, 커피숍, 버스정류장 등 공간은 물론 상점의 결제 프로세스 등 무형의 사물까지도 그 대상에 포함한다.

사물인터넷의 개념은 전자식별(RFID)[1] 태그뿐만 아니라 다양한 센서 및 통신기술들과 결합하며 발전해 나가기 시작했다. 대표적인 것이 USN(ubiquitous sensor network) 기술과 사물지능통신망(M2M, machine-to-machine) 기술이다.

사물인터넷의 표면적인 정의는 사물, 사람, 장소, 프로세스 등 유/무형의 사물들이 연결된 것을 의미하지만, 본질에서는 이러한 사물들이 연결되어 진일보한 새로운 서비스를 제공하는 것을 의미한다. 즉, 두 가지 이상의 사물들이 서로 연결됨으로써 개별적인 사물들이 제공하지 못했던 새로운 기능을 제공하는 것이다.

예를 들어 침대와 실내등이 연결되었다고 가정해 보자. 지금까지는 침대에서 일어나서 실내등을 켜거나 꺼야 했지만, 사물인터넷 시대에는 침대가 사람이 자고 있는지를 스스로 인지한 후 자동으로 실내등이 켜지거나 꺼지도록 할 수 있게 된다. 사물들끼리 서로 정보를 교환함으

1) 전파식별(RFID, Radio Frequency IDentification) 태그 : 무선 주파수(RRadio Frequency)를 이용하여 극소형 칩에 정보를 저장하고 안테나를 달아 무선으로 데이터를 송신하여 대상을 식별(Identification)하는 장치

로써 사람에게 편리한 기능들을 수행하게 되는 것이다. 이러한 기능들을 수행하기 위해서는 침대나 실내등과 같은 현실 세계에 존재하는 유형의 사물들을 인터넷이라는 공간에 존재하는 가상의 사물과 상호 연결해줘야 한다. 그리고 이 가상의 사물에 '사람이 잠들면 실내등을 끈다'거나 혹은 '사람이 깨어나면 실내등을 켠다'와 같은 설정을 미리 해놓으면 새로운 사물인터넷 서비스를 이용할 수 있게 된다.

2.1.1 사물인터넷의 정의

사물인터넷에 대한 정의는 분야별로 차이가 있으며, 때론 매우 추상적이기까지 하다. 2014년 미래창조과학부에서는 사물인터넷을 '사람 · 사물 · 공간 · 데이터 등 모든 것이 인터넷으로 서로 연결되어, 정보가 생성 · 수집 · 공유 · 활용되는 초연결 인터넷'이라고 정의하고 있다.

좁은 의미에서 사물인터넷은 우리 주변의 사물들에 네트워크를 연결하고, 지능화함으로써 그 사물의 가치를 증대시키는 것을 의미한다. 즉, 예전에는 굳이 인터넷이나 통신에 연결될 필요가 없었던, 냉장고, 세탁기 같은 가전제품이나, 다양한 의료기기 등이 인터넷에 연결되어 정보를 쌓고 지능화함으로써 개별적인 사물로는 얻을 수 없는 새로운 가치를 획득하게 되는 것이다.

예컨대 기존의 만보기는 단순히 걸음 수를 재는 용도였지만, 인터넷을 연결하고 다양한 정보를 수집하고 분석할 수 있는 건강관리 플랫폼을 연결하면 건강 측정 · 판단 · 예측이 가능한 기능을 탑재할 수 있어 만 원 수준의 만보기가 수만 원에서 수십만 원 가치의 스마트 만보기로 발전하게 된다. 또 다른 예로 화초를 기르기 위한 단순한 화분인데, 화분에 심어진 꽃에 언제 물을 주어야 할지, 현재 흙과 주변의 상태가 어떤지에 대한 정보를 제공하고, 게다가 주변의 상황에 따라 자동으로 물까지 줄 수 있다면 그 가치는 몇 배 이상 증가할 수 있을 것이다. 이렇게 우리 주변의 다양한 제품이 지능화되면 그 부가가치는 수배에서 수백 배 이상 증가할 수 있다.

▲ 그림 2-1 활동량, 체지방 측정이 가능한 헬스케어 밴드 InBody

넓은 의미의 사물인터넷은 도메인[2] 융합을 통한 산업의 지능화다. 우리 주변의 모든 일은 어느 하나도 단순한 것이 없다. 생산에서 소비되는 과정 중에는 에너지, 교통, 기후, 선호도 등 다양한 환경이 영향을 끼친다.

우리가 식탁에서 먹는 딸기를 예로 들어보자. 우리가 식탁에서 딸기를 먹기까지는 재배 · 포장 · 유통 · 판매 · 소비에 이르는 다양한 과정을 거친다. 농민들은 다양한 종류의 딸기에서 상품성 있는 품종을 선택하여 재배할 것이고, 이때 상품성 있는 품종이란 소비자가 좋아하고, 유통이 쉬운 종류일 것이다. 또한 언제 키워야 높은 값을 받을 것인가에 대해서도 고민하게 될 것이며, 재배하는 지역과 기후에 따라 에너지 비용도 다르다. 생산된 딸기를 더 값싸게 공급하기 위해서는 교통이 원활하고, 소비가 용이한 지역에 납품하는 것이 유리하기 때문에 유통 비용이 절감되는 방법을 선택하게 될 것이다. 소비자 입장에서는 값싸게 맛있는 딸기는 먹기 위해 고민할 것이다. 가계의 형편에 따라 딸기를 소비하기 시작하는 월도 달라질 것이며, 어디에서 구입하느냐에 따라 그 가격도 많이 달라질 것이다. 단순히 딸기 하나를 소비하는 과정에도 여러 요소가 영향을 미치는 것이다.

이러한 복잡한 과정 속에서 다양한 정보를 함께 모니터링하고, 분석하고, 예측할 수 있다면 농민에게는 최고의 수익을 올리기 위한 정보를 제공할 수 있을 것이고, 소비자에게는 최적의 소비가 가능한 갖가지 정보를 제공할 수 있을 것이다. 사물인터넷은 농업 · 환경 · 에너지 · 유통 등 다양한 분야의 정보를 제공하고, 이러한 정보를 모아 분석을 통해 다양한 파급효과를 가져올 수 있다.

2.1.2 사물인터넷의 역사

요즘 자주 회자하는 사물인터넷이라는 용어의 탄생은 1999년으로 거슬러 올라간다. 사물인터넷이라는 용어는 1999년 매사추세츠공과대학(MIT)의 오토아이디 센터(Auto-ID Center) 소장 케빈 애시턴(Kevin Ashton)이 비누, 샴푸, 칫솔 등 다양한 종류의 소비재 제조판매회사인 P&G의 브랜드 매니저로 근무하던 당시 이 용어를 처음으로 사용하였는데, 자사의 제품들에 RFID 태그를 부착함으로써 제품들의 가시성을 확보할 수 있는 것처럼 세상에 존재하는 모든 사물들이 RFID 태그와 기타 센서를 탑재하여 서로 연결될 수 있다면 새로운 세상이 펼쳐질 것이라는 생각에서 기인했다. 인터넷이 탄생한 지 정확히 30년 후의 일이다.

사물인터넷은 오래 전부터 여러 이름으로 설명되었는데, 기술 발전에 따라 점차 그 형태와 개념이 진화하고 있다. 센서와 개체 식별 데이터 등의 데이터 중심의 전파식별(RFID)태그, 무선 센서 네트워크(WSN)에서 이동통신 네트워크를 활용하여 정보를 전달하는 사물지능통신망(M2M), 다양한 사물의 지능화를 목표로 하는 사물인터넷, 지구상의 모든 정보와 지식이 연결되는 만물인터넷(IoE, internet of everything)의 흐름을 보인다.

현재의 사물인터넷은 인터넷에 연결된 기기가 사람의 개입 없이 알아서 정보를 주고받아 처리한다는 점에서 기존의 무선 센서 네트워크이나 사물지능통신망과 비슷하기도 하지만, 사물지능통신망의 개념을 인터넷으로 확장하여 사물은 물론이고 현실과 가상세계의 모든 정보와

2) 도메인(domain) : 영역. 영토. 분야.

상호작용하는 개념으로 진화한 단계라고 할 수 있으며 소비자 유통, 헬스 케어, 스마트 홈 등 다양한 분야에서 사물인터넷 시대가 본격화되기 시작했다.

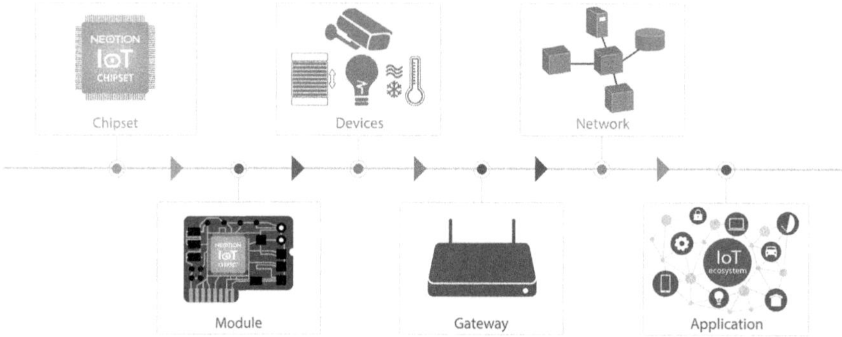

▲ 그림 2-2 IoT Stack Flow

가) WSN

USN(ubiquitous sensor network)이라고도 불리는 무선 센서 네트워크(WSN, Wireless Sensor Network)는 근거리 무선 통신 기능을 포함하고 있는 소형의 센서 장치들이 결합하여 홈 네트워크, 산불 감시, 하천 범람, 건물 내 온도 분포 등 특정 사물이나 장소의 상태 및 환경 변화 정보를 탐지하고 통합적으로 관리하기 위한 기술이다. 1㎣ 정도 크기의 작고 이질적인 수많은 센서 노드[3]들이 근거리에 조밀하게 설치되어 자율적으로 정보를 수집, 관리하고 서로 협력하는 작은 유무선 네트워크를 구성한다.

상황인지(context-aware computing), 위치측정기술 등과 결합하여 의료, 군사, 재난방지, 환경감시 등의 분야에서 응용되고 있으며 한 필요 기술은 전력소모를 최소화하는 에너지 기술이 가장 중요한 이슈이다.

나) M2M

반면, M2M(machine-to-machine) 기술은 이동통신 기술을 이용하여 멀리 떨어져 있는 기계장치와 기계장치를 연결함으로써 효율적으로 장치를 운용하는 기술이다. 병원에서는 응급상황, 환자의 상태모니터링, 의학 데이터 등을 연결하여 건강관리 시스템을 구축하기도 한다. 은행의 현금지급기(ATM)나 택시에 설치된 카드 결제기가 대표적인 예에 해당한다. M2M 기술은, 지난 10년간 정보통신 기술의 발달과 더불어 차곡차곡 정립이 되어왔고, 최근 들어 자동차, 의료, 스마트 그린 기술 등에서 활용되고 있다.

- **텔레매틱스(telemtics)** : 원격 통신(telecommunication)과 정보과학(informatics)이 결합된 용어로, 자동차 안에서 위치추적, 인터넷 접속, 원격 차량진단, 사고 감지, 교통 정보 및 홈 네트워크와 사무 자동화 등이 연계된 서비스 등을 제공하는 것을 말한다.
- **바디 센서 네트워크(BSN, body sensor networks)** : 의사가 병원 밖에 있거나 환자가 도서 지역에 있는 경우에도 원격 진료가 가능한 기술 통신 체계이다.
- **근거리 무선 통신(NFC, near field communication)** : RFID 태그의 하나로 10㎝ 이내

3) 센서 노드 : 센싱(Sensing), 컴퓨팅(Computing), 무선통신(Wireless Communication) 기능을 갖춘 초소형 장치

의 가까운 거리에서 단말기 간 데이터를 전송하는 기술이다.

▲ 그림 2-3 스마트 미터

다) IoE(Internet of Everything)

만물 인터넷, 만물통신(AToN, all things on network)이라고도 부른다. IT기업인 시스코(Cisco)의 미래학자 데이브 에반스(Dave Evans)가 2013년 사용한 용어로서 만물 인터넷은 사물인터넷을 확장하여 클라우드, 빅데이터, IPv6 등 다른 기술적 혁신들을 포함하는 개념이라고 설명한다. 시스코는 IoE 시대를 "사람, 프로세스, 데이터, 사물 등 연결되지 않은 세상의 나머지 99%까지 모두 인터넷에 연결돼 실시간 상호 소통함으로써 전례 없는 가치를 창출해내는 시대"로 정의한다.

만물 인터넷은 통신기술과 밀접하게 연관돼 있다. 인터넷 기술이 발전하면서 일상의 모든 사물을 연결하는 초연결(Hyper-connectivity)시대가 가능할 것으로 보이는데, 스마트기기의 대중화와 네트워크 환경 개선, 클라우드와 빅데이터의 결합으로 이런 움직임이 더욱 빨라질 것으로 전망된다.

만물 인터넷 기술은 비즈니스와 결합돼 새로운 서비스를 창출하는 등 상업적 효과가 무궁무진하다. 만물인터넷 단말기, 칩셋을 활용한 다양한 기기서비스는 스마트 그리드, 스마트미터, 스마트 홈, 헬스 케어 등에서 활용 가능하다. 만물 인터넷은 단순히 '기술' 혹은 '기술들의 집합체'라기 보다는 실시간 연결성을 통해 지금과는 전혀 다르게 변화될 '미래의 생활 방식' 혹은 '생활양식의 혁신'으로 이해해야 한다.

2.1.3 사물인터넷 활성화 배경

'사물인터넷이 기술인가, 하나의 패러다임인가?'라는 논의는 현재도 분분하다. 사물인터넷의 발달은 기술적인 측면의 발달을 얘기하지 않고는 얘기할 수가 없겠지만 엄밀한 의미에서 사물인터넷은 기술 용어가 아니다. 사물인터넷은 센서 기술, 무선통신기술, 데이터 처리 기술 등 지금까지 개발되어온 다양한 기술들을 함께 이용함으로써 새로운 가치를 만들어내는 패러다임의 변화라 할 수 있다.

이는 달리 말하면, 사물인터넷과 관련된 요소 기술들이 이미 성숙하여 있었음을 의미한다. 즉, 소자 및 무선통신 등 관련 기술의 표준화, 개방화, 소형화 및 저전력화 그리고 저가격화가 가능했기에 사물인터넷 붐이 일어날 수 있었던 것이다.

가) 관련 기술의 표준화

수많은 기업이 생산하는 다양한 사물인터넷 디바이스들을 아무런 문제없이 이용하기 위해서는 디바이스들은 표준화된 방식으로 통신을 할 수 있어야 하며 디바이스를 구성하는 소자들 역시 표준화된 방식으로 데이터를 교환할 수 있어야 한다.

이와 관련하여 ITU, IEEE, IETF와 같은 다양한 표준화 단체들이 관련기술의 표준화를 추진해 오고 있다. 특히, 사물인터넷에서 중요한 와이파이(Wi-Fi)나 블루투스(Bluetooth)와 같은 근거리 무선 통신기술들은 이미 오래전에 표준화가 완료된 상태다.

▲ 그림 2-4 표준화가 완료된 근거리 무선 통신 기술들

나) 개방화

또한, 표준화 단체들은 사물인터넷 플랫폼에 대한 표준을 개발함과 동시에 이에 대한 코드도 오픈함으로써 다양한 이해관계자가 모여서 자가 확장 및 확산을 유도하고 있다. 사물인터넷 생태계를 활성화시키기 위한 개방형 플랫폼은 응용프로그램 인터페이스(API, application program interface)의 개방, 더 나아가 코드의 개방(open source)으로 이어진다.

개방화는 하드웨어 분야에도 예외가 아니다. 아두이노(arduino)나 갈릴레오(galileo), 라즈베리 파이(raspberry pi)와 같은 오픈소스 하드웨어들은 회로도, 자재명세서(BOM, bill of meterials), PCB 도면 등 하드웨어의 설계 결과물뿐만 아니라 그것을 목적에 맞게 구동하는 firmware, OS, 응용프로그램 등의 소프트웨어 소스 결과물까지도 무료로 공개함으로써 다수에 의해 공유되어 확대, 발전되면서 다양한 시제품을 개발할 수 있는 환경을 조성하고 있다.

인터넷에 연결되는 사물의 수가 폭발적으로 증가하고, 개인이 보유하고 제공하는 디바이스의 수가 증가함에 따라 사물인터넷 디바이스의 정보 보안에 대한 우려도 급격히 증가하고 있다. 제한된 자원으로 운용되는 보안 기능 내장형 사물인터넷 디바이스 플랫폼 기술에 대한 개발도 활발히 추진 중이다.

다) 소형화와 저전력화

사물인터넷 관련 기술의 표준화와 함께 주목해야 할 것은 부품의 소형화 및 저전력화다. 마이크로칩의 밀도가 18개월마다 2배로 늘어난다는 무어의 법칙이나 황의 법칙[4]은 하드웨어 소형화를 위한 기술의 발전 속도를 상징적으로 표현한 말이다. 미세전자기계시스템[5](MEMS, Micro Electro Mechanical Systems)이나 나노기술(Nano Technology) 등 반도체 기술의

4) 황의 법칙 : 2002년 삼성전자 사장 황창규가 주장한 반도체 메모리가 1년마다 2배 집적도가 높아진다는 법칙
5) MEMS(멤스) : 미세전자기계시스템, 미세전자제어기술

발전은 전자소자를 수 밀리미터(㎜) 수준으로 작게 만들 수 있도록 하며, 소형화된 소자는 그만큼 적은 전력을 소모하게 된다. 저전력화는 다시 배터리의 크기도 줄일 수 있게 되므로 전체적인 소형화에 기여하게 된다.

라) 저가격화

저가격화는 하드웨어적인 측면에서만 나타나는 것이 아니라. 클라우드를 이용하는 서비스를 이용하는 비용 등 전 방위적으로 나타나고 있다. 소형화된 반도체 소자를 생산한다는 것은 같은 크기의 웨이퍼를 이용해서 더 많은 반도체를 생산할 수 있음을 의미한다. 즉, 반도체 기술 및 대량 생산 기술의 발전은 소자의 저가격화를 이끌고 있다. 이와 동시에 무선통신기술의 발전은 같은 가격으로 더 많은 데이터를 전송하는 것을 가능하게 만들고 있다.

2.1.4 사물인터넷 시스템 아키텍처

사물인터넷 시스템은 다양한 사물인터넷 요소 기술 및 서비스 영역을 최대한 수용할 수 있도록 개발되어야 한다. 사물인터넷 서비스를 제공하기 위한 시스템은 크게 5개의 영역으로 구성된다. 데이터의 흐름 관점에서 디바이스(Device), 네트워크(Network), 플랫폼(Platform), 그리고 서비스(Service)의 영역으로 구성되며, 이 모든 영역과 관련된 보안(Security) 영역이 존재하게 된다.

▼ 표 2-1 사물인터넷 시스템 아키텍처

Security			
Service	Platform	Network	Device
Presentation · UX	Processing	Connection · Transmission	Creation · Consumption

가) 디바이스 영역

디바이스 영역은 사물인터넷 서비스를 위한 데이터가 생성되거나 서비스 요청에 따른 반응이 나타나는 영역이다. 이를 위해 사물들은 주변의 환경정보를 전기적인 신호로 바꿔주는 센서(sensor)나 전기적인 신호를 물리적인 변화로 바꿔주는 엑츄에이터(actuator), 그리고 이러한 신호들을 주고받기 위한 통신 모듈 등을 포함하게 된다.

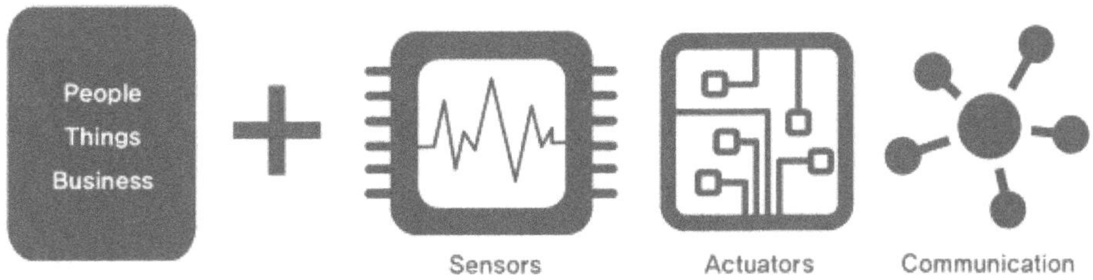

▲ 그림 2-5 사물인터넷 디바이스의 구성

나) 네트워크 영역

스마트 디바이스가 생성한 데이터들은 인터넷상의 어딘가에 존재하는 사물인터넷 서비스 플랫폼으로 전달되어야 하며, 이러한 역할을 담당하는 것이 네트워크 영역이다. 네트워크 영역에는 전송속도, 통신 거리, 통신 방식 등 서로 다른 특성을 갖는 다양한 통신기술들이 존재하며, 이 외에도 서비스 생성을 지원하는 기술, 데이터의 흐름을 제어하는 기술 등이 존재한다.

▲ 그림 2-6 다양한 네트워크 기술

다) 플랫폼 영역

사물인터넷 플랫폼은 다양한 사물인터넷 서비스를 제공하기 위해 다수의 사용자와 다양한 사물들 사이에 존재하여 중계자 역할을 하는 장치다. 초기의 사물인터넷은 해당 서비스나 응용 도메인별로 독립적인 플랫폼 위주의 수직적 모델로 구축되었으나 시간이 흐를수록 서비스나 응용 도메인의 경계를 허무는 통합 플랫폼 위주의 수평적 모델로 접근하고 있으며 그를 위한 기능도 발전하고 있다.

주의할 부분은 수평적 모델이 하나의 플랫폼으로 통합되는 것을 의미하는 것이 아니라 표준을 전제로 하는 복수의 플랫폼들이 인터페이스의 경계가 낮아짐을 말한다. 따라서 특정한 응용 서비스에 종속되지 않으며, 사물의 연결, 데이터의 수집 및 분석, 지능형 서비스의 생성 등 여러 서비스에서 공통으로 필요한 기능들을 수행한다.

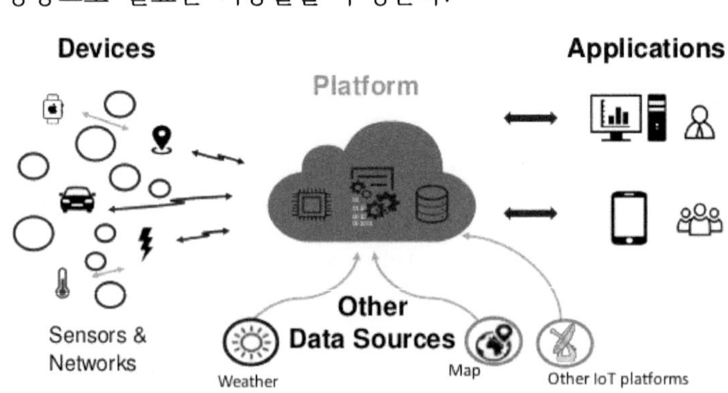

▲ 그림 2-7 사물인터넷 플랫폼 개념도

라) 서비스 영역

사물인터넷 서비스는 서비스 대상과 서비스 제공 주체에 따라 개인 IoT 서비스, 공공 IoT 서비스, 산업 IoT 서비스로 구분된다. 개인 IoT 서비스는 개인의 삶의 질 향상을 위해 개인이 직접 사물인터넷 디바이스를 구입하여 서비스를 이용하는 형태로, 스마트 홈, 헬스 케어, 스마트 카 서비스 등이 대표적이다. 산업 IoT 서비스는 기업이 산업 경쟁력을 강화하고 효율성을 제고하기 위해 도입하는 서비스에 해당하며, 스마트 공장, 스마트 농장 등이 이에 해당한다. 마지막으로 공공 IoT 서비스는 정부가 사회문제 해결 및 대국민 서비스를 제공하기 위해 인프라를 구축하여 제공하는 서비스로, 공공 안전, 환경, 에너지 등과 관련된 서비스가 이에 해당한다.

▲ 그림 2-8 개인 IoT 서비스 산업 IoT 서비스 공공 IoT 서비스

마) 보안 영역

사물인터넷 보안 기술은 사물인터넷 디바이스의 동작에서 응용 서비스까지 전 영역에 걸쳐 디바이스나 네트워크의 보안 취약점을 보완하여 다양한 위협에서 데이터와 기능을 보호하기 위한 기술을 말한다.

다양한 IoT 기기의 출시와 사물인터넷 서비스의 확산에 따라 보안 사고의 발생 빈도와 피해 규모가 점점 커지고 있으며 사이버 보안의 취약점 또한 확대되고 있다. 최근에는 개인 사생활 침해와 같은 사회적 역기능을 초래하여 이에 대한 우려로 새로운 사물인터넷 산업의 확대에 걸림돌이 되고 있다. 2014년 발표된 한 조사결과에 따르면 전 세계에서 발생한 75만여 건의 피싱과 스팸메일이 해킹당한 TV나 냉장고 등 가전제품에서 발송된 것으로 판명되었다. 국내에서는 2017년 11월에는 경남 일대에서 가정에 설치된 IP카메라 2,600여대가 해킹을 당해 사생활이 그대로 촬영되어 유출된 범죄가 발생하였다. 그러나 기업은 시장을 만들고 소비자 욕구를 먼저 충족시키는 것에 집중하고 있어서 보안 검토는 후순위로 밀린다. 기업에서는 최초 제품 기획 단계부터 보안을 최우선으로 고려하는 전환 인식이 필요하다. 사물 보안을 위한 명확한 가이드라인의 필요성이 중요한 이유다.

사물인터넷 보안은 기존의 IT 보안뿐만 아니라 추가적인 차이점과 특성이 존재한다. 기존의 전통적 보안은 IT 인프라 및 환경 하의 서비스에 대한 보안이었으나, 사물인터넷의 보안은 기존의 대상에서 제조사를 포함하는 다양한 생활 밀접형 기기 및 사용 환경에 대한 보호로 그 대상이 확대되어야 한다. 또한, 초경량의 저전력과 고신뢰성을 요구하는 사물인터넷 기기의 특성 상 상당 부분 상시 인터넷 접속을 유지해야 하고, 서비스로부터 원격지에 있기 때문에, 기기와 서비스의 설계 단계에서부터 제조사와 서비스 제공자를 통해 보안이 필수적으로 내재화되는 것이 근본적인 보호 방법이라 하겠다.

위와 같은 특징 외 IoT 보안은 기존의 기기-사람-서비스 간의 통신 및 보안에서 더 나아가 기기와 기기 간, 기기와 서비스 간 등 사람의 개입 없이 연결되어 데이터 처리와 제어, 서비스 제공 등이 이루어지고 있으므로 보안에 대한 침해 및 공격이 발생해도 사용자의 인지하지 못한다는 특성이 있다. 실생활과 밀접한 서비스의 경우 금전적 손실뿐만 아니라, 사용자의 생명을 위협할 수 있으며, 전 산업의 핵심 인프라 마비까지 이를 수 있을 정도로 심각한 상황을 초래할 위험을 안고 있다.

▼ 표 2-2 사물인터넷 보안의 차이점 및 특징

구분	기존	IoT
보호대상	PC,모바일기기중심	+ 주변의 모든 사물
대상의 특성	고성능, 고가용성을 가지는 운영환경	+ 초경량, 저전력
보안주체	ISP, 보안전문업체, 이용자	+ 제조사, 서비스제공자
보호방법	별도의 보안장비, SW 구현 및 연동	+ 설계단계부터 보안내재화

이러한 이유로 사물인터넷의 확산에는 보안이 매우 중요하며, 다양한 사물인터넷 업체 및 표준화 기구 그리고 국가적 차원에서의 기술 개발 및 정책적 지원 및 제도가 준비되고 있다. 전 세계적으로도 IoT 산업의 시장 확대에 따라 보안에 대한 관심과 투자가 이루어지고 있으며, 2016년 4월 IT 리서치 기업 가트너(Gartner)에 따르면, 전 세계 사물인터넷(IoT) 보안 지출 규모가 전년 대비 23.7% 증가한 3억 4,800만 달러에 이를 것으로 전망하고 있다.

2.2 데이터 생성

최근 스마트폰을 포함한 스마트 디바이스의 급속한 확산에 따라 모바일 통신 산업의 패러다임이 '음성통화'에서 '어플리케이션'으로 전환되고 있으며, 소비자들의 정보에 대한 인식이 "개발, 공유, 참여, 확산" 과정을 통한 개인화와 라이프 스타일의 변화 추구를 위한 용도에 많은 관심을 가지기 시작했다. 특히, 최근의 사물인터넷의 부각으로 인해 사물인터넷과 스마트 디바이스와의 연동을 통해 주변의 센서로부터 수집된 정보를 직접 가공·처리하거나 제어하는 개인 중심의 생활밀착형 센서 앱 서비스를 제공하려는 다양한 시도가 이루어지고 있다.

2.2.1 센서

침대와 램프를 연결하여 사람이 잠들면 램프가 자동으로 꺼지는 새로운 서비스를 만든다고 가정해 보자. 그렇다면, 침대는 사람이 잠들었다는 것을 어떻게 알 수 있을까? 바로 침대의 매트리스에 설치된 센서(sensor)가 사람의 움직임이나 숨 쉬는 소리 등을 측정하여 수면 여부를 결정하게 된다. 센서는 이처럼 어떤 사물 주변의 상태 변화나 온도, 압력, 속도와 같은 물리적인 환경의 변화를 감지한 후, 이를 전기적인 신호로 바꿔주는 장치를 말한다.

가) 센서의 종류

센서는 크게 물리적인 센서와 소프트웨어적인 센서가 있다. 물리적인 센서는 온도나 압력, 소리, 가스 등의 변화가 전기적인 값의 변화를 일으키는 소자로 구성된다. 반면, 가상 센서(virtual sensor)라 불리는 소프트웨어적인 센서는 물리적인 센서가 만들어낸 값들을 결합하여 새로운 값을 만들어내는 센서를 말한다. 예를 들면, 온도 센서와 습도 센서라는 물리적인 센서들의 값을 이용하여 불쾌지수 센서라는 소프트웨어적인 가상의 센서를 만드는 원리다.

▲ 그림 2-9 TV 리모컨에 사용되는 적외선 센서

센서의 종류는 그 센서가 어떤 값을 측정하느냐에 따라 구분되며, 물리적인 센서의 종류는 약 200여 가지가 된다고 한다. 일상생활 속에서 쉽게 접할 수 있는 센서로는 온도 센서, 습도 센서, 초음파 센서, 압력 센서, 가스 센서, 가속도 센서, 조도 센서, 자이로 센서 등이 있으며, 맥박이나 혈압, 혈당, 산소포화도(SpO2) 등을 측정하는 바이오 센서들도 의료기기나 헬스케어

장치에 많이 이용된다. 최근에는 사람들의 얼굴이나 동작(gesture)을 인식하는 기술에서부터 뇌파, 즉 사람들의 생각 변화를 측정하는 쪽으로 센서 기술이 발전해 나가고 있다.

2017년 5월 등장한 구글 렌즈는 소프트웨어 기반의 AI를 지원하는 가상 센서들로 구성된 단일 범용 센서로 단순히 꽃을 식별하는데 그치지 않고 품종까지 식별할 수 있다. 또한 구글 렌즈로 라우터 바코드를 스캔하면 자동으로 로그인이 된다. 보는 것만으로 사업체를 식별한 후, 사업체 별로 구글 지도 카드를 팝업으로 표시하기도 했다. 머신러닝 덕분에 실제 센서는 하나만 사용하면서도 소프트웨어로 100만 개의 가상 센서를 만들 수 있게 된 것이다.

나) 센서의 활용

센서는 사물인터넷 장치에는 기본적으로 들어간다. 스마트밴드의 경우 가속도 센서를 포함하고 있어서 착용자의 걸음 수나 수면패턴을 분석하는 데 이용된다. 우리가 가장 많이 이용하는 스마트폰에는 가속도 센서, 지자계 센서, 자이로 센서, 온도 센서, 조도 센서, 근접 센서, 소리 센서, 이미지 센서, 지문 센서, 터치 화면 등 무려 10여 종의 20여 개 센서가 사용되고 있다.

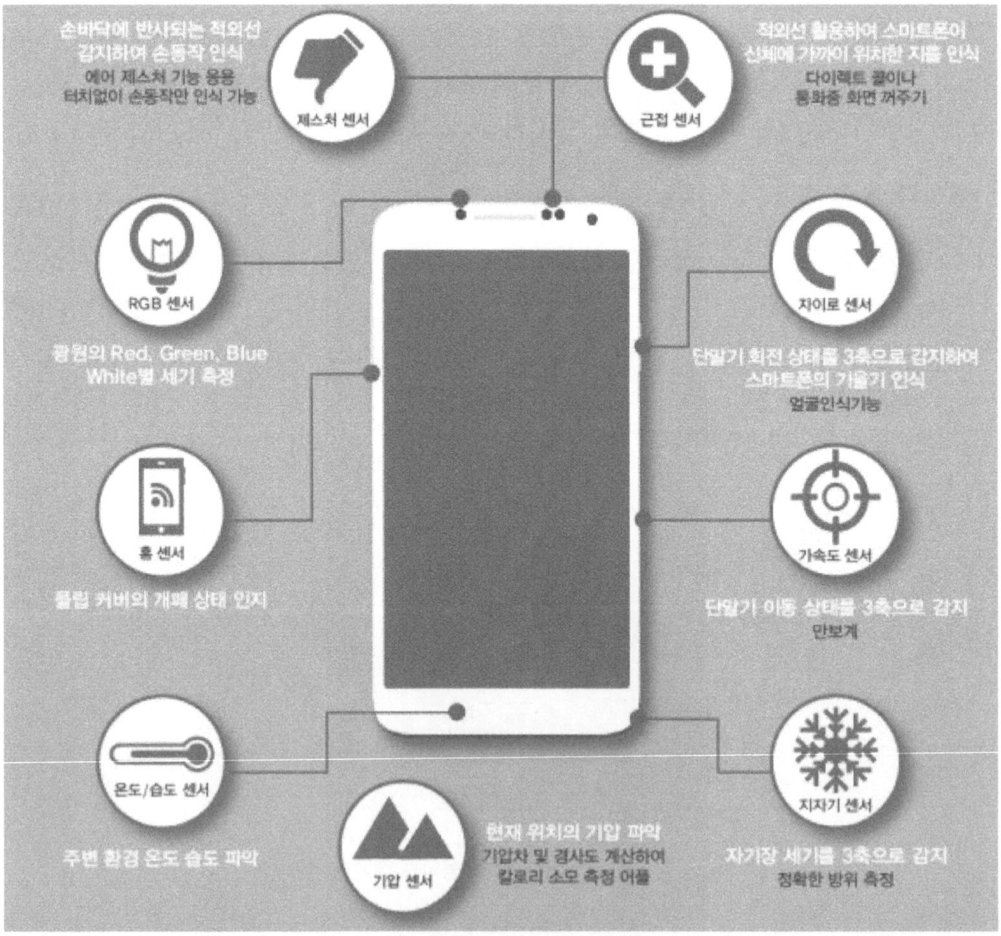

▲ 그림 2-10 스마트폰에 사용되는 다양한 센서의 종류

산업 분야에서는 전자제품보다 더 많은 센서가 이용되고 있다. 스마트 자동차의 경우 자동차 한 대에 약 150에서 200개에 달하는 센서가 사용되고 있으며, 항공기 엔진의 경우 2,000

개에서 5,000개에 달하는 센서가 이용된다고 한다. 전체 부품 수를 기준으로 하면 센서의 비중이 약 10%에 달한다고 하니 얼마나 중요한 역할을 하는지 알 수 있다.

2.2.2 MEMS 센서

MEMS(micro electro-mechanical systems)는 '미세 전자 기계시스템'을 뜻하며, MEMS 센서는 초소형의 고감도 센서로 물리적, 화학적, 생물학적 감지를 통해 외부 환경에 대한 감시, 검출 및 모니터링을 위한 도구로 활용되고 있다.

MEMS는 작게는 마이크로미터(μm)에서 크게는 밀리미터(mm) 정도의 크기를 가지는 전자기계 소자기술을 말한다. MEMS 기술을 이용해서 만들어지는 장치들은 크기가 매우 작기 때문에 일반적인 크기의 기기들과는 매우 다른 물리적 특성을 보인다.

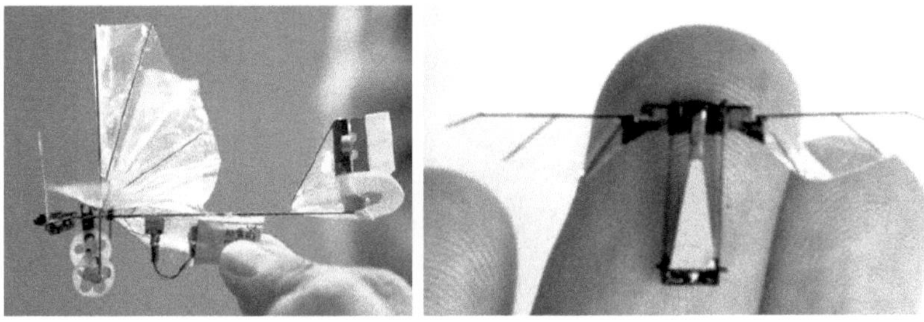

▲ 그림 2-11 멤스 기술을 응용해서 만든 초소형 비행로봇

예를 들면, 질량이나 관성 등의 중요성은 줄어드는 대신 표면장력이나 마찰력 등이 핵심 변수가 되는데, 이와 같은 특성을 이용해 전혀 새로운 용도의 제품들을 만들어 낼 수 있다.

■ **MEMS 제작 공정**

이처럼 작은 기계를 제작하기 위해서는 반도체 공정기술을 응용해야 한다. 반도체 회로를 만드는 것과 유사한 과정을 거쳐 멤스 구조물을 제작한다.

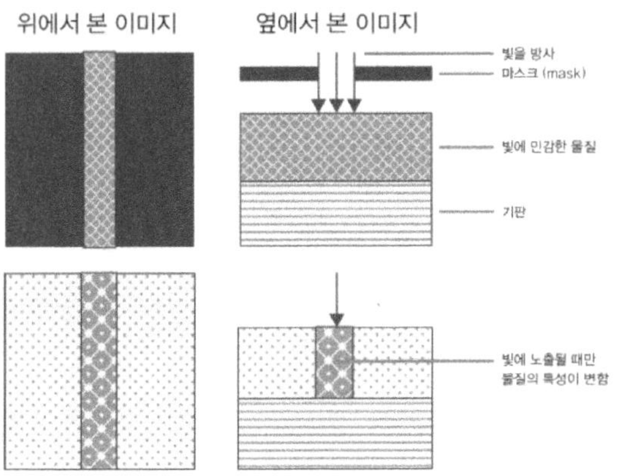

▲ 그림 2-12 MEMS의 제작 과정

기판 위에 진공상태에서 얇은 막을 입힌 뒤(증착) 레이저 광선을 이용해 원하는 모양의 구조를 새기고(리소그래피), 마지막으로 화학용액이나 가스 등을 이용해 불필요한 막을 제거하면(에칭) 미세 구조물을 얻을 수 있게 된다. 반도체가 평면적으로 미세 회로를 새기는 방식을 통

해 만들어지는 데 비해 MEMS는 구조물들을 3차원적으로 배열한다는 점에서 차이를 보이며, 실리콘, 고분자화합물(폴리머), 각종 금속 등 다양한 물질을 재료로 한다.

가) 멤스 센서 관련 주요 기술

MEMS 센서 관련 주요 기술로 초소형화를 위한 기술, 다양한 요소를 하나의 센서로 통합 센싱하는 기술, 3D MEMS 기술 등이 요구된다.

최근 반도체 미세가공 기술의 발전에 따라 패턴의 크기가 수 nm에서 수십 nm 영역으로 진입했으며, 이러한 나노 기술을 기반으로 NEMS(nano electro-mechanical system) 센서가 연구·개발되고 있다. 또한, NEMS 센서를 위한 나노 진동자의 진동 측정 기술, 3차원 나노구조 및 나노기계 진동자 제작 기술, 고성능 센싱을 위한 기술 등도 함께 필요하다.

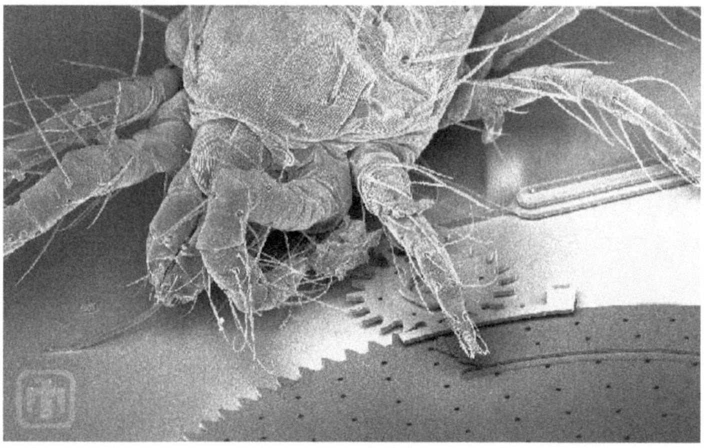

▲ 그림 2-13 NEMS 장치들의 전자현미경 사진

나) 멤스 센서의 적용분야

MEMS 기술을 이용하는 대표적인 센서는 가속도 센서로 스마트폰이나 스마트밴드처럼 제품의 움직임이나 움직임의 방향 정보를 이용하는 대부분의 스마트 디바이스에 이용되고 있다. 이 외에도 MEMS 기술은 다양한 분야에 활용될 수 있는데, 그 크기가 작아서 헬스케어 분야에 활용하기 위한 다양한 제품들이 개발되고 있다.

예를 들면, 스마트 콘택트렌즈에는 MEMS 기술을 이용한 센서가 포함되어 있어서, 렌즈 착용자의 당 수치를 실시간으로 관찰하는 데 이용될 수가 있다. 또한, 초소형 로봇을 제작하는 데도 활용되어 신체 내부의 건강 상태를 확인하는 데 이용되는 캡슐형 내시경 제작에도 이용될 수가 있다.

2.2.3 액추에이터 기술

액추에이터(actuator)는 모터나 스위치, 스피커, 램프처럼 전기적인 신호의 변화를 이용하여 물리적인 상태를 바꿔주는 장치를 말한다. 침대와 램프가 서로 연결되어 사람이 잠들면 램프가 자동으로 꺼지는 상황을 생각해 보자.

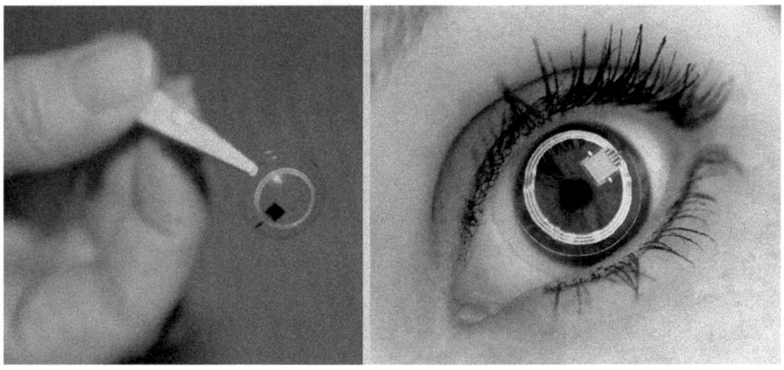

▲ 그림 2-14 컨택트 렌즈 타입의 MEMS 센서

침대에 설치되어 있는 센서가 사람의 움직임을 측정하고 분석하여 잠을 자기 시작했다고 판단을 하면, 램프에 신호를 보내어 램프를 꺼지도록 만든다. 이러한 경우처럼, 어떤 신호에 반응하여 자신의 상태나 주변의 상태를 변화시키는 장치를 액추에이터라고 한다.

가) 센서와 반대되는 개념, 액추에이터

액추에이터는 전통적으로는 전기적인 신호를 회전운동 혹은 직선운동 같은 물리적인 운동으로 바꿔주는 장치를 가리키는데 제한적으로 사용되던 용어였다. 그러나 사물인터넷에서는 이러한 개념을 보다 일반화시켜 전기적인 신호에 반응하는 모든 장치를 액추에이터라고 한다. 예를 들면, 알람시계에 맞춰 동작하는 커피포트나 토스터기도 액추에이터이며, 현관으로 들어오는 사람을 인식하고 문을 열어주는 자동문도 액추에이터에 해당한다.

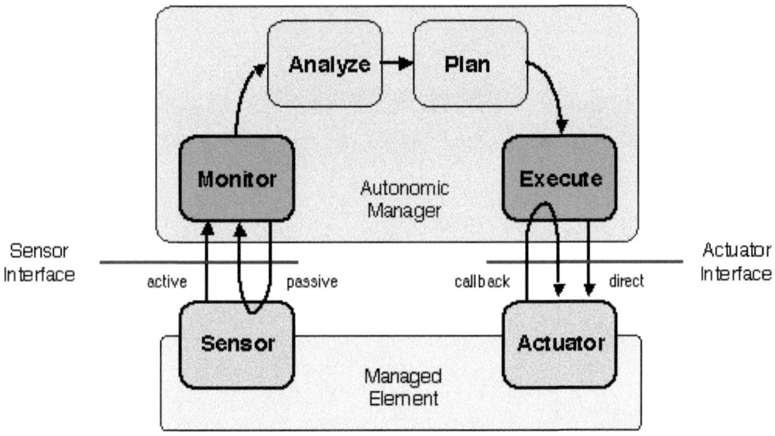

▲ 그림 2-15 센서와 액추에이터의 인터페이스

나) 액추에이터의 종류

기계공학 분야에서는 물리적인 움직임을 생성하는 방식을 기준으로 액추에이터를 구분한다. 예를 들면, 전기식 액추에이터, 유압식 액추에이터, 공기압식 액추에이터 등이다. 그러나, 이런 구분은 모터에서 발견되는 회전운동이나 피스톤이나 스위치에서 발견되는 직선운동과 같은 물리적인 움직임을 생성하는 액추에이터에 한하여 적용이 가능하다.

사물인터넷 시대에는 물리적인 움직임의 변화뿐만 아니라, 소리의 변화, 빛의 변화, 온도의 변화, 농도의 변화 등 바뀌는 상태의 유형에 따라 액추에이터를 구분하기도 한다. 예를 들어,

스피커나 도어벨(doorbell) 같은 것은 소리의 변화와 관련된 액추에이터이며, 스마트 LED 램프나 LED 전광판 등은 빛의 변화와 관련된 액추에이터이다.

▲ 그림 2-16 상태 변화에 따라 꺼지거나 켜지며 색까지 바뀌는 스마트 램프

사물인터넷 시대에도 물리적인 움직임과 관련된 액추에이터가 많이 이용된다. 스마트 도어락(doorlock)이나 스마트 가스 잠금장치(gas-lock)처럼 모터가 들어가서 직선운동이나 회전운동을 기본으로 하는 스마트 제품들이 이에 해당된다.

센서 장치나 혹은 스마트폰 등이 만들어내는 값을 바탕으로 상태의 변화를 보이는 사물들이 있다면, 이들은 모두 액추에이터라 할 수 있다. 앞에서 소개한 커피포트나 스마트 램프, 스마트 도어락 등이 이에 해당하며, 스마트폰으로 원격으로 제어할 수 있는 에어컨이나 가스보일러도 이에 해당한다.

다) 액추에이터의 활용

사물인터넷 시대의 대표적인 액추에이터 제품은 누가 뭐래도 드론(drone)이라 할 수 있을 것이다. 드론은 원래 군 사용도로 개발되었지만 최근에는 다양한 용도로 사용되고 있다. 또 크기가 작고 가격이 저렴한 개인용 드론이 보급되어 스마트폰으로 드론을 조종하는 모습을 쉽게 볼 수 있다.

▲ 그림 2-17 농약 살포중인 드론

드론은 모터에 의해 움직이는 프로펠러를 적어도 4개 이상 포함하고 있고 카메라, 센서, 통신시스템 등이 탑재되어 있다. 어떤 드론 제품들의 경우, 드론에 부착된 카메라를 상하좌우로 제어하기 위한 모터를 추가로 이용하기도 한다.

스마트 펫(smart pet)은 드론과는 달리 주변의 상태나 사용자의 동작 등을 감지하여 반응하는 액추에이터 제품이다. 다리나 꼬리를 움직이기도 하고, 소리를 내거나 스마트폰 화면을 이용하여 자신의 감정을 표현하기도 한다. 최근 제품들은 여러 상황에 맞게 행동할 수 있도록 다양한 센서를 보강하고 이미지 음성인식 및 해석에 클라우드와 딥러닝 기술을 활용하여 사람에게 보다 가깝게 다가갈 수 있도록 만들어졌다.

▲ 그림 2-18 소니에서 출시한 로봇 강아지 'aibo' ERS 7

2.2.4 음성인식 기술

사물인터넷 서비스를 위해서는 사용자의 의도를 정확하게 파악하는 것이 중요하다. 지금까지 인간과 컴퓨터의 소통 수단은 대부분 모니터, 키보드 등으로 제한되어 각종 프로그램을 익혀야만 컴퓨터와 소통할 수 있었다. 하지만 사물인터넷은 키보드가 아닌 센서를 통해 정보를 인식할 수 있어야 하고 그 중 가장 자연스러운 방법은 인간의 주 의사소통 수단인 '말'을 듣고 이해하는 방법일 것이다.

음성인식 기술은 그런 역할을 수행하기에 가장 적합한 기술이다. 음성인식기술은 컴퓨터가 마이크와 같은 소리 센서를 통해 얻은 음향학적 신호(acoustic speech signal)를 단어나 문장으로 변환시키는 기술을 말한다. 나아가 그 안에 포함된 정보를 추출·가공하여 음성 합성, 화자 인식, 언어 처리 등의 요소 기술을 적용해 다양한 서비스에 활용할 수 있다.

컴퓨터가 사람의 말을 이해하는 과정을 보면 일종의 패턴 인식이다. 일반적으로, 음향 신호를 추출한 후 잡음을 제거하는 작업을 하게 되며, 이후 음성 신호의 특징을 추출하여 음성모델 데이터베이스(DB)와 비교하는 방식으로 음성인식을 하게 된다. 음성인식기술 역시 센싱과 데이터 분석 기술이 결합하여 있기는 하지만, 측정하고 분석해야 하는 데이터가 음성 데이터 하나라는 점에서 보다 손쉽고 정확하게 사람의 의도를 파악할 방법으로 알려졌다.

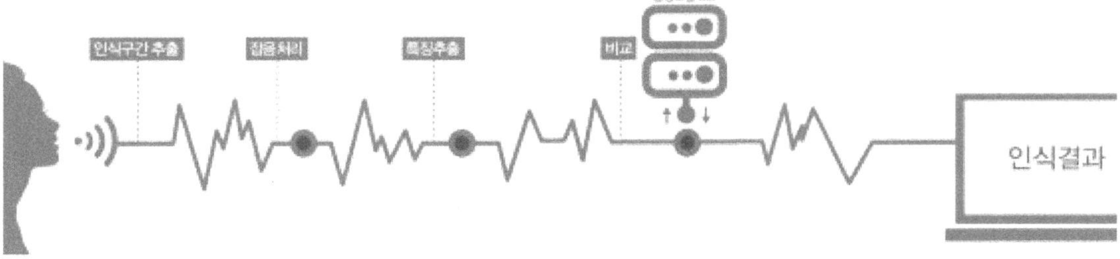

▲ 그림 2-19 음성인식기술의 일반적인 구성

가) 음성인식 기술의 분류

음성인식 분야에 대한 연구는 1950년대부터 시작하여 지금까지 짧지 않은 기간 동안 이루어지고 있다. 음성인식의 궁극적인 목표는 인간과 마찬가지로 자연스럽게 발성되는 모든 음성을 인식할 수 있는 수준이어야 하지만 기술적인 한계로 인하여 응용 환경에 따라 음성인식기를 여러 단계로 나누어 개발하고 있다. 발성의 형태에 따라 음성의 인식 엔진을 다음과 같이 분류할 수 있다.

- **고립 단어 인식(isolated word recognition)** : 문장이 아니라 단어 단위로 인식하는 것으로 한 단어씩 떨어져 있는 형태 때문에 고립단어인식이라고 한다. 이 방식은 인식대상 단어가 고정되어 있는 고정단어인식과 사용자가 응용분야에 따라 인식 대상 단어를 갱신할 수 있는 가변단어인식의 두 가지 형태로 나누어 볼 수 있다.

  음성 인식의 가장 초보적인 단계이며 현재 가장 많이 상용화되어 있는 형태이다. 명령어 인식, 단독 숫자음 인식, 또는 영어 알파벳 인식 등을 대표적인 예로 들 수 있다. 수십 단어 급에서 수십만 단어 급까지 다양한 형태가 있으며, 비교적 조용한 환경에서 인식률은 90% 이상의 수준이다.

- **연결 단어 인식(connected word recognition)** : 여러 개의 단어를 연결시켜 발성한 것을 인식하는 형태이다. 대상 단어가 제한되더라도 단어들의 조합으로 다양한 발성을 다룰 수 있으며, 고립단어인식에 비해 유연한 인터페이스를 제공할 수 있다. 고립 단어인식에 비해 난이도가 높으며 인식률이 낮다. 대표적인 예가 연속숫자 인식(connected digit recognition)으로, 현재 부분적으로 상용화되고 있다.

- **핵심어 검출(keyword spotting)** : 자연스럽게 발성한 연속된 음성 중에서 인식 대상 단어만을 추출하여 인식한다. 문장형태의 발성을 그대로 인식하는 것은 성능 면에서 한계가 있으므로 이를 극복하고 특정한 분야로의 적용을 위해 제안된 방식이다. 사용자 입장에서는 자연스럽게 말할 수 있어 더욱 친숙한 인터페이스의 느낌을 가질 수 있다.

  열차, 비행기 자동 예약 시스템 등에서 사용자가 발성한 여러 가지 정보 중에 지명에 해당하는 것만을 알고 싶을 경우 이러한 방식을 이용하며, 상품 예약, 자동 콜센터 등에도 이용이 가능하다. 현재 부분적으로 상용화가 이루어지고 있다.

- **연속 음성 인식(continuous speech recognition)** : 자연스럽게 발성한 문장형태의 연속된 음성을 인식할 수 있다. 가장 난이도가 높은 단계이며 음성신호처리 기술뿐만 아니라 언어처리 기술도 요구하고 있어 음성타자기 등 문법형식에 맞는 발성의 인식에 주로 적용되고 있다.
  자유 대화 형태의 발성은 언어적 문법을 적용하기가 까다롭고 음향학적 발성형태도 매우 다양하여 인식에 어려움을 주고 있다. 인식 대상 단어의 크기는 수만 단어급에서 수십만 단어 또는 무제한 어휘로 구분할 수 있다.

또 다른 기술적 한계는 화자특성에 따른 음성인식률의 차이이다. 특정 화자만을 대상으로 하여 높은 인식 성능을 제공하는지, 비교적 무난한 인식성능을 가지며 임의의 화자 누구나 사용할 수 있는지에 따라 다음과 같이 분류할 수 있다.

- **화자 종속 인식(speaker-dependent speech recognition)** : 특정 화자 또는 사용자가 자신의 음성으로 미리 인식기를 훈련시키는 과정이 필요하다. 이 경우 인식기는 훈련된 화자의 음성을 다른 화자에 비해 더 정확히 인식할 수 있다. 목소리가 비슷한 사용자의 음성이라도 훈련된 화자의 음성 인식률이 더 높은 특성을 지닌다. 비교적 구현이 간단하여 단말기 등에 탑재되어 응용되고 있으나 사용자가 훈련하는 과정을 거쳐야 하는 불편함이 있으므로 제한된 분야에만 사용된다.

- **화자 독립 인식(speaker-independent speech recognition)** : 미리 수백 또는 수천 명의 음성에 관한 정보를 추출하여 데이터베이스화함으로써 별도의 훈련 과정 없이 어떤 사용자라도 사용하도록 하는 것이 목적이다. 화자종속 인식기에 비해 구현이 어려우나 현재 대부분의 상용화 시스템은 이 방식을 이용한다.

- **화자 적응(speaker adaptation)** : 화자적응 방식은 화자종속 및 화자독립 방식을 절충한 것으로 특정 화자가 화자독립 인식기를 사용하는 경우 자신의 목소리에 대한 인식률을 높이기 위해 화자독립 인식기를 자신의 목소리에 적응시키는 방식이다. 이를 위하여 사용자는 인식기를 사용하기 전에 인식기가 요구하는 소량의 발성을 하는 과정을 거쳐야 한다.

나) 음성인식 데이터베이스

음성기술은 기준이 되는 음성정보를 미리 구축해 놓고 입력되는 정보와 비교하는 패턴인식의 기본 범주 안에 있는 기술이므로, 음성기술에 적합한 음성 데이터베이스의 구축은 그 기반이 된다. 특히 화자독립 음성인식을 위해서는 충분한 규모의 음성 데이터가 확보되어야 한다.

한편, 응용서비스 환경과 유사한 조건에서 음성신호를 수집할수록 인식 성능은 높아질 수 있는데, 실제 환경은 수많은 잡음이 존재하고 음향환경, 전송채널 등이 다양하다.

화자의 경우에도 성별, 나이, 지역, 시기, 교육수준, 경험여부, 전문성, 친숙도 등에 따라 차이가 있으므로 이들을 모두 고려하여 각각 구축한다는 것은 사실상 불가능한 일이다. 이를 해결하기 위해서는 음성정보가 충분히 표현되고 구조화 및 표준화되어 사용자가 필요로 하는 데이터를 쉽게 추출하여 활용할 수 있도록 해야 한다.

국내의 음성 데이터베이스 구축 사업은 지식정보화 사업의 일환으로 실제 서비스 환경을 고려한 추가 구축이 진행되어 왔기 때문에 그 동안 국내의 학계 및 업계에서 누적되어 온 음성 데이터베이스의 수요가 어느 정도 충족된 것으로 볼 수 있다. 다만, 응용서비스 분야가 다양하고, 다국어를 반영하기 위해서 외국어 데이터베이스 구축 등 지속적인 확충이 필요하다.

다) 음성인식 서비스

음성인식기술을 바탕으로 한 다양한 음성인식 서비스들은 2000년대 후반에 본격적으로 소개되기 시작했다. 대표적인 것이 2011년에 출시된 애플의 음성 기반 개인비서 서비스인 '시리

(Siri)'다. 시리는 아이폰 사용자의 음성명령을 바탕으로 모바일 검색은 물론, 일정관리, 전화 걸기, 메모, 음악 재생 등 다양한 생활편의 서비스를 제공하는 개인비서 서비스다. 애플의 시리 출시 이후, 구글은 '구글 나우(Google Now)', 마이크로소프트는 '코타나(Cortana)', 아마존은 '알렉사(Alexa)'와 같은 음성인식 기반의 개인비서 서비스를 출시했으며 그 외에도 다양한 특징, 외관을 갖춘 음성인식 스피커가 등장했다.

현재 이들 '인공지능 스피커'는 음성인식 스마트 허브로 진화하고 있는 중이다. 음성인식의 정확도는 사용자의 음성 명령 데이터를 토대로 스스로 학습, 동작 정확성을 높인다. 꾸준히 축적된 음성 명령 DB와 사용자 피드백 덕분에 음성인식 속도는 물론 종류, 서비스 범위도 넓어질 것으로 예상된다. 사실, 이러한 음성인식 서비스들은 서비스라기보다는 다양한 응용 서비스를 위한 음성 인터페이스 역할을 했다는 것이 더 정확할 것이다.

▲ 그림 2-20 국내에 출시된 인공지능 스피커의 CF 한장면

스마트 홈 허브는 사용자와 대화하며 집안 가전제품의 상태를 확인해서 알려주고 동작을 제어하는 역할을 한다. 나아가 사용자의 생활 습관을 분석해 스스로 동작하고 전력 소모량까지 관리하는 등 한층 스마트해질 전망이다. 이처럼 인공지능과 결합된 음성인식 기술은 음성비서, 자율주행 자동차, 실시간 음성 통역 등 다양한 분야에서 활용될 것으로 기대되고 있다.

관련된 신기술 중에는 2017년 옥스퍼드 대학과 딥마인드 개발한 인공지능 입술 인식 기술 'WAS(Watch, Attend and Spell)'이 있다. 이는 마치 청각 장애인이 화자의 입술 움직임을 보고 대화 내용을 식별하는 것과 같은 원리를 적용한 기술로 시각적 정보를 사용하기 때문에 시끄러운 주변 환경이나 화자의 프라이버시 침해 없이 정보 소통이 가능하다는 점이 장점이다. 이 기술은 마이크가 장착되지 않은 CCTV에 적용될 경우 더 많은 정보를 획득하게 될 것이며 청각 장애가 있는 사람들이나 노년층에도 유용한 기술이 될 수 있을 것으로 평가된다.

2.2.5 RFID

식별번호는 어떤 대상을 식별하기 위해 사전에 정해진 번호체계에 따라 부여하는 고유번호이다. 따라서 전파식별(RFID) 시스템에서는 처리하고자 하는 모든 코드체계에 대한 규칙정보를 미리 갖고 있어야 한다. 식별용 코드체계는 반드시 숫자로만 구성되는 것은 아니다. 영문, 한글, 특수문자 등 어떤 것이든 정해진 규칙을 부여하고, 읽은 후에 정해진 규칙대로 해석만 할 수 있다면 사용할 수 있다. 예를 들어 우리나라 자동차번호에는 한글이 들어간 식별번호 체계를 사용하고 있다.

■ RFID 정의와 특징

RFID는 무선 주파수(RF, radio frequency)를 이용하여 물건이나 사람 등과 같은 대상을 식별(IDentification)할 수 있도록 해 주는 기술을 말한다. RFID는 안테나와 칩으로 구성된 RFID 태그에 정보를 저장하여 적용 대상에 부착한 후, RFID 리더를 통하여 정보를 인식하는 방법으로 활용된다.

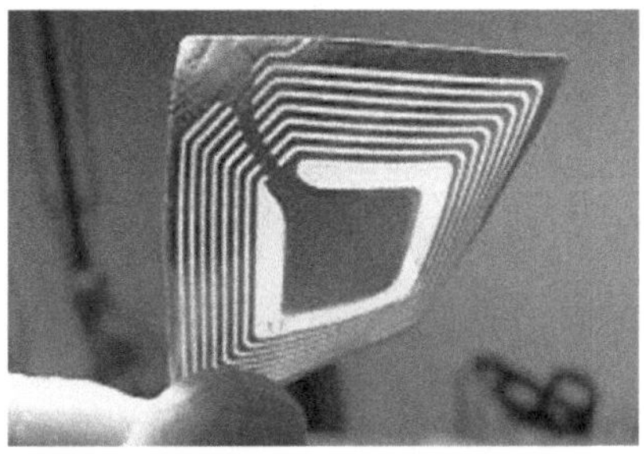

▲ 그림 2-21 RFID 반도체칩

RFID는 기존의 바코드(Barcode)를 읽는 것과 비슷한 방식으로 이용된다. 그러나 바코드와는 달리 물체에 직접 접촉을 하거나 어떤 조준선을 사용하지 않고도 데이터를 인식할 수 있다. 또한, 여러 개의 정보를 동시에 인식하거나 수정할 수도 있으며, 태그와 리더 사이에 장애물이 있어도 정보를 인식하는 것이 가능하다.

RFID는 바코드에 비해 많은 양의 데이터를 허용한다. 그런데도 데이터를 읽는 속도 또한 매우 빠르며 데이터의 신뢰도 또한 높다. RFID 태그의 종류에 따라 반복적으로 데이터를 기록하는 것도 가능하며, 물리적인 손상이 없는 한 반영구적으로 이용할 수 있다.

▼ 표 2-3 타 매체와의 비교

	바코드	자기 카드	IC카드	RFID
인식 방법	비접촉식	접촉식		비접촉식
인식 거리	~50㎝	리더기에 삽입		~10m(Passive)
인식 속도	4초	4초	1초	0.01~0.1초
인식률	95%	99.9% 이상		
투과력	불가능			가능(금속제외)
사용기간	-	1만 번 이내(4년)	1만 번(5년)	10만 번(60년)
데이터 저장	1~100byte	1~100byte	16~64Kbyte	64Kbyte
Data Write	불가	가능		
카드 손상률	매우 잦음	잦음	잦음	거의 없음
태그 비용	가장 저렴	저렴	높음($10 이상)	보통($0.5~$1)
보안 능력	거의 없음		복제 불가	
재활용	불가능		가능	

가) RFID 시스템 구성

RFID 시스템은 반도체 칩과 주변에 안테나를 결합한 RFID 태그(tag), 태그와 통신하기 위한 안테나 및 안테나와 연결된 RFID 리더기, 그리고 이러한 시스템을 제어하고 수신된 식별번호 정보에 대한 상세 정보 콘텐츠를 처리하는 호스트로 이루어져 있다.

▼ 표 2-4 RFID 구성요소

호스트 컴퓨터	리더기	Air 인터페이스(안테나)	RFID 태그
H/W와 인터페이스를 통해 컨트롤,TAG 정보를 Read/Write.	Tag의 Data를 인식하여 필요한 형태로 이용될 수 있도록 함	비 접촉 무선방식을 활용하여 RF Channel을 통해 Data를 주고받음	필요한 정보를 저장

RFID 태그는 Read_only, Write Once Read Many), read/Write의 3가지로 분류한다.

나) RFID 시스템 동작

이렇게 구성된 RFID 시스템은 다음과 같은 방식으로 동작한다.

① 칩과 안테나로 구성된 RFID 태그에 활용 목적에 맞는 정보를 입력하고 대상에 부착
② 게이트에 부착된 리더기에서 안테나를 통해 RFID 태그를 향해 무선 신호를 송출
③ 태그는 신호에 반응하여 태그에 저장된 데이터를 송출
④ 신호를 수신한 안테나는 수신한 데이터를 디지털 신호로 변조하여 리더기로 전달
⑤ 리더기는 데이터를 해독하여 호스트 컴퓨터로 전달

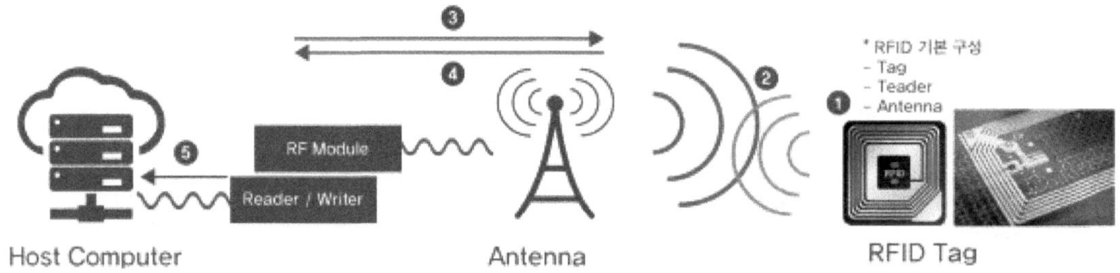

▲ 그림 2-22 RFID 동작 원리

다) RFID의 적용 사례

RFID 기술 표준화가 이루어지고 장비와 태그의 가격이 점점 낮아지면서 RFID는 이미 우리들의 일상생활에서 다양하게 활용되고 있다. 매일 이용하는 교통카드는 대표적인 RFID 태그 중의 하나이며, 고속도로의 하이패스도 RFID 기술을 이용하고 있다. 도서관에서 빌려주는 책이나 크고 작은 매장에서 판매되는 상품에도 도난 방지용으로 RFID 태그가 부착되어 있다.

이 외에도 인건비 절감 및 관리 비용을 줄이기 위해 유통 · 물류 · 운송 분야에서 제품의 이동, 반입, 반출 정보의 확인 및 재고 파악 등을 위해 이용되기도 하며, 직원들의 근태 관리 및 출입통제 등의 수단으로 이용되기도 한다. 또한, 한우나 인삼 등의 농산물 이력 관리나 약품 관리 등 위변조를 방지하기 위한 목적으로도 이용된다.

라) RFID 도입효과

RFID는 근로자의 수작업을 통해 개별적으로 확인해야만 했던 것들을 컴퓨터 시스템이 자동으로 확인할 수 있도록 해 준다. 따라서 제품의 생산 및 관리를 위한 처리 속도가 빨라지고 오류가 감소하게 된다.

- **효과적인 재고관리** : 상품의 생산에서 유통까지 과정이 인터넷을 통해 실시간으로 관리되기 때문에 판매량에 따른 최소 수준의 재고를 유지하면서 효율적으로 관리할 수 있다. 그로 인해 과 재고로 인해 발생하는 제품의 손실이나 변질 등도 미연에 방지할 수 있다.
- **입출고 판독시간 및 검수 정확도 향상** : 바코드처럼 각 제품의 개수와 검수를 위해 일일이 리더기를 가져다 댈 필요 없이 자동으로 대량 판독이 가능하기 때문에 불필요한 판독 시간을 줄일 수 있다. 또 모든 과정이 수작업 대신 네트워크를 통해 자동으로 이루어지기 때문에 원격지에서도 정확한 정보를 실시간으로 확인 가능하다.
- **도난 등 상품 손실 절감** : 상품의 수량과 위치를 실시간으로 파악할 수 있기 때문에 도난으로 인한 상품의 손실을 막을 수 있다.
- **반품 및 불량품 추적/조회** : 반품 신청을 해 두고 고객이 마냥 기다리는 것은 여간 불편한 일이 아니다. RFID를 이용하면 반품이나 불량품으로 처리된 제품의 수량과 처리 현황 등의 실시간 조회 서비스를 고객에게 제공할 수 있어 고객 만족도를 높일 수 있다.

2.2.6 비콘

스마트폰 도입 초기 근거리 파일 공유 등으로 각광받던 블루투스 기술은 와이파이망의 확산과 3G(3세대), LTE-advanced(4세대 이동통신) 요금 인하로 대중의 관심에서 멀어져갔다. 그랬던 블루투스가 다시 주목받는 것은 O2O(online to offline) 서비스에는 LTE 등과는 다른 고정 위치 기반 근거리 통신 기술이 필요했기 때문이다. 사용자들의 뇌리에서 잊혀졌지만 와신상담하며 기술을 고도화한 것이 IoT 시대를 맞아 빛을 보게 됐다. 비콘은 IoT 시대를 맞아 몰락해 가던 블루투스 기술을 부활시키는 주역으로 손꼽힌다.

가) 비콘의 개념

비콘(Beacon)은 신기술도 아니고 특정 기술 상표명도 아니다. 비콘의 사전적 의미 역시 '봉화, 신호소, 등대' 등으로 위치 정보를 알려주는 걸 뜻한다. 기술적으로 쓰이는 비콘 역시 위치 정보, 그러니까 "내가 여길 지나간다."거나 "누구누구가 여기를 지나갔다."는 신호를 준다는 개념으로 쓰인다.

비콘은 블루투스4.0 LE[6] 프로토콜 기반의 근거리 무선통신 장치로 최대 50m 이내의 장치들과 교신할 수 있다. 5~10㎝ 단위의 구별이 가능할 정도로 정확성이 높고 전력 소모가 적어 모든 기기가 항상 연결되는 사물인터넷 구현에 적합하다.

6) 블루투스4.0 LE : BLE(Bluetooth Low Energy), 기존 버전에 비해 전력 소비가 줄고 보안이 강화됨

애초에 IoT 시대를 이끌 기술로 10㎝ 미만의 거리에 적용되는 태그 방식의 근접무선통신(NFC, near field communication)이 각광받았다. 하지만 NFC를 사용자들이 외면하면서 공은 다시 비콘으로 넘어왔다. 비콘은 NFC보다 가용거리가 길어 공간 단위의 사용자 경험을 제공할 수 있는데다 개당 가격이 비싸지 않고 크기도 작아 IoT 인프라 구축의 기본 단위가 될 수 있기 때문이다. GPS 기술로 불가능했던 실내 위치 정보 제공도 비콘 만의 장점이다.

근거리 마케팅 외에도 비콘의 사용처는 무궁무진하다. 가장 관심을 끄는 부문은 무선 결제다. 기존의 모바일 결제가 전자상거래에 특화한 것이라면 비콘은 오프라인 매장에서의 결제 방식을 바꿀 전망이다. 계산대 앞에서 줄을 길게 서지 않고 물건을 쇼핑백에 넣고 매장을 나가는 것만으로도 결제가 가능하다.

SK플래닛 '시럽(syrup)'과 스타벅스의 '사이렌오더(siren order)' 등이 비콘을 이용한 O2O 서비스의 예이다. '시럽'은 사용자가 비콘 설치 매장에 들어서면 모바일 전단, 할인 혜택, 쿠폰 등을 폰에서 실시간으로 받아볼 수 있고 스타벅스의 '사이렌오더'도 매장 근처에서 모바일로 주문과 결제를 하고 매장에 들어서면 줄을 서서 기다릴 필요 없이 음료를 받을 수 있다.

반면에 스마트폰의 위치를 정확히 파악할 수 있어 개인정보 수집에 활용될 가능성이 있으며, 사용자의 동의가 필요 없다는 특성상 원치 않는 스팸들이 사용자에게 전송될 수 있다.

▼ 표 2-5 비콘과 NFC 비교

	NFC	Beacon
통신방식	전파식별(RFID) 태그	블루투스 4.0 (BLE)
적용범위	20㎝이내(실효 4㎝), 근거리	50m이내(실효 10m), 원거리
태깅(Tagging)	필요	필요 없음(비접촉)
정보 제공방식	Active(능동형)	Passive(수동형)
지원단말기	NFC칩 부착 단말기	블루투스 4.0 이상 안드로이드 4.3 이상 iOS 7이상
특징	일대일 서비스 Private 서비스에 강점	일대다, 다대다 서비스 Public서비스에 강점
장점	맥락인식 응용 가능 사용자 의도 파악 가능 배터리 필요 없음 뛰어난 보안성	저전력으로 배터리 부담 감소 다양한 서비스 제공, 컨버전스 가능 실내 위치 정보를 포함한 정교한 위치 파악 가능 수집된 고객정보로 타겟 마케팅 가능
단점	수동적 서비스 NFC 리더기 확산의 어려움 사용자 비친화성	블루투스 활성화 및 관련 앱 설치 필요 상대적으로 보안에 취약하고 스팸 노출 등의 부작용

나) 비콘의 종류

비콘 장치는 신호를 보내는 방식에 따라 여러 가지 종류가 존재한다. 등대처럼 빛을 이용할 수도 있고, 봉화대처럼 연기나 빛을 이용할 수도 있다. 또한, 특정한 모양이나 색을 띤 깃발을 이용할 수도 있고 소리나 전파를 이용할 수도 있다. 사물인터넷에서 말하는 비콘은 일반적으로 블루투스를 이용해서 주기적으로 신호를 보냄으로써 자신의 위치를 알려주거나 정해진 동작을 수행하도록 하지만 일부 비콘들은 초음파를 이용하거나 혹은 초음파와 블루투스 신호를 모두 이용하기도 한다.

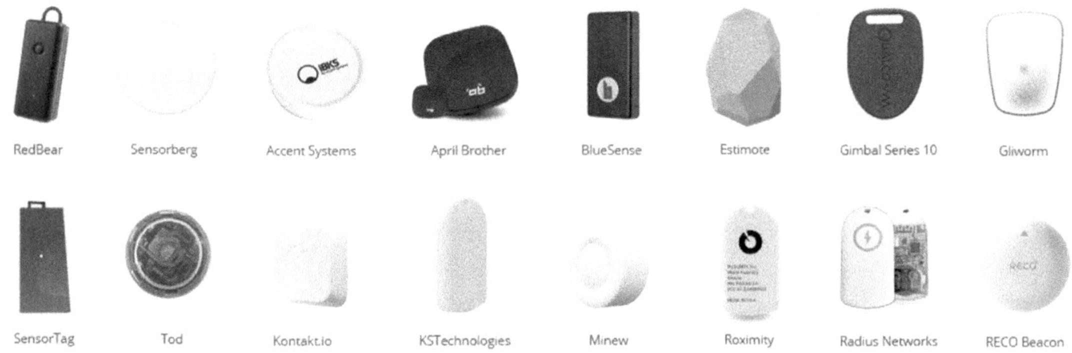

▲ 그림 2-23 다양한 모양의 비콘들

동전만한 크기의 스티커형 비콘은 스티커처럼 정보기술(IT) 기기는 물론 자전거, 신발 등에도 쉽게 붙일 수 있다. 이 스티커를 지갑에 넣어 놓으면 스마트폰과 일정거리 이상 떨어졌을 때 알람이나 진동으로 알려줘 지갑의 분실을 막을 수 있다. 복잡한 설치 과정 없이 붙이기만 하면 모든 물체를 IoT 기기로 만들어준다. 본격적인 IoT 시대가 도래해도 고도의 연산 칩셋이 필요 없는 물건은 단지 비콘을 붙이는 것만으로도 족하다.

다) 비콘의 동작

비콘은 아래 그림에 보이는 것과 같이 동작한다. 비콘을 활용한 서비스는 기본적으로 매장 내 특정 장소에 비콘을 설치한다. 스마트폰이나 태블릿 등의 모바일 단말을 소지한 고객이 커버리지 내에 진입할 경우 해당 비콘이 주기적으로 보내는 신호를 감지하여 해당 비콘의 ID를 비콘 매니저(Beacon manager)에게 문의하게 된다. 만약, 수신한 비콘 ID와 관련된 서비스가 정해진 서비스가 있다면, 사전 동의된 정보를 제공하여 해당 서비스를 받거나 애플리케이션에서 해당 서비스를 실행하게 된다. 특히 Beacon은 이용자가 별도의 행동을 취하지 않더라도 자동으로 이용자의 위치를 파악해 관련 서비스를 제공하는 것이 특징이다. 이용자 입장에서는 별다른 행동을 취할 필요 없이 혜택을 제공받을 수 있기 때문에 이용편의성이 증가한다.

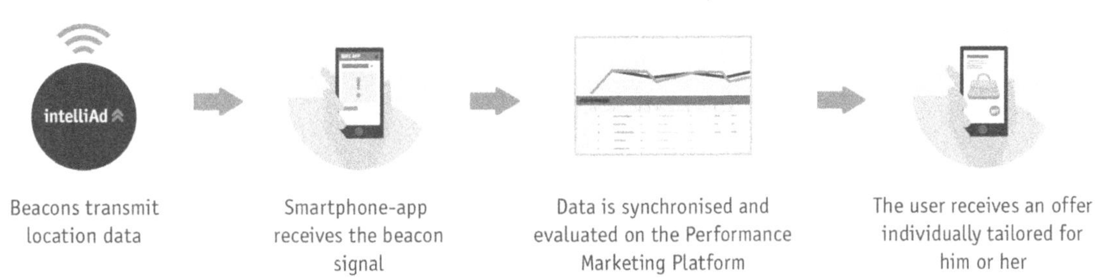

▲ 그림 2-24 비콘의 동작원리

특정한 비콘에 대해서는 사용되는 스마트폰 애플리케이션의 종류에 따라 한 가지가 아닌 여러 가지 서비스가 제공될 수 있다. 예를 들어, 같은 비콘에 대해서 어떤 애플리케이션은 할인 쿠폰을 제공하는 애플리케이션을 실행시킬 수도 있고, 어떤 애플리케이션은 알람을 울림으로써 경고를 보낼 수도 있다. 전자의 경우 모바일 마케팅에 주로 사용되며, 후자의 경우 분실물 방지나 미아 방지 서비스에 주로 이용된다.

라) 비콘 서비스의 전망

NFC를 대신할 오프라인 소매상들을 지원하는 유력 마케팅 솔루션으로 주목 받고 있는 비콘은 최근에는 디지털 콘텐츠와 게임 등의 모바일 App, 그리고 ICT 업계의 차세대 사업으로 주목 받고 있는 스마트 카와 스마트 홈 등 보다 다양한 분야로 적용 범위가 확대되는 양상을 보이고 있다.

또한, 비콘이 커머스 영역을 벗어나 새로운 위치기반의 융합사업을 위한 인프라로 발전하고 있다는 점도 주목할 만한 이슈이다. 페이팔(Paypal)이 비콘을 모바일 결제와 결합한 이후, 비콘은 대중교통 자동결제나 상품의 간편 결제 수단으로도 활용되고 있으며, 동일 서비스 주체가 이용자의 위치에 따라 서로 다른 콘텐츠를 제공하는 것도 새로운 수익모델의 개발로 이어질 수 있다.

▲ 그림 2-25 매장에 설치되어 특정제품의 할인쿠폰을 제공하는 비콘

2.2.7 인체인식기술

사물인터넷은 단순히 사물들을 서로 연결하기 위한 기술을 의미하지 않는다. 사물인터넷은 사물들이 인터넷이나 다른 사물들과 연결됨으로써 새롭게 만들어지는 서비스를 인간에게 혹은 다른 사물들에 제공하기 위한 개념이다.

특히 사람에 대한 서비스는 미상의 물체가 사람인지 또는 그 사람이 서비스의 대상자가 맞는지를 식별하는 절차가 먼저 이루어져야 하는데 이를 위해 다양한 센서들을 통해 수집된 데이터를 분석하거나 합성함으로써 사람을 인식하고 신원을 확인할 수 있는 기술이 필요하다.

인체인식기술은 지문, 홍채, 얼굴, 목소리 등 인체 정보 또는 걸음걸이, 서명 등 행동 정보를 이용하여 사람을 인지하는 기술을 말한다.

사물인터넷 서비스를 사람에게 전달하기 위해서는 그 사람이 누구이며 어디에 있는지 등을 알아야만 한다. 이처럼 사물인터넷 서비스의 대상이 되는 사람을 알아내는 데 이용되는 기술을 인체인식기술이라고 한다. 인체를 인식하는 기술은 크게 두 가지 유형으로 구분된다.

하나는 서비스의 대상이 사람임을 알아내는 '인식(recognition)'이라는 것이며, 다른 하나는 인식된 그 사람이 누구인지를 알아내는 '식별' 혹은 '신원 확인(identification)'이라는 것이다. 즉, 사람을 다른 사물들로부터 구분해내거나 사람이 몇 명 있다거나 혹은 남자는 몇 명 있고 여자는 몇 명이 있는지 알아내는 것이 인식이며, 인식한 사람이 홍길동인지 이몽룡인지를 구별해내는 것이 식별이라 할 수 있다.

사람을 인식하는 방법에는 여러 가지가 있다. 초음파나 적외선 센서를 이용해서 자동문 앞에 사람이 왔는지를 인식하는 방법에서부터 사람의 얼굴이나 동작, 생체정보 등을 이용해서 인식할 수도 있다. 또한, 사람이 이용하고 있는 스마트폰, 스마트워치, 스마트밴드 등과 같은 스마트 디바이스를 이용해서 간접적으로 확인할 수도 있다.

가) 지문인식기술

지문인식기술은 개인의 지문정보를 인체인식의 기준으로 삼는 기술이다. 지문은 그 모양이 사람마다 다르고 평생 동안 변하지 않는 특성을 가지고 있어 본인 인증용으로 사용된다. 지문인식기술은 필요로 하는 데이터양이 다른 인식기술에 비해 적고 다른 여러 생체인식기술과 비교하여 사용시 부담감을 적어 대중적으로 가장 많이 사용되고 있는 인체인식기술이다. 현재 디지털 도어록(Door Lock), 동사무소, 은행, 스마트폰 등에서 많이 사용되고 있다.

지문 인식기술은 크게 손가락을 올려놓고 지문을 촬영하는 입력 시스템과 저장된 지문 데이터베이스와 대조해 본인 여부를 판단하는 인증 시스템으로 이루어진다. 지문 촬영은 CCD카메라를 이용하는 광학 스캐너 방식과 CMOS반도체소자를 이용하는 비광학 스캐너 방식으로 나누어진다.

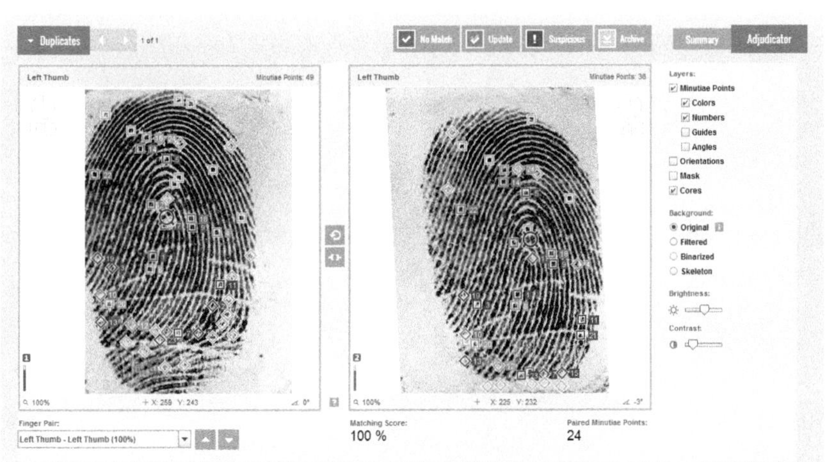

▲ 그림 2-26 지문 식별 프로그램

광학 스캐너 방식은 촬영된 지문 영상에서 불필요한 이미지 등을 제거하고 지문만을 얇은 선으로 만든 다음, 갈라진 점, 이어진 점, 끝점 등 특징이 되는 곳을 특이점으로 좌표를 잡는다. 그리고 각 특이점에서 지문선이 갈라지는 방향을 좌표 상의 데이터로 저장해 놓고 좌표와 함께 지문인식의 기본 데이터로 활용한다. 비광학 스캐너 방식은 일종의 센서를 이용하는 것으로 접촉 부위의 금속과 지문 사이에 만들어지는 전기용량 값을 측정, 수치화하여 지문을 인식하는 방식이다. 주로 노트북이나 키보드 등에 내장하여 사용된다.

지문인식의 장점으로는 0.5%이내의 에러율이라는 비교적 높은 인식률과 1초 이내에 이루어지는 빠른 검증속도에 있다. 또한 지문인식 장비는 매우 적은 공간을 차지한다. 단점으로는 지문이 닳거나 노화, 질병에 따라 손가락무늬가 약해지거나 없어지는 경우로 인한 오인식의 가능성도 있다는 점이다.

나) 정맥인식기술

또 다른 기술로, 손등(바닥)이나 손가락의 정맥인식기술이 있다. 정맥은 인체 내부에 있어 외상이나 노화로 인한 변형의 가능성이 적다. 우리나라 기업에서 세계 최초로 개발해 도입시킨 손등 혈관(정맥)인식기술은 1999년에 국방부 전산소출입통제시스템에 도입되기도 하였다. 혈관인식은 혈관의 특정 위치를 좌표로 인식할 뿐 아니라 전체적인 혈관 모양도 비교한다. 이때 사용하는 광원은 도어폰에서도 사용되는 적외선(950nm)으로 인체에 무해하다. 손등 정맥 패턴의 복잡도가 크고 정맥촬영 시 일정치 않은 손의 위치로 인해 오인식 문제가 있이 손가락 정맥을 인식하는 기술도 개발되었다. 손가락은 손등에 비해 정맥패턴이 단순하고 크기가 작아 촬영시의 문제도 상대적으로 적다.

정맥인식기술은 LED조명에서 투사된 적외선이 근육이나 뼈 조직은 통과하는 반면 혈관에서는 적혈구가 적외선을 흡수하여 통과하지 못해 CCD카메라에 혈관 부분이 어둡게 촬영되는 특성을 이용한다. 물론 촬영시스템에서 촬영할 때마다 달라질 수 있는 손가락크기를 일정크기로 정규화하고 불필요한 이미지를 제거하는 전처리 과정을 거친다. 촬영된 손가락 정맥은 정맥의 분기점, 분기점에서의 분기각도, 분기점 개수 등의 특징을 추출하여 패턴화함으로써 기존 입력된 손가락 정맥과 일치 여부를 판단하게 된다. 손등의 정맥과 유사한 것으로, 얼굴의 혈관에서 발생하는 열상을 열적외선 카메라로 촬영하여 디지털 정보로 저장하는 방법도 있다.

▲ 그림 2-27 정맥인식을 이용한 간편 결제 시스템 Fingopay

다) 열적외선 활용 인식기술

열적외선카메라는 물체에서 원적외선(열선)이 방사되는 특성을 이용한다. 온도가 높을수록 많은 양의 원적외선이 나오며 온도가 낮을수록 적은 양의 원적외선이 나온다. 원적외선을 감지하는 µ-Bolometer 전기소자, 반도체인 적외선 광 검출기 등의 검출기를 사용하면 빛이 거의 없는 야간에도 인체를 인식할 수 있다. 먼저 적외선 투과 렌즈 뒤쪽에 검출기를 배열하여 렌즈를 통과한 원적외선을 전기신호로 변환시킨다. 그리고 여러 개의 미세한 검출기 전기출력을 증폭하고 단일 영상정보로 변환시킨 후 색상을 입히고 인체 외곽선을 처리하는 등 영상처리 단계를 거치게 된다.

▲ 그림 2-28 열적외선 카메라를 활용한 인체 인식

라) 안면인식기술

안면인식기술은 촬영한 영상에서 얼굴을 찾아내는 안면 검출기술과 검출된 얼굴이 등록된 사용자의 얼굴인지 확인하는 인증부분으로 나누어져 있다.

우선, 얼굴크기에 상관없이 얼굴을 검출하기 위해 촬영된 영상을 일정 비율로 축소합니다. 그리고 조명의 간섭을 최소화하기 위해 흑백 평면부조와 같은 영상으로 변환을 시켜준 후 얼굴의 구성요소를 바탕으로 얼굴을 찾게 된다. 얼굴 위치를 확인 후 본래 영상으로 복원을 하는 과정으로 얼굴 검출 과정을 마치게 된다.

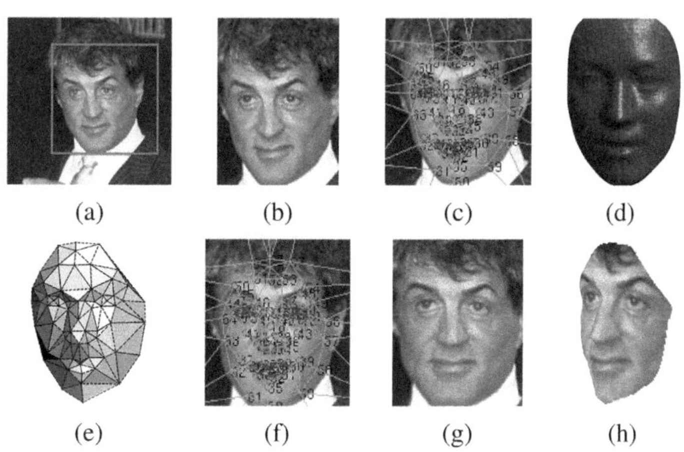

▲ 그림 2-29 안면 검출 과정

초기 얼굴 인증기술에서는 검출된 얼굴을 얼굴의 기하학적 특징으로 구별하는 방법을 사용하였는데, 그것은 눈, 코, 입 등의 얼굴 구성요소들을 찾고 이들 구성요소 간의 지형적인 특성 차이를 이용하는 것이다. 그러나 최근에는 얼굴의 표정, 조명, 각도 등으로 야기되는 다양한 얼굴 형상을 처리하기 위하여 더 복잡한 얼굴 인증기술을 사용하고 있다. 한 예로 얼굴의 전체 윤곽, 눈, 코, 입의 위치 정보와 해당 특징을 먼저 파악하여 얼굴인증 판단의 한 요소로 사용한다. 그리고 얼굴의 선(edge)정보만을 추출하여 변환한 후 선의 밀집도 등으로 또 다른 얼굴 특징 요소를 선정함으로써 이들 복합적인 요소들을 사용하여 영상에 추출된 얼굴과 기존에 시스템에 등록된 사용자 얼굴을 비교하여 얼굴을 인식하게 된다.

마) 홍채인식기술

마지막으로 홍채인식기술이다. 눈동자에 있는 홍채는, 유아기에 빗살무늬 형태의 홍채 패턴이 형성되며, 유전정보와 무관하여 일란성 쌍둥이도 패턴이 다르고 심지어 같은 사람이라도 두 눈의 홍채가 모양이 다르며 약 10억명 당 2명 정도가 유사할 정도로 고유하다. 또한 일생동안 거의 변하지 않는 장점이 있어 현 기술로는 거의 위조가 불가능하고 오인식률이 낮다. 최근 눈을 카메라에 접촉하지 않아도 되는 비접촉식 홍채인식시스템의 개발로 2~3m거리에서도 홍채 인식이 가능하다. 현존하는 인체인식기술 중 가장 뛰어나며 높은 성장가능성과 시장잠재력이 있는 기술로 알려지고 있다.

이 기술 또한 홍채 영상 검출부분과 검출된 홍채영상을 사용자의 홍채인지를 검증하는 인증부분으로 나누어진다. 홍채 영상 검출부분에서는 눈에서 가장 진한 색상을 가진 동공을 중심으로 색, 명암 등의 변화가 심한 동공과 홍채의 경계를 찾아 홍채를 검출한다. 또한 홍채 외부를 둘러싼 공막과의 경계도 마찬가지로 검출하여 홍채 영역을 분리한다. 동공의 경계부터 공막과의 경계까지를 좌표화 한 후 홍채무늬를 0과 1로 표현되는 숫자로 이진화합니다. 이 이진화된 코드열을 가지고 기존에 입력된 사용자 홍채 코드열과 비교하여 영상 촬영된 홍채의 진위여부를 가린다.

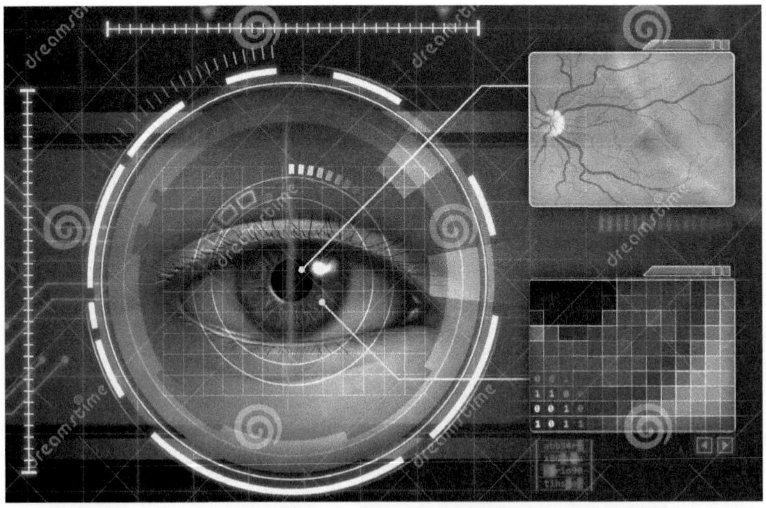

▲ 그림 2-30 홍채인식 개념도

바) 화자인식기술

화자인식(speaker recognition)은 발성된 음성으로부터 그 화자에 대한 정보를 추출하는 기술로서 일반적으로 화자식별(speaker identification)과 화자검증(speaker verification)으로 나누어진다.

화자식별 기술은 임의의 화자로부터 입력된 음성을 사용하여 등록된 화자들 중에서 발성화자를 찾아내는 기술이다. 즉 이 기술은 여러 사람들 중에서 특정한 목소리의 사람을 찾아주는 기능을 한다. 이 기술은 입력된 음성을 등록된 화자들의 목소리와 비교하여 그 중에서 가장 일치하는 한 화자를 선택하기 때문에 등록되지 않은 임의의 화자가 음성을 입력하여도 등록된 화자들 중의 가장 유사한 화자로 인식되는 단점을 가지고 있다. 자동 회의록 작성 등에 적용할 수 있다.

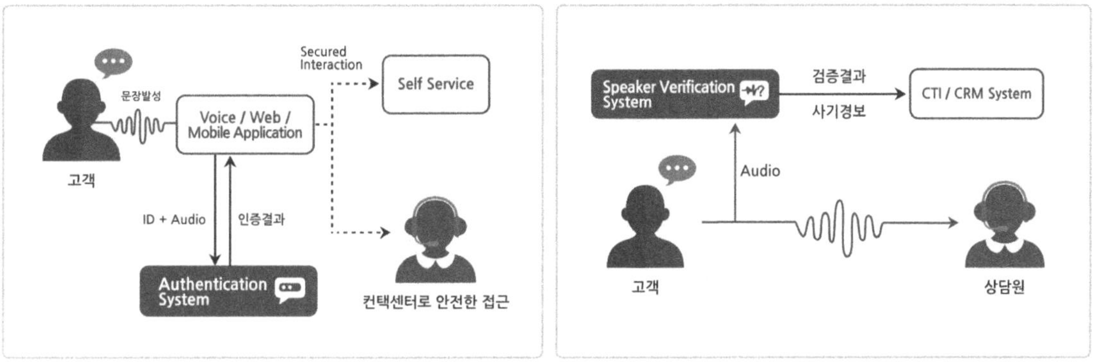

▲ 그림 2-31 화자식별 절차와 화자검증 절차 개념도

반면에 화자검증 기술은 사전에 특정한 화자가 제시되었을 경우에 발성된 음성이 그 제시화자의 목소리인지를 판단하여 발성화자가 제시화자 인지의 여부를 검증하는 기술이다. 따라서 화자검증 기술은 화자식별 기술이 가지고 있는 미등록화자 오식별 문제를 해결할 수 있어서 화자식별 결과의 검증을 위한 후처리기술로도 사용된다. 신분확인, 출입통제 등에 적용된다.

▼ 표 7-6 대표적 생체인식 기술의 종류와 장단점

생체인식기술		장점	단점
신체적 특징	지문인식	인식 시스템 비용 저렴 정확도 높음	위조 가능성 높음 지문 손상, 오염시 인식 불가
	정맥인식	지문, 손가락 없는 경우에도 이용 가능	인식 시스템의 소형화 필요 정맥 형태 변화 가능성
	안면인식	비접촉 인식으로 자연스러운 인식	주변 환경에 민감 얼굴 변화에 따라 정확도 저하
	홍채인식	정확도 높음	인식 시스템 비용 높음
행동적 특징	화자인식	대부분 장비(PC, 스마트폰)에 마이크 장착되어 추가 비용 적음	정확도 다소 낮음
	서명인식	인식 시스템 비용 저렴 데이터 저장 용량 작음	에러율 높음 일관성 없는 서명
	동작(걸음걸이) 인식	원거리 인식 가능 다각도 분석으로 위장 어려움	행동 특징의 인식에 한계 있음

2.3 데이터 전달

사물인터넷은 기존의 인터넷보다 진화된 단계의 인터넷을 의미하고 있다. 무선통신 기술의 발달로 사람과 사람, 사람과 사물, 사물과 사물로 통신 가능 범위가 확대되고, 나아가 사물 간의 자율적 통신도 가능한 사물통신(M2M)을 통해 주요 구성 요소 간 센싱, 제어, 정보 교환 및 처리 등이 가능한 지능적 관계가 형성되고, 이것이 서비스 형태로 변환되었다. 사물인터넷은 이러한 M2M의 개념이 무선통신을 넘어 인터넷 구조상에 적용됨으로써, 현실과 가상세계의 모든 정보와 상호작용하는 개념으로 진화된 차세대 인터넷 환경으로 초연결 네트워크를 기반으로 하고 있다.

1996년 CDMA(2G), 2003년 WCDMA(3G), 2006년 WiBro/WiFi가 상용화되어 모바일 무선인터넷 기반이 마련되었으며, 이후 4세대 이동통신으로 발전하고 있다. 현재 3세대 이동통신 기술인 WCDMA를 발전시킨 LTE(long term evolution)와 4세대 이동통신으로 최대 600Mbps까지 무선 전송이 가능한 LTE-advanced가 도입되어 상용화되고 있다.

이처럼 최근의 네트워크 기술은 WCDMA와 CDMA2000 기술로 대표되는 3G 시장을 넘어서 4G로 발전하였으며, 기술의 발전에 따라 더 넓은 대역폭을 통해 전송 속도가 증가하고 주파수 활용 효율은 높아지고 있다. 특히, Bluetooth, WiFi, Zigbee, NFC 등 근거리 무선통신(WPAN) 기술의 발전이 사물인터넷 시장의 활성화에 큰 영향을 미치고 있다.

과거 근거리 통신 기술은 10~30m 정도의 짧은 거리에서 비교적 적은 양의 데이터를 교환하는 것이 일반적이었는데, 최근에는 100m까지 도달거리가 확장되었고 데이터의 전송량도 획기적으로 증대되어 비디오 관련 응용 서비스의 교환도 가능하게 되었다. 이처럼 무선 네트워크가 고용량 멀티미디어 통신을 위해 고속화되고, 네트워크 서비스 범위(coverage)가 확대되면서 대용량 서비스를 안정적으로 제공할 수 있는 기반이 확보되었다.

▼ 표 2-7 무선 통신기술의 서비스 범위, 전력소모 비교도

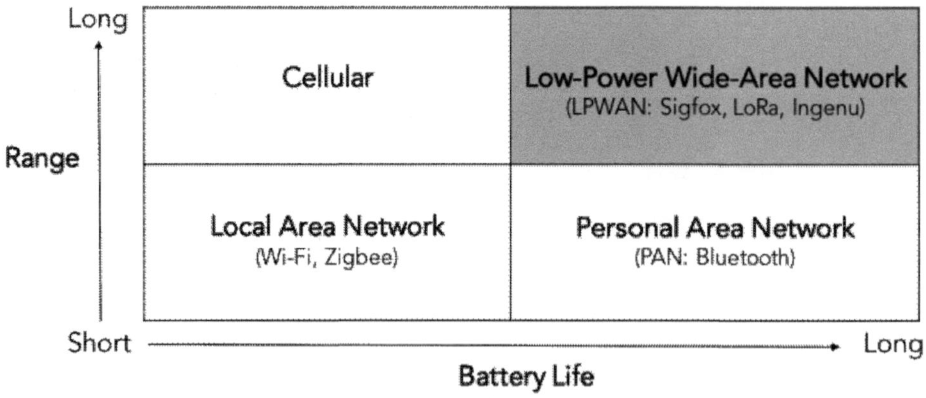

사물인터넷(IoT) 서비스 확산에 따라 인터넷 연결 단말 수는 2008년 세계 인구 초과 후 2020년 500억 개에 도달할 것이라고 예측하고 있으며, 주요 연결 네트워크는 무선이며 500억 개도 연결 가능 수치의 3%에 불과하다고 내다보고 있다. 그리고 사물인터넷 서비스가 다양화, 복잡화, 고도화됨에 따라 쏟아지는 이종 애플리케이션에 탑재된 수많은 센서 및 커넥티드 단

말로부터 데이터를 수집·통합하고 분배하는 역량이 중요하게 부각될 것이다. 이를 위해서는 저렴하고 보안 및 운용 효율성이 높으며 병목 현상이 발생하지 않는 사물인터넷 전용 네트워크가 필요하다.

3G/4G/LTE, 블루투스, WiFi, ZigBee, NFC, RFID, 이더넷, 위성 등 현존하는 모든 유무선 네트워크는 사물인터넷 인프라로 활용 가능하지만, 3G·LTE 등의 네트워크는 사람 간 커뮤니케이션 용도로 구축된 관계로 운용 효율성의 제고, 트래픽 병목 방지, 통신비용 절감, 보안성 확보 등의 문제를 가지고 있다. 따라서 최근에는 저전력 광역 통신망(LPWAN, low-power wide-area network) 기술이 자주 언급되고 있다. LPWAN은 서비스 범위가 10km 이상의 광역으로 매우 넓고, 초당 최대 수백 킬로비트(kbps) 이하의 통신 속도를 제공하는 전력 소모가 적은 무선 광역 통신망이다.

수도·가스·전기 검침, 자전거 도난 방지, 자산 관리 등을 위해 넓은 지역에 걸쳐 산재되어 있고 생성되는 데이터의 양이 매우 낮으며 교환되는 빈도가 낮아 배터리 하나로 수년 이상 동작해야 하는 사물 인터넷 기기 및 응용 분야에 매우 적합하다.

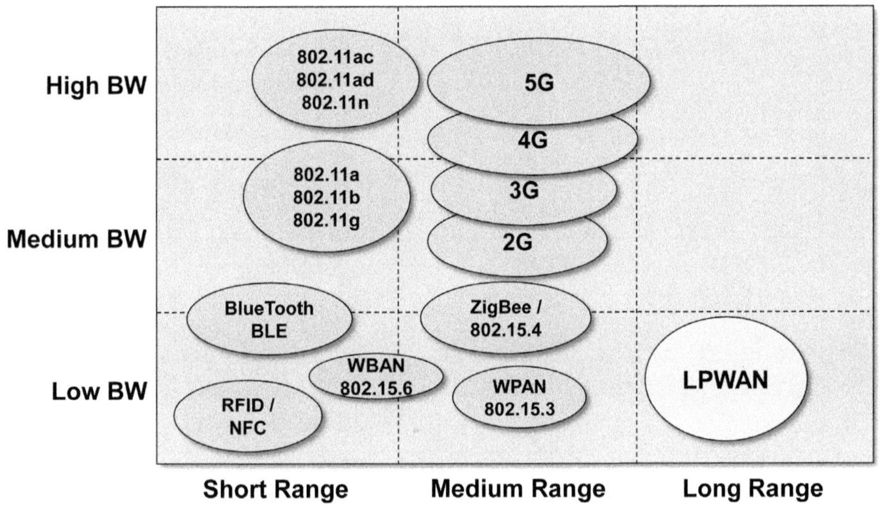

▲ 그림 2-32 무선 통신기술의 서비스 범위, 대역폭 비교도

사물인터넷 사업은 아이디어가 있어도 높은 네트워크 구축/사용 비용으로 중소기업, 스타트업, 1인 기업 등이 시장 진입에 어려움을 겪는 바, 국가 차원의 전용 네트워크 구축이 필요하다. 의료, 자동차, 금융 등 QoS[7)]가 담보되어야 하는 영역은 보안성/안정성이 높은 4G/5G 통신용 네트워크를 활용하더라도 데이터 사용량이 낮고 전력 효율성이 중요시되는 영역은 전용 네트워크를 활용하는 방안을 생각해볼 수 있다.

7) QoS(Quality of Service) : 통신서비스 품질. 네트워크상에서 일정 정도 이하의 지연 시간이나 데이터 손실률 등의 보장을 일컫는 말로, 사전에 합의 또는 정의된 통신 서비스 수준을 의미

2.3.1 와이파이

와이파이가 Wi-Fi라는 이름을 갖게 된 것은, 무선(wireless) 방식으로 유선랜Wired LAN)과 같은 수준의 속도와 품질(fidelity)을 제공할 수 있기 때문이다. 와이파이는 IEEE 802.11 표준과 엄밀하게 말하면 조금 다르지만 사실상 동의어로 사용되고 있다. IEEE 802.11은 무선랜을 위한 기술적 표준이며 와이파이는 이 표준을 바탕으로 개발된 무선랜 제품들에 대한 와이파이 얼라이언스(Wi-Fi Alliance)라는 단체의 상표명이다.

와이파이와 관련된 표준의 첫 번째 버전은 1997년에 발표되었으며, 최고 2Mbps의 통신 속도를 제공했다. 이후 1999년 9월에는 최대 11Mbps의 속도를 제공하는 IEEE 802.11b 표준과 최대 54Mbps의 속도를 제공하는 IEEE 802.11a 표준이 발표되었다. 이후 와이파이를 지원하는 장치들의 보급이 활성화되고 유튜브(youtube)와 같은 동영상 서비스의 보급이 퍼지면서 더 빠른 속도의 와이파이 표준이 요구되기 시작했다. 이러한 요구에 대응하여 발표된 표준이 IEEE 802.11n 표준으로 최고 150Mbps의 통신 속도를 제공한다. 그 외에도 IEEE 802.11ac와 같은 표준은 최대 6.9Gbps의 속도까지 제공한다.

▼ 표 2-8 다양한 버전의 IEEE 802.11 표준 및 주요 특성 비교

구분	802.11 b	802.11 a/g	802.11n	802.11ac
주파수 대역	2.4GHz	5GHz (11a) 2.4GHz (11g)	2.4 / 5GHz	5GHz
전송 방식	DSSS	OFDM[8)]	OFDM	OFDM
안테나 기술	SISO	SISO	MIMO (up to 4 streams)	MU-MIMO (up to 8 streams)
채널 대역폭	20MHz	20MHz	20/40MHz	20/40/80/160MHz
최대 전송률	11Mbps	54Mbps	600Mbps	6.9Gbps

와이파이는 ISM 대역(industrial scientific and medical band)으로 지정된 2.4GHz 대역과 5GHz 대역의 주파수를 이용한다. 이 주파수 대역은 산업, 과학, 의료용 기기들을 위해 할당된 주파수 대역으로, 기본적인 규칙만 준수한다면 이동통신처럼 해당 주파수 대역을 이용하기 위해 별도의 이용료를 내거나 하지 않아도 된다.

가) IEEE 802.11ac

802.11ac는 802.11n의 40MHz 채널 대역폭을 뛰어 넘어 160MHz의 광대역 채널을 사용해 속도가 기가비트급으로 향상되고, 다수의 안테나/라디오 모듈을 통해 전송속도를 높이는 다중 입출력(MIMO) 기술을 활용해 표준상 최대 스트림을 8개까지 지원해 고밀도 환경에서도 안정적이고 빠른 접속을 지원한다.

8) 직교 주파수 분할 다중 방식(OFDM, Orthogonal frequency-division multiplexing) : 다중 반송파(multiple carrier frequencies)를 이용하여 디지털 데이터를 인코딩하는 방식

MIMO는 동일 채널상 한 번에 한 기기만 통신이 가능한 와이파이의 단점 극복을 위해 도입된 기술로, 802.11ac 웨이브2에서는 여러 개의 안테나/라디오 모듈을 이용해 동시에 복수개의 기기로 데이터를 보낼 수 있는 다중사용자-다중입출력(MU-MIMO)까지 지원한다. 뿐만 아니라 데이터 전송속도를 높이기 위한 변조 기법 역시 802.11n에서 사용된 64QAM[9]보다 한층 효율이 높아진 256QAM을 제공한다.

802.11ac는 와이파이 기술을 한 단계 높인다는 측면에서 관심이 높았고, 첫 제품이 출시된 2013년 이후 그 어떤 표준보다 빠르게 확산되면서 2018년에는 웨이브1에 이어 웨이브2로의 전환이 한층 빨라질 전망이다. 802.11ac 웨이브2는 웨이브1보다 지원하는 스트림의 개수가 늘었고, MU-MIMO까지 지원해 고밀도 환경에서도 빠른 속도를 구현할 수 있다.

나) IEEE 802.11ax

2.4GHz 및 5GHz ISM 대역 이외의 연구도 활발하게 이어지고 있지만 대부분의 기기 및 네트워크가 5GHz 대역의 사용 증가로 인해 802.11ax가 차세대 표준으로 주목받기 시작했다. 802.11ax는 802.11ac에 비해 훨씬 더 빠른 속도와 향상된 스펙트럼 효율을 제공하는 것이 강점이다.

이전의 무선 기술들은 다운로드에 중점을 두었으나, 최근 페이스북 라이브 등 소셜 미디어를 통해 고화질의 비디오를 제작해서 공유하는 사용자들이 늘어남에 따라 업로드 특성을 개선한 Wi-Fi 기술로 IEEE 802.11ac에 비해 6배 빠른 업로드 속도와 4배 빠른 다운로드 속도, 그리고 4배 향상된 수신 범위 및 7배 연장된 배터리 수명을 지원할 수 있다.

특히 802.11ax 표준은 공공 핫스팟과 같이 사용자가 밀집된 환경에서 와이파이 성능을 개선할 것으로 기대를 모으고 있다. 가용 스펙트럼과 간섭을 효율화하고 관리할 뿐만 아니라 미디어 액세스 제어(MAC) 데이터 통신과 같은 기반 프로토콜을 개선해 빠르고 안정적인 속도를 구현할 수 있다.

다) IEEE 802.11ah

'Wi-Fi HaLow'로 명명된 802.11ah는 IoT, 스마트홈 등의 활성화를 뒷받침할 새로운 와이파이 표준으로 주목받고 있다. 802.11ah는 일반적인 무선 표준보다 훨씬 낮은 주파수 대역을 사용하는 것이 특징으로, 속도가 아닌 커버리지 극대화와 전력소모 최소화에 초점을 맞추고 있는 만큼 IoT 환경에 적합하다.

특히 802.11ah는 기존 와이파이 표준보다 낮은 데이터 전송률을 보이지만 커버리지는 한층 확대돼 1킬로미터 거리에서도 기기간 데이터 전송이 가능해 스마트 센서, 자율주행 자동차, 웨어러블 기기 등 원거리에서도 기기 제어가 필요한 IoT 분야에 활용될 전망이다.

한편 블루투스 기술의 한계를 극복할 60GHz ISM 대역의 802.11ad도 주목받고 있는 기술이다. 10미터 미만의 단거리용인 802.11ad는 60GHz의 초고주파를 활용하기 때문에 주파수 간섭이 거의 없어 802.11ac보다 5배 정도 빠른 속도가 강점이다.

9) 직교 진폭 변조(QAM, Quadrature Amplitude Modulation) : 독립된 2개의 반송파인 동상(in-phase) 반송파와 직각 위상(quadrature) 반송파의 진폭과 위상을 변환·조정하여 데이터를 전송하는 변조 방식

2.3.2 블루투스

1994년 휴대폰 공급업체인 에릭슨(Ericsson)이 시작한 무선 기술 연구를 바탕으로, 1998년 에릭슨, 노키아, IBM, 도시바, 인텔 등으로 구성된 '블루투스 SIG(special interest group)'가 주로 10미터 안팎의 거리 범위에서 저전력 무선 연결을 위해 개발한 통신 기술이다.

초창기 블루투스의 전송속도는 최대 1Mbps에 불과했다. 이는 기존 기술에 비해 6배가량 빠른 속도였지만 고품질 음악이나 동영상과 같은 대용량 데이터를 전송하기에는 부적합한 수준이었다. 따라서 블루투스의 대중화는 생각보다 진전이 느렸고, 제한적인 용도로만 사용됐다. 하지만 시간이 지나고 새로운 버전의 블루투스가 등장하면서 속도는 눈에 띄게 향상됐다. 2004년 블루투스 2.0은 최대 3Mbps, 2009년 블루투스 3.0은 최대 24Mbps까지 속도가 올라갔다. 2010년에는 24Mbps 속도를 유지하면서도 손목시계용 코인 배터리로도 수년간 쓸 수 있을 정도로 소비 전력을 낮춘 블루투스 4.0(BLE)[10]가 나온데 이어 2016년 하반기 블루투스 5.0이 공식 발표되었다.

전파의 전송거리는 소비전력과 반비례하므로 블루투스 5.0 이전 버전에선 블루투스 기기를 소비전력에 따라 4개의 클래스로 나누었다.

▼ 표 2-9 블루투스 클래스별 특징

클래스	최대 출력	최대 송수신거리	주용도
1	100mW (20dBm)	~100m	산업용
2	2.5mW (4dBm)	~10m	이동용 무선기기
3	1mW (0dBm)	~1m	이동용 / 주변기기
4	0.5mW (-3dBm)	~.50cm	주변기기

블루투스의 무선 시스템은 ISM(Industrial Scientific and Medical) 주파수 대역인 2400~2483.5MHz를 사용한다. 이 중 위아래 주파수를 쓰는 다른 시스템들의 간섭을 막기 위해 2400MHz 이후 2MHz, 2483.5MHz 이전 3.5MHz까지의 범위를 제외한 2402~2480MHz, 총 79개 채널을 쓴다. ISM이란 산업, 과학, 의료용으로 할당된 주파수 대역으로, 전파 사용에 대해 허가를 받을 필요가 없어 저전력의 전파를 발산하는 개인 무선기기에 많이 쓰인다. 아마추어 무선, 무선랜, 블루투스가 이 ISM 대역을 사용한다.

여러 시스템들과 같은 주파수 대역을 이용하기 때문에 시스템간 전파 간섭이 생길 우려가 있는데, 이를 예방하기 위해 블루투스는 주파수 호핑(frequency hopping) 방식을 취한다. 주파수 호핑이란 많은 수의 채널을 특정 패턴에 따라 빠르게 이동하며 패킷(데이터)을 조금씩 전송하는 기법이다. 블루투스는 할당된 79개 채널을 1초당 1600번 호핑한다.

이 호핑 패턴이 블루투스 기기 간에 동기화(페어링- pairing, 두 기기를 한 쌍으로 묶는다는 의미)되어야 통신이 이루어진다. 블루투스는 기기 간 마스터(master)와 슬레이브(slave) 구

10) BLE(Bluetooth Low Energy) : 저전력 블루투스 기술. 싱글모드로 센서 역할을 하는 블루투스 스마트(Bluetooth Smart)와 듀얼모드로 호스트 역할을 하는 블루투스 스마트 레디(Bluetooth Smart Ready)로 구분된다.

성으로 연결되는데, 마스터 기기가 생성하는 주파수 호핑에 슬레이브 기기를 동기화시키지 못하면 두 기기 간 통신이 이루어지지 않는다. 이로 인해 다른 시스템의 전파 간섭을 피해 안정적으로 연결될 수 있게 된다. 참고로 하나의 마스터 기기에는 최대 7대의 슬레이브 기기를 연결할 수 있으며, 마스터 기기와 슬레이브 기기 간 통신만 가능할 뿐 슬레이브 기기 간의 통신은 불가능하다. 그러나 마스터와 슬레이브의 역할은 고정된 것이 아니기 때문에 상황에 따라 서로 역할을 바꿀 수 있다.

블루투스는 켜 놓은 상태에서는 해킹이 너무 쉽다는 보안상의 문제점이 있다. 마음만 먹는다면 블루투스 동글을 장착한 노트북으로 지나가는 사람들의 블루투스 휴대폰 속 정보를 빼오는 것이 가능한 것으로 알려졌다. 블루투스 SIG 역시 이 부분에 대해 민감하게 대응하고 있어 새 기술을 공개할 때마다 개인정보 보호나 보안연결에 대한 부분을 강화해 나가고 있다.

가) 블루투스 5.0

블루투스 5.0은 저전력과 사물인터넷 기술이 더욱 강화되었으며 기존 버전에 비해 속도는 2배, 거리는 4배, 용량은 8배로 향상되었다. 또한 주변 같은 밴드의 간섭을 탐지하고 차단하는 SAM(Slot Availability Mask) 기능이 추가되었다. 전송속도는 2Mbps, 1Mbps, 125kbps의 3가지 모드로 나뉘며 저전력 모드인 2M와 1Mbps는 예전처럼 도달 거리가 100m, 125kbps는 도달 거리가 400m가 되었다.

빨라진 전송 속도로 응답속도 성능이 향상되고, 동시에 여러 기기와 연결할 수 있는 멀티 페이링이 가능해졌다. 또한 속도 문제로 기존의 블루투스 기기가 비교적 간단한 신호만 주고받는 역할에 그쳤다면, 블루투스 5를 탑재한 기기는 실질적으로 데이터를 전송하는 플랫폼으로 영역을 확장할 전망이다.

더 넓어진 전송 거리는 다양한 O2O 서비스에서 블루투스의 활용 폭이 넓어질 것이며 전송용량이 8배로 늘어난 브로드 캐스팅 기능을 활용하면 별도의 페어링 없이 비콘 등 주변의 기기들과 다중으로 통신할 수 있다. GPS 활용이 불가능한 건물 내에서도 스마트폰으로 고객의 위치를 정확히 파악해 마케팅에 활용하는 위치 기반 서비스도 활성화 될 것으로 기대된다.

블루투스 5.0의 등장으로 블루투스는 기기와 기기를 연결하는 역할을 넘어 기기와 인터넷 클라우드를 연결하는 게이트웨이 역할까지 넘보고 있다. 차세대 블루투스에 탑재될 블루투스 게이트웨이 아키텍처는 블루투스 기기와 클라우드를 직접 연결해 스마트폰이나 태블릿 없이도 사물인터넷(IoT) 기기들을 원격으로 제어할 수 있는 기능을 제공한다. 와이파이를 쓰기 위해 주로 사용하는 인터넷 공유기에 블루투스 칩이 들어가기 시작한 것도 이 때문이다. 공유기는 블루투스 IoT 기기들의 허브 역할을 하면서 인터넷으로는 외부에 있는 사용자나 클라우드 서비스와 연결해주는 역할을 한다.

나) 메쉬 네트워크 기술

관리가 쉽지 않은 열악한 환경에서 온도, 습도 등의 환경을 감지하는 많은 수의 센서 정보를 비교적 가까운 거리에 전달하기 위한 통신 기술이다. 거리의 제약을 없애기 위해 디바이스가 다른 디바이스의 정보를 전달해 주는 기능을 가지므로 메쉬 네트워크(Mesh Network)라

한다. 무선센서망 구축을 통해 홈오토메이션, 산업용기기 자동화, 물류 및 환경 모니터링 등에도 활용될 수 있다. 지그비(Zigbee)와 지웨이브(Z-wave)가 대표적인 적용기술이다.

처음 세상에 나온 것은 지그비이다. 모토로라와 하니웰 등의 회사가 중심이 되어 1998년부터 기술개발이 시작된 후, 2000년에 저가, 저전력, 소형 네트워크에 관한 표준이 무선개인통신망(WPAN) 표준화 단체로 유명한 IEEE 802.15 워크그룹에 제안되었고 2002년에 지그비 얼라이언스가 설립되며 그 발전이 가속화 되었다.

지그비는 IEEE 802.15.4를 기반으로 이루어져 있다. 2.4GHz, 915MHz(미국), 868MHz(유럽)의 주파수대를 가지고 있다. 각각의 주파수별로 16채널/250Kbps, 10채널/40Kbps, 1채널/20Kbps의 채널과 속도를 얻을 수 있다. 반경 30m 내에서 20~250kbps의 속도로 데이터를 전송하며 하나의 무선 네트워크에 최대 255대의 기기를 연결할 수 있다. 슬립모드가 있어 필요 없는 수신 에너지를 낭비하지 않는다.

▲ 그림 2-33 지그비 얼라이언스와 지웨이브 얼라이언스 로고

덴마크 회사인 젠시스(Zensys, 나중에 시그마디자인이 인수)가 개발을 시작한 지웨이브는 홈오토메이션의 모니터링과 컨트롤이 주목적으로 2005년에 지웨이브 얼라이언스가 만들어지면서 본 궤도에 올랐으며 2015년 1분기 말까지 4,000만 대의 관련 제품이 출고되었다.

지웨이브는 908.42MHz(미국) 및 주변의 주파수 밴드에서 동작하며 ITU-T에서 sub 1 GHz 협대역 무선 디바이스를 위한 1, 2계층 표준(G.9959)으로 등록되어 있다. WiFi, Bluetooth, ZigBee 등 활용처가 높아 혼잡한 2.4GHz 주파수 기반의 통신 기술에 비해 간섭에 자유로운 점이 장점이며 초기의 9600bps를 넘어 100Kbps의 속도로 발전하고 있다. 보내는 메시지에 경로정보를 가지는 소스 라우팅 기반의 메쉬 네트워크 기법이 적용되었으며 232개의 디바이스가 연결될 수 있다. 같은 네트워크에 있으면 다른 벤더의 제품이라도 호환성이 뛰어나다.

지그비는 스마트 그리드나 원격검침, 자연재해 감시 등과 같은 산업용 센서네트워크 분야에서 이용되기 시작하였으나, 최근 스마트빌딩이나 스마트홈 분야로 응용 영역을 넓히고 있다. 반면, 지웨이브는 태생부터 스마트홈 및 스마트 팩토리가 주 응용 분야였다. 특히 스마트홈 시장을 이끌고 있는 보안 및 스마트도어락 분야에서 90%를 상회하는 시장 침투율을 기록하고 있다.

▼ 표 2-10 지그비와 지웨이브의 비교

대상	주파수	변조 방식	전송 속도	거리	주 응용 분야
지그비	2.4GHz 중심	OQPSK	250Kbps	10m	스마트그리드, 원격검침, 스마트홈
Z-wave	908.42MHz	GFSK	9.6/40Kbps	30m	스마트홈, 보안

2.3.3 저전력 광역 무선통신 기술

현재 사용되는 대부분의 무선 광역통신망은 스마트 폰 등으로 사람이 음성, 영상, 데이터를 주고받기 위한 이동통신 네트워크를 얘기한다. 3G, 4G망 등이 그 주요 예이다. 그러나 저전력 광역통신망(LPWAN, Low-Power Wide-Area Network)은 사물인터넷 디바이스들을 위한 이동통신망이라 할 수 있다.

스마트 홈, 스마트 빌딩 등에 사용하는 BLE, 지그비 등 짧은 거리를 위한 근거리 무선 통신 기술을 적용할 경우 사물인터넷 서비스 제공자는 스마트 홈 게이트웨이, 스마트 폰 등의 복잡한 과정을 거쳐야 사물인터넷 디바이스에 접근할 수 있으나 저전력 광역통신망을 통할 경우에는 사용자 영역의 번거로운 과정을 거치지 않고 직접 연결할 수가 있다. 수도 · 가스 · 전기 검침, 자전거 도난 방지, 자산 관리 등을 위해 많은 수의 디바이스들이 넓은 지역에 걸쳐 산재되어 있고 생성되는 데이터의 양이 매우 낮으며 교환되는 빈도가 낮아 배터리 하나로 수년 이상 동작해야 하는 사물인터넷 기기 및 응용 분야에 매우 적합하다.

저전력 광역통신망의 가장 중요한 특징은 이름에 언급되어 있는 초저전력성이다. 대부분의 서비스 제공자들은 최소한 1-20년 이상의 지속성을 보장하려 한다. 또한 광역망의 이름에 맞게 5-40Km 정도의 장거리 범위를 지원한다. 장애물이 없을 경우 80Km도 가능한 기술도 있다. 통신용 칩셋의 가격은 2달러 이하이며 서비스 비용은 한 달에 1$ 이하이다. 하나의 베이스 스테이션에 몇 천대의 디바이스들을 수용할 수 있다. 또한 전파가 넓고 깊게 침투해야 한다. 대신 전송 속도는 몇백 bps 이하이며 전송지연도 상당하다.

관련기술로는 ISM[11] 면허 불필요 대역을 사용하는 로라(LoRaWAN), 초협대역(UNB, ultra narrow band) 모듈레이션 기술을 적용한 시그폭스(Sigfox) 등과 이동통신 면허 대역을 이용하는 엘티이-엠티시(LTE-MTC: LTE machine-type communications), 협대역 사물인터넷(NB-IoT) 기술 등이 있다. 그 외에 영국의 늏네트워크(Neul Networks) 등이 주축이 되어 도시의 공공 쓰레기통이 찼는지 확인해 주는 등의 시범사업에 적용되어 표준화가 진행되고 있는 Weightless, 미국의 Onramp Wireless에 의해 미국의 석유 유정에 적용되면서 IEEE에서 표준화가 진행될 예정인 RPMA(random phase multiple access) 등이 있다.

▲ 그림 2-34 LPWA 무선 통신 기술의 발전

11) ISM(Industrial, Scientific, and Medical) : 주파수 대역 2.4GHz와 5.7GHz은 산업용 · 과학용 · 의료용 · 가정용 기기, 기타 유사한 용도로만 사용하도록 지정되어 있음

2.3.4 다이렉트 통신 기술

디바이스와 디바이스를 1:1로 연결해 주는 통신 기술을 다이렉트(Direct) 통신 기술이라 한다. 특정한 공간에 존재하는 두 대 이상의 디바이스는 와이파이 공유기와 같은 허브 장치를 이용해서 통신하거나 혹은 허브 장치 없이 두 디바이스가 직접 연결되어 통신하게 된다. 첫 번째 통신 방식은 허브 장치를 중심으로 여러 장치가 연결된다고 해서 허브앤스포크(hub and spoke) 방식이라 하고, 두 번째 방법처럼 두 디바이스가 별도의 장치를 필요로 하지 않고 직접 통신을 하는 것을 다이렉트 통신 방식이라 한다.

다이렉트 통신 방식은 주로 특정한 공간에서 제한된 수의 장치가 직접 연결되는 방식으로 동작한다. 대표적으로 블루투스, 와이파이 다이렉트, LTE 다이렉트 등의 기술이 여기 속한다.

가) 와이파이 다이렉트

와이파이 다이렉트(Wi-Fi Direct)는 아래 그림에 보이는 것처럼 와이파이 통신 기술을 지원하는 장치들이 특정한 공간에서 무선으로 기기끼리 직접 통신할 수 있도록 하는 기술이다. 대용량의 파일을 공유하거나 동영상 스트리밍을 전송하는 목적으로 이용된다. 핫스팟이나 라우터, AP도 필요 없다. 연결하는 기기 둘 가운데 하나만 와이파이 다이렉트를 지원해도 직접 연결하는 데 문제가 없다. 이를테면 '개인용 와이파이'인 셈이다. 최근에는 스마트 기기의 초기 설정을 하는데 이 기술이 이용된다.

와이파이 다이렉트는 기존 와이파이에 버금가는 빠른 속도가 장점이다. 하지만 그만큼 전력 소모는 심할 것으로 보인다. 향후 개인 무선 기술 경쟁구도는 저전력을 내세운 '블루투스 5.0' 대 빠른 속도가 강점인 '와이파이 다이렉트'를 중심으로 이루어질 전망이다.

▲ 그림 2-35 Wi-Fi Direct와 일반 Wi-Fi 비교

나) LTE 다이렉트(LTE Direct)

LTE D2D(device to device) 기술인 LTE 다이렉트는 LTE를 지원하는 장치들이 이동통신 기지국을 거치지 않고 다른 LTE 지원 장치와 직접 통신을 할 수 있도록 하는 기술이다. 두 LTE 장치 사이에서 대용량의 파일을 공유하거나 동영상 스트리밍을 전송하는 것이 주된 용도다. 이를 위해 LTE 장치들은 서로 직접 통신이 가능할 만큼 약 1Km 이내의 거리에 존재해야 한다.

LTE를 지원하는 두 대의 스마트폰이 이동통신사의 중계기를 거치지 않고 통신을 하게 된다면, 이동통신사 입장에서는 커다란 손해가 발생할 수 있다. LTE 통신을 위한 주파수 대역을 이용료를 내고 구매해야하기 때문이다. 또한, 훨씬 넓은 지역에 존재하는 다른 스마트폰과의 전파 간섭 이슈도 함께 고려해야 한다. 이런 이유로 두 장치 사이에 다이렉트 방식으로 통신이 개시될 때 이동통신 기지국이 관여하여 승인하는 절차를 거치게 된다.

2.3.5 미러링과 캐스팅

미러링(mirroring)과 캐스팅(casting)은 스마트폰에 표시되어야 할 내용을 주변의 다른 장치에 표시되도록 하는 기술이다. 사물인터넷에서는 센서 장치나 센서를 포함하고 있는 디바이스들에서 수집된 데이터를 분석하고 가공한 정보를 사용자에게 전달해 준다. 이러한 정보들은 주로 스마트폰처럼 사용자가 항상 휴대하며 사물인터넷 서비스 플랫폼으로부터 직접 정보를 수신하는 장치를 통해 전달되게 된다.

그러나 정보표시 장치로서의 스마트폰은 화면의 크기도 제한적이며 정보 확인을 위해 주머니나 핸드백 속의 스마트폰을 꺼내야 한다는 불편함을 가지고 있다. 이러한 불편함은 스마트폰에 표시되는 내용을 TV나 냉장고의 스크린 혹은 화장대의 스마트 미러(smart mirror)와 같은 장치에서 표시되도록 함으로써 해결할 수 있다. 이처럼 사용자가 항상 휴대하고 다니지 않지만, 사용자의 주변에 존재하는 장치를 통해 사용자와 관련된 정보를 제공해 주는 기술을 미러링 혹은 캐스팅이라고 한다.

미러링 기술은 거울(mirror)처럼 스마트폰에 표시되는 내용을 다른 장치의 화면(cast screen)에 그대로 보여주도록 하는 기술이다. 반면, 캐스팅 기술은 스마트폰에 표시되었어야 할 내용을 다른 장치의 화면에만 보여주고, 스마트폰에는 캐스트 스크린과는 다른 내용을 보여주도록 하는 기술이다. 이때 캐스트 스크린은 스마트폰과 HDMI와 같은 유선 케이블이나 와이파이와 같은 무선 통신 기술을 이용하여 연결되어야 한다.

▲ 그림 2-36 스크린 미러링

미러링 기술이나 캐스팅 기술은 단순히 화면에 표시되는 내용만을 복제하는 것이 아니라 제어를 위한 인터페이스도 같이 이용할 수 있다. 예를 들어, 미러링 혹은 캐스팅의 대상이 되는 캐스트 스크린을 터치하여 스마트폰에 설치된 특정한 앱이나 제어 명령을 실행하는 것도 가능하다. 스마트 미러의 경우 개별적으로 동작할 수도 있으며, 캐스팅 기술을 통해 스마트폰과 연동되어 이용될 수도 있다.

2.3.6 스마트홈 게이트웨이

스마트홈 게이트웨이(smart home gateway)는 가정 내의 다양한 사물인터넷 장치들을 사용자의 간섭 없이 인터넷 통신망에 접속시키기 위한 네트워크 장치를 말한다. 네트워크 기술에서 허브(hub)와 게이트웨이(gateway)는 여러 종류의 네트워크 장치들을 연결해주는 일종의 중계 장치를 말한다. 장치들을 같은 통신 방식의 네트워크에 연결해주면 허브, 다른 통신 방식의 네트워크에 연결해주면 게이트웨이라 부른다.

일반적으로 각 가정에서 인터넷 서비스에 가입하게 되면 인터넷 공유기나 IP-TV를 위한 셋톱박스를 함께 설치하게 되는데, 바로 이러한 장치들이 일종의 허브 혹은 게이트웨이 장치가 된다. 이러한 장치들은 단순히 유선 인터넷과 다양한 무선통신기술을 지원하는 인터넷 모뎀 장치에 불과하다.

그러나 앞으로 소개될 스마트홈 게이트웨이는 그 모양이나 기능 면에서 현재의 게이트웨이 장치들과는 사뭇 다를 것으로 예상한다. 가장 큰 차이로 사람들과 소통하기 위한 사용자 인터페이스를 포함할 것이다. 예를 들면, 사람의 음성 명령을 이해하고 그에 대한 답변을 소리나 화면을 통해 전달하게 된다. 음성 명령을 인식하여 거실의 램프를 켤 수도 있고, 외출 시 가스 불이 켜져 있는 사실을 스마트폰을 통해 알려줄 수도 있을 것이다.

또 다른 차이는 인공지능을 지니게 될 것이다. 스마트홈 게이트웨이가 가족들의 생활 패턴을 분석한 후 알아서 가족들에게 알맞은 형태로 보일러나 에어컨, 조명, 가전제품 등을 조절하게 될 것이다. TV를 보다가 잠이 들게 되면, 알아서 TV와 조명을 꺼주고 출입보안 시스템을 가동하는 것도 머지않아 실현될 것이다.

2.3.7 IPv6와 6LoWPAN

디지털 통신 네트워크는 전통적으로 수많은 통신 주체들이 다른 주체들과 통신하고자 할 때 하나의 물리적 채널을 통해서도 세계 전역에 있는 다른 통신하고자 하는 주체들을 효율적으로 찾아내어 통신함으로써 궁극적으로 모든 통신 대상들에 대한 논리적 채널을 연결하는 기술을 진화해왔다.

통신 참여자를 위해 해당 시간 동안 전적으로 물리적인 회선을 제공하게 해 주는 회선교환 방식과 통신 참여자의 주소를 포함한 짧고 같은 크기의 메시지(패킷)를 읽어 해당 패킷을 보내는 동안만 관련 회선을 사용하는 패킷 교환방식이 있다. 통신 효율이 월등히 좋은 쪽이 패킷 교환 방식이며 그 대표적인 통신기술이 IP이다. 현재의 인터넷이 있게 한 핵심 통신 프로토콜이다.

컴퓨터 간의 데이터 통신만을 담당했던, IP가 핵심인 '인터넷'이 왜 인터넷 전화, 인터넷 TV, 무선인터넷, 산업인터넷, 사물인터넷 등 세상의 모든 통신을 수용하는 방향으로 진화하는 것일까? 가장 우선으로 꼽는 이유는 이 기술을 표준으로 만들 때의 개방성에서 찾을 수 있다.

현재 TCP/IP를 중심으로 한 관련 표준들은 IETF에서 관리되고 있는데 표준의 제작 참여와 사용에 아무런 제약이 없다. IP를 기반으로 하는 관련 기술이 아주 풍부하기 때문이다. IP를 수용하면 그 기술의 대부분을 작은 비용으로 수용할 수 있다. 예를 들면 SMTP, FTP 그리고 인터넷의 혁명을 가져온 HTTP 등 무수한 인터넷 기술이 TCP/IP 위에서 움직인다.

현재 인터넷의 IP 버전은 4(IPv4, internet protocol version 4)이다. 70년대에 만들어질 때 이론적으로 인터넷 컴퓨터 수는 약 43억 개를 넘어설 수 없다고 생각하여 32bit로 설계되었기에 최근에는 공인 주소의 고갈이 심각한 이슈이다. NAT(network address translation)이라는 기술에 의해 사설주소를 많이 사용하고 있지만 단대단(end to end) 통신의 투명성이 있어야 하는 많은 응용분야에 제약이 존재한다. IPv6는 128bit의 주소체계로 3.4×10^{38}개가 가능하므로 거의 무한대의 공인주소 배정이 가능하다.

IPv4와 IPv6는 전혀 서로 호환되지 않기 때문에 인터넷을 IPv6로 완전히 바꾸기에는 상당한 시간이 필요하므로 전환 기술이 필수적으로 적용되어야 한다. 전환기술은 크게 프로토콜 변환, 터널링, 듀얼스택 기술의 조합으로 이루어진다. IPv6의 한 패킷 크기는 1,280바이트이며 헤더의 크기가 최소한 40바이트이다. 기존의 인터넷의 주요 링크 프로토콜인 이더넷과 달리 사물인터넷의 주요 링크 프로토콜인 802.15.4 프레임의 크기는 127바이트이기 때문에 기존의 IPv6 프로토콜을 수용하기 위해서는 주소 압축 등을 포함하는 헤더 압축 등의 여러 가지 처리가 필요하다.

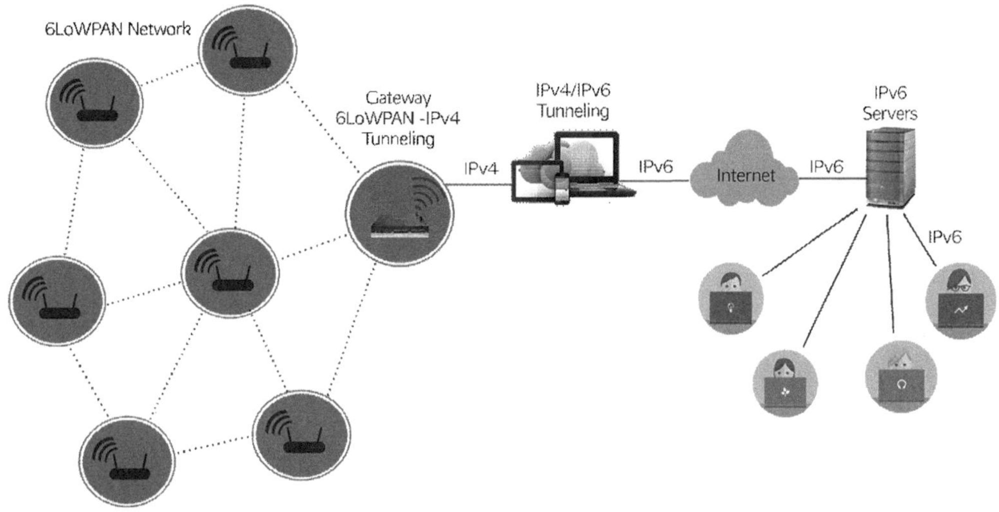

▲ 그림 2-37 6LoWPAN 개념도

이를 수용하는 것이 6LoWPAN(IPv6 over Low power WPAN)이다. 현재 지그비(zigbee), 스레드(thread), 콘티키(contiki), mbed OS 등의 대부분 사물인터넷 관련 아키텍처나 오픈소스 플랫폼에서 수용하고 있다.

2.3.8 CoAP와 MQTT

인터넷을 폭발적으로 성장시킨 기술은 TCP/IP 위에서 웹의 세상을 연 HTTP이다. HTTP는 FTP, DNS, SMTP 등과 같은 인터넷 응용 프로토콜 중의 하나이다. 인터넷 응용 프로토콜의 공통점은 각각이 먼저 사용하는 포트 번호(인터넷의 수송계층 프로토콜인 TCP, UDP 프로토콜의 헤더에 존재)를 가진다는 것이다.

코앱(CoAP, constrained application protocol)은 사물인터넷의 디바이스와 같이 대역폭이 제한된 통신 환경에 최적화하여 개발된 경량 메시지 전송 프로토콜이다. 센서 노드나 스위치, 밸브 등의 제어 노드처럼 메모리 용량, 컴퓨팅 성능, 배터리 등의 자원 제약이 있는 소형 장치에서 자원 검색, 멀티캐스트, 비동기 처리 요청 및 응답 등의 기능을 지원한다. 메시지 크기가 작으며 기존의 HTTP 웹 프로토콜과도 쉽게 변환 및 연동이 될 수 있다. UDP 멀티캐스트를 지원, 사물인터넷과 M2M 디바이스 같은 환경에서 오버헤드를 줄일 수 있다.

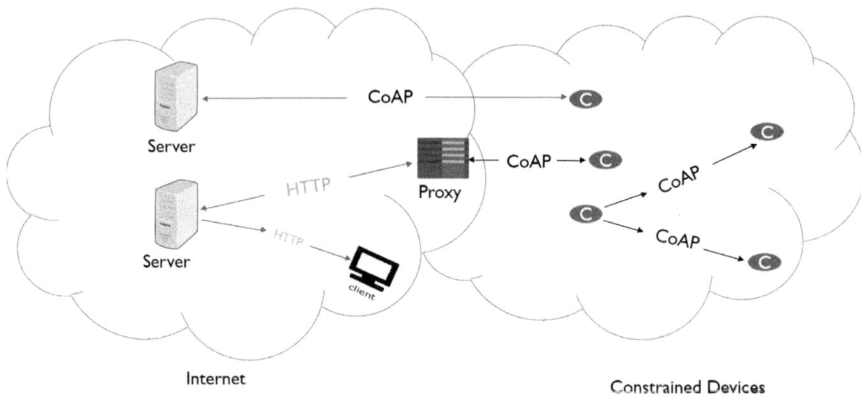

▲ 그림 2-38 Http 와 CoAP의 연결 개념도

엠큐티티(MQTT, message queueing telemetry transport)는 코앱과 마찬가지로 대역폭이 제한된 통신 환경에 최적화하여 개발된 푸시(push) 기술 기반의 경량 메시지 전송 프로토콜이다. MQTT는 푸시 기술(push technology)에서 일반적으로 사용되는 클라이언트/서버 방식 대신, 메시지 매개자(broker)를 통해 송신자가 특정 메시지를 발행(publish)하고 수신자가 메시지를 구독(subscribe)하는 방식의 메시지 큐(message queue)이다.

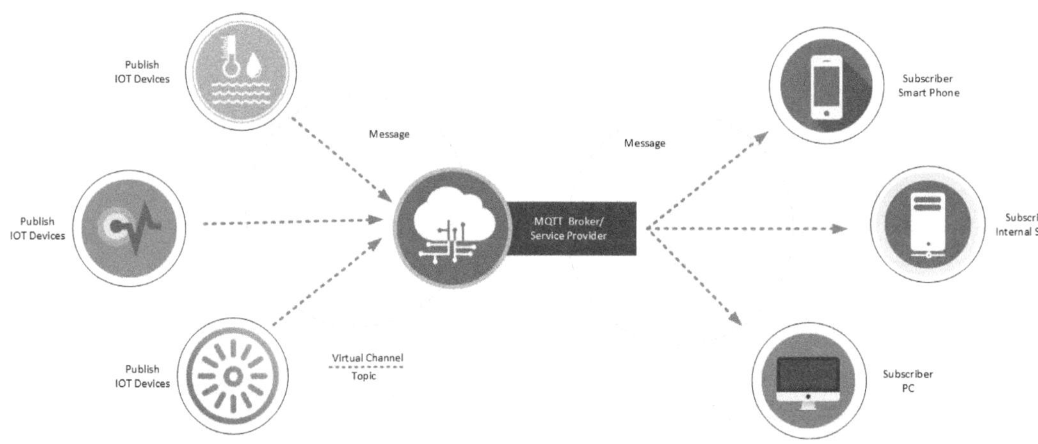

▲ 그림 2-39 MQTT의 IoT기기 메시지 전송 개념도

MQTT는 원격 검침(telemetry) 영역에 사용하기 위해 개발되었다. 원격 검침기는 대부분 소형이며 통신 대역폭과 전원이 한정적인 환경에서 동작한다. 이는 배터리 용량이 제한적이고 통신 품질을 일정 수준으로 유지하기 어렵다는 점에서 스마트폰 환경과 매우 유사하다.

MQTT는 다음 두 가지 특징이 있다. 첫 번째 특징은 푸시 기술(push technology)에서 일반적으로 사용되는 클라이언트/서버 방식 대신, 메시지 매개자(broker)를 통해 송신자가 특정 메시지(topic)를 발행(publish)하고 수신자가 관심 있는 메시지(topic)를 구독(subscribe)하는 방식을 사용한다.

두 번째 특징은 QoS(Quality-of-Service)를 지정할 수 있다는 점이다. MQTT 개발 시 고려한 원격 검침 환경에서는 온도, 경보 등의 검침 정보가 주기적으로 발생된다. 예를 들어 10

분 간격으로 온도를 검침하여 발행하는 검침 환경을 가정해 보자. 오류로 인해 10분 전 정보와 현재 시점의 검침 정보가 동시에 브로커에게 전달된다면 일반적인 검침 환경에서 최신 정보가 우선한다는 가정 하에 양쪽 정보를 모두 구독자에게 전달하는 것보다는 현재 정보만을 전달하는 것이 효율적일 것이다. 이러한 구조를 구현하기 위해 MQTT에서는 QoS(Quality of Service) 수준을 0, 1, 2의 세 단계로 정의한다. 발행자와 구독자 모두 QoS를 지정할 수 있으나 발행자가 지정한 최대 QoS 수준이 우선시된다.

- QoS 0 : 한 번만 전달하고 전달 여부는 확인하지 않음
- QoS 1 : 적어도 한 번 이상 전달하고 전달 여부 확인
- QoS 2 : 4단계의 핸드셰이킹(handshaking)을 통해 정확히 한 번만 전달

페이스북 담당자는 수억 명의 회원이 가입한 페이스북 서비스에서 수많은 사용자가 동시에 메시지를 전송하더라도 짧은 시간 내에 메시지가 전송될 수 있는 구조를 개발하는 데 주력했으며, 이를 위해 Beluga 서비스에 도입했던 MQTT 프로토콜 방식을 페이스북 메신저 앱에도 도입했다고 밝혔다. MQTT 방식의 도입을 통해 수 초 걸리던 폰 간(phone-to-phone) 전송 속도를 수백 밀리 초로 단축할 수 있었다고 한다.

페이스북에서 배포한 Android용 Messenger 앱도 Mqtt Push Service라는 서비스가 백그라운드에서 실행된다. 위와 같은 푸시 서비스들은 서버와 TCP 통신을 하나 열고 일정 주기마다 heartbeat 패킷을 주고받으며 TCP 통신이 끊어지지 않게 유지하다가 해당 TCP 통신채널을 통해 서버가 메시지를 푸시하는 경우 메시지를 받아 앱에 전달하는 역할을 한다. 이 방식은 주기적으로 폴링(polling)하는 데 비해 배터리 및 패킷 소모량이 적다는 장점이 있다.

메시지 길이가 가장 작게는 2 바이트까지 가능하고, 초당 1,000 단위의 메시지 전송이 될 수 있어 가볍고 빠르다는 장점을 갖는다. 따라서 원격 검침, 원격 의료 등 다양한 분야에 효율적으로 사용될 수 있다. MQTT는 아이비엠(IBM)사와 유로테크(Eurotech)가 공동 개발하였으며 2014년 국제 민간 표준 기구인 오아시스(OASIS) 표준으로 제정되었다.

▼ 표 2-11 대표적인 인터넷 공식 포트 번호 리스트(2015년 2월)

Port 번호	적용되는 수송 프로토콜	응용 (프로토콜) 이름
20, 21	TCP	FTP
23	TCP	텔넷
25	TCP	이메일(SMTP)
53	TCP/UDP	도메인(DNS)
80	TCP/UDP	웹(HTTP)
110	TCP	이메일 가져오기(POP3)
443	TCP/UDP/SCTP	암호화웹(HTTPS)
1883	TCP/UDP	MQTT
5683	UDP	CoAP

2.4 서비스 및 보안

사물인터넷 서비스가 제공되는 방식은 두 가지로 나눌 수 있다. 센서 디바이스와 서비스 디바이스가 일체형이거나 직접 연결되어 있는 경우 또는 데이터양이 적고 소수인 경우 전용 어플리케이션을 이용해서 제공된다. 반면 수집되고 처리되어야 하는 데이터의 양이 많거나 연결된 네트워크 방식에 관계없이 동시에 다수 서비스 디바이스를 통해 서비스가 제공되어야 하는 경우엔 서버나 서비스 플랫폼을 통해서 다양한 앱으로 제공한다.

데이터의 수집부터 각종 서비스 분야와 형태에 적합하게 정보를 가공 · 처리하고 제공되는 배경에는 클라우드 서비스가 존재한다. 클라우드 서비스는 인터넷을 통해 서버, 저장소, 데이터베이스, 네트워킹, 소프트웨어, 분석 등의 컴퓨팅 서비스를 제공하는 것이다.

O2O 서비스 업체들은 빅데이터 분석과 인공지능을 활용해 세심하게 추천 서비스를 제공하거나, 사물인터넷과 웨어러블 기기를 통해 일상 생활에서 O2O 서비스 접근성을 높이려는 노력을 하고 있다. 모바일 앱으로 배달 음식을 주문하고, 매물로 나온 빈방을 검색하며, 하루 편히 쉴 수 있는 숙소를 검색한다. 앱에서 바로 서비스 이용료를 결제할 수도 있다.

다양한 기술이 어우러진 시물인디넷 시비스는 기술 자체 혹은 구현하는 방법의 문제점으로 인해 다양한 보안 취약점이 존재할 수 있다. 사물인터넷의 보안 위협으로 데이터 위·변조, 비인가된 서비스 및 사용자 접근, 인증 방해, 신호 및 데이터의 기밀성/무결성 침해, 정보유출, 복제 공격 등의 형태로 발생 가능하며, 이러한 보안 취약점과 더불어 개인 프라이버시 침해 문제도 심각하다고 할 수 있다. 따라서 안전하고 신뢰할 수 있는 사물인터넷 서비스를 제공하기 위해서는 사물인터넷 서비스 구성 기술 요소 각각에 대한 보안 대책이 필요하다.

2.4.1 클라우드 컴퓨팅 서비스

1990년대 이후 웹의 폭발적인 성장은 전 인류가 컴퓨터를 사용하는 틀을 바꾸었다. 과거 개인용 컴퓨터 안에서만 처리가 가능했던 대부분의 컴퓨팅 자원들을 지금은 인터넷 단말만 있으면 어디서든 인터넷을 통하여 얻을 수 있다. 현재 클라우드 컴퓨팅(Cloud Computing) 서비스는 그래픽 디스플레이 기능을 제외한 대부분의 컴퓨팅 기능은 원격 서버에 이루어짐을 표현하기 위해 탄생한 '신 클라이언트[12](Thin Client)'와 조화를 이루면서 발전하고 있다.

클라우드 컴퓨팅은 새로운 개념은 아니다. 과거 컴퓨터 역사의 초창기에는 대형 컴퓨터(host)의 가격이 매우 비쌌으므로 이용자가 더미터미널(dummy terminal)이라고 부르는 입출력 기능만 있는 단말기로 자료를 입력하면 중앙의 대형 컴퓨터에서 처리하고 저장하는 방식이었다. 클라우드 컴퓨팅과 유사한 이러한 방식은 개인용 컴퓨터가 등장하고 성능이 향상되면서 점차 사라졌다가 인터넷이 출현하면서 재등장하게 된다. 게다가 처리해야 할 데이터의 양이 증가하면서 개인용 컴퓨터보다는 외부의 고성능 컴퓨터의 힘을 자연스럽게 빌리게 된 것이다.

12) Thin Client : 소유 총비용의 삭감을 목표로 클라이언트의 역할을 인간/컴퓨터간 인터페이스 처리에만 한정하여 필수적인 장치만 탑재

가) 클라우드 컴퓨팅 서비스의 특징

IT 리서치 기업 가트너(Gartner)는 클라우드 컴퓨팅을 '인터넷 기술을 활용하여 여러 고객들에게 높은 수준의 확장성을 가진 IT 자원들을 서비스하는 컴퓨팅'이라 정의하였고 구글은 '사용자 중심, 업무 중심의 수백 또는 수천 대의 컴퓨터를 연결하여 단일 컴퓨터로는 불가능한 풍부한 컴퓨팅 자원을 활용할 수 있도록 하는 기술'로 정의하고 있다.

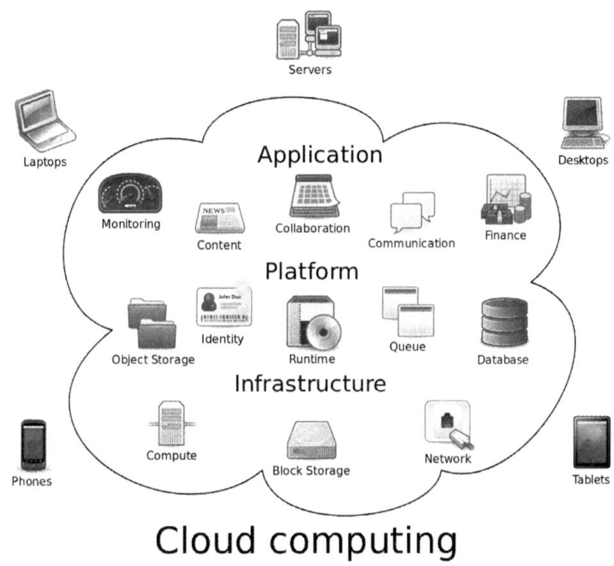

▲ 그림 2-40 클라우드 컴퓨팅 서비스 개념도

사용자 입장에서 사용자 인터페이스(user interface) 기능을 제외한 모든 컴퓨팅 자원은 인터넷 클라우드에 있음을 표현한 클라우드 컴퓨팅은 'ICT as a Service', 즉 플러그에 꽂기만 하면 전기를 사용할 수 있듯이 모든 ICT 기술 및 기능을 서비스 받을 수 있다는 개념적 특징을 지향하고 있다.

가상 하드웨어를 단 몇 분 만에 구축하고 없앨 수 있어 기민성이 뛰어나다. 당연히 필요한 만큼 사용하기 때문에 비용절감이 쉽다. 각종 관리기능을 서비스 제공자가 제공하기 때문에 관리하기도 쉽다. 웹서비스 운영 환경을 구축할 경우 사용자 수에 따라 사용할 리소스를 쉽게 조정할 수 있으므로 확장성이 뛰어나다.

이렇게 되면 필요한 소프트웨어를 내 컴퓨터에 설치할 필요도 없고, 또 주기적으로 업데이트 하지 않아도 된다. 작업을 하던 문서를 따로 저장해서 가지고 다닐 필요도 없다. 또 자신의 컴퓨터가 고장을 일으켜도 데이터가 손상될 염려도 없다. 필요한 만큼 쓰고 비용을 지불하면 되므로 사용 빈도가 낮은 소프트웨어를 비싸게 구입할 필요도 없고, 터무니없이 큰 저장장치를 갖추지 않아도 된다.

나) 서비스 모델의 종류

클라우드 컴퓨팅에서 제공하는 서비스는 제한적인 것은 아니지만, SaaS(Soft as a Service), PaaS(Platform as a Service), IaaS(Infrastructure as a Service) 3가지를 가장 대표적인 서비스로 분류한다.

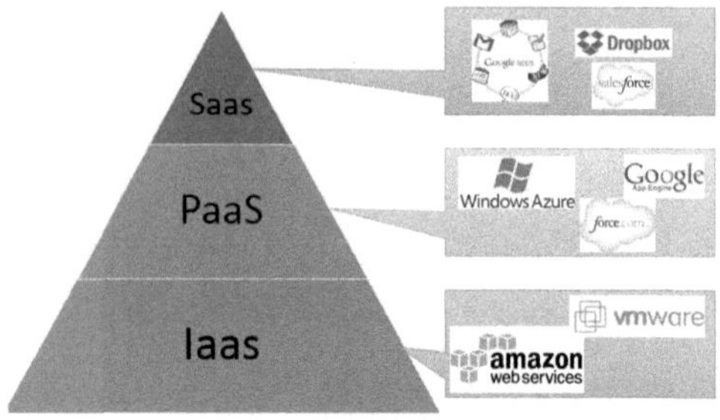

▲ 그림 2-41 클라우드 컴퓨팅 서비스의 종류 및 관계

- **SaaS(Software as a Service)** : 클라우드 컴퓨팅 서비스 사업자가 인터넷을 통해 소프트웨어를 제공하고, 사용자가 인터넷 상에서 이에 원격 접속해 해당 소프트웨어를 활용하는 모델이다. 클라우드 컴퓨팅의 최상위 계층에 해당하는 것으로 다양한 애플리케이션을 다중 임대 방식을 통해 온디맨드(On Demand) 서비스 형태로 제공한다.
  대표적인 예로는 구글 앱(google docs, google spreadsheet 등), 마이크로소프트의 Office 365 등이 있다. SaaS는 클라우드 컴퓨팅이 IT 업계의 화두로 부상하기 이전에 독립적인 영역으로 이미 상용화된 기술로 다른 서비스에 비해 인지도가 높다.

- **PaaS(Platform as a Service)** : 개발자가 개발환경을 위한 별도의 하드웨어, 소프트웨어 등의 구축비용이 들지 않도록 개발하고 구축하고 실행하는 데 필요한 환경(컴파일 언어, 웹 프로그램, 제작 툴, 데이터베이스 인터페이스, 과금모듈, 사용자관리모듈 등)을 제공하는 서비스이다. Google App Engine, 마이크로소프트의 애저(Azure)는 PaaS에 특화된 서비스의 예이다.

- **IaaS(Infrastructure as a Service)** : 응용서버, 웹서버 등을 운영하기 위해서는 기존에는 하드웨어 서버, 네트워크, 스토리지, 전력 등 여러 가지 인프라가 필요하다. 이런 것들을 가상의 환경에서 쉽고 편하게 이용할 수 있게 제공하는 서비스이다. 가장 중요한 기술이 가상화 기술이다. 이는 SaaS, PaaS의 기반이 된다. 대표적인 예는 아마존의 AWS 서비스이다.

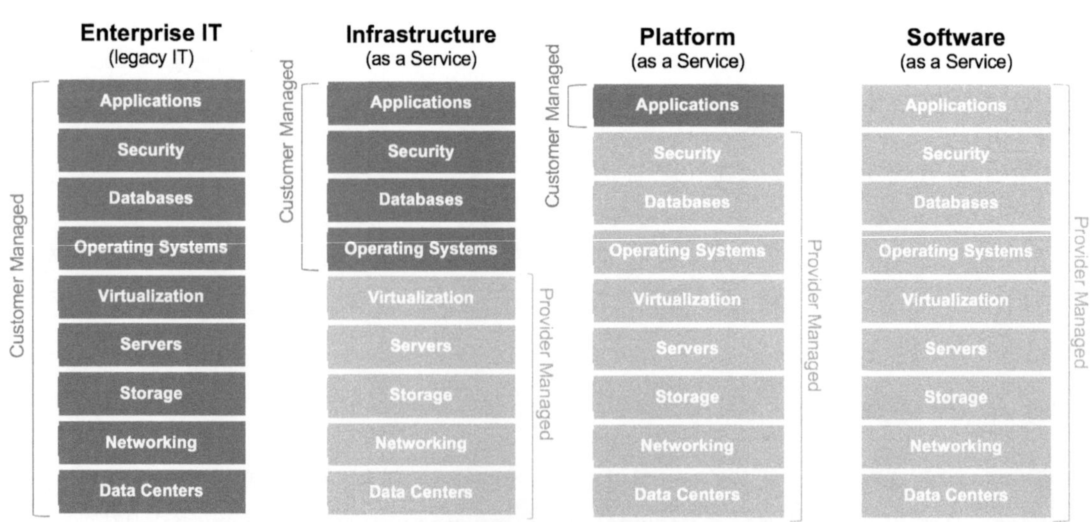

▲ 그림 2-42 클라우드 컴퓨팅 서비스 비교

다) 클라우드 배포 유형

클라우드 컴퓨팅 리소스를 배포하는 방식으로는 공용 클라우드, 사설 클라우드, 하이브리드 클라우드의 세 가지가 있다.

- **퍼블릭 클라우드(public cloud)** : 퍼블릭 클라우드는 인터넷을 통해 서버 및 저장소와 같은 컴퓨팅 리소스를 제공하는 타사 클라우드 서비스 공급자가 소유하고 운영한다. Microsoft Azure는 퍼블릭 클라우드의 한 가지 예이다. 퍼블릭 클라우드를 사용할 경우 모든 하드웨어, 소프트웨어 및 기타 지원 인프라를 클라우드 공급자가 소유하고 관리한다. 사용자는 웹 브라우저를 사용하여 이러한 서비스에 액세스하고 계정을 관리한다.

- **프라이빗 클라우드(private cloud)** : 프라이빗 클라우드는 단일 비즈니스 또는 조직에서 독점적으로 사용되는 클라우드 컴퓨팅 리소스를 의미한다. 프라이빗 클라우드는 물리적으로 회사의 온사이트 데이터 센터에 위치할 수 있다. 일부 회사에서는 해당 프라이빗 클라우드를 호스트하기 위해 타사 서비스 공급자에 비용을 지급하기도 한다. 프라이빗 클라우드는 서비스와 인프라가 개인 네트워크에서 유지 관리되는 클라우드이다.

- **하이브리드 클라우드(hybrid cloud)** : 하이브리드 클라우드는 공용 클라우드와 사설 클라우드 간에 데이터와 응용 프로그램을 공유할 수 있는 기술로 함께 바인딩된 공용 클라우드와 사설 클라우드를 결합한다. 하이브리드 클라우드에서는 사설 클라우드와 공용 클라우드 간에 데이터와 응용 프로그램이 이동할 수 있도록 하여 기업에 더 큰 유연성과 다양한 배포 옵션을 제공한다.

2.4.2 O2O

1990년대에 개인용 PC가 보급되고 온라인 쇼핑이 보급되기 시작하면서 나타나기 시작한 현상이 하나 있다. 바로 쇼루밍(Showrooming) 현상이 그것이다. 쇼루밍은 백화점이나 쇼핑몰에서 상품을 구경한 후, 똑같은 제품을 온라인에서 더 저렴하게 사는 현상을 말한다.

비싼 돈을 들여 매장을 꾸며놓은 백화점이나 쇼핑몰 입장에서는 이런 손님들이 달갑지 않은 것이 사실이다. 그러던 차에 나온 개념이 역쇼루밍(reverse-showrooming)이다. 즉, 온라인이나 모바일에서 먼저 결제를 한 후, 오프라인 매장에서 실제 물건이나 서비스를 받도록 한 것이다.

물론, 역쇼루밍의 경우도 온라인에서 결제하다 보니 오프라인에서 판매하는 것보다 저렴하게 팔수밖에 없기는 하지만, 적어도 고객들을 다른 온라인 판매자에게 빼앗기지는 않게 된 것이다. 또한, 물건이나 서비스를 받기 위해서는 직접 매장을 방문해야 하는데, 그 과정에서 추가적인 구매 행위를 일으킬 수도 있기 때문이다.

가) O2O의 정의

O2O(online to offline)란 온라인과 오프라인이 결합하는 현상을 의미하는 말이며, 최근에는 주로 전자상거래 혹은 마케팅 분야에서 온라인과 오프라인이 연결되는 현상을 말하는 데

사용된다. O2O는 사물인터넷의 개념과 유사하다. 사물인터넷은 단순히 사물들을 인터넷에 연결하는 것이 아니라, 현실 세계(physical world)와 가상세계(virtual world)를 연결하는 개념이다. 즉, 스마트폰이나 PC를 이용하여 가상세계의 램프를 클릭하면 현실 세계의 램프가 켜지거나 꺼지는 등의 반응을 보이는 개념이다.

아직까지 사물인터넷 서비스를 '구매'한다는 것이 일반적이지는 않지만, 앞으로의 사물인터넷 서비스는 O2O처럼 구매를 바탕으로 하는 서비스가 다수 등장할 것으로 예상한다. 사실, 구매 과정을 포함하든 그렇지 않든, 사물인터넷 서비스가 온라인과 오프라인이 마치 하나인 것처럼 결합하는 모습은 O2O의 그것과 같다고 할 수 있다.

나) O2O 트렌드의 활성화

O2O 트렌드가 본격적으로 활성화되기 시작한 것은 누가 뭐래도 소셜커머스 때문일 것이다. '반값 공동구매'로 유명해진 소셜커머스는 사실 전자상거래와 마케팅이 교묘하게 결합한 비즈니스 모델이다. 즉, 소비자들에게는 저렴하게 상품이나 서비스를 구매할 기회를 주면서, 동시에 해당 제품이나 매장을 홍보하는 수단이 되기도 했다. SK플래닛 '시럽(syrup)'과 스타벅스의 '사이렌 오더(siren order)' 등도 비콘을 이용한 O2O 서비스이다. '시럽'은 사용자가 비콘 설치 매장에 들어서면 모바일 전단, 할인 혜택, 쿠폰 등을 폰에서 실시간으로 받아볼 수 있고 스타벅스의 '사이렌 오더'도 매장 근처에서 모바일로 주문과 결제를 하고 매장에 들어서면 줄을 서서 기다릴 필요 없이 음료를 받을 수 있다. 우버나 카카오택시 같은 운송 서비스나 배달 서비스, 숙박 앱 서비스 등도 이에 해당한다.

▲ 그림 2-43 스타벅스의 사이렌 오더

이러한 O2O 트렌드는 스마트폰이 본격적으로 보급되면서 더욱 빠른 속도로 퍼지고 있다. 이제는 컴퓨터보다는 스마트폰에서의 구매 행위가 더 많은 비중을 차지하고 있으며, 그런 연유로 M2O(mobile-to-offline)이라고 말하기도 한다.

2.4.3 사물인터넷 보안 기술

사물인터넷 보안 기술은 디바이스나 네트워크의 보안 취약점을 이용하여 사물인터넷 디바이스의 동작이나 디바이스와 관련된 사물인터넷 서비스를 비정상적으로 만드는 등의 다양한 보안 위협에 대처하기 위한 기술을 말한다.

사물인터넷 시대에는 컴퓨터나 스마트폰뿐만 아니라 수백 억 개에 달하는 다양한 유형의 사물들이 인터넷에 연결된다. 이러한 사물인터넷 디바이스들은 제한된 배터리 용량에 컴퓨팅 파워도 떨어지는 소형의 디바이스인 경우가 대부분이다. 따라서 별도의 암호화 과정 없이 데이터를 생성한 후 주변의 다른 디바이스들을 통해 인터넷으로 전달된다.

이러한 과정에서 악의적인 사용자에 의해 불법적으로 데이터가 수집되거나 변조된다면, 개인의 프라이버시를 침해하는 것뿐만 아니라 심각한 보안사고까지 일으킬 수 있다. 사물인터넷 서비스는 가상세계와 현실 세계를 연결하는 것이기 때문에, 사이버 공간에서의 해킹은 그대로 물리적인 공간의 위험으로 전이될 수 있기 때문이다.

가) 보안 위협의 유형

사물인터넷 보안 위협은 사물인터넷을 구성하는 요소인 디바이스, 네트워크, 서비스 영역에서 모두 발생할 수 있다. 사물인터넷 보안 위협에는 비인가 접근, 복제 공격, 정보 유출, 데이터 위변조, 서비스 거부, 프라이버시 침해 등이 있다.

▼ 표 2-12 사물인터넷 구성 요소별 보안 위협

구성요소	보안 위협
서비스	데이터 위/변조, 데이터의 기밀성/무결성, 프라이버시 침해, 비인가된 어플리케이션 및 사용자의 접근
네트워크	데이터 위/변조, 인증 방해, 신호 데이터의 기밀성/무결성 침해, 정보유출, 분산 서비스 거부(DDoS[13]) 공격
장치/센서	장치의 기밀성/무결성 침해, 비인가 접근, 복제 공격

비인가 접근은 권한이 없는 공격자가 특정한 장치나 자원, 서비스에 비인가된 접근을 시도한 후 그것들을 조작하거나 물리적인 손상을 입히는 보안 위협을 말한다. 이 외에도 비인가 접근을 통해 디바이스나 사용자와 관련된 정보가 유출될 수도 있으며, 이는 곧바로 프라이버시 침해 문제를 일으키기도 한다. 또한, 디바이스가 생성시키거나 시스템에 의해 가공된 데이터를 변조함으로써 사물인터넷 서비스의 품질을 떨어뜨릴 수도 있다.

대부분 사물인터넷 디바이스들은 무선 통신 기술을 이용하기 때문에, 스마트 디바이스들이 전송하는 데이터를 도청하거나 스니핑 함으로써 해당 디바이스를 복제하는 것도 가능하다. 또한, 이렇게 복제한 디바이스를 이용해서 스팸을 발송하거나 대량의 데이터를 생성함으로써 서비스가 제대로 제공되지 않도록 할 수도 있다.

13) DDoS(Distribute Denial of Service) : 특정 컴퓨터에 대량의 접속을 유발해 컴퓨터를 마비시키는 해킹 수법

나) 암호화 기술

악의적인 사용자가 사물인터넷 디바이스나 서비스에 비인가 접근을 하게 되면, 정보 유출은 물론, 데이터의 위/변조, 서비스 거부, 프라이버시 침해 등 다양한 보안 위협에 노출될 수 있다. 이러한 보안 위협에 대처하는 방법의 하나가 디바이스가 생성한 데이터를 암호화해서 전달하는 것이다. 데이터를 암호화한다는 것은 특별한 지식을 소유한 사람들을 제외하고는 누구도 그 내용을 알 수 없도록 복잡한 알고리즘을 이용하여 데이터값을 변환시키는 기술을 말한다. 암호화는 대부분의 경우 사물인터넷 디바이스가 사용하는 통신 기술에 의해 결정되며, 대표적인 암호화 기술에는 AES 및 DTLS 등이 있다.

- **AES 암호화 기술**

  미국의 국립표준국(National Bureau of Standards)은 1975년에 데이터 암호화를 위해 DES(Data Encryption Standard)라는 암호화 표준을 제정하였다. 이 기술은 56bit의 키(key)를 사용하는 대칭키(symmetric-key) 암호화 방법으로, 한동안은 별다른 문제없이 이용되었다. 그러나 이 기술은 키의 길이가 너무 짧은데다가 백도어[14](backdoor)가 포함되어 있어서 특수한 방법을 사용하면 해독할 수 있다는 문제를 지니고 있었다.

  AES(Advanced Encryption Standard)는 DES 암호화 기술이 가지고 있던 문제를 해결하기 위해 새롭게 개발된 128bit 블록 암호화 방식이다. AES 기술 역시 암호화와 복호화 과정에 같은 키를 이용하는 대칭키 방식을 이용하지만, 128bit의 블록을 128bit, 196bit, 혹은 256bit의 키 길이로 처리할 수 있다는 것이 DES와의 가장 큰 차이점이다.

  우리가 가장 많이 이용하는 근거리 무선통신 기술인 와이파이의 경우도 암호화 방식 중의 하나로 AES를 이용하고 있으며, 블루투스의 경우도 3.0 표준까지는 SAFER+ 암호화 기술을 이용하였으나 블루투스 4.0부터는 AES 표준을 이용하고 있다.

- **DTLS 프로토콜**

  DTLS(Datagram Transport Layer Security) 프로토콜은 TLS(Transport Layer Security) 프로토콜을 기반으로 하여 암호화된 데이터 그램을 전송할 수 있도록 해주는 UDP(User Datagram Protocol)를 위한 보안 프로토콜이다. 이 기술은 크기가 큰 메시지들을 조각화하여 UDP를 통해 전송할 수 있게 해줌으로써, UDP 프로토콜을 사용하는 사물인터넷 응용 분야에 보안성을 더해 줄 수 있다. 예를 들면, 클라이언트/서버 응용 프로그램이 통신하는 과정에서 도청, 간섭, 메시지 변조 등 네트워크상에서 발생할 수 있는 공격들을 막게 해 준다.

---

14) 백도어(backdoor) : 정상적인 인증 절차를 거치지 않고, 컴퓨터와 암호 시스템 등에 접근할 수 있도록 하는 방법

CHAPTER 3

빅데이터

21세기의 무한한 자원

CHAPTER 3 빅데이터

로스앤젤레스 경찰청(LAPD)은 빅데이터를 분석해 범죄 발생 가능성을 점치는 범죄 예측 프로그램(predictive policing)을 개발하여 2008년부터 업무에 적용하기 시작했다. 이미 벌어진 범죄 종류와 범행 시간과 장소를 분석해 범죄 발생 확률을 실시간으로 순찰차에 보내고 순찰 중인 경찰관은 범죄 발생 확률이 높은 시간과 지역과 시간을 파악하여 우범지역을 적시에 집중적으로 순찰할 수 있었다.

경찰이 빅데이터를 순찰 근무에 활용하자 범죄 발생 건수가 획기적으로 낮아져 절도사건은 33%, 폭행 사건도 21% 줄어들었고 이런 추세는 9년 동안 이어졌다. 애초에 범죄가 일어나지 않도록 예방한 것으로 경찰이 추구하는 최선의 결과다. 로스앤젤레스 경찰이 꿈을 실현해낸 힘은 빅데이터다.

3.1 빅데이터의 개요

빅데이터(big data)는 말 그대로 엄청나게 거대한 데이터를 뜻한다. 생활이 디지털로 이뤄지면서 사람들은 엄청나게 많은 데이터를 쏟아낸다. 이렇게 생성되는 데이터는 과거에 비해 데이터의 생성량과 속도가 폭증했다는 점과 더불어 그 종류도 다양해져 텍스트, 이미지, 사운드, 동영상 등을 포함한 비정형 데이터의 비중이 잘 정리된 정형 데이터에 비해 월등히 높아졌다는 점이 특징이다. IT 전문 조사기관인 IDC에 따르면 세계에서 유통되는 데이터의 양이 2012년 2.8제타바이트(ZB, 10^{21}, 2^{70})에서 2020년에는 40제타바이트로 확대될 것이라고 한다.

대규모의 다양한 데이터에서 추출한 정보는 엄청난 힘을 지니고 있다. 인터넷 쇼핑몰에 방문한 기록을 분석하면 사람들이 어떤 상품에 관심을 가지는지, 쇼핑에 얼마나 많은 시간을 투자하는지 등의 소비 행태 정보를 추출할 수 있어 이를 마케팅과 영업에 활용할 수 있다. 그리고 SNS를 통해 생성된 데이터를 분석하면 작성자의 성향이나 다른 사람들과의 연결 관계를 파악할 수 있어, 사람들의 생각과 의견을 예측하여 문제 해결에 활용할 수 있다.

대규모 데이터를 분석해서 의미 있는 정보를 찾아내는 시도는 예전에도 존재했다. 그러나 그때에는 엄청난 양의 데이터를 기존 데이터베이스 시스템에 저장하고 이를 효과적으로 분석하여 유용한 정보로 가공하기에는 막대한 비용이 소요되었던 탓에 높은 가치를 가지고 있는 데이터 분석에만 제한적으로 쓰였었다. 하지만 컴퓨터 성능이 발전하고 클라우드 서비스와 하둡[1](Hadoop) 같은 분석 도구가 상용화되어 대용량 정보를 저렴한 비용으로 처리할 수 있게 되면서 과거에는 주목받지 못하던 데이터들이 분석의 대상이 되었고, IBM의 왓슨, 구글의 독감 예보 등 긍정적인 사례가 등장하면서 빅데이터 기술은 다시 사람들의 관심을 받게 되었다.

1) 하둡(Hadoop, High-Availability Distributed Object-Oriented Platform) : 여러 개의 저렴한 컴퓨터를 마치 하나인 것처럼 묶어 대용량 데이터를 처리하는 기술

3.1.1 빅데이터의 개념

빅데이터(big data)는 좁은 의미로 기존의 데이터베이스가 저장하고 관리할 수 있는 범위를 넘어서는 대규모의 다양한 데이터로 정의할 수 있다. 하지만 최근에는 빅데이터를 대규모의 데이터를 저장 및 관리하는 기술과 가치 있는 정보를 만들기 위해 분석하는 기술까지도 포함하여 정의한다. 빅데이터가 주목받는 이유는 개인이나 기업, 정부가 빅데이터를 경제적 자산으로 인식하여 효과적으로 저장·분석함으로써 미래를 예측해 최적의 대응방안을 찾고, 이를 수익으로 연결하여 새로운 가치를 창출하기 때문이다.

실제로 아마존닷컴에서는 빅데이터 기술을 활용해 상품 구매 내역을 저장하고 분석하여 고객의 소비 성향을 파악한다. 그리고 파악한 정보를 활용해 고객이 관심을 가질 만한 상품에 대한 소개를 메일로 전달하거나, 고객이 로그인할 때 자동으로 제시한다.

전 세계 사람들이 매일 이용한다고 해도 과언이 아닌 구글이나 페이스북도 마찬가지다. 구글은 사용자의 개인 정보와 사용자가 입력한 검색어 등을 분석해 사용자에게 맞춤형 광고를 제시하는 데 빅데이터 기술을 활용한다. 페이스북도 사용자가 작성한 글과 사진, 동영상 데이터를 분석하여 사용자가 관심을 가질 만한 광고를 제시하는 데 빅데이터 기술을 활용한다.

빅데이터 기술은 정치 분야에서도 활용된다. 국내에서는 인터넷이나 SNS를 통한 선거 운동이 허용되면서 여론 조사 기관들이 투표 결과를 더 정확히 예측하기 위해 SNS를 통해 생성된 선거 관련 데이터를 빅데이터 기술을 활용해 분석하기도 하였다. 2016년 미국 대선을 앞두고 국내의 한 대학에서는 '구글 빅데이터'를 분석한 결과 여론조사와 다르게 도널드 트럼프 후보의 당선을 예측한 바 있으며 EU를 충격에 빠트렸던 브렉시트[2] 투표 결과도 빅데이터는 사전에 예견하였다.

빅데이터를 분석하기 위해서는 통계학, 컴퓨터공학, 전자공학 등의 IT과학과 경영학, 심리학, 언어학, 뇌과학 등의 분야가 접목된 융합과학기술 분야의 지식이 필요하다. 미국 IT 리서치 기업인 가트너(Gartner)는 빅데이터는 미래 사회의 경쟁 우위를 좌우하는 21세기 원유라고 지칭하면서, 기업은 다가오는 데이터 경제시대를 이해하고, 정보 고립(information silo)을 경계해야만 성공할 수 있다고 자문하고 있다.

3.1.2 빅데이터의 특징

빅데이터를 이야기할 때 데이터베이스를 함께 설명하는 경우가 많다. 데이터베이스는 많은 데이터를 효과적으로 저장하기 위한 '잘 만들어진' 시스템이다. 잘 만들어졌다는 이야기는 필요한 경우에 쉽고 빠르게 찾아 사용할 수 있고, 데이터를 비교 분석해서 필요한 정보를 쉽게 뽑아낼 수 있다는 것을 의미한다.

예를 들면, 영수증 데이터베이스는 미리 레코드 단위로 '날짜/구입처/품목/금액/분류'라는 항목을 구성하고 영수증을 읽어 해당 항목에 맞게 각각 저장하는 방식이다. 그런데 읽어야 하

2) Brexit : 영국의 유럽 연합 탈퇴

는 영수증의 형식이 구입처마다 서로 달라 기록 방식과 포함한 정보가 다르다면 데이터베이스에서 필요한 항목이외의 데이터를 저장하는 것은 불가능하다.

데이터베이스 기술은 목적을 미리 정하고 그에 맞도록 데이터를 '어떻게 하면 효과적으로 저장하고 분석할 수 있을까'하는 기술이다. 하지만, 최근 들어 이렇게 잘 가공된 데이터가 아닌 나머지 데이터는 모두 버리는 게 맞느냐는 문제에 새로운 관심이 쏠리기 시작했다. 즉 영수증의 데이터를 데이터베이스로 저장하는 것이 아니라 영수증이 가진 의미 그대로 저장한다면 필요한 경우 해당하는 데이터를 묶어서 새로운 분석을 할 수 있을 것이다. 이것이 빅데이터의 시작이다.

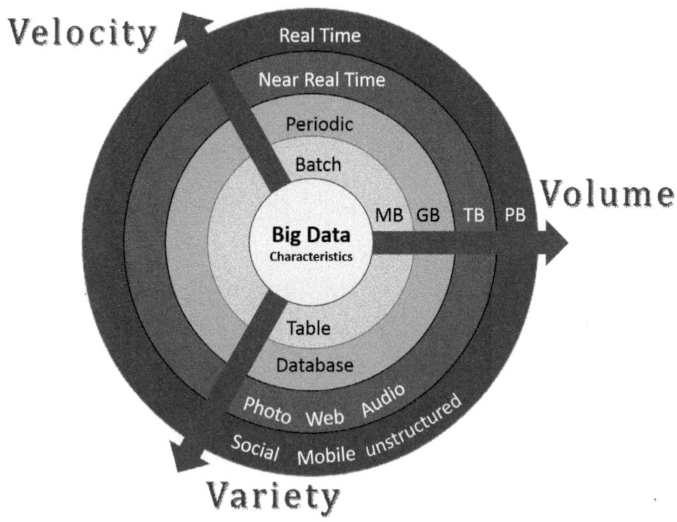

▲ 그림 3-1 빅데이터의 특징 3V

빅데이터는 사용자가 원하는 것이 생기면 거기에 해당하는 데이터를 찾아서 분석해 제공하는 것이다. 따라서 기존의 데이터베이스와 차별화되는 빅데이터의 세 가지 특징을 데이터의 양(Volume), 생성 속도(Velocity), 형태의 다양성(Variety)을 의미하는 3V로 요약하는 것이 일반적이다. 최근에는 정확성(Veracity)이나 가변성(Variability) 등을 덧붙이기도 한다.

가) 데이터 양(Volume)

빅데이터는 테라바이트(TB, 2^{40}) 단위 이상의 대량 데이터다. 이는 빅데이터의 기본 특징으로, 여러 경로를 통해 계속 생성되고 있는 많은 양의 데이터를 의미한다.

나) 생성 속도(Velocity),

빅 데이터는 데이터의 수집과 분석을 정해진 시간 내에 처리해야 한다. 많은 양의 데이터가 생성되고 전달되는 속도가 빨라 여기서 가치 있는 정보를 추출하려면 대규모의 데이터를 사용자의 요구에 맞게 수집하고 분석하는 작업을 실시간으로 처리해야 한다.

데이터의 유형, 크기, 발생 빈도 주기 등을 기준으로 다양한 방식을 적용한다. 일괄 처리(batch processing)는 발생한 데이터를 일정 기간 모아 두었다가 한꺼번에 처리하는 방식이고 실시간 스트리밍(streaming)은 데이터를 인터넷을 통해 실시간으로 전송하는 방식이다.

다) 형태의 다양성(Variety)

빅 데이터는 형태의 다양성을 띤다. 즉, 정형, 반정형, 비정형 같이 다양한 형태의 데이터를 모두 포함한다. 데이터의 양과 더불어 데이터 유형의 다양성은 ICT의 발전과 더불어 각종 소셜데이터나 센서 데이터가 의미 있는 분석의 대상으로 포함되었다.

- **정형 데이터(Structured Data)** : 빅 데이터 이전의 데이터 분석은 기본적으로 정형 데이터를 대상으로 수행되었다. 정형 데이터는 일정한 규칙에 따라 고정된 필드에 체계적으로 저장된 데이터로서 대표적으로 관계형 데이터베이스나 스프레드시트가 있다.

- **비정형 데이터(Unstructured Data)** : 빅 데이터는 반정형, 비정형 데이터도 분석 대상으로 삼는다. 고정된 필드에 저장되지 않은 형태나 구조가 복잡한 데이터로서 책, 잡지, 의료 기록, 비디오, 오디오 같은 전통적인 비정형 데이터 외에도 위치 정보, 로그 기록, 이메일, SNS 등에서 생성되는 비정형 데이터도 포함한다.

- **반정형 데이터(Semi-structured Data)** : 한글이나 MS워드 등으로 작성한 데이터로서 고정된 필드에 저장되어 있지는 않지만 메타데이터나 스키마 등을 포함하는 데이터로 HTML, XML, 웹로그, 센서 데이터, 페이스북이나 트위터 같은 SNS 데이터 등이 있다.

현재의 빅데이터 환경은 과거와 비교해 데이터의 양은 물론 질과 다양성 측면에서 패러다임의 전환을 의미한다. 이런 관점에서 빅데이터는 산업혁명 시기의 석탄처럼 IT와 스마트혁명 시기에 혁신과 경쟁력 강화, 생산성 향상을 위한 중요한 자원으로 간주되고 있다

▼ 표 3-1 빅데이터 환경의 특징

구분	기존	빅데이터 환경
데이터	정형화된 수치자료 중심	비정형의 다양한 데이터 문자 데이터(SMS, 검색어) 영상 데이터(CCTV, 동영상) 위치 데이터
하드웨어	고가의 저장장치 데이터베이스 데이터웨어하우스(Data-warehouse)	클라우드 컴퓨팅 등 비용측면에서 효율적인 장비 활용 가능
소프트웨어 / 분석 방법	관계형 데이터베이스(RDBMS) 통계패키지(SAS, SPSS) 데이터 마이닝(data mining) machine learning, knowledge discovery	오픈소스 형태의 무료 소프트웨어 Hadoop, NoSQL 오픈 소스 통계솔루션(R) 텍스트 마이닝(text mining) 온라인 버즈 분석(opinion mining) 감성 분석(sentiment analysis)

3.2 빅데이터 기술

빅데이터의 중요성을 먼저 인지한 글로벌 선도 기업들은 이미 합법적으로 빅데이터를 수집하고 그 가치를 높이기 위해 치열하게 경쟁하고 있다. 그중에서도 빅데이터 선두 기업으로 불리는 구글, 아마존, 페이스북, 애플 등은 핵심 서비스를 무료 또는 저렴한 가격에 제공하면서 방대한 데이터를 모으는 데 주력하고 있다. 더 나아가 이들 기업은 자사의 전유물이던 하드웨어와 소프트웨어 관련 기술까지 무상으로 공개하고 있다.

빅데이터를 다루는 일이 중요해지면서, 이를 처리하는 기술도 덩달아 주목받고 있다. 기업은 자신들이 보유하고 있는 데이터를 분석해 특정한 결과를 얻어내고 싶어 하는데, 이를 위해 데이터를 수집하고 정리하고 분석하여 시각적으로 보기 편하게 자료를 제공하는 기술의 개발이 중요하기 때문이다.

▼ 표 3-2 빅데이터 활용을 위한 요소 기술들

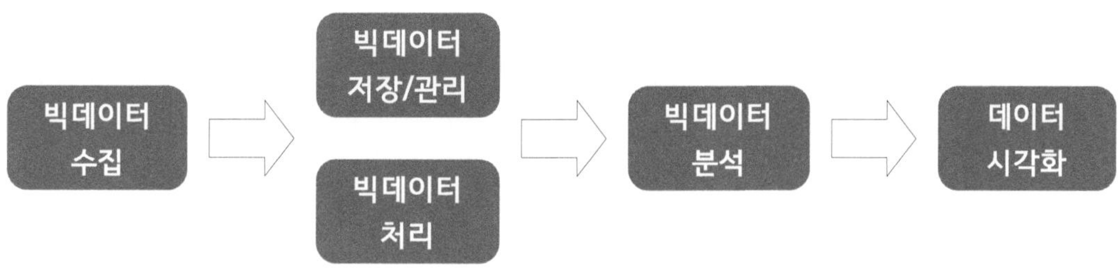

3.2.1 빅데이터 수집 기술

근래에 우리의 대화 속에 스마트, 모바일, 소셜이라는 단어들이 많이 사용되고 있다. 우리가 삶을 영위하는 환경이 다양한 정보 기기를 통해 스마트해지면서 의료, 금융, 교육, 과학, 교통, 제조 등 사회 전 분야에서 이전에는 상상하지도 못했던 다양한 유형의 많은 데이터가 끊임없이 생성되고 있다.

또한, 다양한 분야의 스마트한 기기들은 모바일 기술이 적용되어 언제 어디서나 인터넷에 연결될 수 있다. 그뿐만 아니라 이러한 스마트 기기와 모바일 환경의 보급으로 인해 인터넷상에서 개인 또는 집단 간 상호의존적인 관계에 따라 새로운 사회관계 구조가 형성되었다. 그런 점에서 우리는 정보의 홍수라 불릴 정도로 다양하고 거대하며 정리되지 않은 수많은 데이터 속에서 일부 데이터만을 활용하는 빅데이터 시대에 살아가고 있다.

이러한 빅데이터 시대에 빅데이터에 숨겨진 지식과 지혜를 찾아서 우리 삶이 윤택해지도록 활용하기 위해서는 데이터에 대한 확보가 선행되어야 하는데 이를 위한 기술이 '빅데이터 수집 기술'이다.

의료, 금융, 교육, 과학, 교통, 통신, 제조 등 여러 분야에서 다양한 기능을 하는 센서들과 관련 행위 기록을 통해 다양한 유형의 데이터가 생성되고 있다. 또한, 인터넷상에서 일어나는 소셜 네트워크 서비스, 사용자 생성 콘텐츠(UCC, user created contents), 온라인 쇼핑, 검색 등과 연관된 다양한 행위를 통해 많은 양의 데이터가 생성되고 있다.

앞에서 언급한 데이터는 우리가 직면하고 있는 데이터 중 일부에 불과하다. 빅데이터 시대에서는 우리가 상상하는 것 이상으로 다양하고 많은 데이터가 매우 다양한 방법을 통해 생성되고 있다. 이렇게 생성된 데이터를 활용하려면 우선 데이터를 수집해야 한다.

데이터의 수집은 수집한 데이터를 저장하거나 분석하기 위해 데이터를 변환하거나 통합하는 작업도 포함한다. 데이터 소스의 위치에 따라 내부 데이터 수집과 외부 데이터 수집으로 구분할 수 있다. 내부 데이터 수집은 주로 자체적으로 보유한 내부파일 시스템이나 데이터베이스 관리 시스템, 센서 등에 접근하여 데이터를 수집하는 것을 의미하고, 외부 데이터 수집은 인터넷으로 연결된 외부에서 데이터를 수집하는 것을 의미한다.

가) ETL

대표적인 내부 데이터 수집 방법으로는 ETL(extraction, transformation, loading)이 있다. ETL이란 다양한 소스 시스템으로부터 필요한 데이터를 추출(extraction)하여 변환(transformation) 작업을 거쳐 저장하거나 분석을 담당하는 시스템으로 전송 및 적재(loading)하는 모든 과정을 포함한다. 대부분의 ETL 연산은 중복을 제거하고 일관성을 확보하기 위한 정제를 포함한다. 예를 들어, 성별에서 '남'은 'M', 'man', 'male', '1' 등으로 표현될 수 있는데, 이것들을 모두 동일한 것으로 인식하여 한결같이 'M'으로 표현하는 것이 일관성 확보를 위한 정제의 예가 된다.

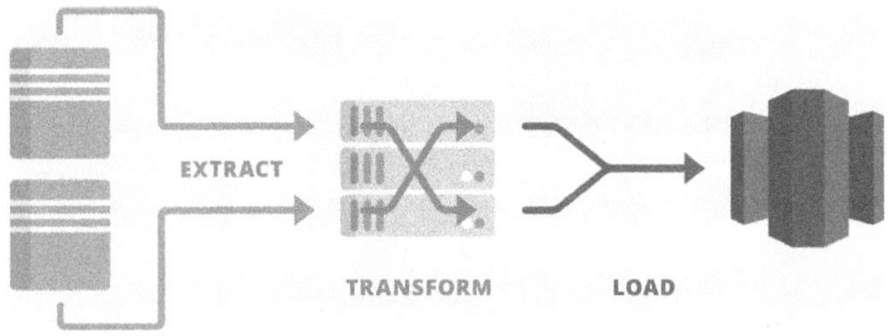

▲ 그림 3-2 아마존 ETL

나) 크롤링 엔진

대표적인 외부 데이터 수집 방법으로 크롤링 엔진(crawling engine)을 통한 수집이 있다. 이 방법에서는 크롤러(crawler)라고 부르는 로봇이 거미줄처럼 얽혀 있는 인터넷 링크를 따라 다니며 방문한 사이트의 모든 페이지의 복사본을 생성함으로써 문서를 수집한다. 검색 엔진은 생성된 페이지를 보다 빠른 검색을 위해 인덱싱한다. 이를 '웹 크롤링'이라 한다. 크롤링 엔진에서는 대개 시드(seed)라고 불리는 URL 리스트에서 시작하는데, 페이지의 모든 하이퍼링크를 인식하여 URL 리스트를 갱신하고, 갱신된 URL 리스트는 재귀적으로 다시 방문한다.

하지만 이 과정에서 최근 업데이트한 콘텐츠의 반영이 늦게 이루어져 효율성이 떨어지거나 업데이트된 콘텐츠가 없는데도 잦은 로봇의 방문으로 트래픽이 낭비되는 문제가 발생하기도 한다. 이러한 문제의 해결 방식으로 핑 방식이 등장했다. 핑 방식은 웹 사이트에 콘텐츠를 업데이트하면 그 신호가 검색엔진에게 전달되며 검색엔진은 해당 콘텐츠를 수집해 가게 된다.

크롤링 엔진은 링크 체크나 HTML 코드 검증과 같은 웹 사이트의 자동 유지 관리 작업을 위해 사용되기도 하며, 자동 이메일 수집과 같은 웹 페이지의 특정 형태의 정보를 수집하는 데도 사용된다.

3.2.2 빅데이터 저장 관리 기술

데이터 수집 과정을 통해 덩치만 큰 데이터 쓰레기 더미에 해당하는 빅데이터를 확보할 수 있다. 확보한 빅데이터로부터 지식과 지혜를 추출하여 활용하려면 빅데이터를 효과적으로 저장 관리할 수 있어야 한다. 일반적으로 데이터 저장 관리란 추후 데이터를 사용할 목적으로 데이터가 오염되거나 사라지지 않도록 안전하고 영구적인 방법으로 보관해 두는 것을 의미한다. 데이터 저장 관리 기술은 단지 데이터를 보관하는 것뿐만 아니라 필요한 경우 데이터를 수정하거나 삭제하기도 하고, 원하는 데이터에 접근하여 그 내용을 읽어올 방법을 제공하는 것을 포함한다.

빅데이터 저장 관리 기술은 기존 데이터 저장 관리 기술에 빅데이터의 3V(대용량, 비정형, 실시간성)이라는 특징을 수용하여 빅데이터에 최적화된 저장 관리 기술을 의미한다. 즉, 대용량의 다양한 형식을 가진 데이터를 고성능으로 저장하고 검색할 수 있도록 하는 기술을 '빅데이터 저장 관리 기술'이라고 한다.

빅데이터가 가지는 데이터양이 방대해지면서 성능이 더 좋은 장비를 도입하여 하나의 노드 능력을 최대화시키는 스케일-업(scale-up) 방법만으로는 부족해졌고, 데이터의 유형이 다양해지면서 기존의 행과 열로 구성된 정형 데이터를 위한 관계형 모델에 기반한 방법만으로는 다양한 데이터 유형을 저장하기는 부적합해졌다. 또한, 데이터 생성 속도가 빨라져서 스케일-업 기술과 하드디스크에 기반한 기술이 한계에 다다르게 되었다.

이러한 문제점을 해결하기 위해 장비의 수를 늘려서 여러 노드를 조합하여 용량과 속도를 늘리는 스케일-아웃(scale-out) 기술과 다양한 유형의 데이터를 객체로 저장하기 위한 기술, DRAM과 플래시 메모리에 데이터를 저장하여 속도 문제를 해결하기 위한 기술이 데이터 저장 관리 기술에 적용되고 있다. 이러한 빅데이터 저장 관리를 위한 대표적인 기술로는 분산 파일 시스템(DFS, distributed file system), NoSQL(not only SQL), 비 디스크 기반 데이터베이스 관리 시스템 등이 있다.

가) 분산 파일 시스템

분산 파일 시스템(DFS)은 막대한 양의 데이터를 저장하고 관리하기 위해 수많은 서버들에 데이터를 나누어 저장하고 관리하는 시스템이다. 분산 파일 시스템 사용자는 서버들에 저장된 데이터를 마치 자신의 대규모 기억장치에 저장된 것처럼 다룰 수 있다. 분산 파일 시스템은 데이터에 대한 입출력 요청을 적절히 병렬로 처리하며, 단순히 데이터의 저장과 관리만을 담당하는 것이 아니라 하드웨어 장애에 유연하게 대처하여 서비스가 중단되는 일을 미연에 방지한다. 대표적인 사례로는 구글 파일 시스템(GFS, google file system), 하둡 분산 파일 시스템(HDFS, hadoop distributed file system), 아마존 S3(simple storage service) 파일 시스템 등이 있다.

구글 파일 시스템(GFS)은 급속히 늘어나는 구글의 데이터 처리 양을 해결하기 위해서 설계되었다. GFS의 특징인 성능, 확장성, 안정성, 유용성 등은 기존의 분산 파일 시스템과 유사하다고 볼 수 있다. 다만, 기존 시스템과의 결정적인 차이는 현재 그리고 예측 가능한 미래의 애플리케이션 부하와 기술 환경에 대한 관측을 통해서 전통적인 방식들을 재검토하고 설계에 대해서 근본적으로 다른 시점으로 설계했다는 점에 있다.

인터넷 메일 서비스의 후발 주자였던 Gmail이 서비스 개시 몇 년 만에 수천만 명 이상의 사용자를 확보할 수 있었던 이면에는 적은 비용으로 성능이 우수하고, 신뢰성 있는 저장 장치를 대용량으로 구축할 수 있었던 GFS가 있었기 때문이다. GFS의 개발로 인해 저장공간의 효율성 및 처리속도의 증가, 설치비용의 감소에 따른 영향으로 볼 수 있다. 구글은 수십만 대 이상의 저가 하드웨어를 클러스터링하여 대규모 저장 용량을 제공하는 구글 파일 시스템을 자체적으로 개발한 후, 자사의 웹 검색 서비스를 비롯한 다양한 서비스에 적용하고 있으며, 이를 통해 단위 저장 공간당 요구되는 비용을 획기적으로 절감하고 있다.

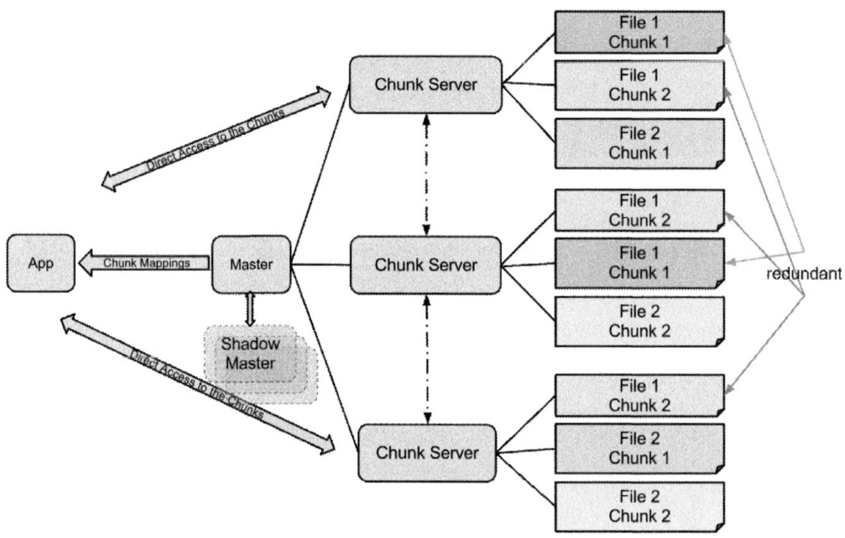

▲ 그림 3-3 구글 GFS 개념도

GFS은 하나의 마스터 서버와 다수의 청크 서버(chunk server)로 구성되어 있다. 하나의 파일은 고정된 크기의 청크 단위로 나뉘어서 청크 서버에 저장되고, 장애에 대응하기 위하여 각각의 청크는 기본적으로 3개의 서로 다른 청크 서버에 복제된다. 마스터 서버는 파일 시스템의 이름 공간(namespace)과 청크의 위치 정보 등을 관리한다. 그러나 파일의 개수가 많아질 경우 모든 파일에 대한 메타데이터를 마스터 서버 메모리에 유지하기에는 무리가 있다.

파일들은 고정된 크기의 조각(chunk)들로 나뉘어 저장된다. 각각의 조각은 서버 전체를 걸쳐 고유의 64비트 조각 번호(chunk handle)를 마스터로부터 생성 시 부여받게 되고 이 번호는 절대로 변경되지 않는다. 조각 서버는 로컬 디스크에 조각들을 리눅스 파일로 저장하며 조각 번호와 해당 바이트 범위에 따라 파일을 읽고 쓰게 된다.

구글 파일 시스템은 구성요소(component)의 오류는 당연하다고 간주한다. 파일시스템은 수백 혹은 수천 개의 저가용 하드웨어로 구성된 저장 기기에서 구현되며 상당한 숫자의 클라이언트에서 접속된다. 그러므로 이러한 시스템에는 지속적인 모니터링과 오류검사, 무정지 기능 그리고 자동 복구기능이 필수적이다.

HDFS는 Java로 작성된 Google의 GFS 기반의 블록 구조 파일 시스템이다. HDFS는 블록을 저장할 때 기본적으로 3개의 블록 복제본을 생성하여 분산된 서버에 저장한다. 이때 저장되는 개별의 서버를 Data Node라고 한다. 복제된 블록이 여러 서버에 저장되어 있기 때문에 특정 시스템에 장애가 발생하여도 데이터를 유지 할 수 있다.

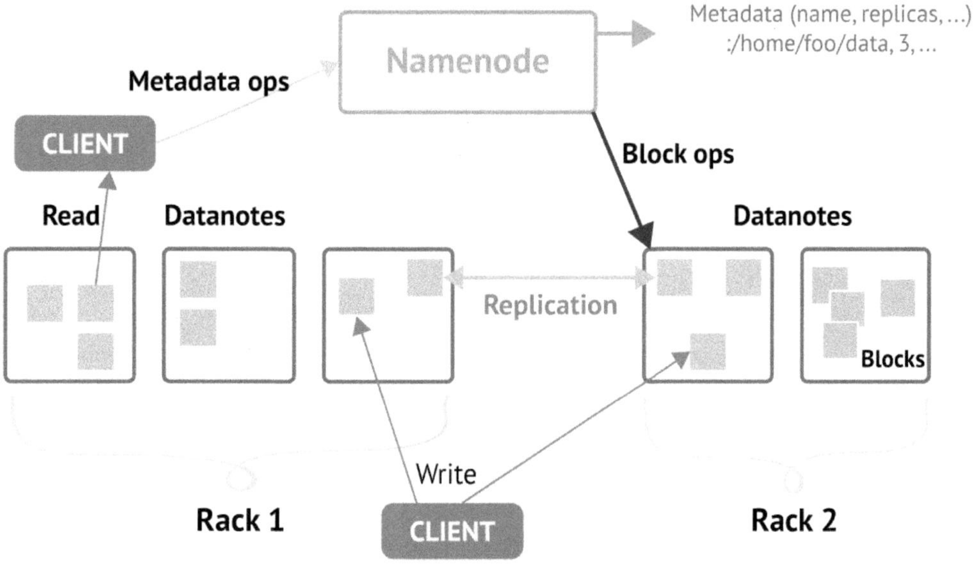

▲ 그림 3-4 HDFS 구조

블록의 사이즈를 너무 작거나 크게 하였을 경우에 블록 사이즈보다 작은 데이터가 저장 될 경우 무조건 해당 블록의 크기만큼 공간을 차지하는 것이 아닌 실제 데이터 크기에 맞게 블록에 저장 된다. 예를 들어 64MB 블록에 1KB의 데이터를 저장 할 경우 1KB의 디스크 공간을 차지한다.

하지만 이렇게 블록이 너무 작으면 메모리 형식으로 관리되는 파일 시스템 네임노드에서 작은 파일들을 관리하기 위한 메모리 사용량이 늘어난다. 메모리 사용량이 늘어나면 제한된 메모리에서 관리할 수 있는 블록이 줄어들어 많은 양의 데이터를 저장하지 못하게 된다.

스트리밍 데이터 접근이 용이하도록 디자인된 파일 구조에서 작은 파일을 처리할 경우 비효율적인 데이터 접근이 발생할 확률이 높다. HDFS 디자인이 순차적 데이터 액세스가 용이하도록 되어있어 랜덤 액세스의 경우 효율이 떨어질 수 있다.

아마존 S3(amazon S3, simple storage service)는 아마존 웹 서비스(AWS) 인터페이스를 통해 제공하는 온라인용 스토리지 웹 서비스이다. 1995년 인터넷 서점으로 출발한 아마존은 2006년부터 아마존 S3를 시작하면서 이후에 본격화될 클라우드 컴퓨팅 서비스의 기반을 마련했다. 아마존닷컴은 서적 온라인 판매에서 전자책 단말기와 전자책 콘텐츠 판매를 확충하고, 그들이 보유한 거대 데이터베이스 운영 기술을 토대로 클라우드 컴퓨팅 서비스 분야로 사업 영역을 확장하고 있다.

나) NoSQL

NoSQL은 관계형 데이터 모델을 사용하지 않고, SQL을 사용하지 않는 모든 DBMS 혹은 데이터 스토어를 일컫는다. 데이터 저장에 대한 이론 중 '데이터 저장소는 일관성[3]

3) 일관성(Consistency) : 각각의 사용자가 항상 동일한 데이터를 조회한다.

(consistency), 가용성[4](availability), 파티션 내성[5](partition tolerance) 중 두 가지만을 선택하여 만족시킬 수 있다'는 CAP 이론이 있다. 관계형 데이터베이스 시스템(RDBMS, relational database management system)은 CAP 중에 C와 A에 중점을 두었기에 저장할 데이터가 점점 많아지면서 읽기 · 쓰기 연산을 수행하는 데 있어서 제약 요소가 되었다.

NoSQL은 기존 관계형 데이터베이스 시스템의 한계를 극복하고자 스케일 아웃 기술에 기반한 수평적 확장성을 특징으로 하는 데이터 저장소의 새로운 형태로, CAP 중 C 또는 A를 일부 포기함으로써 분산 환경 적용을 통한 확장이 가능하다. 또한, NoSQL은 웹 서비스를 중심으로 저장할 데이터의 형태가 계속 변화하며 사용자의 데이터 요구가 일관적이지 않고 다양함을 기반으로 하고 있다.

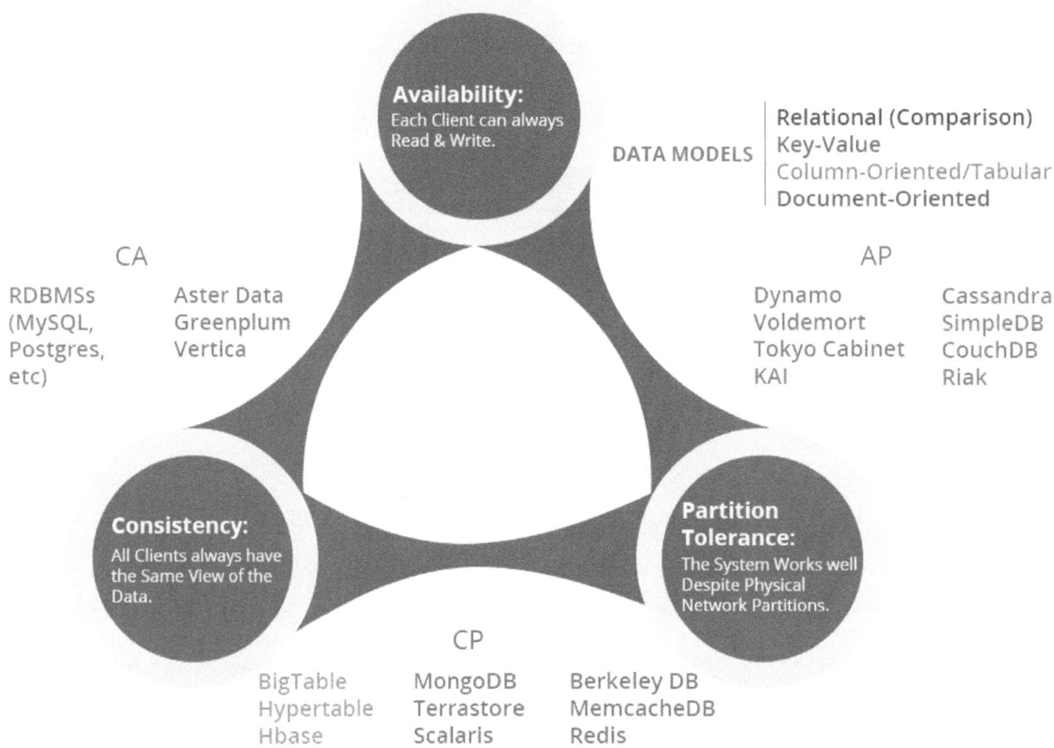

▲ 그림 3-5 NoSQL 시각적 안내도

NoSQL의 대표적 사례로는 키값 모델 기반의 다이나모(Dynamo)와 멤베이스(Membase), 열 기반의 빅테이블(Bigtable)과 에이치베이스(Hbase), 카산드라(Cassandra), 문서 기반의 코치DB(Couch DB), 몽고DB(Mongo DB) 등이 있다.

하둡, NoSQL, 기존 관계 데이터베이스는 각기 장단점이 존재하기 때문에 데이터의 용도와 환경에 맞게 선택하면 된다. 그러므로 빅 데이터의 저장과 관리를 위해 하둡과 NoSQL이 기존 데이터베이스를 대체한다기보다는 상호 보완적인 관계로 이해해야 한다.

---

4) 가용성(Availability) : 모든 사용자가 항상 읽고 쓸 수 있다.
5) 파티션 내성(Partition tolerance) : 물리적인 네트워크 분산 환경에서 시스템이 잘 동작한다.

다) 비 디스크 기반 DBMS

비 디스크 기반 DBMS는 디스크 기반 DBMS처럼 하드디스크를 주된 데이터 저장소로 활용하는 것이 아니라 DRAM이나 플래시 메모리를 주된 데이터 저장소로 활용하는 DBMS를 말한다. 메인 메모리 DBMS는 디스크에 백업된 데이터베이스 전체를 DBMS 서버 구동 시 메인 메모리에 올려놓고 관리하는 DBMS이다. 데이터베이스 전체를 DRAM 상에 올려놓기 때문에 데이터 관리를 위한 알고리즘이 단순해져서 디스크 기반 DBMS에 비해 빠른 데이터 저장 관리를 지원할 수 있다.

또한, 여러 노드의 메인 메모리를 활용하는 스케일 아웃 기술에 기반을 둔 분산 메인 메모리 DBMS뿐만 아니라 하드디스크의 속도 문제와 DRAM의 용량 문제를 극복하기 위해 읽기 속도는 DRAM에 근접하면서 저장 공간의 확장성은 하드디스크와 유사하게 형상을 꾸밀 수 있는 플래시 메모리를 활용하는 제품들이 출시되고 있다. 분산 메인 메모리 기반 DBMS로는 SAP HANA와 VoltDB가 대표적이고, 플래시 메모리를 활용하는 DBMS로는 오라클 스마트 플래시 캐시(Oracle Smart Flash Cache)가 대표적이다.

3.2.3 빅데이터 처리 기술

빅데이터 처리 기술이란 말 그대로 엄청난 양의 데이터를 처리하는 기술을 의미한다. 과거에는 데이터를 생성하고 사용하는 주체가 주로 기업이나 관공서였지만 현재는 스마트폰과 같이 주변에서 흔히 볼 수 있는 다양한 IT 기기를 이용하여 누구든지 데이터를 생성하고 필요한 내용에 접근하고 있다. 이렇게 빅데이터는 특정 단체만이 이용하는 서비스가 아닌 누구나 이용하는 서비스에 활용되고 있기 때문에 그 데이터 생성 양은 폭발적이다.

트위터는 사용자 간에 주고받는 데이터가 하루에만 7테라바이트(TB,2^{40})에 이르며, 페이스북은 매일 10테라바이트 이상의 데이터를 생산하고 있다. 하지만 트위터나 페이스북의 입장에서는 사용자들이 전 세계 모든 곳에서 메시지를 주고받고, 사진을 저장하고 보고 있기 때문에, 초 대용량으로 생성되는 데이터를 지체 없이 가공하고 분석을 지원하는 빅데이터 처리 기술은 서비스의 질과 직결되는 것이기에 매우 중요한 부분이다.

기존의 우수한 '데이터베이스 처리 기술'이 아닌 '빅데이터 처리 기술'이라는 또 다른 기술이 요구되는 이유는 우리가 생성하고 있는 빅데이터가 지금까지의 데이터와는 다른 3V 특성이 있기 때문이다. 즉, '다양한 형태'의 '초대용량' 데이터를 '신속하게' 처리하는 것은 기존의 기술로는 비용 등의 문제로 매우 어려운 일이었기 때문에 이에 최적화된 기술이 필요했던 것이다.

빅데이터는 이미 생성되어 저장된 양도 매우 많고 또한 새로이 생성되는 양도 많다. 이 때문에 빅데이터 처리 기술은 어떤 상태의 데이터를 처리하느냐에 따라 크게 두 가지 기술로 나뉜다. 첫 번째는 잘 저장된 데이터를 일괄 처리하는 방법이고 두 번째는 새로이 생성되어 저장되기 전에 실시간 처리하는 방법이다.

가) 빅데이터 일괄 처리 기술

일괄 처리 기술은 방대한 양의 데이터를 빨리 처리하는 것이 중요하기 때문에 단순히 빠른 서버에서 좋은 알고리즘으로 처리하는 데는 한계가 있다. 앞서 언급한 것처럼 빅데이터는 그 규모가 엄청나서 아무리 고가의 서버라도 단일 시스템에서 처리하면 처리하는 양보다 오히려 새로 생성되어 쌓이는 데이터가 더 많다. 따라서 데이터를 적시에 처리하기 위해서는 쌓인 빅데이터를 여러 서버로 분산해 각 서버에서 나눠서 처리하고, 이를 다시 모아서 결과를 정리하는 분산·병렬 기술 방식을 취한다. 대표적인 기술로는 구글의 맵리듀스(mapreduce), 하둡의 맵리듀스, 마이크로소프트의 드라이애드(dryad)가 있다.

구글이 발표한 맵리듀스 기술은 빅데이터 처리 기술 중에서 가장 널리 사용되며 다른 처리 기술의 기반이 된 기술이다. 이 기술은 단어에서 의미하듯이 빅데이터를 분산 처리하는 맵(map)이라는 기능과 분산 처리된 중간 결과를 모아서 정리하는 리듀스(reduce)라는 기능을 이용해서 데이터를 병렬로 고속 처리하는 기술이다.

[그림 3-6]는 맵리듀스의 개념을 표현한 예제이다. 입력된 문장에서 같은 단어가 몇 개 있는지 세는 것을 Map과 Reduce로 보여준 것이다. 먼저 주어진 문장을 단어별로 분해한다. 만약 이 단어가 우리가 찾는 특정한 단어라면 숫자 1을 부여한다. 이를 맵(map)한다고 한다. 이때 효율적인 데이터 처리를 위해 여러 대의 컴퓨터를 활용하는 분산 데이터 처리 기술을 적용한다. 이를 병렬(parallel)화라고 한다. 여러 대의 컴퓨터가 병렬적으로 처리하면 순식간에 숫자 1로 구성된 중간 결과물이 생성된다. 리듀스(Reduce) 단계에서 이렇게 생성된 중간 결과를 모두 합치면 원하는 단어의 개수를 얻게 된다.

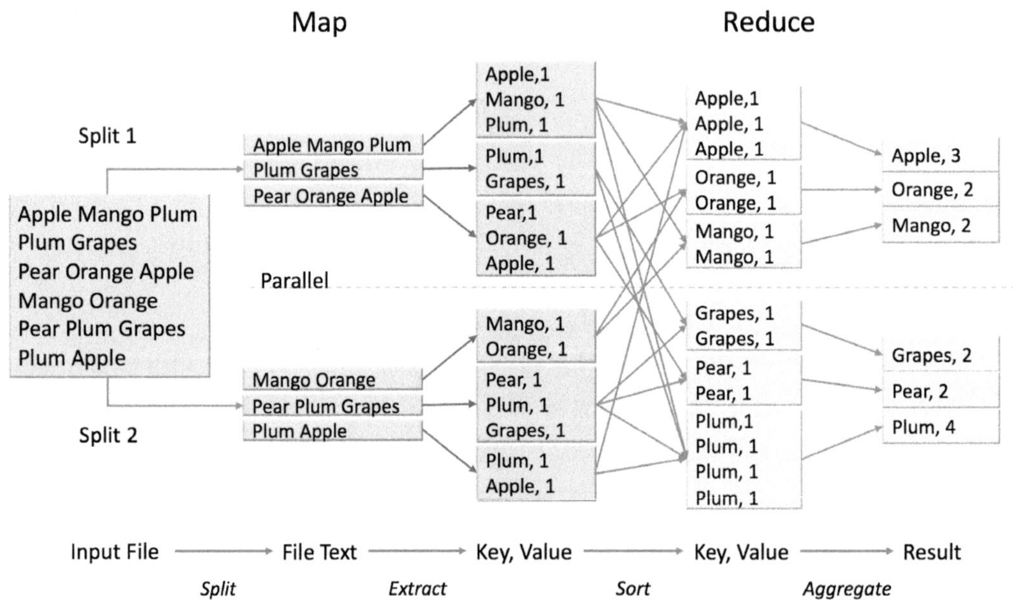

▲ 그림 3-6 MapReduce 개념도

하둡(hadoop)은 대용량의 데이터 처리를 위해 개발된 오픈소스 소프트웨어다(open-source software). 하둡은 야후(yahoo)의 재정지원으로 2006년부터 개발되었으며 현재는 아파치(Apache) 재단이 개발을 주도하고 있다. 아마존, 델, 오라클, 마이크로소프트 등의 대형 데이터베이스 회사들도 하둡을 지원할 수 있도록 통합 및 지원 소프트웨어를 마련해 놓고 있다.

하둡은 구글의 분산 파일 시스템(GFS) 논문 공개 후 본격적으로 개발되었는데 구글의 시스템과 대응되는 체계로 구성되어 있는 것이 특징이다.

구글의 분산파일 시스템 기능은 하둡 분산파일 시스템(HDFS, hadoop distributed file system), 구글의 맵리듀스는 하둡 맵리듀스(hadoop mapreduce), 구글의 빅테이블은 H베이스(Hbase)가 각각 담당하고 있다. 하둡은 핵심 구성 시스템이외에도 다양한 기능을 담당하는 시스템으로 구성되어 있다. 하둡 프로그램을 쉽게 처리하기 위한 솔루션으로 피그(Pig)와 하이브(Hive), 스쿱(Sqoop), 플럼(Flume), 주키퍼(Zookeeper)와 우지(Oozie)가 있다.

이전까지 상당수 기업들이 적잖은 비용을 지불하고 오라클이나 IBM이 개발한 데이터 분석 솔루션을 구축해 데이터를 분석했다. 하지만 빅데이터에 포함된 데이터는 기존 데이터에 비해 크기는 크지만 덜 중요한 데이터가 상당수였다. 이런 데이터를 처리하고자 비싼 비용을 지불하는 것은 기업에겐 큰 부담이었다.

하지만 무료로 이용할 수 있는 공개용 소프트웨어 하둡의 개발로 인해 기업은 빅데이터 분석에 들어가는 초기 비용을 줄이면서 자사 데이터 시스템과의 호환 문제도 손쉽게 해결할 수 있게 되었다. 기존에는 슈퍼컴퓨터를 며칠씩 돌려야 했던 데이터도 하둡을 이용하면 x86 서버로 실시간 분석이 가능해졌다. 이런 장점들이 알려지며 하둡은 빅데이터 처리와 분석을 위한 플랫폼 시장에서 사실상 표준으로 자리 잡기 시작했다.

실제로 페이스북은 데이터 중 일부를 하둡에 저장한다. 그 양은 약 30PB로, 미국 국회도서관에 저장돼 있는 정보량의 3배에 이른다. 페이스북은 하둡을 이용해 대용량 사진 데이터를 작은 데이터로 쪼개 처리한다. 약 2천여개의 서버가 매 순간 데이터를 처리한다. 사용자가 페이스북에 사진을 쉽게 올리고 내려 받으며, 다른 사람의 페이스북 사진을 클릭과 동시에 볼 수 있는 이유다.

2010년 '뉴욕타임스'는 1851년부터 1980년까지의 기사 1100만 건을 PDF로 변환하는 대규모 프로젝트를 수행하면서 하드웨어와 소프트웨어를 신규로 구매하는 대신 아마존 EC2와 S3, 그리고 하둡(Hadoop) 플랫폼을 활용했다. 하루 만에 작업을 완료하고 지불한 비용은 1450달러에 불과했다.

나) 빅데이터 실시간 처리 기술

실시간 처리 기술은 데이터가 생성되면 즉시 처리하는 방식이다. 사람들의 행위나 기타 작용에 의해 생성된 자료가 일종의 이벤트 데이터이므로 이벤트 기반 실시간 처리 기술이라고 한다. 이 방식은 또 실시간으로 생성되는 데이터들이 시냇물처럼 끊임없이 흘러나온다고 하여 스트림(stream) 처리 기술이라고도 부른다.

스트림 처리 기술은 끊임없이 입력되는 스트림 데이터를 적정 구간으로 나누어 처리하며, 스트림 데이터가 들어오는 대로 일련의 처리 업무들을 수행하여 그 결과를 연속적으로 제공한다. 따라서 최신 데이터를 기반으로 바로 결과를 얻을 수 있으며, 전체 데이터가 처리되기 전이라도 중간 처리 결과를 먼저 제공함으로써 조기에 처리 결과를 얻을 수 있는 장점이 있다.

스트림 처리 기술은 소셜 네트워크 서비스의 단문 메시지, 폐쇄회로TV(CCTV, closed circuit television) 감시 영상처럼 스트림 데이터의 발생량이 폭증하고, 비정형데이터에 대한 처리 업무의 복잡성, 지식을 얻기 위한 분석의 복잡성 등으로 인한 많은 계산 능력의 요구 때문에 분산 스트림 처리 기술로 발전하고 있다. 분산 스트림 처리 기술은 처리 업무의 워크로드에 따라 여러 노드로 분산하여 처리한다. 또한 스트림 데이터가 폭증하면 데이터를 여러 노드로 분할 병렬 처리하여 입력 스트림 데이터에 대한 처리 지연을 최소화하고 있다. 이러한 기술로는 IBM의 인포스피어 스트림스(infoSphere streams), 트위터의 아파치 스톰(apache storm), 야후의 아파치 단순 확장형 스트리밍 시스템(S4, simple scalable streaming system) 등이 있다.

▲ 그림 3-7 IBM 인포스피어 스트림스 V4.1 대시보드 캡처 화면

다) 빅데이터 처리 프로그래밍 지원 기술

맵리듀스와 같은 프로그래밍 모델을 기반으로 한 빅데이터 처리 기술은 개발자가 직접 응용 프로그래밍 인터페이스를 이용하여 프로그래밍해야 하므로 번거롭고 시간이 오래 걸린다. 그러므로 프로그래밍 생산성을 높이기 위해서는 고수준의 처리 언어가 필요하다.

이와 같은 빅데이터 처리 프로그래밍 지원 기술로는 구글의 쏘즈올(sawzall), 하둡의 피그(pig) 등이 있다. 피그는 고수준의 처리 언어 피그 라틴(pig latin)을 이용하여 프로그램하면 이를 맵리듀스 프로그램으로 변환하여 실행한다. 맵리듀스를 이용하여 응용프로그램을 개발할 때보다 피그 기반으로 응용프로그램을 개발할 때 전체 개발 시간이 약 16분의 1 규모로 단축된다는 보고가 있다.

이외에도 특정 응용 목적에 맞게 빅데이터 처리 로직을 사전에 정의하여 고수준의 처리 언어로 제공하기도 한다. 예를 들어 아파치 하이브(apache hive)는 하둡 파일 시스템이나 에이치베이스 등에 저장된 빅데이터 분석을 지원한다. 분석을 위한 기본 연산으로 주로 사용하는 데이터 집계, 질의 등과 같은 기능을 고수준의 언어로 제공하여 데이터웨어하우스 구축 기반을 제공한다. 하이브QL(hiveQL)이라는 언어를 제공하므로 개발자는 편리하게 데이터 분석 업무를 정의할 수 있다. 하이브QL 컴파일러가 이를 해석하여 맵리듀스 업무로 변환하여 수행시킨다.

3.2.4 빅데이터 분석 기술

빅데이터 분석이란 소셜 빅데이터, 실시간 사물지능통신(M2M, machine to machine) 센서 데이터, 기업 고객관계 데이터 등 도처에 존재하는 다양한 성격의 빅데이터를 효과적으로 분석하는 것을 말한다.

빅데이터 분석을 위해서는 데이터의 수집, 저장, 분석, 인사이트 도출, 리포트 제공 등 데이터를 관리하는 모든 컴포넌트가 일련의 데이터 흐름을 처리할 수 있는 체계가 만들어져야 한다. 빅데이터 분석은 전통적인 기업 비즈니스에서의 고객관계 데이터 분석 외에도 트위터와 같은 SNS에서 발생하는 방대한 소셜 빅데이터 분석 영역에서도 활발히 이루어지고 있다.

소셜 빅데이터 분석은 소셜 미디어인 인터넷 게시판, 블로그, 소셜 네트워크 서비스에서 끊임없이 쏟아져 나오는 정치, 경제, 사회적 이슈에 대한 사용자들의 다양한 대화와 의견들을 분석하여 여론의 흐름을 파악하고 예측하는 것을 말한다.

빅데이터 분석을 위해서는 기본적으로 하둡, NoSQL 등의 빅데이터 분석 인프라 기술이 필요하고, 그 위에 다양한 통계처리, 데이터 마이닝, 텍스트 마이닝, 오피니언 마이닝, 그래프 마이닝 등 다양한 분석 방법 및 기계학습, 인공지능 기법을 적용해야 한다. 이 중에서 비정형 텍스트 빅데이터에 내재한 가치를 효과적으로 알아내는 텍스트 마이닝, 오피니언 마이닝, 소셜네트워크 분석, 군집 분석 기술들이 최근 큰 주목을 받고 있다.

이 기법들은 대부분 대규모 데이터 처리를 위한 통계적, 확률적 방법론에 바탕을 둔 것으로, 실제 분석이 필요한 빅데이터의 성격과 활용 분야에 맞게 소셜미디어 분석, 소셜 네트워크 분석, 시공간 분석, 시각화 분석 등이 선택적으로 활용된다.

가) 텍스트 마이닝

텍스트 마이닝(text mining)은 언어학, 통계학, 기계 학습 등을 기반으로 인간의 언어로 쓰인 비정형 텍스트에서 자연어처리 기술을 이용하여 데이터를 정형화하고 유용한 특징을 추출하거나, 추출된 특징으로부터 연계성 파악, 분류 혹은 군집화, 요약 등 빅데이터에 숨겨진 의미 있는 정보를 발견하는 것을 말한다.

텍스트 마이닝의 주요 기술로는 자연어 처리(파싱, 형태소 분석, 품사 태깅, 관계 추출, 의미 추출), 언어모델링(언어 감지, 규칙기반 개체명 · 상용어 인식), 기계 학습 알고리즘(반복훈련을 통하여 습득한 정보 사용능력을 개선), 마이닝 기술(각종 통계적 기법을 활용한 정보 분류 및 분석 기술법) 등이 있다.

텍스트 마이닝 기술을 구현하기 위해서는 자연어 텍스트를 컴퓨터가 이해할 수 있는 요소로 구조화하여 문장 수준의 텍스트에서 의미를 추출해야 한다. 텍스트 마이닝 기술은 응답률, 해석의 정확도, 추출결과의 신뢰성 및 일관성, 처리 속도, 확장성 등으로 성능이 측정된다.

나) 오피니언 마이닝

오피니언 마이닝(opinion mining)은 소셜미디어의 텍스트 문장을 대상으로 자연어처리(NLP, natural language processing) 기반 감성분석(sentiment analysis) 기술을 적용하여 문장에서 주관적인 감성을 나타내는 정보를 찾아내 긍정, 부정, 중립 성향 등 사용자의 의견을 분석하는 것을 말한다, 마케팅에서는 버즈(buzz, 입소문) 분석이라고도 한다. 최근 소셜미디어에서 기업의 제품이나 서비스에 대한 소비자의 반응을 살펴보거나, 기업 제품이나 브랜드에 대한 선호를 파악할 때, 또는 정치·사회 이슈에 대한 국민 여론을 파악하는 데 많이 활용되고 있다.

다) 소셜 네트워크 분석

소셜 네트워크 분석(social network analytics)은 수학의 그래프 이론을 바탕으로 트위터나 페이스북과 같은 SNS에서 사람, 그룹, 데이터 등 객체 간의 관계 및 관계 특성 등을 분석하고 시각화하는 측정 기법으로 1980년대 이후 수리사회학과 수학의 그래프 이론의 결합을 통해 발전되었다. 주로 소셜 네트워크상에서 정보의 허브 역할을 하는 영향력 행사자(Influencer)를 찾는데 활용되고 텍스트 마이닝 기법을 이용하여 확산된 내용과 함께 연결의 맥락을 파악하여 분석하여 마케팅에 반영한다.

▼ 표 3-3 커뮤니티 결속 형태와 마케팅 활용 포인트 예

유형	특성	사례	분석 포인트
집단형	공통의 활용이나 목표, 가치관으로 강하게 연결되어 있으나 맴버간 교류적음	애플의 충성고객 철인 3종 경기참가자	공통 가치에 호소
그물형	또는 보완 관계의 니즈를 가진 맴버끼리 1:1로 직접교류	페이스북 회원	입소문, 추천 강조
허브형	카리스마가 있는 핵심로 결속	팬클럽	핵심인물 영향력 이용

라) 군집 분석

군집 분석(cluster analysis)은 머신 러닝 알고리즘을 이용하여 데이터 간의 유사도를 측정한 후 이를 바탕으로 특성이 비슷한 데이터를 합쳐가면서 최종적으로 유사 특성의 데이터 집합을 추출한다. 훈련 데이터 그룹의 사용여부에 따라 다음과 같이 분류할 수 있다.

- **분류(classification)** : 미리 알려진 클래스들로 구분되는 훈련 데이터 그룹을 학습시켜 새롭게 추가되는 데이터가 속할만한 데이터 그룹을 찾는 학습방법을 말한다. 지도학습(supervised learning) 방법이라고도 한다.

- **군집화(clustering)** : 비슷한 특성이 있는 데이터들을 합쳐가면서 유사 특성 그룹으로 분류하는 학습방법을 말한다. 최종적으로 정해져 있지 않은 클래스들의 묶음 군들로 분류되는데, 분류와 달리 훈련 데이터 그룹이 이용되지 않기 때문에 비지도 학습(unsupervised learning)이라고도 한다.

마) 회귀분석

회귀분석(Regression)은 통계학에서 많이 사용하는 통계기반 분석기법으로, 어떠한 현상에 영향을 주는 원인에 해당하는 독립변수와 영향을 받는 종속변수들이 있을 때, 이러한 변수들 사이의 상관관계를 규명하여 독립변수가 종속변수에 미치는 영향력을 예측(prediction)하는 데 주로 사용하는 통계 분석방법이다.

또한 회귀분석은 종속변수에 영향을 줄 개연성이 있는 제3의 변수들을 통계적으로 통제했을 때, 특정 예측변수들이 하나의 결과변수에 미치는 영향, 즉 인과성(causality)을 밝혀내는 데도 사용할 수 있다. 단순 회귀분석, 다중 회귀분석 등을 이용하여 판매량 예측 등 다양한 변화 예측에 주로 사용된다.

3.2.5 데이터 시각화 기술

엄청나게 쌓여가는 데이터 홍수 속에서 어떻게 우리 삶과 사회, 인류에게 의미 있는 정보와 가치들을 얻어내고 쉽게 인식할 수 있을 것인가가 새로운 화두가 되고 있다. 그런데 아무리 복잡해 보이는 데이터들도 일정한 패턴과 트렌드를 가지고 있다. 수많은 데이터들이 만들어 내는 무질서한 흐름 속에서 숨겨진 패턴을 발견하여 사람들이 쉽게 알 수 있도록 표현하는 방법이 빅데이터 분야의 중요한 수단이 되고 있다.

이러한 데이터들이 만들어 내는 수많은 패턴들을 시각화하면, 어떤 일들이 일어나고 있는지 그리고 앞으로 어떻게 그 일이 전개될 수 있을지를 직관적이고도 명확하게 이해할 수 있다. 이렇게 수천만, 수억 개에 달하는 데이터 분석 결과를 누구나 직관적으로 이해할 수 있도록 일목요연하게 표현하는 기술이 데이터 시각화(data visualization)이다.

빅데이터는 단순한 문자와 숫자의 나열이 아닌 의미와 진실, 아름다움이 숨어 있고 때로는 직설적인 표현이나 애매모호함도 있지만, 이야기를 어떻게 끌어가서 다양한 시각화 도구로 표현하느냐에 따라 얻을 수 있는 직관이 달라질 수 있다. 그러므로 시각화 전문가와 데이터 사이언티스트, 통계학자들의 깊이 있는 연구와 협업이 향후 빅데이터 분야의 다양한 수요를 견인하게 될 것이다. 그에 따라 시각화를 통해 데이터를 바라보는 관점이 시간, 분포, 관계, 비교, 공간에 일치할 수 있도록 표현할 수 있는 시각화 방법론에 사용자의 상상과 창의력을 더해 독창적인 결과를 얻을 수 있을 것으로 보인다.

빅 데이터에서는 데이터 분석을 통해 추출한 의미와 가치를 시각적으로 표현하기 위해서 R 언어를 주로 사용한다. 오픈 소스인 R은 통계 계산과 다양한 시각화를 위한 언어와 개발 환경을 제공한다. R 언어를 이용해 기본 통계 기법부터 최신 데이터 마이닝 기법까지 구현이 가능하다. 특히 R 언어는 다양한 프로그래밍 언어와 연동이 가능하고 다양한 운영체제를 지원하며, 하둡 환경에서 분산 처리를 지원하는 라이브러리를 제공하기 때문에 빅 데이터의 분석과 시각화를 위해 주로 사용되고 있다.

가) 오픈소스 빅데이터 분석 도구 R

R은 통계처리를 위한 공개 소프트웨어 패키지로, 최근 가장 주목받는 빅데이터 분석 도구이다. R은 기존의 통계 소프트웨어인 S를 바탕으로 만들어졌는데, 다양한 통계기법과 시각화 도구들이 제공되고 있다.

R은 그동안 학계에서 연구용으로 많이 사용해왔는데, 빅데이터 분석을 위해 최근 소개되는 다양한 분석 방법들이 추가되면서, 2012년 현재는 4,000개 이상의 프로그램이 패키지 형태로 제공되고 있다. R은 자바(Java), C, C++, 파이썬(Python) 등 다른 프로그램 언어와도 쉽게 연동할 수 있으며, 윈도, 리눅스·유닉스, 맥(Mac) OS 등 대부분의 개발 환경을 지원한다. 또한, 하둡 분산처리 환경을 지원하는 라이브러리가 제공되기 때문에 구글, 페이스북, 아마존 등도 빅데이터 분석에 R을 활용하고 있다. R은 빅데이터 분석에 가장 강력하면서 유용한 도구로 점차 자리를 잡아가고 있다.

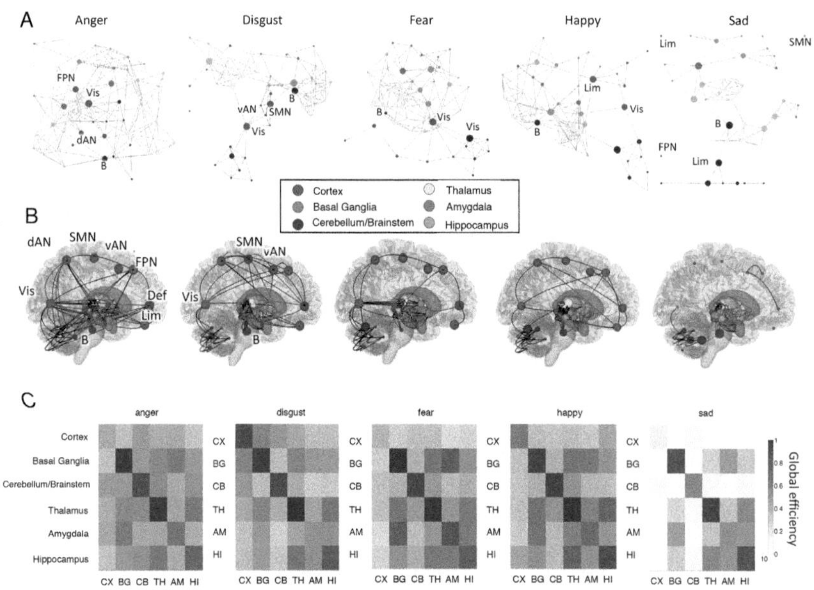

▲ 그림 3-8 R 패키지를 이용한 분석 사례

나) 인포그래픽

인포그래픽(infographic)은 정보(information)와 데이터, 지식을 시각적(graphic)으로 표현하는 것을 말한다. 표지판이나 지도, 언론, 기술보고서, 교육 분야에서 발생하는 복잡한 정보를 빠르고 명확하게 표현하는 것이 핵심이다. 우리가 흔히 접하는 교통표지판과 복잡한 지하철 노선도가 대표적인 인포그래픽이다.

인포그래픽의 기본 요소는 비주얼(visual), 내용(content), 지식(knowledge)의 세 가지이며, 통계 기반, 타임 라인 기반, 프로세스 기반, 위치 및 지리 기반 인포그래픽 등의 유형이 있다.

한 장에 수많은 데이터를 요약해 표현하는 인포그래픽은 특히 신문이나 방송과 같은 미디어에서 주목 받고 있다. 지역별 날씨를 그림으로 나타낸 일기예보 기상도나 기사 내용 중의 통계 수치를 그래프로 나타내는 것은 예전부터 사용하던 방법이다. 최근에는 방대한 데이터에서 중요한 정보를 선택해 시각적 효과를 극대화시키는 작업을 데이터 저널리즘이라고 한다.

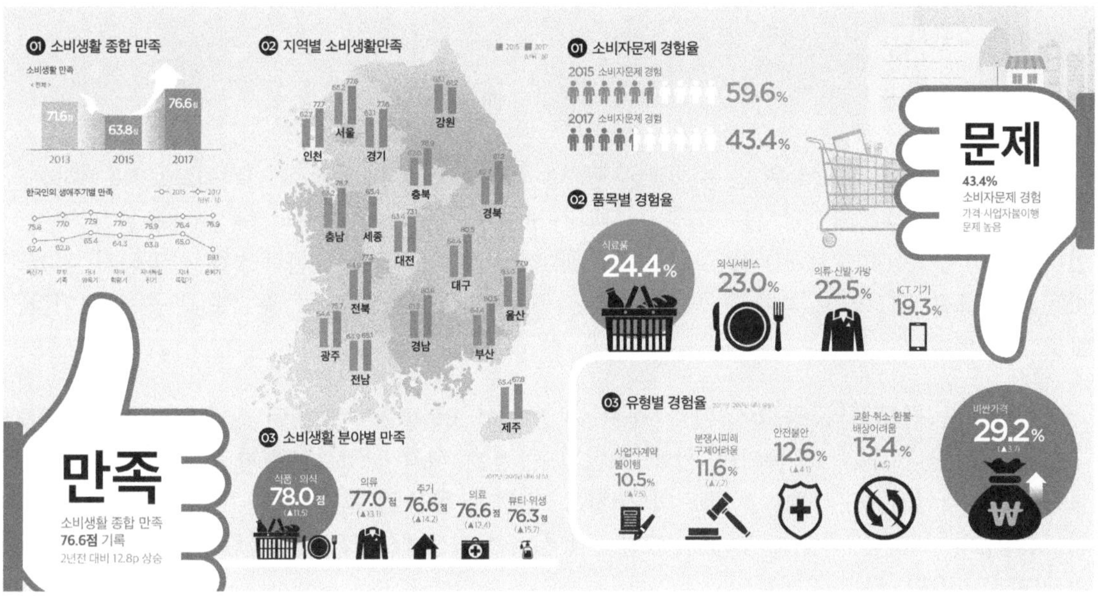

▲ 그림 3-9 인포그래픽으로 표현한 2017 대한민국 소비자 통계

다) 갭마인더

갭마인더(Gapminder)는 스웨덴의 비영리 통계분석 서비스로 대화식(interactive) 데이터 시각화 도구이다. 정보를 주로 산점도(scatter plot) 형태로, 다양한 애니메이션 효과와 함께 보여준다. 갭마인더의 설립자 중 한 명인 스웨덴 의대 교수이자 통계학자인 한스 로슬링(Hans Rosling) 교수는 유엔의 데이터를 바탕으로 200년간 시간의 변화에 따라 움직이는 국가별 기대수명과 GDP 도표를 통해 국가별 변화를 설득력 있게 표현한다.

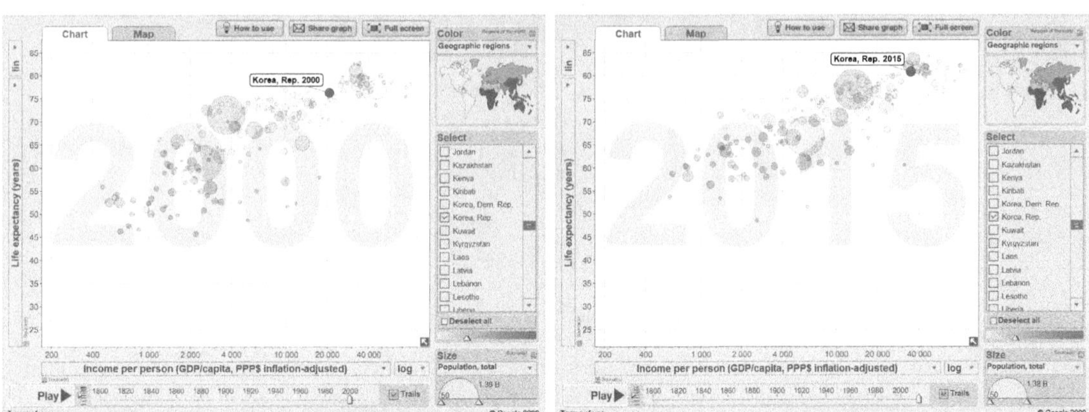

▲ 그림 3-10 국가별 기대수명과 GDP(2000년 / 2015년)

갭마인더를 보면 디자인의 진가를 확인할 수 있게 된다. 복잡한 데이터를 간결하게 시각화해서 전달하고자 하는 의미를 명확하게 제시해주기 때문이다. 또한 인터랙티브 버블 차트를 통해 데이터가 시간에 따라 어떻게 변하는지를 사용자가 직접 살펴볼 수 있게 만든다. 무엇보다도 디자인적 측면에서 갭마인더의 강점은 각종 사회와 관련된 무거운 데이터를 즐겁게 만든다는 데 있다. 디자인이 추구해야 하는 명확한 의미 전달, 간결성, 사용자 편의성과 접근성, 그리고 즐거움이라는 의미에서 갭마인더 디자인은 디지탈 디자인의 정수를 보여 준다고 할 수

있다. 트렌달라이저 소프트웨어(Trendalyzer software)에서 처음 개발을 시작했고, 이 회사는 구글이 인수했다.

라) 단어 구름

단어 구름(word cloud)은 문서에 사용된 단어의 빈도를 계산해서 시각적으로 표현하는 것을 말한다. 많이 나오는 단어는 크게 표시되기 때문에 한 눈에 문서의 핵심 내용을 파악할 수 있다. 태그 구름(tag cloud)이라고도 하며 웹 페이지나 SNS에서 콘텐츠를 설명하기 위해 붙이는 키워드를 태그라고 부른다. 태그 구름은 웹 사이트에서 태그의 중요도를 글자 크기나 색깔로 표시한다.

표현하려는 콘텐츠의 성격에 따라 문서 구름(text cloud)과 데이터 구름(data cloud)으로 구분하기도 한다. 문서 구름이 문서에 포함된 단어를 시각적으로 표현한 것이라면 데이터 구름은 단어 대신에 숫자 정보를 크기와 색깔로 표현한 것을 말한다. 예를 들어 인구 규모에 따라 국가명의 크기나 색을 달리해서 표현하거나 주식시장에서 주가의 등락과 거래량을 반영해 회사명의 크기와 색을 결정한다.

▲ 그림 3-11 Big Data 관련 Tag Cloud

단어들 간 상관관계에 주목하는 분석 방법으로 1980년대에 프랑스에서 개발된 코워드 분석(co-word analysis)이 있다. 코워드 분석은 문장 안에서 함께 사용되는 단어들의 규칙을 조사해서 문서의 주제와 관련된 핵심 개념이 무엇이고 이들의 관계가 어떤지를 식별하는 내용분석 기법이다. 단어 간의 관계는 함께 발생하는 빈도수와 단어 간의 친밀도를 지수로 환산하고 이 지수를 기반으로 연계관계를 나타내고 몇 개의 독립적인 그룹으로 구분해 표현한다. 예를 들어 빅데이터와 관련해 학술 잡지에 게재된 논문을 모두 찾은 후 중요한 키워드 간 관계를 파악해 시각화하면 빅데이터 관련 기술, 빅데이터 활용 사례, 데이터 과학자 등과 같은 세부 영역으로 구분될 수 있고 각각의 세부 영역을 대표하는 키워드의 빈도와 키워드 간의 연계를 표현할 수 있다. 이를 통해 연구 분야의 동향을 쉽게 파악할 수 있다.

3.3 빅데이터의 활용

빅데이터는 의료, 유통, 광고, 개인 생활 등 다양한 분야에서 활용이 가능하다. 빅데이터 활용의 선두 주자는 기업이다. 기업에서는 소비자 마케팅과 생산성 향상에 빅데이터를 적극적으로 활용하고 있다. 고객 중심의 비즈니스 성과를 창출하고, 운영을 최적화하며, 위기관리 및 문제 해결 등 다양한 경영 활동을 강화하려는 목적 때문이다. 또한 기업들은 데이터의 관찰 및 분석을 통해 새로운 시장을 발굴하고, 차별화된 전략 수립을 할 수 있을 것으로 기대하고 있다. 이러한 기대 속에 2020년에는 빅데이터 툴에 대한 기업의 투자가 전체 IT 투자의 11%를 차지할 것으로 전망된다. 구글을 비롯한 선도적 해외 인터넷 서비스, 유통, 금융기업들은 이미 빅데이터를 활용해 매출 향상 등의 비즈니스 효과를 거두고 있다.

글로벌 전자기기 제조업체인 제너럴 일렉트릭(GE, General Electirc)은 빅데이터 분석을 통해 항공기 생산 프로세스를 개선함으로써 25%의 생산 속도가 향상되었고 컴퓨터 전문업체 IBM은 반도체 제조 공정을 빅데이터로 분석해, 제조 라인의 생산 시간을 15% 단축했고 공급망 부문에서 품질 조기경보시스템을 도입해 결함 발생을 예측함으로써 연간 약 1천만 달러의 비용을 절감했다. 이 밖에도 미국의 반도체업체 인텔의 빅데이터를 활용한 제조 공정비용 절감, 세계적인 전기·전자기업 지멘스의 빅데이터 활용 공장자동화 시스템 구축 등의 사례로 볼 때, 빅데이터는 공장자동화와 실시간 공장 관리에 있어서 빠질 수 없는 영역이 되었다.

공공 부문도 위험관리시스템, 탈세 추적, 부정행위방지, 공공데이터 공개 정책 등 빅데이터를 활용하기 위해 다양한 노력을 기울이고 있다. 서울시는 심야버스 노선선정에 빅데이터를 활용한데 이어 서울시 1008개 정도의 골목상권이라고 부르는 지역을 빅데이터를 이용해서 분석하여 창업 위험도를 알려주는 '상권신호등', 내게 맞는 골목 상권을 찾아 볼 수 있는 '맞춤형 상권검색', 내 점포 주변 상권의 마케팅 관련 정보를 분석 할 수 있는 '내 점포 마케팅' 등과 같은 창업 정보 서비스를 제공하고 있다.

▼ 표 3-4 **분야별 빅데이터 활용 방법**

분야	활용 방법
의료	의료 정보(R&D, 치료, 진료비)와 환자의 일반 정보생활(습관, 기호품 등)를 통해 신약을 개발, 질병을 조기 진단 개인의 게놈(Genome) 데이터를 분석하여 개인별 맞춤 약품을 개발, 처방.
유통 마케팅	소비자의 과거 구매 이력, SNS 메시지, 현재 위치 등의 정보를 통해 최적 상품 및 구매 조건을 실시간으로 제시 광고, 이벤트 등의 마케팅 활동에 대한 소비자 반응을 실시간 평가 대응
제품 A/S 품질 개선	제품에 부착된 원격 센서로 제품 상태를 모니터링 하여 원격 또는 파견 수리 제품 사용 패턴, 고장 이력 등의 정보를 차기 제품 개발에 반영
인프라 (교통/전력)	스마트폰, 차량 내비게이션 위치 등을 활용, 실시간 최적 경로를 제시 과거의 기후/날씨 정보, 전력 사용 패턴 등의 정보를 활용하여 실시간 전력 요금을 설계, 발전 설비 건설 계획을 수립

3.3.1 기업 데이터의 활용

기업이 확보한 데이터는 조직 경험의 집합체이자 고객과 나눈 상호작용 역사이기 때문에 값으로 따질 수 없는 중요한 전략적 자산이다. 예컨대, 고객의 반응이나 무반응, 구매 의사결정, 고객 유치 및 이탈, 부정행위, 신용 부도, 제품 결함에 대한 불만 등은 기업에 학습 경험을 제공한다. 그리고 다양한 예측 모델들은 데이터 마이닝(data mining) 기술을 통해 풍부한 경험의 핵심을 찾을 수 있게 해준다.

기업 내에서 빅데이터 분석을 활용하는 주체에 따라 상품 마케팅의 최적화, 개별 부서 단위의 성과관리나 위험관리, 경영진의 경영 방향에 대한 의사결정 등 다양한 분야에서 그 활용도가 점차 커지고 있다.

- 기업들은 생산성을 높이는데 빅데이터를 활용한다. 문서의 흐름을 분석해 불필요한 문서를 제거하는 방식으로 생산성을 향상할 수 있으며, 빠른 문서 수집으로 정보 획득에 드는 노력과 시간을 줄일 수 있다.

- 기업들은 문제의 발견에 빅데이터를 활용한다. 실시간 빅데이터 수집과 분석을 통해 예전에는 찾지 못했던 상관관계를 밝혀내는 것이 가능해진다. 기존의 검색과 같은 방법은 무엇에 대한 답을 찾을지 미리 알고 시작하는 것이었지만, 빅데이터는 창의적인 반복석 탐구 과정을 통해 무엇이 문제인지 알 수 있게 된다.

- 기업들은 의사결정에 빅데이터를 활용한다. 경영자의 경험이나 직관은 여전히 매우 중요하지만 때에 따라 합리적인 의사결정을 가로막는 장애물일 수도 있다. 빅데이터를 활용하여 데이터를 분석하면 단순한 현황 파악에서부터 최적 의사결정 프로세스의 내재화에 이르기까지 폭넓게 사용할 수 있다. 성과가 뛰어난 기업들의 의사결정 유형을 분석해보면 거의 모든 업무 분야에서 데이터 분석이 직관보다 우수하다는 것을 알 수 있다.

- 기업들은 미래를 예측하는데 빅데이터를 활용한다. 빅데이터는 불확실성, 리스크, 스마트, 융합 등 미래사회의 특성에 대응하는 역할을 수행하며 기업에게 기회요인을 창출하는 도구로 작용할 것이다. 데이터를 기반으로 한 패턴분석과 미래전망, 빠른 의사결정과 실시간 대응 지원, 트렌드 변화 분석을 통한 제품 경쟁력 확보, 타분야와의 결합을 통한 새로운 가치창출이 가능해진다.

2011년 영국의 시사경제주간지 이코노미스트(Economist)가 전 세계 약 600개 기업을 대상으로 실시한 빅데이터에 관한 조사에서 대상자의 10%는 빅데이터가 기존 비즈니스 모델을 완전히 바꿀 것이며, 46%는 기업 의사결정의 중요한 요소로 작용할 것으로 응답했다. 그러나 응답자의 25%는 기업 내부에 사용 가능한 데이터는 충분하지만 대부분의 데이터를 방치하고 있으며, 53%는 일부만 활용하고 있다고 응답해 부가가치 창출을 위해서는 더 많은 노력이 필요함을 시사하고 있다.

가) 구글의 GFS, 맵리듀스, SMT

빅데이터 활용 사례의 선두 주자는 구글이다. 구글은 데이터양이 많으면 많을수록 얻을 수 있는 정보의 품질이 좋아진다는 것을 인터넷 검색에서 실천하고 있는 기업이다. 접근할 수 있는 모든 웹 페이지를 탐색해서 제목과 내용이 검색어와 얼마나 밀접한 관계를 가지는지를 측정해 지수로 환산한다. 이렇게 방대한 작업을 빠른 시간에 처리하기 위해서 구글파일시스템(GFS, Google File System)과 맵리듀스(Map Reduce)라는 새로운 처리 기술을 개발했다.

구글파일시스템은 마스터(Master), 청크서버(Chunk Server), 클라이언트(Client)로 구성된다. 마스터는 GFS 전체의 상태를 관리하고 통제하는 중앙 서버 역할을 수행한다. 청크서버는 물리적인 하드디스크에 실제 입출력을 처리하고, 클라이언트는 파일을 읽고 쓰는 동작을 요청하는 어플리케이션이다.

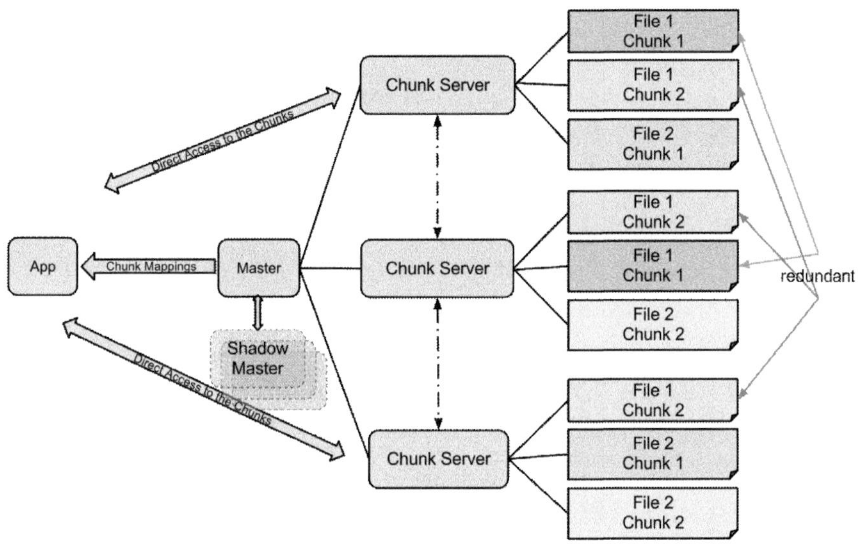

▲ 그림 3-12 GFS 구조

청크서버가 고장 날 경우, 마스터는 고장 나지 않은 청크서버를 이용하여 파일의 읽기/쓰기를 실행할 수 있으며, 마스터 서버가 고장 나는 경우, 별도의 외부 장비가 마스터 서버의 고장유무를 체크하여, 다른 서버가 마스터 서버의 기능을 대체하는 방식으로 무정지 기능(failure tolerance)을 구현하고 있다.

구글은 자사가 개발한 자동번역 시스템의 기술을 통계적 기계 번역(SMT, statistical machine translation)이라고 표현한다. 이는 컴퓨터에게 문법을 가르치지 않고 번역 엔진이 사용자가 입력한 문장을 단어 단위로 쪼갠 후 수억 개의 문서에서 단어가 가진 여러 패턴을 조사해서 확률적으로 가장 유사한 의미의 단어를 찾아 번역하는 방식으로 특히 인터넷 시대에 접어들어 수많은 번역 데이터를 수집할 수 있게 됨에 따라 통계 기반 번역의 품질은 크게 향상되었다.

나) IBM의 왓슨

2012년 IBM 연구소가 개발한 슈퍼컴퓨터 '왓슨(Watson)'도 인간의 언어에 대한 이해를 기반으로 방대한 정보를 빠르게 검색하는 기술의 힘을 입증한 사례다. 왓슨은 2011년 2월 미국에서 가장 인기 있는 퀴즈쇼 '제퍼디(Jeopardy)'에 출연해서 인간 챔피언과 겨뤄 승리했다.

'제퍼디' 퀴즈의 질문은 분야가 광범위하고 은유적인 표현이 포함되어 사람들조차도 의미를 파악하기 어려웠지만 왓슨은 4테라바이트(TB)의 디스크 공간에 저장된 2억 페이지에 달하는 콘텐츠를 활용하여 문제를 해결하였다.

특히, 왓슨은 의료 분야에서 의사의 의료적 의사결정 과정을 돕는 임상 의사결정 지원 시스템(clinical decision support system)으로 활용되어 암 환자를 진단하고, 유전정보를 분석하며, 의료영상을 판독하고, 임상시험을 돕고, 전자의무기록(EMR)을 분석하고, 건강보험 적용 여부를 심사하고 있다. 2012년 3월 세계 최대 암병원 중 하나인 미국 메모리얼 슬론 케터링 암센터(MSKCC)에서 폐암, 유방암, 전립선암 등 암 진료에 처음 도입된 후 클리블랜드 클리닉, 주피터 메디컬센터 등 세계 곳곳의 병원들에서 암 환자를 진료 중이다. 국내에서는 가천 대길병원, 부산대병원, 건양대병원이 차례로 들여왔다.

왓슨은 방대한 각종 임상 데이터에 대한 학습을 바탕으로 빠른 분석과 뛰어난 통찰력을 제시해 준다. 또 논리적인 분석과 해석으로 직관과 경험에 의존하는 인간 의사가 진료에서 빠지기 쉬운 여러 편견을 피할 수 있도록 돕는다. 환자에게 적합한 치료법을 신뢰도에 따라 복수로 추천하고, 그 근거까지 제시하므로 인간 의사가 자칫 놓칠 수 있는 질병까지도 파악토록 한다. 각종 연구 결과들이 쉴 새 없이 쏟아지는 와중에도 진료에 바쁜 의사들이 최선의 의학적 증거를 따라잡기는 쉽지 않은 현실에서 왓슨은 현대 의료의 특징인 '증거 기반 의료(evidence based medicine)'를 뒷받침 하는 강력한 도구가 될 것으로 보인다.

IBM은 지난 2014년 1월 왓슨 기술 개발과 상용화를 전담하는 신사업조직 왓슨그룹을 만들고 10억달러 이상을 투자하여 연구개발에 집중하면서 클라우드 기반의 인지컴퓨팅 앱과 서비스를 출시하고 있다. IBM에 따르면 이미 왓슨 앱의 API 호출은 월 30억 건에 달하고 개발자, 파트너, 기업가, 학생 수만 명이 왓슨 기반 앱을 개발 중이다. 다양한 산업 분야에서 세계 270곳 이상의 파트너가 상업용 왓슨 기반 앱과 서비스를 활용하고 있다.

다) 아마존의 A9

온라인 쇼핑몰의 선구자 아마존(amazon)도 빅데이터 활용의 역사가 깊다. 아마존은 회원들의 소비 패턴을 분석해 구매 가능한 상품을 추천하는데, 아마존 성장의 일등 공신으로 매출의 35%가 추천 상품에서 발생한다. 아마존은 자사의 추천 시스템을 'A9'이라 부르고 특허로 등록했다.

많은 고객과 제품을 갖춘 온라인 쇼핑몰에서는 엄청난 빅데이터를 양산하게 되는데, 상품추천은 매우 짧은 0.5초 이내에 이루어져야 한다고 생각해 보자. 신규 고객들은 아직 다양한 상품을 구매하지 않았을 것이고 제품에 대해 평점을 준 횟수도 많지 않을 것이다. 온라인 쇼핑몰에서 고객이 새로운 데이터를 입력하면 시스템은 이에 즉각적으로 반응해야 한다. 신규 고객들은 기존 고객들보다 구매 이력이 없고 취향도 알기 어려우므로 전통적인 추천 방식이나 클러스터링, 검색 방식 등은 잘 맞지 않는다. 이런 이유로 인해 아마존은 기존 데이터를 기준으로 추천하는 Item-to-item collaboration filtering 알고리즘을 개발했다.

이는 기존의 데이터를 통해 상품을 추천하는 알고리즘인데, 고객 수나 아이템 수와 관계없이 대량의 데이터를 처리해서 고품질의 추천을 해준다. 상품 간의 상관관계를 결정하는 아이템 매트릭스를 만든 후 고객의 최신 입력 데이터를 기반으로 고객의 기호를 유추해서 상품을 추천한다. 즉 기존의 온라인 쇼핑몰에서 자주 활용하던 소비자의 패턴 분석에 의한 추천 방식이 아닌 구매한 물건 혹은 검색한 물건을 중심으로 추천하는 방식이다.

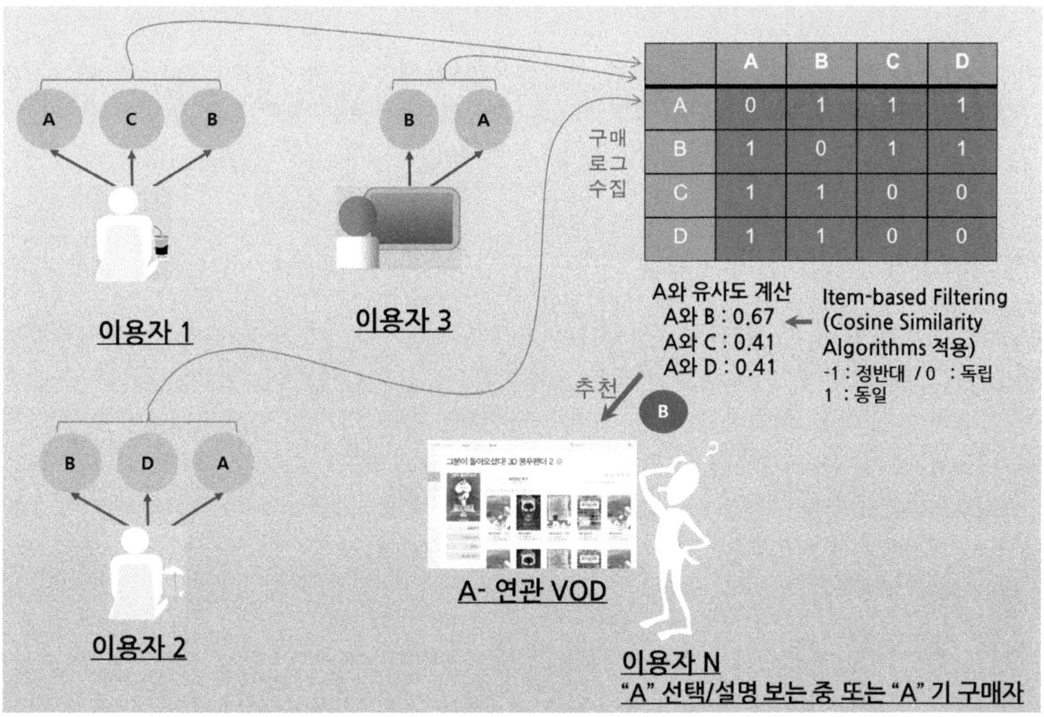

	A	B	C	D
A	0	1	1	1
B	1	0	1	1
C	1	1	0	0
D	1	1	0	0

▲ 그림 3-13 Item-to-item collaboration filtering 알고리즘의 원리

아마존은 이러한 데이터 분석 경험에 기반해 현재 하드웨어를 빌려주는 클라우드 서비스를 제공하고 있으며 비정형 빅데이터 처리를 위한 데이터베이스를 새로 개발하는 등 빅데이터 관련 기업의 입지를 강화하고 있다.

라) 라쿠텐의 슈퍼 DB

일본 최대의 전자상거래 사이트를 운영하고 있는 라쿠텐(楽天)을 2012년 기준 8,000만 명이 넘는 회원, 1조 4,460억 엔의 전자상거래 매출을 이루게 한 1등 공신은 2008년부터 운영해온 회원 데이터베이스인 '라쿠텐 슈퍼 DB'였다. 라쿠텐 슈퍼 DB는 회원의 특성, 구매 내역, 카드 포인트, 쿠폰 등 여러 프로파일 데이터를 집약하고 분석하는 데이터베이스이다. 라쿠텐 여행, 라쿠텐 은행, 라쿠텐 통신 등 라쿠텐이 제공하는 다양한 서비스별 사용 고객 정보는 라쿠텐 슈퍼 DB를 통해 중앙 집중식으로 관리되고 있다.

라쿠텐은 이를 '라쿠텐 경제권'이라 부른다. 라쿠텐 경제권의 포인트는 통합적으로 관리된다. 기존에 이용한 서비스에서 적립한 포인트를 라쿠텐의 다른 서비스 구매에도 사용할 수 있게 하는데, 이러한 방식은 각 서비스 간 시너지 효과를 높일 뿐 아니라 라쿠텐 전체 매출 확대에도 기여하고 있다.

그리고 여기에서 라쿠텐 슈퍼 DB를 통해 수집된 빅데이터 분석의 저력이 드러난다. 여러 서비스 중 하나를 이용한 고객이 라쿠텐의 다른 서비스도 이용하도록 라쿠텐은 통합적으로 관리되는 고객의 구매이력, 열람 이력, 인터넷 검색 경로 등을 종합적으로 분석하여 고객의 취향을 파악한다. 그리고 파악된 취향을 상세히 반영한 고객별 맞춤형 서비스 제공하고 고객 감동을 이끌어내고 있다. 고객 정보의 부단한 분석과 활용 덕분에 라쿠텐에서 2개 이상의 서비스를 사용한 회원의 비율이 2007년 30%대에서 2012년 50% 이상으로 급증했다.

라쿠텐은 일본 내에서 회원 데이터를 통합적으로 관리하는 데 그치지 않고, 여러 국가에서 라쿠텐을 활용하는 고객의 정보를 일원적으로 관리하는 글로벌 통합 DB 구축을 목표로 하고 있다. 빅데이터를 바탕으로 새로운 마케팅을 전개하여 세계 시장으로 뻗어나가기 위한 경쟁력을 확보하려는 것이다.

마) 자라의 재고 최적 분배 시스템

1975년 스페인의 작은 상점에서 출발하여 패스트 패션[6)]의 선도자로 자리 잡은 글로벌 패션 브랜드 자라(Zara)는 현재 유행하는 패션 트렌드를 즉시에 반영해 단기간에 다품종 소량 생산하는 초스피드 전략을 채택하고 있다. 자라는 보통의 의류 업체가 최장 6개월에 한 번 새 제품을 내놓는 것과 달리 일주일에 두 번씩 신제품을 내놓는다. 옷을 디자인하고 만들어 전 세계 매장에 뿌리기까지는 최소 14일, 평균 20일밖에 걸리지 않는다. 모든 상품은 제조된 지 48시간 안에 매장에 진열되는 것을 원칙으로 한다. 이렇게 자라에서 생산되는 상품은 매년 4억 4,000개에 이른다.

이러한 전략을 뒷받침하기 위해서는 상품 수요의 예측과 매장별 적정 재고량 산출, 상품별 가격 결정과 운송 계획까지 빠르게 수립되어야 한다. 품종이 많다 보니 판매 시점에 자칫 시장 트렌드에 벗어나거나 수요 예측이 빗나가면 재고가 대량으로 발생할 우려가 크다. 자라는 이 문제를 빅데이터를 활용하여 해결하였는데 매사추세츠공과대(MIT) 제레미 갤리언 교수 연구팀과 함께 전 세계 매장의 판매와 재고 데이터를 분석해 최대 매출을 달성할 수 있는 재고 최적 분배 시스템을 개발했다.

예를 들어 본사에서 A제품 100개를 50개 매장에 공급한다고 치자. 이 경우 매장에 할당되는 제품은 2개에 불과하다. 자라의 재고 관리 알고리즘에 따르면 10개 이상의 같은 제품이 진열돼야 매출이 오른다. 또 50개의 같은 제품이 소비자에게 노출됐을 때 매출이 극대화됐다. 자라는 100개를 50개 매장에 나눠 공급하는 대신 매장 2곳에 50개씩 공급해 높은 매출을 올렸다. 또 상품 수요 예측, 각 매장별 적정 재고 산출, 상품별 가격 결정도 빅데이터 분석 결과를 따른다. 이를 통해 매장 수요 관리로 소량 주문, 적시 운송, 유연한 도급 계약을 특징으로 한 무재고 시스템을 실현했다.

전 세계 자라 매장 직원의 주요 업무는 고객을 상대하는 것이 아니라 '고객이 입어봤지만 사지 않은 상품'을 본사에 보고하는 것이다. 본사는 전날 가장 많이 팔린 상품, 고객들이 반품한 물품, 쇼핑객 피드백, 그리고 직원들이 현장에서 파악한 유행 등 에 대한 세부 정보를 취합해 어떤 제품 생산을 늘리고 어떤 제품 생산은 줄여야 하는지 판단한다. 사용자 맞춤형 제품을 어떻게 만들 것인지에 대한 부분도 중요하다, 자라의 매장에 설치된 카메라는 고객의 옷에 대한 요구사항을 하루에 두 번 이상 본부 디자이너에게 전송한다. 또한, 구매 통계 데이터, 반품 비율이 반영된 일일 비즈니스 분석 보고서 및 판매 순위 분석 데이터가 자라 시스템에 저장되며 색과 패턴을 선택하는 과정에서 고객 니즈를 반영한 시장 세분화를 수행한다.

---

6) 패스트 패션(Fast Fashion) : 최신 트렌드를 즉시 반영해 빠르게 만들어 유통시키는 다품종 소량생산 방식

자라가 세계 소비자를 사로잡은 비결은 소비자 취향을 잘 예측했기 때문이 아니라 세계 매장에서 보내온 수요 정보를 빅데이터 처리 기술을 활용해 생산에 실시간으로 반영하였기 때문이다. 더 나아가 효율적인 재고분배를 통해 궁극적으로 기업의 매출 증대는 물론 세계적인 의류 브랜드로 성장할 수 있도록 한 것이다.

3.3.2 센싱 데이터의 활용

빅데이터 시대에 데이터가 폭증하는 까닭은 IT 환경에서 사용되는 다양한 디지털 장치들이 다양한 종류의 데이터를 자동으로 지속적으로 생성하기 때문이다. 물건에 부착된 혹은 주변에 설치된 RFID 태그, GPS, IC카드, 센서 등에서 위치 정보, 승차 이력, 온도, 가속도 등의 데이터들이 지속적으로 발생하고, 감시 카메라에서는 연속적으로 영상 데이터를 생성하고 있다.

이와 같은 센싱 장치들은 외부 데이터 변화를 곧바로 감지해 제공하기 때문에 센싱 데이터 처리와 분석을 통해 원격에서도 외부 상황에 대해 실시간으로 파악할 수 있다. 그런 점에서 센싱 데이터를 실시간으로 수집, 처리하여 상황을 모니터링하고 분석함으로써, 개인에게 맞는 맞춤형 서비스 제공, 기업의 비즈니스 전략 수립, 공공 안전이나 재난 방지 등에 활용할 수 있다. 또 다양한 정보 소스로부터 얻은 정보들을 융합해 더 나은 서비스를 구축하는 것도 가능하다.

향후 센싱 빅데이터 기반 실시간 모니터링과 대응은 더욱 중요해질 것이며, 한정된 환경에 대한 모니터링과 대응이 아니라 융합을 통해 통합 환경에 대한 실시간 서비스로 발전할 것으로 보인다. 센싱 빅데이터를 활용한 서비스 또한 늘고 있다. 예전부터 지구 환경 연구 분야에서는 관측된 대량의 데이터를 분석하여 기후 변화, 지질 변화 예측 등에 활용해 왔고, 최근에는 지능형 교통서비스, 스마트 그리드 서비스, 범죄예방 서비스, 실시간 환자 모니터링 서비스 등 공공 분야 서비스로 확산되고 있다.

가) 지능형 교통시스템

지능형 교통시스템(ITS, intelligent transportation system)은 교통서비스의 개선 및 교통사고의 획기적 감소를 목표로 선진 각국에서 추진하고 있는 종합교통정보의 수집 · 가공 · 전파 시스템을 말한다. 교통 관련 정보와 기상 정보, 도로 상태 등에 관한 정보를 도로변 교통단말기, 차내 단말기, 교통방송, 컴퓨터, 전화 등으로 차량 운전자 및 여행객들에게 전달함으로써 통행의 편의와 교통량의 원활한 소통을 이루기 위한 시스템이다.

따라서 지능형 교통시스템은 첨단 차량 및 도로 시스템으로 도로의 결빙을 방지하거나 차량 간격을 자동으로 조정하여 추돌을 방지하고 차량 간의 운행에서 급차선 변경으로 인한 사고를 미연에 방지해주는 서비스 등을 제공한다. 또한 다양한 차량 내 센서 정보를 활용한 차량 자체 진단을 통해 사고를 예방하고, 운전자의 졸음상태나 음주상태 등의 정보를 감지하여 경고음을 유발하는 등 안전 운행에 저해되는 요소를 제거하는 것이 가능하다. 이러한 서비스들은 다양한 센서들을 복합적으로 사용하여 판단의 정확도를 높이는 방법들이 시도되고 있다.

이 시스템의 구성요소로는 첨단 교통량 관리 시스템(ATMS), 첨단 교통정보 시스템(ATIS), 첨단 대중교통 정보 시스템(APTS), 화물 운송 정보 시스템(CVO), 첨단 자동차 및 도로정보

시스템(AVHS) 등이 있다. 지능형 교통 시스템에 관한 기술정보 교환과 발전을 모색하기 위한 국제기구로 지능형 교통 시스템 세계총회(ITS World Congress)가 있으며, 매년 국제 콘퍼런스 및 전시회 등이 열리고 있다.

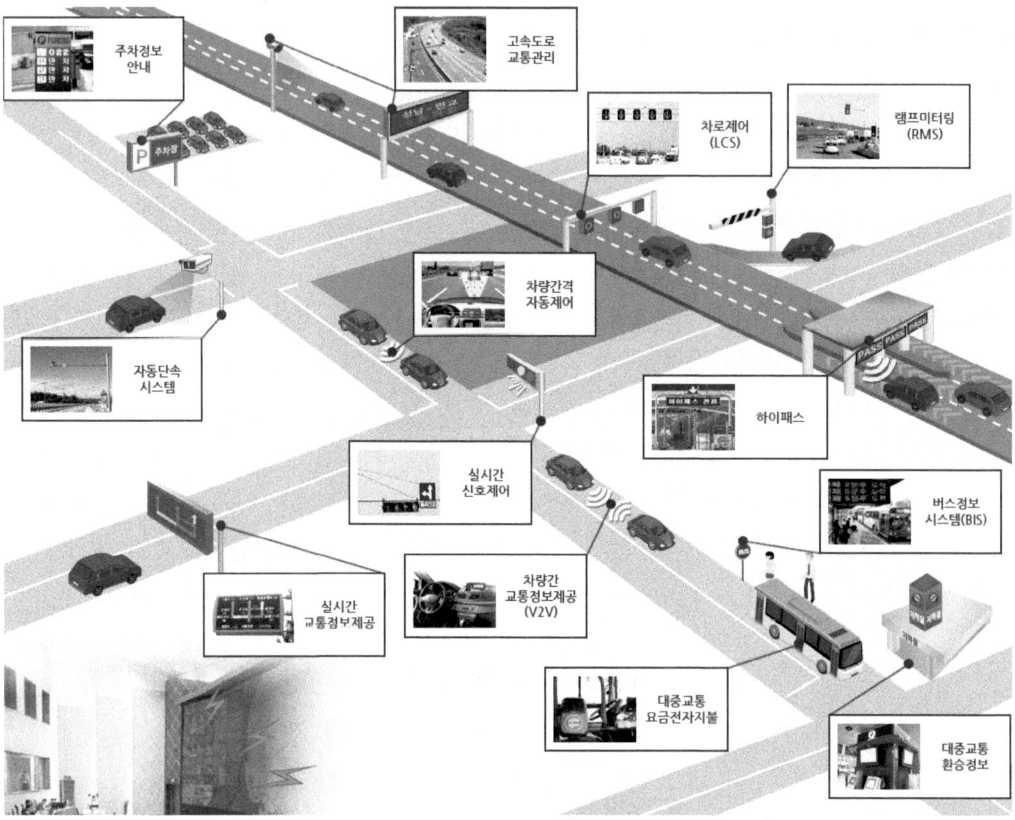

▲ 그림 3-14 ITS를 활용한 서비스 개념도

- **첨단 교통량 관리 시스템**(ATMS, Advanced Traffic Management Systems) : 도로상에 차량 특성, 속도 등의 교통 정보를 감지할 수 있는 시스템을 설치하여 교통 상황을 실시간으로 분석하고, 이를 토대로 도로 교통의 관리와 최적 신호 체계의 구현을 꾀하는 동시에 여행시간 측정과 교통사고 파악 및 과적 단속 등의 업무 자동화를 구현한다. 예로 요금 자동 징수 시스템과 자동단속시스템이 있다.

- **첨단 교통정보 시스템**(ATIS, Advanced Traveller Information Systems) : 교통 여건, 도로 상황, 출발지에서 목적지까지의 최단 경로, 소요 시간, 주차장 상황 등 각종 교통 정보를 FM 라디오방송, 차량 내 단말기 등을 통해 운전자에게 신속, 정확하게 제공함으로써 안전하고 원활한 최적 교통을 지원한다. 예로 운전자 정보 시스템, 최적 경로 안내 시스템, 여행 서비스 정보 시스템 등을 들 수 있다.

- **첨단 대중교통 정보 시스템**(APTS, Advanced Public Transportation Systems) : 대중교통 운영체계의 정보화를 바탕으로 시민들에게는 대중 교통 수단의 운행 스케줄, 차량 위치 등의 정보를 제공하여 이용자 편익을 극대화하고, 대중교통 운송 회사 및 행정 부서에는 차량관리, 배차 및 모니터링 등을 위한 정보를 제공함으로써 업무의 효율성을 극대화한다. 예로 대중 교통 정보 시스템, 대중 교통 관리 시스템 등을 들 수 있다.

- **화물 운송 정보 시스템(CVO, Commercial Vehicle Operations)** : 컴퓨터를 통해 각 차량의 위치, 운행상태, 차내 상황 등을 관제실에서 파악하고 실시간으로 최적운행을 지시함으로써 물류비용을 절감하고, 통행료 자동 징수, 위험물 적재 차량 관리 등을 통해 물류의 합리화와 안전성 제고를 도모한다. 예로 전자 통관 시스템, 화물차량 관리 시스템 등이 있다.

- **첨단 자동차 및 도로정보 시스템(AVHS, Advanced Vehicle and Highway Systems)** : 차량에 교통상황, 장애물 인식 등의 고성능 센서와 자동제어장치를 부착하여 운전을 자동화하며, 도로상에 지능형 통신시설을 설치하여 일정간격 주행으로 교통사고를 예방하고 도로 소통의 능력을 증대시킨다.

나) 스마트 그리드

1965년에서 2006년까지만 보더라도 전 세계적으로 화석연료 사용량은 165%나 상승했다. 온실가스에 의한 지구온난화가 심각해지면서 급격한 온도 변화는 전력 수급과 관리의 어려움을 키웠다. 이에 세계는 녹색성장을 고민하기 시작했고 많은 나라가 화석 연료를 대체할 새로운 에너지 발굴에 투자하여 태양열, 수력 등의 신재생에너지 기술을 개발했다. 동시에 에너지 효율을 높일 수 있는 기술에 대한 요구도 커졌다.

스마트 그리드(smart grid)는 이런 고민에서 등장한 기술이자 에너지 정책이다. 미국은 에너지 자립과 노후된 전력망의 현대화를 통한 경기부양을 목표로 2003년 '그리드 2030(Grid 2030)'이라는 국가 비전을 발표하고 전력망 현대화, 스마트 계량기 보급 등의 사업을 추진했다. EU도 신·재생에너지 보급 확대와 온실가스 감축을 위해 2006년 '스마트 그리드 비전 & 전략(smart grids vision & strategy)'을 선포했다. 일본은 2030년 태양광 발전량을 100기가와트(GW)까지 늘이는 로드맵을 세워 스마트 그리드 분야 표준화를 추진하고 있다. 중국 역시 전체 전력망 지능화 완성을 위해 2020년까지 총 1조 7천억 위안화를 투자하겠다고 밝혔다.

한국도 예외는 아니다. 2009년 6월에는 가전제품과 네트워킹을 통하여 전력사용을 최적화하고 소비자에게 실시간 전기요금 정보를 제공하는 전력관리장치 '어드밴스트 스마트 미터(advanced smart meter)'와 전기자동차 충전 인프라, 분산형 전원(배터리), 실시간 전기요금제, 전력망의 자기치유 기능, 신재생에너지 제어 기능, 직류(DC) 전원 공급, 전력 품질 선택 등을 필수요소로 하는 '한국형 스마트 그리드 비전'을 발표하였다. 또 제주특별자치도를 스마트 그리드 실증단지로 선정하고, 2020년까지 소비자측 지능화를, 2030년까지 전체 전력망 지능화를 완료할 계획이다.

스마트 그리드는 기존 전력망에 정보통신기술(ICT)을 더해 전력 생산과 소비 정보를 양방향, 실시간으로 주고받음으로써 에너지 효율을 높이는 지능형 전력망을 말한다. 스마트 그리드가 실현되면 각 가정이나 공장에서 전기 사용량과 요금을 실시간으로 파악해 절전 효과를 거두고 발전소를 효율적으로 가동할 수 있다. 스마트 그리드를 실현하기 위해서는 스마트 그리드 망을 구성하는 요소들의 상태 및 미터링 데이터를 지속적으로 수집, 실시간 분석을 통해서 상황 모니터링 및 전력 수요를 예측하는 기술이 모두 적용되어야 한다.

기존 전력망은 최대 수요량에 맞춰 예비율을 두고 일반적으로 예상 수요보다 15% 정도 많이 생산한다. 중앙집중형 발전 형태로, 공급자 중심으로 설비를 운영한다. 전기를 생산하기 위해 석탄, 석유, 가스와 같은 화석연료로 대규모 발전을 한다. 이렇게 생산한 전기가 동시에 버려지기도 한다. 효율성이 떨어지는 구조다.

스마트 그리드는 다양한 데이터로 사용하는 전기량을 예측하는 식으로 효율을 높여 에너지 낭비를 막는다. 신재생에너지를 고려한 분산 발전 형태다. 양방향으로 전력과 정보가 흘러 소비자 참여로 설비가 운영된다. 전력 수급 상황별 차등 요금제를 적용해 전기 사용자에게 전기 사용량과 요금 정보를 알려줌으로써 자발적인 에너지 절약을 유도할 수 있다.

▼ 표 3-5 **기존 전력망과 지능형 전력망 비교**

기존 전력망	지능형 전력망
아날로그/전기기계적	디지털/지능형
중앙 집중 체계	분산 체계
반사상 구조	네트워크 구조
수동 복구	자동 복구
고정 요금	실시간 요금
단방향 정보 흐름	양방향 정보 교류
소비자 선택권 없음	다양한 소비자 선택권

가장 흔히 떠올릴 수 있는 스마트 그리드는 가전제품에 IT를 적용해 가정 내 전력 네트워크를 구성하는 방식이다. 사물인터넷을 이용해 사용하지 않는 기기를 구분하고, 전기요금이 가장 저렴한 시간대에 충전하는 식이다. 건물 전체 혹은 여러 건물들을 연결해서 스마트 그리드를 구성할 수 있다. 전기요금이 저렴한 시간에 전기를 저장해두었다가 필요한 시간에 사용할 수 있다. 태양광 발전이나 연료전지, 전기자동차의 전기에너지 등 가정에서 생산되는 전기를 판매할 수도 있게 된다.

또 자동조정 시스템으로 운영되므로 고장 요인을 사전에 감지하여 정전을 최소화하고, 기존 전력시스템과는 달리 다양한 전력 공급자와 소비자가 직접 연결되는 분산형 전원체제로 전환되면서 풍량과 일조량 등에 따라 전력 생산이 불규칙한 한계를 지닌 신재생에너지 활용도가 증대된다. 신재생에너지 활용도가 높아지면 화력발전소를 대체하여 온실가스와 오염물질을 줄일 수 있게 되어 환경문제를 해소하는 데도 도움이 된다.

이처럼 스마트 그리드를 구축하기 위해서는 건물 내 전력, 가스, 물 등을 제어할 수 있는 냉·난방 운영설비부터 에너지 저장 시스템(ESS), 스마트계량기(AMI), 에너지관리시스템(EMS), 전기차 및 충전소, 분산 전원, 신·재생에너지, 양방향 정보통신기술, 지능형 송·배전시스템 등이 필요하다.

이 중 핵심은 바로 전력 저장 장치(ESS, Energy Storage System)이다. 예전에는 수요를 예측해 전력공급량을 조절해도 이미 생산된 뒤 사용하지 못한 전기는 그대로 버릴 수밖에 없었다. ESS는 대용량 전기를 저장할 수 있게 도와준다. 에너지를 컨테이너 모양의 대형 배터리에 저장하는 식이다. 스마트폰이나 노트북에 쓰이는 리튬이온 배터리나 납축전지, 나트륨-황 배터리 등이 대용량 전기를 저장하는 장치로 쓰인다.

ESS를 이용해 전기를 저장할 수 있게 되면 태양광, 풍력, 조력, 파력 등 신·재생에너지나 소규모 발전소에서 얻은 소량의 전기를 저장해 나중에 쓸 수 있다. ESS가 저장된 에너지로 수요과 공급을 적절히 조절해 버려지는 에너지를 최소화한다. 또한, 매년 여름과 겨울마다 반복되는 전력 부족에 대비할 수 있게 도와준다. ESS에 전기를 저장해 수요가 최고치에 달하는 시점의 전력 부하를 조절해 발전 설비에 대한 과잉 투자를 막고 돌발적인 정전 시에도 안정적으로 전력을 공급할 수 있다.

다) 도메인 인식 시스템

도메인 인식 시스템(DAS, domain awareness system)은 2012년 뉴욕 경찰청이 4000만 달러를 투자해 MS와 공동 개발한 최첨단 범죄감시시스템이다. 뉴욕시 경찰국이 관할하는 CCTV 3,000개와 다리 · 터널 · 순찰차 등에 설치된 2,600개 자동차 번호판 인식기, 911 신고 전화, 차량 정보 데이터베이스를 종합 분석해 범죄 발생과 동시에 실시간으로 용의자나 차량을 추적할 수 있다.

또한, 범죄 이력 보고서 등 관련 범죄 정보를 분석하며, 기타 공공 안전 데이터베이스에서 데이터를 취합하고 분석하여 잠재적인 보안 위협에 대해 실시간으로 경고 메시지를 제공함으로써 위협과 범죄를 야기하는 모든 행위를 종합적으로 보고 판단할 수 있도록 지원한다. 예를 들어 도시 내 어디서든 방사선 탐지기가 울리면 DAS는 즉시 센터에 알려 원인을 파악하게 한다. 현재는 감시 카메라 영상을 실시간으로 분석해 활용하지는 않지만 취합한 데이터를 통합 관리하면서 신속하게 확인할 수 있도록 하고 있다.

2012년 8월 첫 시연에서 뉴욕의 911 긴급 전화로 "누군가가 맨해튼 유니언스퀘어 근처에 밀봉된 위스키 상자를 놓고 갔는데 폭발물이 든 것 같다"라는 폭발물 의심 신고가 접수되자 음성으로 접수된 신고 내용은 곧장 경찰 상황실 모니터에 활자로 표기됐다. 동시에 상자의 위치가 표시된 지도가 화면에 나타났다. 경찰관이 지도 위에서 해당 지점을 클릭하자, 반경 150미터 이내에 있던 모든 CCTV 카메라에 신고 직전 30초간 촬영된 내용이 한꺼번에 나타났다. 이 중 한 화면에 누군가 차를 세운 뒤 문제의 상자를 놓고 가는 장면이 남아 있었다. 차량번호를 확인해 입력하자 시내 전역의 차량 번호판 인식기 기록을 바탕으로, 해당 차량이 이동한 과거와 현재의 경로가 모두 표시됐고 즉각 가장 가까운 경찰 순찰차에 체포 명령이 떨어졌다.

DAS를 공개하면서 마이클 블룸버그 뉴욕 시장은 "용의자 차량을 추적하면서 최근 이동 경로, 체포 기록, 관련 범죄 발생지도 등을 함께 제공해 범죄 패턴을 한눈에 파악할 수 있다"며 "경찰이 더는 구닥다리가 아니다"라고 큰소리쳤다. 블룸버그는 또 DAS를 다른 지방자치단체나 다른 나라 정부에 판매해 벌어들이는 수익을 MS와 뉴욕 시가 7:3으로 나누기로 했다는 계약 내용을 소개하면서 "투자비용을 금방 만회하고 이익도 낼 것"이라고 말했다. NBC 방송은 DAS를 '다 들여다보는(all-seeing) 감시 시스템'이라 표현하면서 "DAS를 원하는 도시가 많을 것"이라고 전했다.

지나치게 강력한 성능 탓에 발생할 사생활 침해 논란을 피하고자 DAS는 기술적으로 가능한 얼굴 인식 기능과 SNS 검색 기능을 뺐다고 한다. 하지만 그래도 사생활 침해에 대한 우려의 목소리는 나오고 있다. 뉴욕시민자유연맹은 공권력에 의한 사생활 침해 문제를 제기했으며 현지 일부 무슬림 단체들은 인권 문제를 앞세워 DAS의 운용을 막아달라는 소송을 이미 법원에 낸 상태다. 이에 마이클 블룸버그 시장은 "범죄 집단이 갈수록 첨단 기술을 범죄에 악용하고 있는 만큼 시민의 안전과 자유를 지키기 위해 우리도 가능한 모든 자원을 활용해야 한다"라고 강조했다.

국내에도 지자체 주도로 이와 유사한 지능형 CCTV통합관제센터가 운영 중이며, 지역의 CCTV에 촬영되는 차량번호 인식과 배회, 동행 등의 행동패턴에 대한 복합 이벤트 데이터를 특정기간동안 수집 분석해 범죄행동 예측 알람을 센터에 알려준다.

라) 식물공장

UN에 따르면, 2015년 대비 2050년 인구는 73억에서 97억으로 급격히 증가할 것으로 예상된다. 또한, 삶의 질의 향상에 따라 1인당 칼로리 소비도 증가하여 2015년 대비 2050년 글로벌 전체 식량 소비가 2배 이상 증가할 것으로 전망되고 있다. 생활수준이 높아지고 웰빙(well-being) 시대로 접어들면서 소비자들은 단순히 값싼 농산물보다는 가격이 높더라도 환경 친화적이고 품질 높은 농산물을 선호하고 있는 추세이다.

그러나 높은 식량 수요를 충족시켜야 하는 농업의 전망은 밝지 않다. 지구온난화와 극심한 사막화 및 도시화로 인해 재배 가능한 경작지가 해마다 감소하고 있고, 농업용수로 사용할 수 있는 수자원도 부족한 실정이다. 또한, 농촌 인구가 도시로 많이 유입되면서 농업 노동인구가 해마다 감소하는 추세에 있으며 종사자들의 고령화와 일손 부족이 심해지며 생산성은 늘어나지만 소득은 감소하는 현상이 발생하고 있다.

이런 상황에서 앞으로 식량 안보(food security) 문제가 대두되고 있다. 현재 노동, 자본 등의 투입량 대비 생산량을 표현하는 지표인 생산 효율성(TFP, total factor productivity)를 계산해본 결과 2010년 대비 2050년에는 75% 증가분을 생산해야 식량 소비 수준을 충족시킬 수 있을 것으로 보이나, 현재는 40% 증가분만 생산 가능할 것으로 예상된다. 즉, 미래에 식량의 공급량이 식량 소비 수준을 충족시킬 수 없는 상황이 우려되고 있다.

식품안전(food safety)에 대한 우려 또한 우리 주변에서 많이 찾아볼 수 있다. 식품의 신선도, 영양소를 고려하는 것을 넘어서서 잔류 농약, GMO 등 품질에 대한 소비자 인식이 높아지고 있다. 대표적으로 최근에 국내에서 발생한 달걀 파동 이후 살충제와 농약에 오염된 식품에 대한 소비자 불안감이 강화되며 이에 대한 불신으로 무농약, 유기농 제품들을 선호하는 소비자들이 증가하고 있다. 또한, 최근 뜨거운 감자로 부상한 GMO 식품에 대한 불신도 점차 증가하면서 non-GMO 제품의 수요가 증가하고 있다.

이러한 물, 땅, 노동력 등 자원의 한계, 기상이변과 같은 자연재해, 농약 · 제초제 · GMO 등 생산성 향상을 위한 생화학 약품 남용 등의 문제를 해결하고 높아진 소비자의 요구를 만족시킬 수 있는 건강한 농산물을 대량 생산하기 위해서 기존 농법과는 다른 혁신적인 생산 방식이 요구되었고 그 중 하나로 ICT기술을 적용한 식물 공장(plant factory)이 시작되었다.

사물인터넷과 빅데이터를 기반으로 한 식물 공장은 주변 환경과 관계없이 통제된 시설 안에서 빛 · 온도 · 습도 · 양분 · 수분 등을 조절하여 최대의 품질과 생산성을 얻을 수 있도록 작물을 재배하는 환경을 계속 감지하여 작물의 생장 단계마다 작물이 가장 원하는 파장의 빛과 온도와 습도 및 양분을 공급하고 수확하는 시스템이다.

공장 내부에는 온도, 습도, 탄산가스 농도를 감지하는 센서, 태양광의 세기를 감지하는 센서, 외부에는 강우량, 온도, 습도, 조도, 풍향과 풍속 등을 감지하는 센서들이 설치된다. 그리고 창문 개폐기, 송풍기와 관수 장치를 원격으로 동작시킬 수 있는 원격 제어기와 웹 카메라를 갖추고 이들을 모두 인터넷에 연결된다.

작물은 품종에 따라 생장 속도와 수확 시기가 서로 조금씩 다르다. 작물의 생육 상태와 환경을 감지하는 센서들이 생성하는 데이터를 원하는 시간 간격으로 수집하고 이렇게 생성하는 데이터는 온도, 습도 등과 같은 단순한 종류에서부터 카메라의 영상과 같이 다양하고 방대하므로 장소와 시간 및 종류별로 수집된 데이터를 분류하고 요약하며 저장한다.

전국에 설치된 사물인터넷은 제각기 수집한 데이터를 분류하고 요약한 결과와 원시 데이터를 사용하기 적당한 장소에 분산시켜 저장하여 추후에 과거의 데이터를 가져오거나 다른 지역과도 공유하여 서로 활용이 가능하도록 한다. 그리고 농부가 설정한 범위와 수집되는 데이터 값의 범위 및 변화 추이를 비교하여 범위를 벗어나는 작물들은 스크린에 장소와 상태를 표시하고 스마트폰을 통하여 농부에게 알림 메시지를 보내준다.

또한 작물의 단계별 생장 상태가 완료 상태에 이르게 되면 농부에게 메시지를 보내고, 농부는 다음의 생장 단계에 적합한 환경이 될 수 있도록 스마트폰 등을 통하여 원격 제어기를 조절한다. 그리고 다른 농부들과 함께 작물 재배에 대한 경험과 지식을 공유하고 토론하여 생산성 향상을 위한 방안을 강구한다.

관리자는 사물인터넷에서 제공하는 식물 공장의 작물별 생장 상태 정보를 파악하고 수요처의 요구 시기를 맞추기 위하여 해당되는 작물의 조명, 양분 공급 장치와 같은 환경 제어기를 재조정하여 생장 속도를 조절함으로써 작물의 출하시기를 앞당기거나 늦춘다. 그리고 SNS 등을 통하여 수집되는 일반 소비자의 특정 작물에 대한 평판을 고려하여 다음에 재배할 작물을 선택한다.

해마다 태풍과 호우, 그리고 폭설 등과 함께 지구온난화로 인한 이상기후 현상으로 인한 농가의 자연재해를 보상하고자 국가적으로 농업재해보험을 권장하고 있지만 지금은 모두 사람이 표본 조사를 하고 있어 실제는 객관성이나 신뢰성 및 조사 기간의 지연으로 실제는 가입률이 저조하다.

여기에도 작물 재배 지역에 온도, 습도와 같은 센서를 설치하여 작물의 생육 상태 데이터를 수집하고, 재해가 발생하였을 경우 드론 같은 무인비행체로 재해 발생 지역의 피해 영상을 수집하도록 하여 재해가 발생하기 이전의 데이터와 비교하고, 그 지역에서 재배하는 작물의 과거 수확량이나 품질을 고려하여 피해를 입은 지역의 실제의 피해 규모를 판단하는 자료를 신속하게 산출하고 재해를 평가하는 기관뿐만 아니라 피해를 입은 농가에게도 실시간으로 통보하여 확인할 수 있도록 한다면, 농가의 보험 가입률이 상승하고 농업 경제에 큰 보탬이 될 것이다.

식물 공장(plant factory)은 농업 환경을 인위적으로 조절하여 계절과 장소의 제약을 받지 않고 농작물을 생산하려는 목적으로 1957년 덴마크에서 새싹 채소를 컨베이어 시스템으로 재배하면서 시작되었고, 1960년대에는 오스트리아에서 빌딩 형태의 입체식 자동 식물 공장에 태양광과 인공 광원을 함께 활용하는 개념을 도입하였다. 또한 컬럼비아대학의 딕슨 데포미에(Dickson D. Despommier) 교수는 뉴욕 맨해튼의 고층건물 옥상정원을 활용하여 작물 재배를 시도하였으며, 수직으로 건축된 건물 안에서 작물을 키우는 방식이므로 수직농장(vertical farming)이라고도 한다.

▲ 그림 3-15 Aeroponics 형태의 수직농장, Aerofarm 뉴저지 농장 모습

식물 공장이 등장하면서, 캐나다나 미국 동부에서는 기존에 미국 서부로부터 7~15일에 걸쳐 장거리로 배송 받던 채소를, 도시 근교 30분~1시간 거리의 식물 공장에서 생산해 수확 1일 이내에 신선한 상태로 소비할 수 있게 되었다. 알래스카와 같이 기후 특성상 농업이 어려운 지역에서는 식물 공장의 가치가 더욱 빛을 발한다. 알래스카 원주민 단체가 설립한 Arctic greens는 식물 공장 기술을 도입해 미국 본토로부터 2-3주에 걸쳐 배송 받던 채소를 알래스카 내에서 자체 생산해 지역 식료품점과 슈퍼마켓에 공급하고 있다.

식물 공장은 도시에서도 식량 자급자족이 가능하고, 농업이 불가능하다는 도심 지역에서도 가능하며, 도심에서 생산되므로 운송비용이 절약되어 저렴한 농산물 공급이 가능하고, 특히 숲 파괴와 이로 인한 사막화 현상을 줄일 수 있는 이점이 있다. 이렇게 식물 농장의 가능성이 주목을 받으면서 구글의 모회사 알파벳의 CEO 에릭 슈미트(Eric Schmidt), 아마존의 CEO 제프 베조스(Jeffrey Bezos)와 일본의 소프트뱅크도 Aerofarm, Plenty와 같은 미국 스타트업에 대규모 자금을 투자하는 등 지금까지 전 세계적으로 투자자의 참여가 활발하게 일어나고 있다.

2015년 말 MIT 미디어랩의 도시농장 책임자인 칼렙 하퍼(Caleb Harper)는 이메일로 과일을 보낼 수 있는 아이디어를 생각해냈다. 누군가 "나는 멕시코산 딸기가 맛있어서 좋아"라고 한다면, 이 사람이 원하는 '멕시코산 딸기'는 그것은 꼭 멕시코에서 자란 딸기가 좋다는 의미보다는, 멕시코 지역과 같은 햇빛, 온도, 바람 등의 기후와 토양 성분, 산소나 이산화탄소 같은 대기 성분 등을 포함한 환경 조건에서 자란 딸기가 좋다는 의미로 해석할 수 있을 것이다.

대형 종자 회사를 통해 같은 종자가 전 세계적으로 유통되는 상황에서, 과일이나 채소의 맛을 '어떤 환경 조건에서 재배되었느냐'로 정의할 수 있다면 기후와 산소, 이산화탄소 등의 대기 성분에 따라 기대하는 색감, 질감, 맛 등을 프로그래밍 하여, 온라인으로 원하는 과일의 레시피를 공유하는 일도 가능할 것이다.

이렇게 정의한 작물 레시피와 그에 따른 작물 특성을 Plant IP라고 할 때, 이를 활용해 개인용 식품 컴퓨터(personal food computer)인 소규모 식물 재배기가 해당 프로그램대로 식물을 키우게 되면 세계 어디에서나 물리적인 과일의 이동 없이도, 같은 과일의 맛과 식감을 공유할 수 있는 것이다.

MIT 미디어랩의 도시농장에서는 더 많은 사람을 위해서 컨테이너 박스 하나 크기 정도의 식품 서버(Food Server), 나아가 건물 하나 크기의 식물 재배 시설인 식품 데이터센터(Food Data Center)의 아이디어까지 구상하고 이를 실행에 옮기는 중이다.

▲ 그림 3-16 MIT 미디어랩의 city form

3.3.3 소셜 데이터의 활용

소셜 빅데이터 분석이란 뉴스, 블로그, 트위터 등의 소셜 미디어에서 매일 생성되는 방대한 소셜 데이터로부터 숨겨진 가치 '인사이트(insight)'를 찾아내는 것을 말한다. 소셜 빅데이터 분석에서는 소셜 미디어에 나타나는 사용자의 관심사, 이용 패턴 등을 알 수 있기 때문에, 기업의 제품과 브랜드, 국가 정책, 화제의 인물 등에 관한 다양한 이슈, 여론, 사회현상을 파악할 수 있다. 국내외에서 트위터, 페이스북, 각종 웹 게시판 등 소셜 미디어에 숨겨진 의미를 찾아내어 기업 제품의 타깃 마케팅이나 브랜드 경험을 관리하는 솔루션을 제공하는 전문기업이 생겨나고 있다. IBM은 '소셜 인텔리전스(Social intelligence)'라는 서비스로 소셜 데이터 분석을 통해 기업의 매출증대, 비용절감, 시장개척을 지원하고 있다.

소셜 빅데이터 분석은 소셜 데이터 수집, 저장, 분석, 통찰력 도출, 리포트 제공 등의 단계가 있다. 소셜 빅데이터 분석에는 소셜 미디어에서 수집되는 비정형 텍스트 문장을 분석하는 자연어처리(형태소 분석, 개체명 인식, 구문 분석 등) 기술, 정보 추출(관계 추출 및 통합 등) 및 분류 기술, 그리고 소셜 네트워크 분석 기술, 데이터 마이닝 기술 등 다양한 기술들이 적용된다.

소셜 빅데이터 분석은 소셜미디어 정보 분석 방법에 따라 다양한 효과를 얻을 수 있다.

- **소셜 데이터 통계 분석(descriptive statistics)** : 트위터 팔로어 수의 변화, 페이스북 리뷰의 수 등 소셜 미디어에서 일어나는 활동과 트렌드를 보여주는 여러 통계량을 산출하면 소셜 빅데이터의 가장 기본이면서도 의미 있는 정보를 제공할 수 있다.
- **소셜 네트워크 분석(social network analysis)** : 소셜 미디어에서 활동하는 사람들 사이의 연결관계를 보여주고 상호 영향의 강도를 측정하여 정보의 흐름을 구조적으로 파악하면, 소셜 네트워크상의 영향력 행사자와 영향력이 큰 소스들에 대한 정보를 파악할 수 있게 된다.
- **소셜 텍스트 분석(text analytics)** : 소셜 미디어 텍스트의 내용을 분석하면 소셜 미디어 대화 메시지의 주제나 긍정 · 부정의 어조 등을 판별할 수 있다.

국내외 대부분의 소셜 빅데이터 분석과 활용은 페이스북을 대상으로 하기보다는 데이터와 외부 활용 API를 공개하고 있는 트위터나 블로그 등을 대상으로 다양한 분석 활용 사례가 소개되고 있다. 소셜 빅데이터 분석은 소셜 미디어상의 정보 분석을 통해 사회 현상이나 이슈를 실시간으로 분석하고 이슈 확산 상황을 빠르게 파악할 수 있어, 비즈니스 분야뿐 아니라 공공 분야까지 점차 활용이 확대되고 있다.

소셜 미디어를 효과적으로 관리, 활용하면 기업이나 조직에 큰 이점을 줄 수 있다.

첫째, 기업 입장에서는 고객이 자사 제품이나 서비스와 관련해 소셜 미디어에서 자주 언급하는 이슈를 즉각 분석하고 대응할 수 있다. 고객의 포스팅 정보를 분석하여 제품에 대한 선호도나 고객 중에 누가 영향력이 높은지 파악하여 대처할 수 있다.

둘째, 소셜 미디어를 통해 기업 제품이나 브랜드 가치를 높이는 수단으로 적극 활용할 수 있다. 다양한 소셜 미디어에 시간, 지역, 인구통계(나이, 성별 등) 등을 함께 고려하여 타깃 메시지를 홍보할 수 있다.

셋째, 페이스북, 트위터, 카카오톡, 다음피플 등 소셜 플랫폼의 고객과 서비스 특성을 고려한 맞춤형 마케팅을 할 수 있다.

국내에서는 기업 제품이나 브랜드 평판을 분석하는 서비스 외에 최근 서울시장 선거, 총선, 대선 등 선거 이슈에 대해 소셜 미디어 상의 동향을 보여주는 분석 서비스들도 나타나고 있다. 주로 정치인 트위터 실시간 업데이트, 정치 팟캐스트, 선거구 분석, 일반인들의 정치 관련 소셜 미디어 동향 분석 위주로 서비스를 구성하고 있다. 대표적인 서비스들을 소개하면 다음과 같다.

가) 데이터믹시

데이터믹시(Datamixi)는 기업용 검색 솔루션 개발업체인 솔트룩스가 정부 및 지자체를 포함한 공공기관, 국내외 대기업 등을 대상으로 데이터 분석 솔루션을 제공하는 경험을 바탕으로 데이터 수집, 분석, 시각화, 솔루션 보고서 제공하는 서비스이다. 약 34만 건의 국내외 오픈 및 소셜 데이터를 제공하여 사용자가 원하는 데이터를 즉시 수집할 수 있다.

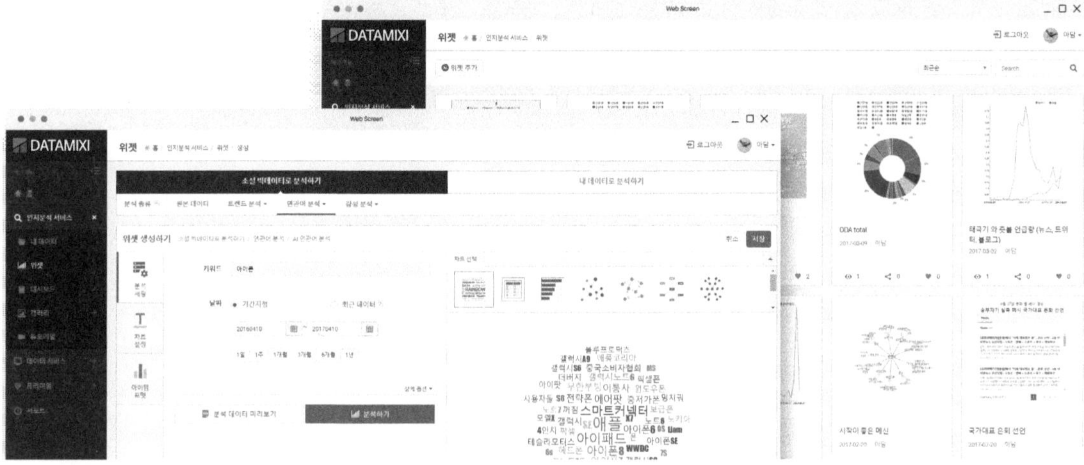

▲ 그림 3-17 솔트룩스 데이터믹시

나) 소셜메트릭스

소셜메트릭스는 국내 텍스트 마이닝 전문업체인 다음소프트가 자연어처리 기술과 텍스트 마이닝 기술을 바탕으로 블로그와 트위터 문서를 분석하고 모니터링 결과를 제공하는 서비스이다. 소셜메트릭스는 사용자가 입력한 키워드에 대해 소셜 미디어에서 노출된 빈도 추이와 관련된 연관어 맵을 제공하고 각 키워드에 대한 긍·부정 감성정보 및 날짜별로 가장 많이 확산된 트윗 메시지를 보여준다.

다) 펄스K

펄스K는 검색 전문업체인 코난테크놀로지가 트위터, 페이스북, 미투데이 및 블로그 등의 소셜 미디어를 모니터링하고 분석하는 서비스이다. 펄스K에서는 최근 14일간의 소셜 인지도와 호감도를 기반으로 평판을 수치화하고, 기간별로 추이를 모니터링하는 기능을 제공하고 있다.

▲ 그림 3-18 다음소프트 소셜메트릭스

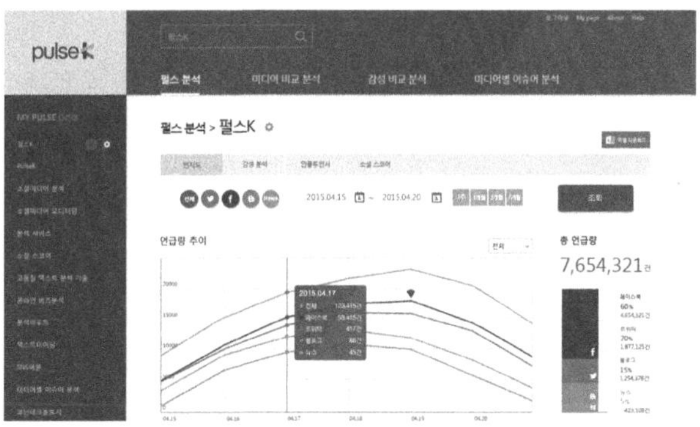

▲ 그림 3-19 코난테크놀로지 펄스K

라) 마이크로 스트레티지

기업 애널리틱스와 모빌리티 소프트웨어 분야 업체인 마이크로 스트레티지(micro strategy)가 2017년 7월 최신 릴리즈 마이크로 스트레티지 10.8을 공식 런칭했다. 엔터프라이즈 분석, 엔터프라이즈 모빌리티, 임베디드 분석, 엔터프라이즈 클라우드, 엔터프라이즈 IoT에 중요 기능을 제공하며 마이크로 스트레티지 데스크톱, 마이크로 스트레티지 웹, 마이크로 스트레티지 모바일, 어셔(sher)에 새로운 기능을 추가했다. 최신 마이크로 스트레티지 10.8는 R 및 R 통합 팩(R integration pack)이 묶여 마이크로 스트레티지 서버와 함께 설치돼 기계 학습 기능, 인공지능 통합 및 예측 분석 기능을 보다 쉽게 활용할 수 있다.

마) 레코디드 퓨처

레코디드 퓨처(recorded future)는 웹 데이터를 기반으로 한 웹 인텔리전스 및 예측 분석 전문기업으로 정부 웹사이트, 블로그, 소셜 미디어 등의 비정형 대규모 텍스트를 대상으로 정보를 추출, 분석 및 시각화하여 미래를 예측 분석하는 결과를 제공하고 있다.

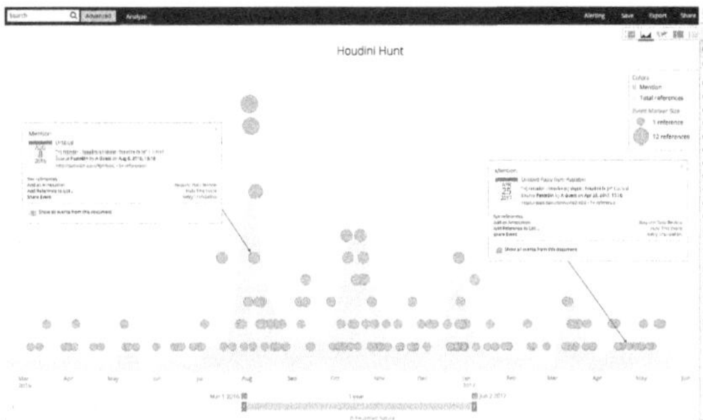

▲ 그림 3-20 레코디드 퓨처 캡처화면

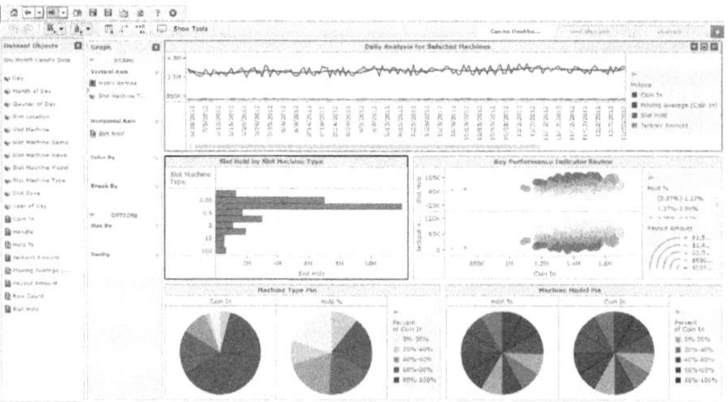

▲ 그림 3-21 마이크로스트레티지 캡처화면

CHAPTER 4

인공지능

스스로 생각하는 컴퓨터

CHAPTER 4 인공지능

한 학기에 300명 정도가 수강하는 미국 조지아 공과대학교의 인공지능 관련 온라인 과정은 강의 내용, 과제, 과제 제출 기한, 성적 등에 대한 학생들의 질문이 많아서 조교 아홉 명의 주요 업무는 게시판에 학기당 1만 개 이상 올라오는 학생들의 질문에 답을 하는 것이었다. '질 왓슨(Jill Watson)'은 2016년 1월부터 이 수업의 조교로 일하기 시작했다.

질 왓슨은 굉장히 열성적이어서 혼자서 질문의 40%가량을 소화할 정도였는데 질문의 의도를 잘못 파악하거나, 정확하지 않은 답을 하는 경우는 거의 없었다. 학생들에게 확신에 찬 태도로 분명하게 답했으며, 토론을 장려하는 메시지를 보내기도 하고 가끔 속어도 사용하며 친근한 태도를 보이기도 했다. 질 왓슨은 가장 인기 있는 조교였고, 학생 대부분은 질 왓슨이 박사 과정을 준비하는 20대 백인 여성이라고 생각했다.

그해 4월 말, 이 수업을 진행하는 아쇽 고엘(Ashok Goel) 교수가 질 왓슨이 사실은 인공지능이라고 밝혔을 때 학생들은 큰 충격을 받았다. 단편적인 예이기는 하지만 인공지능은 이미 인간과 구분하기 어려울 만큼 발전했다. 심지어 경영, 의료, 법률 등의 분야에서 상용화된 일부 인공지능은 인간을 뛰어넘었다는 평가를 받을 정도다.

불과 몇 년 만에 벌어진 일이다. 인공지능이 연구실이나 SF 영화 속이 아니라 우리 일상으로 들어오고 있다. 철, 석유, 전기, 컴퓨터, 인터넷 등 이 인류 문명에 큰 변화를 가져왔듯이, 이제 인공지능이 새롭고 커다란 변화를 가져오려고 한다. 인공지능 시대가 열린 것이다.

4.1 인공지능의 개요

컴퓨터가 등장한 이래 컴퓨터도 인간이 생각하는 방식으로 생각하도록 만들 수 있을까에 대한 가능성을 끊임없이 제기되었고 수없이 많은 시도가 뒤따랐다. 인공지능은 1956년 다트머스 콘퍼런스에서는 처음으로 공식 논의된 이래 60여년이 지난 지금 4차 산업혁명과 더불어 인공지능이라 불리는 제품들이 생활 주변에 등장하기 시작했지만 대부분 초보적인 단계이다.

하지만 4차 산업혁명의 핵심이 인공지능이라 할 만큼 그 발전 가능성은 그 파장을 섣불리 예측할 수 없을 정도로 광범위하고 혁신적이며 이 순간에도 다양한 분야에서 활발한 연구가 계속되고 있다. 인공지능이 인간을 능가하는 성과를 보이기 시작한 지금에도 여전히 인공지능에 대한 일반적 정의가 확립되지 않은 것은 아직도 인공지능의 능력과 한계를 가늠하기 힘들다는 반증일 것이다.

인간 고유의 능력이라 믿었던 '지능'을 대신하고 조만간 인간을 능가하게 될 인공지능이 결국 인간의 협력자가 될지, 경쟁자가 될지 기대와 우려가 엇갈리는 만큼 인공지능을 바라보는 올바른 관점의 정립이 필요할 때이다.

4.1.1 인공지능의 개념

튜링이 생각하는 기계인 튜링 기계에 대한 구상을 발표한 후 인공지능에 대한 정의는 사회 환경의 변화와 컴퓨팅 기술의 발전에 따라 달라져왔다. 튜링은 1950년 『계산 기계와 지성(computing machinery and intelligence)』이라는 논문에서 인간이 기계와 이야기하는지, 혹은 사람과 이야기하는지를 분간할 수 없다면 컴퓨터가 지능을 갖고 있다고 보아야 한다고 말했다.[1] 1956년에는 글자를 판독하는 광학판독(OCR)이 인공지능으로 불린 적도 있었다. 인공지능이 다양한 분야에서 많은 성과를 보여 주고 있는 지금도 그것은 '인간처럼 행동하는 기계', '컴퓨터가 인간처럼 생각하는 것', '인지와 추론을 하는 기계', '인공물이 지능적으로 행동하는 것' 등 제각기 다르게 정의된다.

컴퓨터, 통계, 로봇, 바이오, 신소재 등 여러 분야에서 각자의 접근 방법대로 인공지능을 발전시키고 동시에 활발하게 융합되고 있는 과정에서 인공지능의 형태와 용도가 빠르게 다변화되고 있음을 감안할 때 인공지능의 정의가 견고하지 못하고 유동적인 것은 어쩌면 당연한 현상이다. 또한 인공지능은 그 자체로 존재하는 것이 아니라, 컴퓨터 과학의 다른 분야와 직간접으로 많은 관련을 맺고 있으므로 지금은 인공지능에 대한 정의보다는, 인공지능이 계속 빠르게 발전하며 변하고 있다는 사실 자체에 더욱 주목할 때다.

가) 인공지능의 정의

그럼에도 불구하고 인공지능을 일반적으로 정의하자면 인간의 지적 작업을 인공적으로 구현하는 컴퓨터 프로그램이라 할 수 있다. 즉, 인공지능은 인간의 뇌 구조를 모방하여 인간의 뇌처럼 학습하고(learning), 환경의 변화에 적응하며(adaptiveness), 지식을 활용하여 추론하는(reasoning) 인공적인 뇌를 소프트웨어적으로 구현한 것을 의미한다. 또한 그와 같은 지능을 만들 수 있는 방법론이나 실현 가능성 등을 연구하는 과학 분야를 지칭하기도 한다.

과거에는 사전적으로 순차적이고 반복적인 절차가 규정되어 있는 알고리즘을 통해 논리적 연산과 추론을 거치는 전문가 시스템을 인공지능 분야에 포함시키기도 했지만 인공지능은 점차 인간의 뇌를 모방하는 방식이나 모델의 구현을 의미하는 것으로 사용되고 있다. 딥러닝(deep learning)처럼 데이터의 학습을 통해 알고리즘이나 모델을 스스로 만들어나가도록 하는 기술이다.

이 방식은 사실 생물의 진화와 학습 방식에 착상한 아이디어다. 인공지능 기술이 생물의 진화 방식을 따르게 된 동기는 인간에겐 쉬운 일을 기계에서 구현하기는 대단히 어렵다는 경험 때문이었다. 비록 논리적 규칙에 따라 계산하고 추론하는 능력은 기계가 뛰어나지만, 해결할 수 있는 문제의 영역이 너무 협소한 데다 지나치게 많은 자원을 필요로 한다. 카네기멜론 대학의 한스 모라벡(Hans Moravec) 교수가 제시한 '모라벡의 역설'이 바로 그것을 의미한다. "인간에게 쉬운 것이 기계에겐 어렵고, 기계에게 쉬운 것이 반대로 인간에겐 어렵다." 예를 들어, 사람은 걸어가는 동시에 휴대폰을 보고 물을 마시기도 하며 생각을 하는 등의 일을 특별히 어렵지 않게 해내지만 인간이 만든 로봇은 두 다리로 안전하게 걷는 것조차 쉽지 않은

---

1) 튜링 테스트(Turing test) : 기계가 지능을 갖추었는지 판별하는 테스트로 오늘날 인공지능을 판결하는 기준이 됨

상황이다. 반면 만약 인간과 자동차가 달리기 경주를 한다면 인간은 비교가 되지 않는다. 그렇다면 서로 잘하는 분야가 다르다는 것인데 인간의 뇌는 기계에 비해 어떤 점이 특별한가에 주목하기 시작했다.

나) 인공지능의 특징

인공지능 연구자들은 인간의 뇌가 1000억 개의 뉴런과 이들을 연결하는 100조 개의 시냅스로 연결되어 있는 결합체로, 일종의 병렬적인 정보 처리 시스템이라는 점에 주목했다. 이 모델을 컴퓨팅의 한 형태로 구현하려는 것이 인공 신경망(artificial neural network)이며 이것은 인간의 뇌처럼 외부 입력에 반응하여 동적으로 정보를 처리하는, 그리고 그 처리 요소들이 고도로 상호 연결되어 있는 컴퓨터 시스템이라고 할 수 있다. 논란은 여기에서 시작된다. 기계학습(machine learning), 딥러닝으로도 불리는 인공지능의 몇몇 학습 방식이 지금까지 인간의 고유한 영역으로 여겨온 특성들을 구현하는 것처럼 보인다는 것이다. 추상적 개념을 통해서만 가능하다고 여겨지던 이미지 · 음성 · 단어와 유사 개념들의 분류와 식별 작업을 컴퓨터가 할 수 있게 되었다. 최근에는 정보기술의 여러 분야에서 인공지능 기술로 당면한 문제를 해결하는 연구가 활발히 진행 중이며 그중 대표적인 도입 분야는 다음과 같다.

- **자연언어처리(natural language processing)** 분야에서는 이미 자동번역과 같은 시스템을 실용화하며, 특히 연구가 더 진행되면 사람이 컴퓨터와 대화하며 정보를 교환할 수 있게 되므로 컴퓨터 사용에 혁신적인 변화가 오게 될 것이다.
- **전문가시스템(expert system)** 분야에서는 컴퓨터가 현재 인간이 하고 있는 여러 가지 전문적인 작업들(의사의 진단, 광물의 매장량 평가, 화합물의 구조 추정, 손해 배상 보험료의 판정 등)을 대신할 수 있도록 하는 것이다. 여러 분야 가운데서도 가장 일찍 발전하였다.
- **영상 및 음성인식(image/voice recognition)**은 문자 인식, 로봇 공학 등에 핵심적인 기술이다. 컴퓨터가 TV 카메라를 통해 잡은 영상을 분석하여 그것이 무엇인지를 알아내거나, 사람의 목소리를 듣고 그것을 문장으로 변환하는 것 등의 일은 매우 복잡하며, 인공지능적인 이론의 도입 없이는 불가능하다.
- **이론증명(theorem proving)**은 수학적인 정리를 이미 알려진 사실로부터 논리적으로 추론하여 증명하는 과정으로서 인공지능의 여러 분야에서 사용되는 필수적인 기술이며, 그 자체로도 많은 가치를 지니고 있다.
- **신경망(neural net)**은 비교적 근래에 등장한 것으로서 수학적 논리학이 아닌, 인간의 두뇌를 모방하여 무수히 많은 간단한 처리기들로 구성된 네트워크 신경망 구조를 상정하는 것이다.

4.1.2 인공지능의 역사

인공지능에 대한 뇌 과학적 접근이 본격적으로 시작된 것은 1950년대이다. 현재 우리가 알고 있는 컴퓨터 구조를 설계한 존 폰 노이만(John von Neumann)은 인간의 사고방식을 모방하고자 했다. 메모리와 CPU를 별도로 분리한 후, 메모리에는 인간의 기억 역할을 할 수 있는 정보를 심어두고 CPU는 계산하는 방으로 설계했다. 폰 노이만은 자신이 인간의 뇌를 모방했다고 생각했지만 사실은 자신의 설계와 인간 뇌 사이에는 본질적으로 차이가 있다는 점을 나중에 깨닫게 되었다고 회고하고 있다.

이 무렵 일련의 수학자들 역시 생각하는 기계, 즉 인간의 사고 능력을 모방하는 알고리즘에 대해 고민하기 시작했다. 1955년 뉴 햄프셔 다트머스 대학의 존 맥카시(John McCarthy)는 지능 연구의 쟁점에 대해 논의하고자 콘퍼런스를 제안하였다. 1956년 클로드 섀넌(Claude Shannon), 마빈 민스키(Marvin Minsky) 등 10명의 과학자가 참여한 다트머스 콘퍼런스에서 존 맥카시가 처음 '인공 지능(AI, Artificial Intelligence)'이라는 용어를 사용하였으며 이 컨퍼런스에서 인공 지능 연구에 대해 정의하였고 그 당시 해결되지 못한 채 남아 있던 의문 사항을 해결하기 위해 연구해야 할 분야를 설정하였다.

이후 인공지능은 독자적인 학문 분야로 인정받았고 냉전시기에 미 국방성의 연구개발 지원을 받으면서 1960년대에 자연어 처리 등 탐색 추리 영역에서 크게 성장했으며 수많은 인재가 인공 지능이라는 주제에 자신의 경력을 바쳤다. 이 시기에 정리의 자동증명, 게임 프로그램, 해답을 발명하는 프로그램, 수식의 미분·적분·인수분해 등을 자동적으로 행하는 수식처리 프로그램 등 많은 지능 프로그램이 만들어졌다. 1970년대에는 자연언어의 이해, 지식표현의 문제가 적극적으로 다루어지고, 로봇의 시각과 행동 연구로 발전되었다.

인공지능 연구의 미래에 대한 자신감이 충만했던 1970년, MIT의 수학자 마빈 민스키 교수는 "3년에서 8년 안에 평균 정도의 인간 지능을 가진 기계를 갖게 될 것"이라고 자신 있게 이야기했다. 하지만 지금 우리 모두가 알고 있듯이 그런 일은 아직 일어나지 않았다. 오히려 1970년대 이후 인공지능 연구들이 복잡한 현실의 문제 해결에 연달아 실패하자 그저 학문적인 연구에 불과하다는 비판 여론을 확산되면서 정부의 연구 보조금이 줄어들고 컴퓨터 성능의 한계로 인해 연구된 내용의 뒷받침이 어려워짐에 따라 첫 번째 암흑기를 맞게 된다.

1차 암흑기를 거친 이후 1980년 전문가시스템(expert system)이라는 이름으로 인공지능 연구의 부흥기가 다시 도래하기 시작하였으며, 지식 표현[2]의 상용화와 신경망 이론의 복귀가 이루어졌다. 그러나 전문가 시스템이 특정한 경우에만 동작이 가능하고, 전문가 시스템에 특화된 컴퓨터가 동 시대에 등장한 애플컴퓨터 등 개인용 컴퓨터보다 성능이 큰 차이가 없으며 유지보수가 어렵고 비싸다는 것이 알려지면서 인공지능에 대한 막대한 투자가 좀처럼 성과를 내지 못해 다시 제2의 암흑기를 거치게 된다.

이런 일련의 과정 속에서 인간의 뇌는 전통적인 컴퓨터와 완전히 다르게 작동된다는 사실이 구체적으로 밝혀졌다. 기본적으로 인간의 뇌는 각 상황에서 저장할 가치가 있는 정보와 그렇지 않은 정보를 구별하여 저장한다. 그리고 큰 줄거리만 남겨두기 때문에 기억한다는 것은 단순히 어딘가에 정보를 넣었다가 다시 가져오는 것이 아니라 여러 다른 기억이나 이야기 속에서 새롭게 구성하는 것이다. 또한 인간은 단순히 인과 관계에 대한 지식, 즉 설명을 통해 배우는 것이 아니라 시행착오 등의 경험을 통해 학습한다는 점을 명확히 인식하게 되었다. 즉, 전통적 컴퓨터의 사고와 인간의 사고 사이에는 큰 차이가 있는 것이다.

2) 지식 표현(knowledge representation) : 인간 뇌의 기억구조를 모사하려는 목적으로 지식을 컴퓨터의 데이터로서 정의내리고 이용하기 위한 형식화. 선언적 지식 표현 방식과 절차적 지식 표현 방식을 병행한다.

1990년 이후에 유무선 통신 인프라 및 플랫폼의 발달과 더불어 컴퓨터의 성능이 비약적으로 발전하기 시작하고 21세기 들어서 클라우드 컴퓨팅의 병렬 처리, 빅 데이터의 활용, 기계 학습, 딥러닝 알고리즘 등으로 기존 인공지능 기술의 한계를 극복하면서 본격적인 변혁의 시대를 이끌어내기 시작했다.

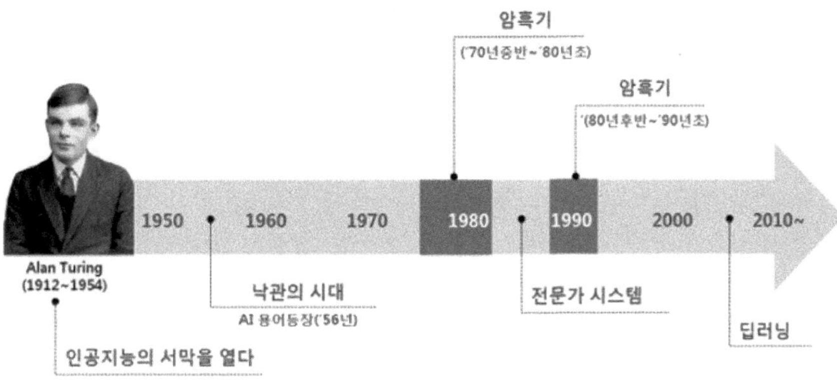

▲ 그림 4-1 인공 지능의 역사

초기의 인공지능은 게임·바둑 등의 분야에 사용되는 정도였지만, 실생활에 응용되기 시작하면서 지능형 로봇 등 활용분야가 비약적으로 발전하였다. 신경망, 퍼지이론, 패턴 인식, 전문가 시스템, 자연어 인식, 이미지 처리, 컴퓨터 시각, 로봇공학 등 다양한 분야가 인공지능의 일부분을 이루고 있다. 특히 현대에는 정보기술의 여러 분야에서 인공지능적 요소를 도입해 그 분야의 문제 해결에 활용하려는 시도가 활발히 이루어지고 있다.

▼ 표 4-1 인공 지능의 연대별 활동 내역

연대	주요 관심사	주요 활동 내역
1947년~1959년	퍼즐과 게임	사이버네틱스(cybernetics) 제창(1947년), Dartmouth 국제회의(1956년), 인공 지능의 제창(1956년)
1960년~1964년	탐색과 문제 해결	LISP[3](1960년), GPS[4](1963년)
1965년~1969년	정리 증명과 계획	도출 원리(1965년), DENDRAL (1965년), 프로덕션 시스템(1967년), 의미네트워크(1968년)
1970년~1974년	지식 표현	PROLOG[5](1973년), 프레임(1974년), MYCIN, HEARSAY-Ⅱ
1975년~1979년	전문가 시스템	지식공학의 제창(1977년), 시스템 구축 언어와 툴, 인공 지능 산업의 활성화
1980년~현재	지식 정보 처리	인공 지능 제품의 판매, 신경망, 유전자 알고리즘

가) 인공지능 발전의 원동력

2000년대 들어 인공지능이 다시 크게 발전할 수 있었던 이유는 크게 다른 측면에서의 기술적 발전이 있었기 때문이다.

3) LISP(List Processor) : 인공지능 프로그래밍 언어 중 하나로 기본 자료구조에 연결리스트를 사용
4) GPS(General-purpose Problem Solver) : 범용 문제 해결기, IBM 704 컴퓨터용 범용 프로그래밍 처리 절차.
5) PROLOG(Programming in Logic) : 인공지능 프로그래밍 언어 중 하나로 술어 논리에 기초한 논리형 언어

첫 번째가 빅데이터를 활용할 수 있게 된 것이다. 인공지능이 어떤 의미 있는 역할을 수행할 수 있으려면 엄청난 양의 데이터를 학습할 수 있어야 한다. 그런데 최근 우리는 페이스북 등의 SNS를 통해 엄청난 양의 빅데이터를 수집할 수 있게 되었다. 2012년 스탠퍼드 대학의 앤드루 응(Andrew Ng)과 구글의 딥러닝 프로젝트가 고양이를 인식하는 시스템을 만들 수 있었던 것은 1000만 개의 유튜브 비디오를 활용할 수 있었기 때문이었다. 마찬가지로 알파고가 이세돌을 4승 1패로 이길 수 있었던 원동력은 인간의 한계를 벗어난 130만 대전을 6주에 걸쳐 학습할 수 있는 빅데이터가 뒷받침해주었기 때문이다.

두 번째는 이러한 엄청난 양의 데이터 및 정보가 교환될 수 있는 유무선 통신 인프라 및 플랫폼의 역할 때문이다. 우리는 인터넷에 접속해서 정보를 얻고 공유하고 전 세계의 다양한 사람과 소통할 수 있다. 만약 전 세계 곳곳에 보급된 통신 네트워크 인프라가 없었더라면 인공지능의 학습에 필요한 엄청난 양의 데이터를 생산해내지 못했을 것이다. 세계 최대의 네트워크 장비 업체인 시스코 보고서에 따르면, 2017년 글로벌 IP 트래픽은 월평균 118.8엑사바이트(EB, 10^{18})에 달했고 매년 24% 가량 성장할 것으로 전망했다. 특히 2011년 우리나라에 처음 상용화된 4세대 이동 통신인 LTE 의 상용화는 우리 모두가 소셜 네트워크 서비스를 언제 어디서나 더 빠르게 접하고 정보를 생산할 수 있도록 해주었다. 이렇듯 통신 기술의 뒷받침이 있었기 때문에 인공지능 기술 개발이 더욱 가속될 수 있었다.

세 번째 이유는 그래픽 처리 장치(GPU, graphics processing unit)가 개발되었기 때문이다. 일반 컴퓨터에는 대개 범용 중앙 처리 장치(CPU, central processing unit)가 탑재되어 있다. 그러나 GPU는 CPU와 달리, 그래픽 영상 처리라는 특수 목적을 겨냥하여 설계되었으며 병렬 처리를 효율적으로 수행할 수 있도록 수천 개의 코어를 장착하고 있다. 여기에서 코어란 컴퓨터의 연산을 담당하는 핵심 요소다. 이와 같이 오랫동안 연구되어왔던 인공지능이 최근 이루어진 다른 기술적 발전들과 결합되면서 다시 빛을 보게 된 것이다. 기술 발전의 과정을 들여다보면, 인공지능의 경우처럼 연관 분야의 혁신들이 연결되며 획기적인 발전의 계기를 얻게 되는 경우가 적지 않다.

4.1.3 인공지능의 종류

1948년 당시 존 노이만은 컴퓨터는 인간이 할 수 있는 모든 일을 할 수 있게 된다고 주장하였다. 이후 1970년대 이른바 낙관의 시대에 MIT의 과학자 마빈 민스키는 인간의 지능과 유사한 인공지능이 한 세대 안에 창조될 것이라고 예측한 바 있다. 모두 컴퓨터가 인간처럼 생각할 수 있게 될 것이라는 주장이다.

반면 마국의 철학자 존 설(John Searle)은 '중국어 방(chinese room)'이란 사례를 들어 인공지능의 한계를 지적했다. '중국어 방'은 튜링 테스트만으로 기계의 인공지능 여부를 판정할 수 없다는 것을 논증하기 위해 고안한 실험으로 내용은 다음과 같다.

우선 방 안에 영어만 할 줄 아는 사람이 들어간다. 그 방에 필담을 할 수 있는 도구와, 미리 만들어 놓은 중국어 질문과 질문에 대한 대답 목록을 준비해 둔다. 이 방 안으로 중국인 심사관이 중국어로 질문을 써서 안으로 넣으면 방 안의 사람은 그것을 준비된 대응표에 따라 답변을 중국어로 써서 밖의 심사관에게 준다.

심사관의 입장에서 보면 안에 있는 사람은 중국어를 할 줄 아는 것처럼 보인다. 그러나 실제로 이 사람은 중국어를 전혀 모르는 사람이고, 중국어 질문을 이해하지 않고 주어진 표에 따라 대답할 뿐이다. 중국어 방의 비유는 이 사람처럼 컴퓨터는 특정한 일을 처리할 수 있지만 그 자신이 하는 일의 뜻과 의미를 전혀 모른다는 사실을 예증하기 위한 것이다.

존 설은 컴퓨터가 특정한 기능을 수행하지만 그것은 자신이 수행하는 작업을 이해할 수 없다고 본다. 순차적으로 내려지는 명령을 기계적으로 수행하는 수준의 인공지능만이 가능할 뿐이다. 이런 수준의 인공지능을 인지적 능력을 가졌다고 평가하기 힘들다. 왜냐하면 이런 인공지능은 컴퓨터 프로그램 명령의 순차적인 실행 이상의 의미를 이해하거나 해석할 수 없기 때문이다.

인공지능에 대한 모든 연구는 컴퓨터를 활용하여 인간의 인지적 과정이나 그에 따른 행위의 이해를 도모한다. 그런데 그러한 연구가 궁극적으로 도달하고자 하는 목표가 무엇인지에 따라서 그 입장을 두 가지로 구분할 수 있다. 존 설은 이를 '약한 인공지능(weak AI)'과 강한 인공지능(strong AI)'과 구분하였다.

약한 인공지능은 인간의 인지과정을 이해함에 있어서 컴퓨터를 이용한 모의 시뮬레이션이 연구의 유용한 수단이 될 수 있다는 입장이다. 약한 인공지능의 입장을 취하는 사람들은 컴퓨터가 스스로가 인간에 준하는 인지과정을 실제로 겪거나 정신 상태를 경험할 수 있는 것은 아니라고 생각한다. 존 설 자신은 약한 인공지능의 입장을 취한다. 실제로 태풍이 부는 것과 태풍의 움직임을 컴퓨터로 시뮬레이션 하는 것이 동일할 수 없듯이 컴퓨터의 계산 과정은 인간 인지에 대한 시뮬레이션일 뿐 그 자체가 인지적 과정일 수는 없다는 것이다.

반면 강한 인공지능의 입장은 인공지능 연구의 궁극적인 목표를 실제 인간에 버금가는 인지적 능력을 갖춘 '인공지능'을 만들어 내는 것으로 설정한다. 말하자면 인간과 유사하거나 동일한 인지과정을 컴퓨터상에서 실제로 구현할 수 있으며, 이때 컴퓨터가 문자 그대로 진짜 생각하는 능력을 갖는다는 것이다.

가) 약한 인공지능

좁은 인공지능(narrow AI)라고도 불리는 약한 인공지능의 목적은 인간의 지각이나 운동, 환경의 변화에 대응하는 방식, 문제 해결의 전략 등에서 일부 내용을 추출하거나 추상화하여 실생활에 도움이 되는 장치나 기계를 만드는 것이라 하겠다. 이때 중요하게 고려할 사항은 이들 장치나 기계들이 인간의 인지과정을 얼마나 잘 모방하고 있느냐가 아니라 달성하고자 하는 실용적 목표를 얼마나 잘 만족시키는지의 여부이다. 인간의 인지과정이나 그 전략은 단지 참조 사항이나 응용의 대상일 뿐이다.

약한 인공지능은 특정 영역의 문제를 푸는 기술이다. 약한 인공지능을 만들기 위해서는 특정하게 제한된 영역이 필요하고, 특정 용도에 최적화된 알고리즘 그리고, 적당한 규칙 등을 설정한 후 머신러닝 기법의 구현만으로도 충분하다. 스팸메일 필터링, 이미지 분류, 기계번역 기술, 자율주행자동차, 공장에서의 오류 탐지 등 현재 인공지능의 대다수가 이에 속한다.

예컨대 '구글 포토' 서비스를 보자. '동물'이라고 입력하면 알아서 동물 사진만 인식해 불러온다. 이는 구글 포토가 '동물', '음식' 등 수백만 개 보기를 가지고 있고 기계가 그 중 하나를 고르기 때문이다. 알파고도 약한 인공지능의 사례다. 알파고가 '인간이 둘 수 없는' 창의적인 수를 둔다며 사람들이 경악하고 있지만, 알파고는 오직 확률만 따질 뿐이다. 알파고는 이길 수 있는 확률이 높은지 낮은지 여부만 연산해서 착수를 결정한다. 이처럼 어떤 특정한 영역의 문제를 푸는 것은 인간과 같은 일반적인 지능이 없어도 오히려 인간보다 더 우수할 수 있는 영역이다. 게다가 컴퓨터는 특정한 일에 대해 편견 없이 지치지 않고 합리적으로 처리할 수 있는 능력을 가지고 있다.

나) 강한 인공지능

인공지능의 창조를 목표로 하는 강한 인공지능의 경우에도 다양한 견해 차이가 있을 수 있다. 이는 주로 인간의 인지과정을 어떤 이론적 수준에서 구현할 것인가와 관련되어 있다. 가령 누군가는 인공지능의 진정한 구현을 위해서는 인간의 두뇌를 복제하는 수준의 생체적 유사성이 필요하다고 본다. 또 다른 입장에서는 두뇌 자체가 아니라 두뇌의 신경세포, 뉴런이 작동하는 방식을 모방하는 정도로도 충분하다고 말한다. 어느 쪽이든 강한 인공지능은 문제의 영역을 좁혀주지 않아도 어떤 문제든 해결할 수 있는 기술 수준을 말한다. 이러한 의미에서 범용인공지능(AGI, artificial general intelligence)이라고도 불리는 강한 인공지능은 '터미네이터'의 스카이넷이나, 'Her'의 운영체제 사만다처럼 아직은 영화 속에서나 볼 수 있다.

2017년 12월 매사추세츠공대(MIT), 스탠포드대, 오픈AI 등 미국 대학·연구소 연구진은 사진식별, 문장 식별, 음성인식, 번역, 문제 풀기, 수학 이론 증명 등 현재 머신러닝 기술을 적용한 인공지능이 활용되고 있는 여러 분야에 대해 최신 연구 결과를 수집·분석하여 공개한 'AI지수(AI Index) 보고서'에서 "AI는 아주 좁은 분야에선 인간보다 뛰어난 면모를 보이지만 일반 지능(general intelligence)의 관점에선 아직 한계가 뚜렷하다"고 평가했다.

이 보고서에 따르면, 인공지능은 사진식별, 음성인식, 문제풀이 등 일부 분야에선 지난 2년새 인간과 유사한 수준까지 성장한 것으로 나타났다. 그러나 "AI는 아주 한정된 특정 과제에 대해선 뛰어난 성능을 보이지만 그 과제의 내용이 조금만 바뀌어도 성능이 크게 저하된다."며 "중국 글자를 읽을 수 있는 인간은 중국어를 듣고 이해할 수 있고, 중국 문화에 대해서도 어느 정도 지식을 가졌을 가능성이 높다. 그러나 이 과제들을 AI가 수행하려면 각각의 과제에 대해 전혀 다른 AI가 필요하다"고 설명했다.

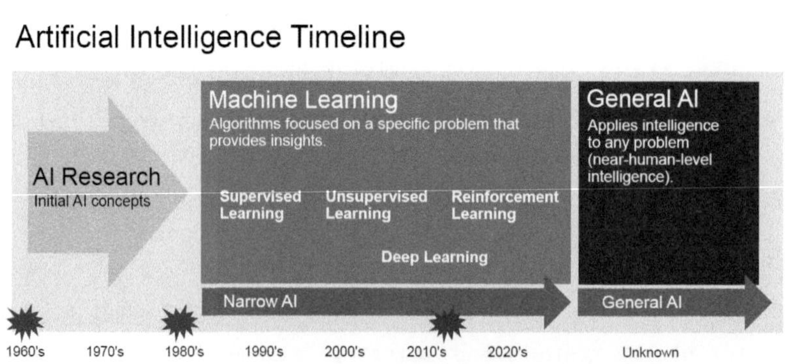

▲ 그림 4-2 가트너의 인공지능 타임라인

4.2 인공지능 기술

인공 지능 기술이 보통의 컴퓨터 프로그램과 달라 보이는 것은 사람처럼 동작하기 때문이다. 인간의 지식 활동은 정확한 수치적 판단에 따른 것이 아니라, 정확하지만 어느 정도 느슨한 기준에 근거하고 있다. 예를 들면 다음과 같다.

- 손으로 쓴 비뚤어진 문자라도 뭐라고 쓴 것인지 알 수 있다.
- 선풍기나 환풍기 등 수치로 관리되지 않는 장치이지만 방안을 쾌적하게 유지한다.
- 집에서 역까지 가는 방법은 많이 있지만, 들를 수 있는 가게의 유무나 교통량, 언덕길이 있을지 어떨지를 고려하여 방대한 조합들 중에서 간다하게 경로를 선택할 수 있다.
- 상대와의 승부에서 몇 수 앞을 내다보고(끝까지 다 내다보지 못하더라도)자신에게 유리하다고 생각하는 수를 둔다.
- 돈이 많은 사람에 대해서나, 많은 아이에게 둘러싸인 사람에 대해서도 '저 사람은 풍족하다'라고 인식한다.
- 인간은 뇌에 지식을 저장하지만 기억할 수 없는 것은 수첩이나 도서관에 저장하고 어떻게 정보를 찾는지도 이해하고 있다.

이것을 컴퓨터가 일반적으로 처리한다면 다음과 같이 될 것이다.

- 정해진 입력형식에 맞추어 정확히 쓰지 않으면 비뚤어진 문자는 인식할 수 없다.
- 주위의 기온을 측정하여 설정 온도에 맞도록 냉방 장치의 강약을 조절하지만, 기온은 정확해도 쾌적하다고 볼 수는 없다.
- 각각의 경로에 점수를 주는 모든 조합을 고려하여 가장 점수가 높은 조합을 선택한다.
- 상대가 두려고 하는 모든 수를 모두 읽어 자신에게 가장 유리한 수를 선택한다.
- 어떤 사람이 풍족한지 미리 정해 놓지 않으면 풍족한지 아닌지 판단할 수 없다.
- 대량의 외부 기억 매체를 사용하여 데이터를 저장한다. 그러나 검색은 어렵다.

인공지능은 위의 예처럼 인간의 지적인 면과 유사한 다소 느슨한 활동을 컴퓨터상에서 실행하려는 것으로 이를 위한 노력은 컴퓨터의 탄생과 더불어 다양한 분야로부터 시작되었다. 따라서 인공지능이란 분야는 어느 순간 새롭게 생겨난 것이 아니라 그동안 쌓여진 요소 기술의 총칭이라 할 수 있다. 요소 기술이 진화하여 더 이상 인공지능이라 말하지 않게 될 수도 있다.

그래서 어느 기술이 인공지능이고 어느 기술이 인공지능이 아닌지 하는 논의는 별로 의미가 없다. 어떤 기술도 인공지능의 요소 기술이기 때문이다.

4.2.1 머신 러닝

1990년대 중반까지 인공지능이 선험적인 경험과 지식을 활용하는 형태였다면, 2000년대 이후에는 기계 스스로 대량의 데이터를 통해 스스로 지식을 찾아내는 방식으로 진화하였다. 기계 스스로 대량의 데이터로부터 지식이나 패턴을 찾아내어 학습하는 것을 '머신러닝(machine learning, 기계학습)'이라 한다.

머신 러닝이라는 용어는 1959년 아서 사무엘(Arthur Samuel)의 논문에서 "명시적으로 프로그램을 작성하지 않고 컴퓨터에 학습할 수 있는 능력을 부여하기 위한 연구 분야"라고 최초 정의된 바 있다. 그 후 톰 미첼(Tom M. Mitchell)은 "컴퓨터 프로그램이 어떤 작업 T와 평가 척도 P에 대해서 경험 E로부터 학습한다는 것은, P에 의해 평가되는 작업 T에 있어서의 성능이 경험 E에 의해 개선되는 경우를 말한다."라고 더욱 형식적인 정의를 내린 바 있다.

머신 러닝은 명시적인 알고리즘을 설계하기 어렵거나 프로그래밍하기 어려운 작업들을 해결하기 위해 주로 사용된다. 대부분의 머신 러닝 알고리즘은 먼저 데이터가 생성한 잠재적인 메커니즘의 특징을 파악하여 복잡한 관계를 정량화한 후, 이 식별된 패턴을 사용하여 새로운 데이터에 대한 예측을 실시한다. 머신 러닝은 데이터로부터 유용한 규칙, 지식 표현 혹은 판단 기준 등을 추출한다는 점에서 데이터마이닝이나 통계 및 수학적 최적화 문제와 관련이 깊다.

머신 러닝 알고리즘은 학습 시스템에 정보 및 데이터를 입력하는 형태에 따라 크게 네 가지로 나뉜다.

가) 지도학습

지도학습(supervised learning)은 입력과 이에 대응하는 출력을 한 쌍으로 매핑(mapping)하는 함수(알고리즘)를 학습하는 과정이다. 예를 들어 손으로 쓴 숫자를 인식하기 위해 최초 일정량의 데이터에 대해서 사람이 개입하여 이 모양은 '1'이고 저 모양은 '8'이라는 식으로 각 데이터에 대해 레이블을 달아서 데이터베이스를 구축한다. 그리고 함수를 만들고 매개변수에 데이터가 주어졌을 때 예측된 레이블을 반환하는 방식이다. 사람이 직접 개입하므로 정확도가 높은 데이터를 사용할 수 있다는 장점이 있지만 사람이 직접 레이블을 달아야 하므로 시간도 오래 걸리고 구할 수 있는 데이터양도 많지 않다는 단점이 있다.

지도학습에는 다음과 같은 것들이 있다.

- **분류(Classification)** : 지도 학습에서 예측하고자 하는 레이블이 이산적인 값일 경우 가능성 있는 레이블 중 하나를 예측하는 것이다. 예를 들어 웹사이트가 어떤 언어로 되어 있는지 인식하거나 주차게이트에서 번호판을 인식하는 작업은 분류에 해당된다. 한 언어와 다른 언어들 사이에는 어떤 연속성도 없기 때문이다. 분류하려는 개수에 따라 이진 분류와 다중 분류로 나뉜다.

- **회귀(Regression)** : 예측하고자 하는 값이 연속적인 값(실수)일 경우이다. 예를 들어 어떤 사람의 교육 수준, 나이, 주거지를 바탕으로 연간 소득을 예측하는 것이나 농장에서 전년도 수확량과 날씨, 고용 인원수 등으로 올해 수확량을 예측하는 것이다. 소득이나

수확량은 어떤 양으로서, 일정 범위 안의 어떤 숫자도 될 수 있어 연속적인 그래프 형태로 표현할 수 있다.

나) 비지도학습

비지도학습(unsupervised learning)은 출력 없이 입력만으로 학습 모델을 구축한다. 사람이 개입하지 않아도 컴퓨터가 스스로 레이블 되어 있지 않은 데이터에 대해 학습하는 과정이다. 정답이 없는 문제를 푸는 것이므로 학습이 맞게 됐는지 확인할 길은 없지만, 세상에 존재하는 대부분의 데이터가 레이블이 없는 형태로 있으므로 앞으로 기계학습이 나아갈 방향으로 설정되어 있기도 하다. 통계학과 밀접한 관련이 있어 구분 데이터 간의 유사성에 따라 요소를 군집화하거나 분포를 추정한다. 예를 들어, 특정 데이터 집합에 속한 개별 데이터들을 특정한 기준에 따라 여러 개의 그룹으로 나누는 경우를 생각해 볼 수 있다. 일반적으로 대부분의 데이터마이닝 기법이 이에 해당한다.

비지도학습에는 다음과 같은 것들이 있다.

- **군집화(Clustering)** : 데이터가 쭉 뿌려져 있을 때 레이블이 없다고 해도 데이터간 거리에 따라 대충 두세 개의 군집으로 나눌 수 있다. 이렇게 데이터만 가지고 군집을 학습하는 것을 군집화라 한다.
- **분포추정(Underlying Probability Density Estimation)** : 군집화에서 더 나아가서, 데이터들이 쭉 뿌려져 있을 때 이 데이터들이 어떤 확률 분포에서 나온 샘플들인지 추정하는 문제이다.

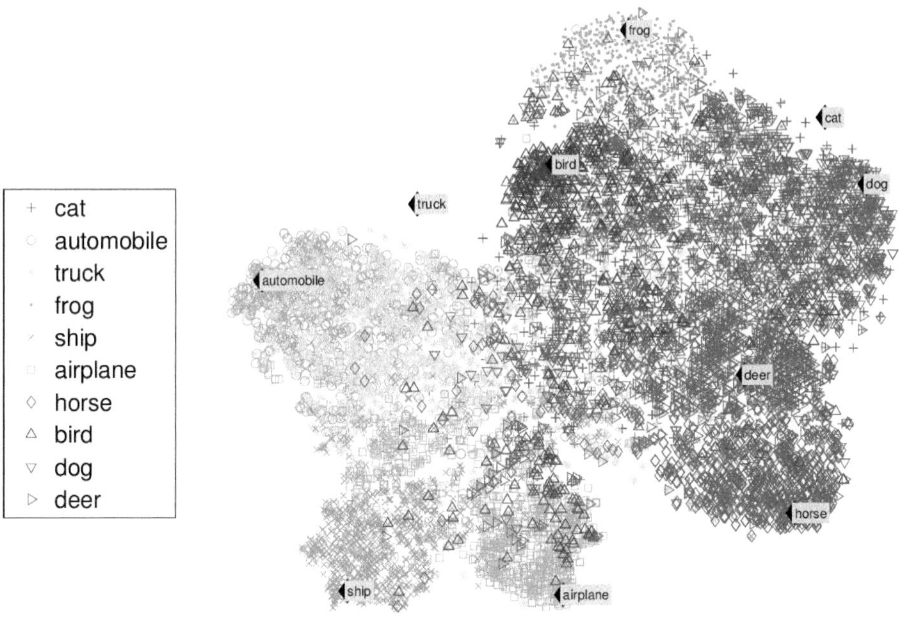

▲ 그림 4-3 2D Visualization 알고리즘을 이용한 비지도학습의 예

다) 준지도학습

준지도학습(semi-supervised learning)은 레이블이 있는 데이터와 없는 데이터 모두를 활용해서 학습하는 것인데, 대개의 경우는 다수의 레이블 없는 데이터를 약간의 레이블 있는 데

이터로 보충해서 학습하는 종류의 문제를 다룬다. 예를 들어, 페이스북은 업로드된 사진들에 대해 자동으로 A라는 사람과 B라는 사람의 얼굴을 구분하여 인식할 수 있다. 여기까지는 비지도학습의 군집화 부분이다. 그다음 사용자는 사진에 대해 A는 ○○○이다. ○○○이다. 라고 레이블을 부여하게 된다. 이는 지도학습의 분류 부분이다. 이러한 방법은 사진을 검색하는 데 상당히 유용하다.

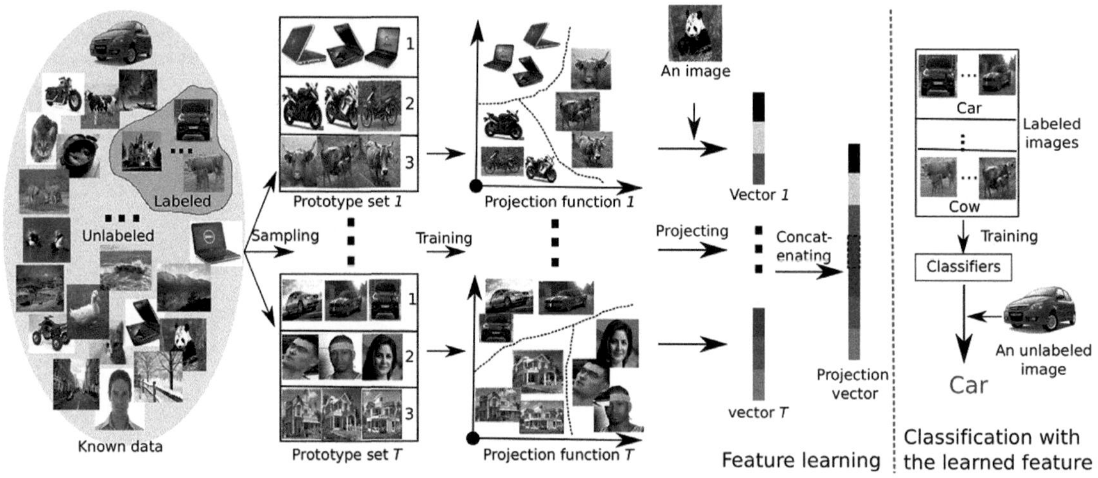

▲ 그림 4-4 페이스북의 사진 분류 방법 개념도

라) 강화학습

강화학습(reinforcement learning)은 기계(agent)가 현재의 상태(state)에서 어떤 행동(action)을 취하는 것이 최적인지를 학습하는 것이다. 행동을 취할 때마다 외부 환경에서 보상(reward)이 주어지는데, 이러한 보상을 최대화하는 방향으로 학습이 진행된다. 그리고 이러한 보상은 행동을 취한 즉시 주어질 수도 있고, 지연되어 주어질 수도 있다.

이 때문에 문제의 난이도가 앞의 학습 알고리즘에 비해 대폭 상승하며, 시스템을 제대로 보상하는 것과 관련된 신뢰 할당 문제라는 난제가 여전히 연구원들을 괴롭히고 있다. 대표적으로 게임 인공지능을 만드는 것을 생각해볼 수 있다. 체스에서 현재 'Agent(나)'와 적의 말의 배치가 'State'가 되고 여기서 어떤 말을 어떻게 움직일지가 'Action'이 된다. 상대 말을 잡게 되면 보상이 주어지는데, 상대 말이 멀리 떨어져 이동할 때까지의 시간이 필요할 수 있으므로 상대 말을 잡는 보상은 당장 주어지지 않는 경우도 생길 수 있다. 심지어는 그 말을 잡은 것이 전술적으로는 이익이지만 판세로는 불이익이라 다 끝났을 때 게임을 질 수도 있다. 이를 지연된 보상이라 한다.

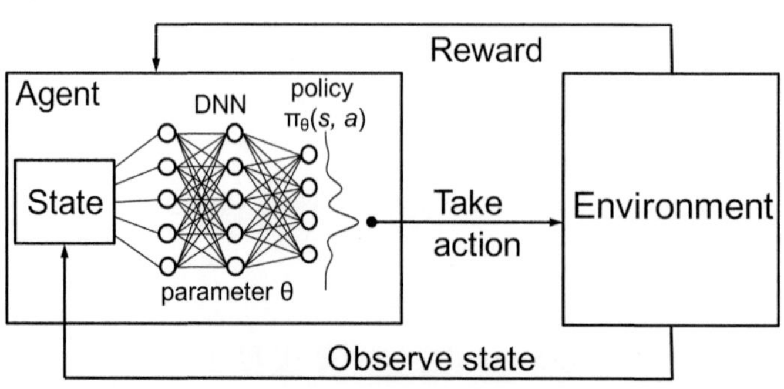

▲ 그림 4-5 강화학습 개념도

따라서 강화학습에서는 당장의 보상값이 조금은 적더라도, 나중에 얻을 값을 포함한 보상값의 총 합이 최대화되도록 Action을 선택해야 하며, 게다가 행동하는 플레이어는 어떤 행동을 해야 저 보상값의 합이 최대화되는지 모르기 때문에, 미래를 고려하면서 가장 좋은 선택이 뭔지 Action을 여러 방식으로 수행하며 고민해야 한다. 좋은 선택이 뭔지 Action을 찾는 것을 탐색, 지금까지 나온 지식을 기반으로 가장 좋은 Action을 찾아 그것을 수행하는 것을 활용한다고 하여, 강화학습을 푸는 알고리즘은 이 둘 사이의 균형을 어떻게 잡아야 할지에 초점을 맞춘다. 위 방법들과는 다르게 실시간으로 학습을 진행하는 게 일반적이다.

머신 러닝의 기법 및 모델들로는 ① 의사결정규칙을 나무구조로 도표화하여 분류와 예측을 수행하는 '의사 결정 나무(decision tree)', ② 생물의 신경 네트워크 구조와 기능을 모방하는 '인공 신경망(neural network)', ③ 생물의 진화 알고리즘에 기반한 '유전자 프로그래밍(genetic programming)', ④ 관측된 예를 군집이라는 부분집합으로 분배하는 '군집화(clustering)', ⑤ 무작위로 추출된 난수를 통해 함수값을 확률로 계산하는 '몬테카를로 방법(monter carlo method)', ⑥ 베이지안 이론[6]을 바탕으로 다수의 변수들 사이의 확률적 관계를 그래프 구조로 표현하는 '베이지안망(bayesian networks)', ⑦ 패턴인식과 자료분석을 위한 지도학습의 모델로 주로 분류와 회귀분석을 위해 사용되는 '서포트벡터머신(SVM, support vector machine)' 등이 있다.

4.2.2 인공 신경망

인공지능을 달리 말하면 인지 메카니즘의 기계적 시뮬레이션이라 한다. 인간의 뇌는 뉴런(neuron)이라는 신경 세포의 연결로 이루어져 있기 때문에 이것을 모방하여 컴퓨터를 만들면 뇌 활동을 모방하는 것이 가능하다고 생각하는 것이다. 인간의 뇌 활동은 뉴런만으로 이루어지는 것은 아니기 때문에 실제로 이런 생각에는 한계가 있지만, 보통이 절차적 프로그램으로는 할 수 없는 것, 예를 들어 연상과 학습에 따른 진화, 수치 처리에서 대규모 계산의 병렬처리 등이 가능하다는 측면도 있어 응용 범위는 넓다. 최근 주목받고 있는 딥러닝의 원리도 인공 신경망(ANN, artificial neural network)을 기초로 하고 있다.

인공 신경망은 뇌와 닮은 구조를 단순화해서 컴퓨터로 재현한 것이다. 컴퓨터상에 뉴런을 시뮬레이션하는 '형식 뉴런'과 '노드'를 배치한다. 입력된 정보는 각 뉴런에서 처리되어 다른 뉴런으로 전송된다. 정보를 받은 다른 뉴런은 처리를 마친 후 또 다른 뉴런에 정보를 전달한다. 이 처리를 반복했을 때 '특징'이 산출되어 몇 가지 처리 결과를 출력하는 구조가 '신경망'의 기본이다. 몇 가지 처리 결과라는 것은 사물을 인식하고 분석하고 예측하고 대화하는 다양한 것들을 의미한다.

가) 퍼셉트론

1943년 신경과학자인 워렌 맥클록(Warren S. McCulloch)과 논리학자인 월터 피츠(Walter Pitts)는 하나의 뇌 신경세포를 하나의 이진(binary) 출력을 가지는 단순 논리 게이트로 설명했다.

6) 베이지안 이론(Bayesian Theory) : 빈도확률를 구할 수 없는 상황에서 여러 가지 관련된 사전확률과 가능성 확률을 이용하여 사후확률에 대한 추정하는 이론

여러 개의 입력 신호가 가지돌기(dendrite)에 도착하면 신경세포 내에서 이들을 하나의 신호로 통합하고, 통합된 신호 값이 어떤 임계값을 초과하면 하나의 단일 신호가 생성되며, 이 신호가 축삭돌기(Axon)를 통해 다른 신경세포로 전달하는 것으로 이해했다. 이렇게 단순화 된 원리로 동작하는 뇌 세포를 McCulloch-Pitts 뉴런(MCP neuron)이라 부른다.

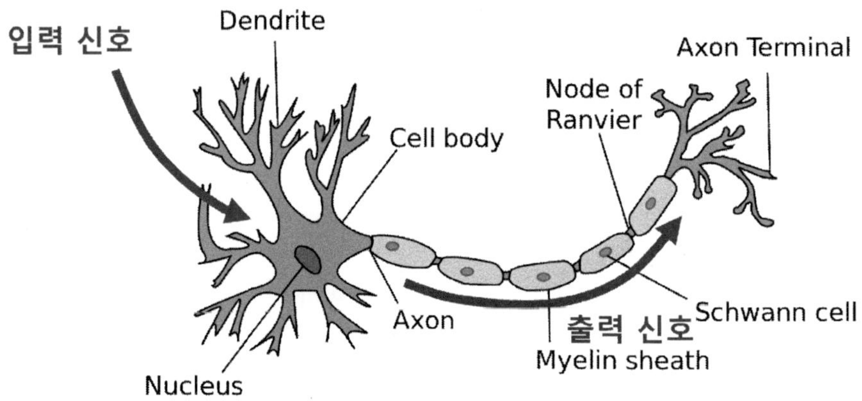

▲ 그림 4-6 신경세포 뉴런의 신호 입출력 개념도

1957년 코넬 항공 연구소에 근무하던 프랭크 로젠블라트(Frank Rosenblatt)는 파리 눈의 작동 방식을 연구하던 중 위험을 인지하는 순간 뇌에서 위험 정보를 처리하는 속도보다 파리가 빨리 반응한다는 것을 알게 되었다. 그 후 그는 인간의 사고 처리 능력을 모방한 인공 뉴런을 사용하여 새로운 기술을 습득할 수 있는 최초의 컴퓨터인 퍼셉트론(perceptron)을 제작하였다. 1960년대에 출시된 로젠블라트의 마크(Mark) 1 퍼셉트론은 학습을 통해 이미지를 인지하고 식별하는 최초의 기계였다.

그 당시 로젠블라트는 MCP 뉴런 모델을 기초로 퍼셉트론 학습 규칙이라는 개념을 고안하게 되는데, 하나의 MCP 뉴런이 출력신호를 발생할지 안할지 결정하기 위해, MCP 뉴런으로 들어오는 각 입력 값에 곱해지는 가중치 값을 자동적으로 학습하는 알고리즘을 제안했다. 이 알고리즘은 머신러닝의 지도학습이나 분류(classification)의 맥락에서 볼 때, 하나의 샘플이 어떤 클래스에 속해 있는지 예측하는데 사용될 수 있다.

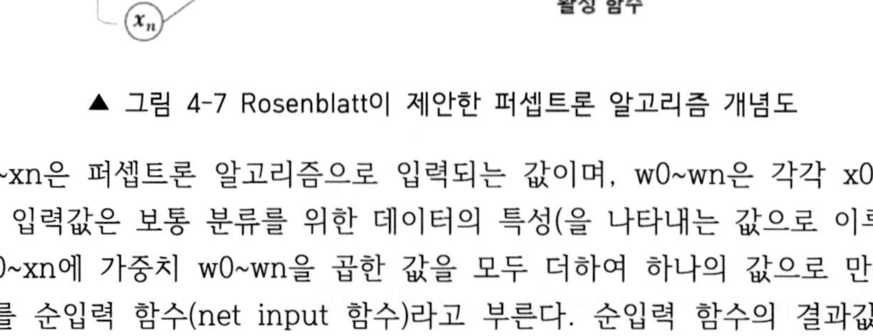

▲ 그림 4-7 Rosenblatt이 제안한 퍼셉트론 알고리즘 개념도

여기서 x0~xn은 퍼셉트론 알고리즘으로 입력되는 값이며, w0~wn은 각각 x0~xn에 곱해지는 가중치다. 입력값은 보통 분류를 위한 데이터의 특성(을 나타내는 값으로 이루어져 있으며, 이 특성값 x0~xn에 가중치 w0~wn을 곱한 값을 모두 더하여 하나의 값으로 만든다. 이 값을 만드는 함수를 순입력 함수(net input 함수)라고 부른다. 순입력 함수의 결과값을 특정 임계

값과 비교를 하고, 순입력 함수 결과값이 이 임계값보다 크면 1, 그렇지 않으면 -1로 출력하는 함수를 정의한다. 이 함수를 활성 함수(activation function)라고 부른다.

퍼셉트론은 다수의 트레이닝 데이터를 이용하여 일종의 지도 학습을 수행하는 알고리즘이다. 트레이닝 데이터에는 데이터의 특성값에 대응되는 실제 결과값을 가지고 있어야 한다. 입력되는 특성값 x0~xn에 대한 실제 결과값을 y라고 한다면 이 y를 활성 함수에 의해 -1 또는 1로 변환한다. 이렇게 변환한 값과 퍼셉트론 알고리즘에 의해 예측된 값이 다르면 이 두 개의 값이 같아질 때까지 특정식에 의해 가중치 w0~wn을 업데이트 한다. 위 그림을 보다 단순하게 도식화하면 다음 그림과 같이 입력층, 중간층, 출력층과 같이 나타낼 수 있다.

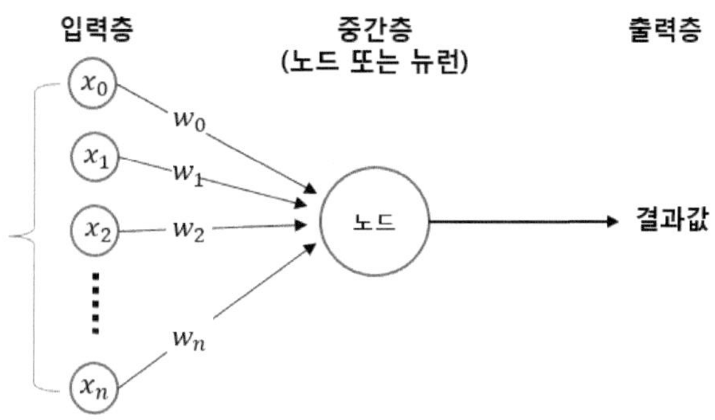

▲ 그림 4-8 단층 퍼셉트론

여기서 중간층을 노드 또는 뉴런이라 부르며, 입력층은 다른 노드의 출력값이 입력값으로 입력되는 것이고, 출력층은 이 노드의 출력값이 다른 노드로 전달되는 층이다. 이와 같이 중간층이 하나의 노드로 구성되어 중간층과 출력층의 구분이 없는 구조를 단순 또는 단층 퍼셉트론이라 부르며, 중간층을 구성하는 노드가 여러 개이고, 이러한 중간층이 다수로 구성되어 있는 구조를 다층 퍼셉트론이라 부른다.

나) 다층 퍼셉트론

단층 퍼셉트론(MLP, multi Layer perceptron)은 활성 함수가 내놓는 결과값이 실제값과 오류가 최소가 되도록 입력층에서 전달되는 값들에 곱해지는 가중치의 값을 결정하는 것이다. 다층 퍼셉트론의 동작 원리 역시 단층 퍼셉트론의 동작 원리와 크게 다르지 않다. 차이점은 단층 퍼셉트론은 활성 함수가 1개인 반면, 다층 퍼셉트론은 은닉층과 출력층에 존재하는 활성 함수가 여러 개이고, 이에 따른 가중치도 여러 개다. 입력층과 출력층 사이에 존재하는 중간층을 숨어 있는 층이라 해서 은닉층이라도 한다.

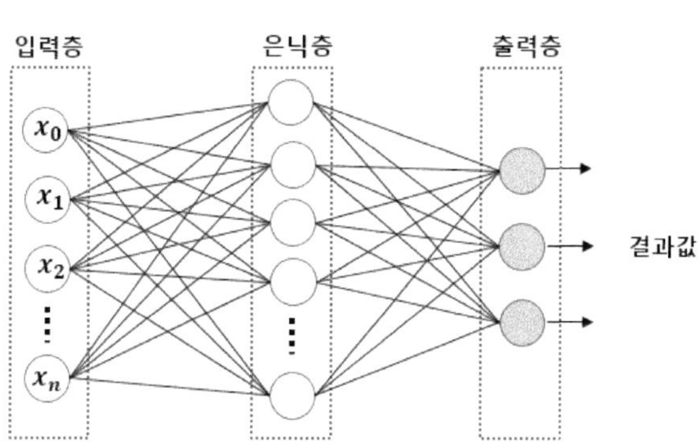

▲ 그림 4-9 다층 퍼셉트론

'은닉층을 다중으로 만들어 정보를 전달하고 처리하는 뉴런의 수를 늘리면 더 다양하고 깊게 생각할 수 있지 않을까'라는 생각에서 출발한 것이 심층 신경망(deep neural network)이다. 중간층을 다층으로 만든 심층 신경망을 학습하기 위해 고안된 특별한 알고리즘들을 딥러닝이라 한다.

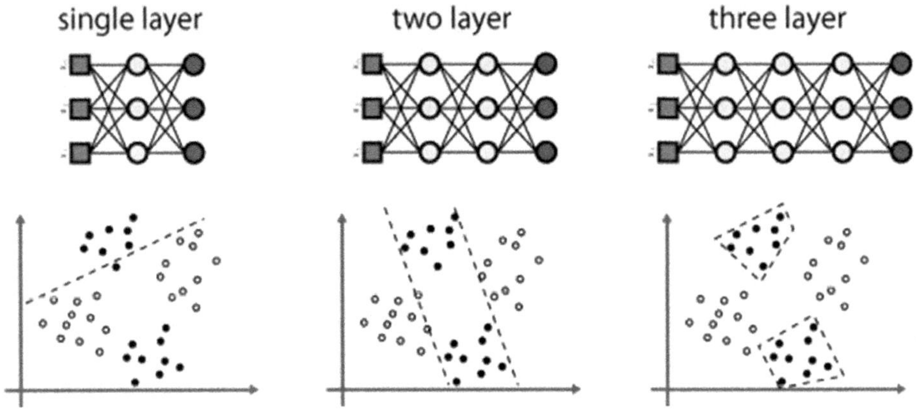

▲ 그림 4-10 심층 신경망 개념도

뉴런과 층(layer)이 늘어나면 정보 전달과 처리를 늘리고 특징값의 정밀도와 범용성을 높이거나 예측 정밀도를 높일 가능성이 있다. 컴퓨터에 '이것은 고양이다'라는 라벨을 붙인 많은 고양이 이미지를 입력해 학습하게 하면 특징값을 컴퓨터가 직접 추출해 '고양이'를 분류할 수 있게 된다. 이렇게 해서 개와 고양이, 인간 등의 특징값을 학습하면 그 컴퓨터는 다양한 것을 인식하거나 식별할 수 있게 되고 더 나아가 고양이가 무엇을 하고 어디에 있는지 등의 상태도 파악할 수 있게 된다.

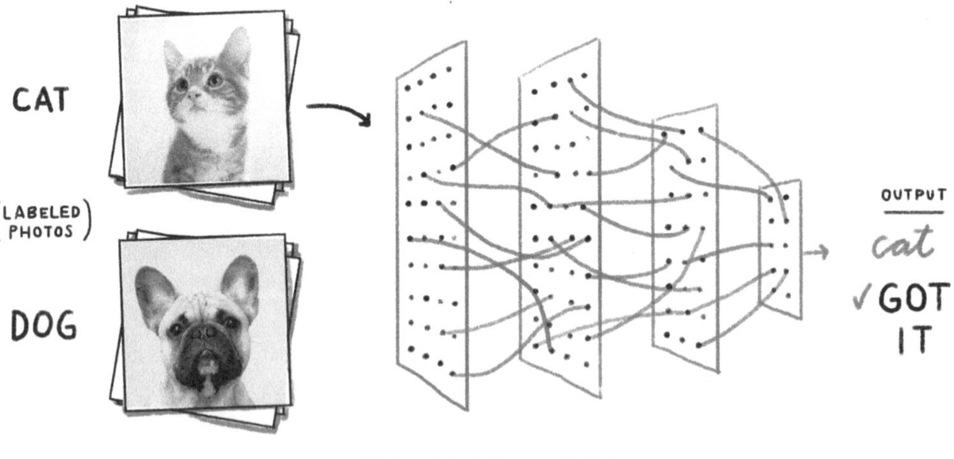

▲ 그림 4-11 딥러닝 개념도

4.2.3 딥러닝

앞서 살펴본 바와 같이 딥러닝(deep learning, 심층 학습)은 인공신경망에 기반하여 설계된 개념으로 그 출발은 1980년 후쿠시마 구니히코(Kunihiko Fukushima)에 의해 소개된 '신인식기'[7]까지 거슬러 올라간다.

7) 신인식기(Neocognitron) : 신경망 패턴인식 기법의 하나로 코그니트론에 비해 패턴 인식 능력이 뛰어남

1989년에 얀 르쿤(Yann LeCun)와 그의 동료들은 오류 역전파 알고리즘[8])을 이용하여 우편물에 손으로 쓰여진 우편번호를 인식하는 심층 신경망을 소개했다. 하지만 알고리즘이 성공적으로 동작했음에도 불구하고, 신경망 학습에 소요되는 시간(10개의 숫자를 인식하기 위해 학습하는 시간)이 거의 3일이 걸렸고 이것은 다른 분야에 일반적으로 적용되기에는 비현실적인 것으로 여겨졌다.

높은 분류 정확도에 비해 속도가 느린 여러 원인 중 하나는 vanishing gradient problem[9])이었다. 또한 불연속 시뮬레이션에서 초기 상태를 어떻게 선택하느냐에 따라 수렴이 안 되고 진동 또는 발산하는 문제, 트레이닝 셋에 너무 가깝게 맞추어 학습되는 과적합[10]) 문제, 원론적으로 생물학적 신경망과는 다르다는 이슈들이 끊임없이 제기되면서 인공신경망은 관심에서 멀어졌고 2000년대까지 서포트벡터머신(SVM) 같은 기법들이 각광받게 된다.

본격적으로 딥러닝이란 용어를 사용한 것은 2000년대 딥러닝의 리더라 평가되고 있는 제프리 힌튼(Geoffrey Hinton)과 루슬란 살라쿠트디노프(Ruslan Salakhutdinov)에 의해서이며, 이들은 기존 신경망의 과적합 문제를 해결하기 위해 비지도 RBM(unsupervised restricted Boltzmann machine)이라는 새로운 딥러닝 기반의 학습 알고리즘을 제안하면서 주목을 받기 시작했다. 또한 2013년에는 RBM을 대체하여 과적합을 방지할 수 있는 드롭아웃(drop-out)이라는 알고리즘도 등장하면서 사전훈련보다 훨씬 더 간단하고 강력한 형태로 과적합을 방지할 수 있게 되었다.

가) 딥러닝의 부활

딥러닝이 부활하게 된 이유는 크게 세 가지로 꼽힌다. 첫 번째는 앞서 딥러닝의 역사에서 언급한 바 있는 기존 인공신경망 모델의 단점이 극복되었다는 점이다. 그러나 과적합 문제만 해결되었다고 해서 느린 학습시간이 줄어드는 것은 아니다. 두 번째 이유로, 여기에는 하드웨어의 발전이라는 또 다른 요인이 존재한다. 특히 병렬처리가 가능한 강력한 GPU(graphic process uint)는 딥러닝에서 복잡한 행렬 연산에 소요되는 시간을 크게 단축시켰다. 마지막으로 언급하지만 가장 중요한 세 번째 이유로 빅 데이터를 들 수 있다. 대량으로 쏟아져 나오는 데이터들, 그리고 그것들을 수집하기 위한 노력 특히 SNS 사용자들에 의해 생산되는 다량의 자료와 태그정보들 모두가 종합되고 분석 되어 학습에 이용될 수 있다.

지도학습의 경우 인공신경망의 학습에 사용되는 입력값은 라벨링된 데이터여야 하는데 대량의 데이터에 모두에 레이블을 달아주는 일은 불가능한 일이다. 이런 이유로 초기 학습에 사용되는 일부 데이터에 대해서만 지도학습을 수행하고 나머지 데이터에 대해서는 비지도학습을 진행하며, 학습된 결과는 기존 학습의 결과와 앞서 분석된 메타태그 정보들을 종합하여 인식기가 완성된다.

---

8) 오류역전파 알고리즘(backpropagation algorithm) : 다층 퍼셉트론에서 오차가 발생하면 오차에 비례하여 출력층의 가중치를 갱신하고, 그다음 은닉층의 가중치를 갱신함. 가중치를 갱신하는 방향은 신경망의 처리 방향과는 반대라서 오차 역전파 또는 역전파 알고리즘이라고 함

9) vanishing gradient problem : 기울기값이 사라지는 문제. 기울기값을 베이스로 하는 오류역전파 알고리즘 학습 시 발생

10) 과적합(overfitting) : 모델이 과거의 데이터를 너무 과하게 설명한 나머지 실제 변수들 간의 관계를 잘못 설명하게 되는 경우를 말함. 이는 학습된 모델을 새로운 데이터에 적용했을 때 성과가 떨어진다는 의미

딥러닝의 부활이후 다양한 분야, 특히 자동음성인식(ASR, automatic speech recognition)과 컴퓨터비전 분야에서 최고수준의 성능을 보여주고 있으며 이들은 보통 딥러닝의 새로운 응용들의 지속적인 성능 향상을 위해 만들어진 TIMIT[11], MNIST[12] 등의 데이터베이스를 사용했다. 최근에는 계층화 신경망인 합성곱 신경망(CNN, convolutional neural networks) 방식의 딥러닝 알고리즘이 뛰어난 성능을 발휘하고 있으며, 컴퓨터비전과 음성인식 등의 분야에서 특히 탁월한 성능을 보이고 있다.

딥러닝은 향후 ① 비지도학습에서의 기술발전 ② 콘볼루션 신경망 방식과 순환 신경망의 결합 ③ 표현학습과 복잡 추론(complex reasoning)의 결합의 방향으로 진화할 것으로 예상된다. 딥러닝의 유망 응용 분야로는 ① 시각 기능을 사용하는 인간의 모든 노동을 대체 가능한 로봇 분야, ② 유전자 분석, 이미지 분석, 실험결과 분석, 의사의 진단 보조 등 보건의료 분야, ③ 농업용, 지도제작용 등 인공위성 영상 분야 등이다.

나) 딥러닝의 미래

딥 러닝에 대한 부정적 시각중 하나는 딥 러닝에 사용되는 방법들의 이론적인 뒷받침이 빈약하다는 것이 있다. 대부분의 딥 러닝 알고리즘은 경사 하강법[13]에 기초를 두고 있다. 그런데 경사 하강법 자체는 이론적으로 이해가 잘 되었지만, 이와 함께 사용하는 다른 알고리즘은 이론적인 검증이 빈약하다. 그러한 알고리즘 중 하나인 contrastive divergence는 이 알고리즘이 실제로 정말 수렴하는지, 수렴한다면 얼마나 빠르게 수렴하는지에 대한 부분이 현재 분명하게 증명되지 않았다. 이와 같이, 딥 러닝에 사용되는 방법들은 이론적이기 보다는 경험적으로 검증된 방법들을 사용하기 때문에 종종 블랙박스로 이해되기도 한다.

또 다른 사람들은 보통 사람들이 딥 러닝을 모든 것을 해결해주는 솔루션으로 바라보는 것에 대해 딥 러닝은 유일한 솔루션이 아니고, 강한 인공 지능을 실현하는 데에 한 걸음 더 다가갈 수 있게 해주는 것으로 봐야한다고 주장한다. 딥 러닝을 모든 것을 해결해주는 솔루션으로 보기에는 기능적으로 여전히 부족한 점이 많기 때문이다.

심리학자인 게리 마커스는 딥러닝에 대하여 '현실적으로, 딥 러닝은 지능형 기계를 구축하는 것의 일부분에 불과하다. 딥 러닝에 쓰이는 기술들은 인과 관계를 나타내는 능력이 부족하고 논리적 추론을 하는 것에 확실한 방법을 가지고 있지 않다. 게다가 지금의 방법들은 어떤 물체가 무엇인지, 용도가 무엇인지 등과 같은 추상적인 정보를 인식하는 데에 오랜 시간이 걸린다. 왓슨과 같이 현재 가장 강력한 인공지능 시스템도 딥러닝을 복잡한 여러 개의 기술 중 단지 한 부분을 위해 사용하고 있다.'고 말했다.

---

11) TIMIT : Texas Instruments와 MIT가 제작한 음성 데이터베이스

12) MNIST : 이미지 클러스터링을 위한 손으로 쓴 숫자·이미지 데이터베이스. National Institute of Standards and Technology가 제작

13) 경사 하강법(Gradient descent) : 1차 근삿값 발견용 최적화 알고리즘. 함수의 기울기를 구하여 기울기가 낮은 쪽으로의 이동을 극값에 도달할 때까지 반복하여 지역 최적해로 수렴시키는 방법

4.2.4 지식 표현

컴퓨터가 표현하고자 하는 지식의 의미는 사람과 컴퓨터가 함께 이해할 수 있도록 체계적으로 개념화된 형태의 정보를 말하며 주어진 목적에 이용하기 쉬운 구조를 가져야할 뿐만 아니라 추론의 효율성, 지식 획득의 용이성, 저장의 간결성 및 표현의 정확성, 다양성 등을 갖추어야 한다.

지식 표현이 어려운 이유는 실세계의 대부분의 문제들은 지식으로 표현하기에는 너무나 많은 방대한 양의 정보를 가진 경우가 많고 미묘한, 애매모호한 지식을 정확하게 표현하기 어려우며 대부분의 지식은 정적인 경우보다 동적인 경우가 많아 상황에 따라 변하기 때문이다.

숫자와 문자 또는 기호를 이용해 컴퓨터의 다양한 데이터 구조를 표현할 수 있는 일반적인 데이터 표현 방법이 있지만 지식 표현에 있어서는 다음을 고려할 필요가 있다.

- **지식 표현의 정확성** : 해당 문제에 있어서 사물간의 상관관계를 정확하게 표현해야 한다. 그러나 컴퓨터의 특성상 너무 상세한 표현은 지식표현이 용이하지 않기 때문에 지식표현의 정도가 문제가 된다. 즉 어느 정도 상세히, 정확하게 표현할 것인가의 문제이다. "I love you very much" 를 PROLOG[14]로 표현하면 다음과 같다.

```
low level representation : love( I, you);
high level representation : love( I, you, very-much);
```

  low level 표현시 object 가 적어서 추론이 용이하고 memory가 절약되지만 복잡한 문제의 정확하고 세부적인 표현은 어렵고 사용자에게 설명능력 부여시 자연어로 변환하기 위한 노력이 증가된다.

- **추론의 정확성** : 지식 베이스[15]에 저장된 사실로부터 새로운 사실을 유도하는 것을 추론(inference)이라 하며 문제의 성격에 따라 전방추론, 후방추론, 쌍방향 추론 중에서 선택하여 사용한다. 이때에 추론이 정확하게 될 수 있도록 지식을 표현해야 한다.

- **지식 획득 관리의 용이성** : 새로운 사실을 쉽게 삽입, 수정, 삭제가 가능하도록 지식이 표현되어야 한다. 이를 위해 사용자가 직접 지식 베이스에 접근할 수 있게 하고 또는 프로그램 스스로 지식의 획득을 조정 통제 할 수 있게 한다.

- **추론의 효용성** : 추론 기법을 최적의 방향으로 이끌기 위해 사용되는 특정한 정보와 지식구조를 결합시킬 수 있어야 한다.

지식 표현의 역할은 다섯 가지로 요약된다. 첫째로 지식표현은 대용물(surrogate)이다. 불완전한 대용물은 불가피하게 불완전한 추론을 야기한다. 둘째로 지식표현은 일련의 존재론적 약속(ontological commitments)이다. 따라서 그 약속은 가장 초기에 선택되어지며 단계마다 축적된다. 지식표현은 자료구조가 아니다. 셋째로 지식표현은 지능적 추론의 단편적인 이론

14) PROLOG : 인공지능 분야에서 쓰는 논리형 프로그래밍 언어. 술어 논리에 기반해 지식 정보 처리의 기술에 적합
15) 지식 베이스(Knowledge base) : 전문가 시스템의 구성 요소의 하나로, 특정 분야의 전문가가 지적 활동과 경험을 통해서 축적한 전문 지식이나 문제 해결에 필요한 사실과 규칙 등이 저장되어 있는 데이터베이스

(fragmentary theory)이다. 넷째로 효율적인 전산화(computation)을 위한 수단이다. 다섯째로 인간 표현의 수단이다.

지식 표현방법은 인간의 일상 언어와 컴퓨터언어와의 표현구조 사이의 어느 중간에서 타협점을 결정하게 된다. 만약 인간의 언어, 즉 자연언어로만 표현한다면 아직 컴퓨터에 의한 자연어의 처리가 완벽하지 못하므로 구현 불가능하고, 반면 컴퓨터의 입장에서 지식을 컴퓨터언어의 알고리즘과 자료구조로만 표현하면 그 또한 인간이 이해하기가 어렵기 때문이다. 이러한 중간 절충안이 규칙이나 프레임, 의미망, 그래프, 전치논리 형태 등이다. 이러한 표현을 위한 전문적인 컴퓨터 언어, 예를 들면 LISP, PROLOG 등이 개발되어 있다. 즉, 지식을 책을 집필하듯 서술적으로 나타내기 보다는 구조화와 체계화를 이루어야 컴퓨터에 의해 쉽게 구현될 수 있고, 추론 및 검색이 용이해진다.

대표적인 지식 표현(knowledge representation)으로는 생성 시스템, 의미망, 프레임 모델, 술어 논리, 절차 논리 등이 있지만 이 중 세 종류의 지식 표현만 간단히 살펴본다.

가) 생성 시스템

지식을 사물 또는 현상의 인과관계로 보고 이것을 IF-THEN 규칙 형식으로 표현한다. a와 b에 대하여 'a라면 b'라고 하는 것이다. a부분은 조건이나 원인, b부분은 결과나 행동에 해당한다. 이것을 다음과 같이 서술한다.

- **IF a THEN b 또는 a → b**

이와 같은 표현을 생성 규칙(production rule)이라 하며, a를 조건부, b를 결론부라 한다. 생성 규칙은 프로그래밍 언어의 조건문과는 달리 하나씩 독립적으로 주어져 선언적이다. 다수의 생성 규칙 집합에 따라 지식 베이스가 구성된다. 한편 지식과는 달리 실제 환경으로부터 얻어 지는 관측 데이터가 있다. 이것을 사실(fact)라고 한다. 지식을 사용하려면 사실에 일치하는 조건부를 가진 생성 규칙을 찾아 그것의 결론부를 실행하면 된다.

생성규칙은 추가와 갱신이 용이하고 결론부에 복잡한 처리도 서술할 수 있어 유연성이 높은 표현 방법이지만, 전체적으로는 모순이 없도록 조심할 필요가 있다. 또 어떤 생성 규칙이 적용되었는지 알기 어렵고 모든 조건부를 조사하려면 상당히 느리다는 단점도 있다, 단점을 보완하는 다양한 연구도 진행되고 있다.

지식 표현으로서 생성 규칙을 이용하고 그것들을 처리하는 가능을 갖춘 시스템을 생성 시스템(production system)이라 한다. 일반적인 구성은 다음과 같은 3가지 부분으로 이루어진다.

- **규칙 베이스** : 생성 규칙을 저장한 지식 베이스
- **추론 기관** : 생성 규칙의 조건부를 보고, 사실에 해당하는 결론부를 실행하고 사실을 갱신하여 추론 수행
- **작업 영역** : 추론 도중에 발생하는 결과와 사실을 저장하는 메모리 공간

생성 시스템에 문제를 주면 추론 기관이 ① 조건과 사실을 조회 ② 경합해소, ③ 행동 & 사실 갱신이라는 추론 과정을 반복하고 최종적인 결론을 작업 영역에 남겨둔다. 경합해소란 ①에서 조건이 사실과 일치한 생성 규칙이 여러 개 있을 경우 실행해야 할 행동을 하나 선택하는 것으로, 다음과 같은 방법들이 있다.

- **First Match** : 처음 발견된 것을 선택
- **Rule Priority** : 각 규칙에 우선순위를 부여해 두고 우선순위가 높은 것을 선택
- **최신 사실 우선** : 작업 영역 내에서 최근에 액세스된 사실과 일치하는 것을 선택
- **구체 서술 우선** : 가장 복잡한 조건을 갖는 것을 선택

추론 방향에도 다음과 같은 방법이 있다.

- **순방향 추론(Forward Reasoning)** : 특정 사실로부터 출발하여 결론을 얻는다. 데이터 구동(Data-Driven)형이라고도 한다.
- **역방향 추론(Backward Reasoning)** : 가설로부터 출발하여 특정사실에 도달하게 되면 그 가설을 결론으로 한다. 목표 구동(Goal-Driven)형이라고도 한다.
- **양방향 추론** : 전향 추론으로 가설을 축소하고 후향 추론으로 가설을 검증 하는 등 양방향의 특성을 모두 살린다.

예를 들어 아래와 같이 5가지 규칙이 있다. 초기의 규칙 베이스에는 사실 A, 사실 B, 사실 C, 사실 D, 사실 E가 저장되어 있다고 하자.

규칙1 : Y&D-->Z	규칙2 : X&B&E-->Y	규칙3 : A-->X
규칙4 : C-->L	규칙5 : L&M-->N	

순방향 추론은 알려진 데이터에서 추론을 시작하여 순방향으로 진행해나간다. 상기의 기반지식에서 규칙1은 사실 Y가 규칙 베이스에 저장되어 있지 않으므로 점화되지 않는다. 규칙2도 사실 X가 없으므로 점화되지 않는다. 규칙3이 점화되어 새로운 사실 X가 규칙 베이스에 저장된다. 규칙4가 점화되어 새로운 사실 L이 규칙 베이스에 저장된다. 이제 사실 X가 규칙베이스에 존재하므로 규칙2가 점화되지만, 규칙5는 점화되지 못한 채 점화 사이클이 멈추게 된다.

역방향 추론은 전문가 시스템이 목표를 정하고, 추론 엔진은 이를 증명하기 위해 증거 찾기를 시도한다. 규칙은 THEN 부분에 목표가 반드시 있어야 한다. 목표로 한 규칙을 발견하고 IF 부분이 규칙 베이스에 저장되어 있는 데이터와 일치한다면, 규칙은 점화되고 목표는 증명된다. 그러나 이런 경우는 드물다. 따라서 추론 엔진은 규칙의 IF 부분을 증명하기 위해 작업 중이던 규칙을 스택(stack)에 넣어두고 새로운 목표와 하위 목표를 설정한다. 그리고 하위 목표를 증명할 수 있는 규칙을 찾기 위해 기반지식을 다시 탐색한다.

상기 규칙 집합에서 추론 엔진이 사실 Z를 추론하는 경우 역방향 추론을 살펴보자.

1단계에서 추론 엔진은 사실 Z를 추론하기 위해 규칙1을 찾지만 점화되지 못하므로 규칙1을 스택에 저장해둔다. 규칙1이 점화되기 위해서는 사실 Y가 필요하므로 THEN 부분에 사실 Y가 들어있는 규칙2를 찾아 실행하려 한다. 그러나 규칙2는 사실 X가 규칙 베이스에 없으므로 점화되지 못하기에 사실 X를 하위 목표로 설정하여 규칙3을 실행하려 한다. 규칙3은 사실 A가 규칙 베이스에 존재하므로 점화되어 사실 X가 규칙 베이스에 나타나게 되고, 이에 따라 규칙2가 점화되며, 이후 규칙1이 점화되어 최종적으로 사실 Z가 증명된다.

나) 의미망

뇌의 기억 모델을 지식표현에 그대로 적용하여 현상간의 관계를 네트워크로 표현하는 것을 생각해 보자. 네트워크는 단순히 선으로 연결된 것뿐 아니라 어떤 이유로 연결되었는지 또는 어떤 종류의 관계인가 하는 선의 의미를 부여하기도 한다. 예를 들어, '감기'와 '기침'이라는 현상에 대하여 양쪽을 '증상'이라는 의미를 갖는 선으로 연결한다. 게다가 기침을 멈추는 '약'이라는 사물에 대하여 '치료법'이라는 의미를 갖는 선으로 연결하는 것이다. 이와 같은 지식 표현 또는 이것을 처리하는 구조를 포함하여 의미망(semantic network)이라 한다.

의미망은 지식에 나타나는 명사와 동사를 개념으로 추출하여 그들 간의 종속 관계를 의미로 갖는 선으로 연결해 나가면 된다. 하지만 자연스럽게 구축이 가능한 반면에, 개념도 선도 상당히 많아져서 정리하는 일도 갱신하는 일도 어려워지고 또 늦어지기 때문에 근래에는 그다지 사용되지 않는다. 그러니 현상들 간의 종속관계에 주목하고 현상의 계층화와 상속이라는 개념을 도입했다는 점 때문에 중요한 표현 방법이다. 상속(Inheritance)은 여러 개의 현상에 공통된 개념을 추출하여 그 공통의 성질들을 상위 현상의 속성으로 두고 보존한다. 하위 현상은 그 성질을 이용할 때 상위 현상에 보존된 속성을 내려 받는다. 이 상위, 하위의 관계를 is-a 관계라고 한다.

의미망도 지식 베이스와 추론 기관이 분리되어 있으며 지식은 독립적이어서 선언적으로 갱신이 가능하지만, 관계가 있는 현상 모두를 고려하면서 갱신할 필요가 있기 때문에 쉬운 것은 아니다. 문제가 주어지면 추론 기관은 지식 베이스 내에서 문제의 패턴과 일치하는 현상 및 관계를 찾아다닌다.

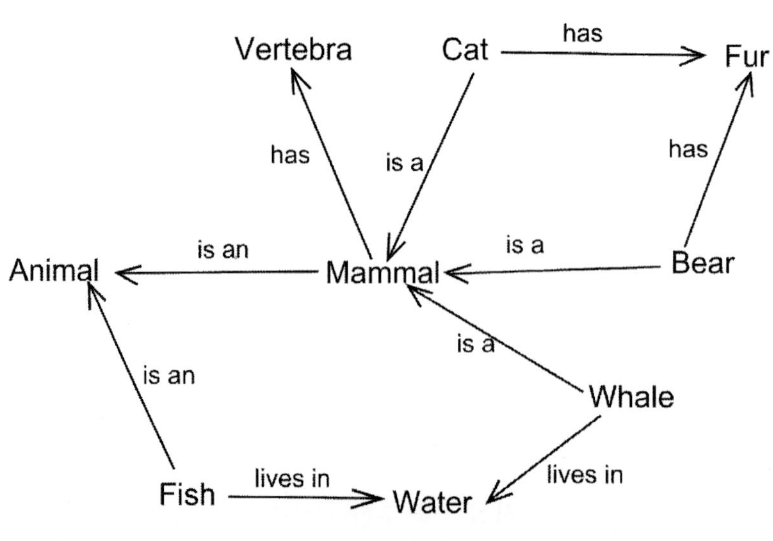

▲ 그림 4-12 의미망 개념도

계층 관계를 is-a로 나타내고 그 외의 관계는 대상과 값을 속성으로 하여 의미를 갖는 선으로 연결한다. 이것은 쉽지 않은 작업으로 모든 것을 다 작성하기는 어려울 것으로 생각되어 여기서는 극히 일부만을 사용한다, 이용 시에는 문제 패턴이 그대로 발견되면 직접 조회 성공이 된다. 그렇지 않으면 is-a의 상속 관계를 상위로 쫓아가서 문제 패턴과 일치하는 상위 대상이 있으면 간접 조회 성공, 아니면 실패다.

다) 프레임 모델

의미망은 뇌의 기억 모델을 자연스럽게 표현함에도 불구하고 너무 복잡하여 실용적이지 못하였는데, 이것은 현상도 그 성질도 모두 동격으로 취급하여 그것들을 의미가 부여된 선으로 묶었기 때문이다. 현상의 성질은 관련 속성들로 정리하여 현상 속에 모두 서술해 두면 큰 폭으로 선의 개수를 줄일 수 있을 뿐 아니라 현상도 정리하기 쉽다. 이와 같은 속성을 묶어 포함한 현상의 표현 방법으로 프레임 모델(frame model)이라는 데이터 구조를 사용한다. 프레임은 1975년에 마빈 민스키가 제창한 프렘임 이론에 기초한다. 프레임 이론은 인간 뇌의 지식 모델에 관한 것으로, '인간이 무엇인가를 이해한다는 것은 사전 경험 등에 따라 뇌의 축적된 대상에 관한 짜임새를 가지게 되며, 이 짜임새와의 일치와 불일치를 판단한다.'는 개념이다. 이 짜임새를 프레임이라 한다.

프레임은 다음과 같은 구조를 갖는다.

- **슬롯(Slot)** : 현상의 속성과 그 값을 저장하는 장소, 상속 관계는 is-a 슬롯에 상위 현상으로의 포인터를 저장한다.
- **서번트(Servant)** : 현상에 포함되는 동작도 일종의 속성으로 간주하여 슬롯에 저장되는 프로시저, 명시적으로 실행한다.
- **데몬(Daemon)** : 프레임 액세스 시에 암묵적으로 실행되는 프로시저. 값의 타당성 확인과 삭제에 대한 경고 등을 수행한다.

프레임은 계층화 관점에서 다음의 2종류로 나뉜다.

- **인스턴스 프레임** : 구체적 사물을 나타내는 프레임
- **클래스 프레임** : 추상화된 공통 성질을 나타내는 프레임

프레임 모델의 추론 기관은 주어진 문제에 대하여 프레임을 조사하면서 데몬과 서번트를 제어하고, 추론 결과를 슬롯의 갱신이라는 형태로 기록한다. 최종적으로 특정 슬롯에 값이 설정되는 것, 또는 고려할 만한 슬롯을 모두 조사하는 것 등에 따라 종료된다.

프레임은 현상의 계층화와 네트워크의 개념을 의미망으로부터 답습하여 현상의 구조화를 수행한다. 이것에 의해 저장 공간의 효율을 높이고, 정리를 쉽게 하고, 갱신도 쉽게 하여 선언적 지식도 절차적 지식도 잘 처리하므로 지식 표현의 주류가 되고 있다. 이는 객체지향에 따른 지식 표현으로도 이어진다.

프레임 모델의 가장 큰 특징은 상속이란 개념을 도입하여, 상위 개념과 하위 개념을 표현할 수 있다는 점이다. 그림에서는 방의 하위 개념으로 호텔방을 표현했다. 그림을 보면 알 수 있듯이 프레임은 의미망과 유사한 모양을 갖는다.

현상에는 슬롯과 서번트가 속성으로 포함되어 있다 선은 현상의 계층 관계로 나타내는 선뿐이므로 매우 보기 쉽다. 사실 이 선도 is-a 슬롯에 상위 현상으로의 포인터가 들어있는 것이므로 필요 없는 것이다 이용 시에는 현상의 슬롯과 서번트를 is-a 상속으로 쫓아가면서 검색하면 된다.

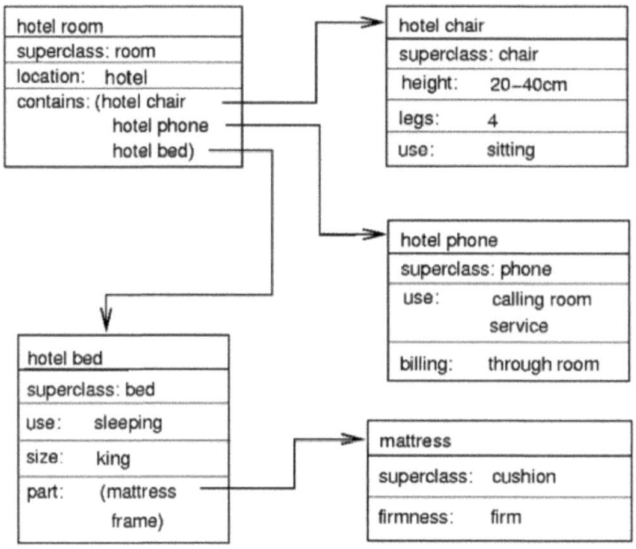

▲ 그림 4-13 프레임의 예

4.2.5 전문가 시스템

전문가 시스템(expert system)이란 지식 표현을 이용하여 전문가의 지식을 컴퓨터로 처리하려고 하는 시스템을 말한다. 복잡한 설문을 분석하거나 추론을 주고받으며 해답을 내는 방식으로 기존 컴퓨터와는 선을 긋고 인공지능의 첫걸음으로 주목받았다. 전문가 시스템은 먼저 대상이 되는 문제의 특성을 기술하고, 지식을 표현하는 기본 개념의 파악, 지식의 조직화를 위한 구조 결정 단계를 거쳐 구체화된 지식의 표현과 성능 평가를 하는 과정을 거쳐서 이루어진다. 전문가 부족을 보완하거나, 지식 계승으로서의 역할을 담당하거나, 위험한 작업 등을 대신한다거나 하는 등의 폭넓은 이용이 가능할 것이다. 주로 의료 진단, 설비의 고장 진단, 주식 투자 판단, 생산 일정 계획 수립, 자동차 고장 진단, 효과적 직무 배치, 자재 구매 일정, 경영 계획 분야 등을 비롯한 인간의 지적 능력을 필요로 하는 다양한 분야에 적용되고 있다.

역사적인 전문가 시스템으로는 DENDRAL, MACSYMA, MYCIN이 있다. 각각 일정한 성과를 거둔 것은 물론, 그 이후에 많은 전문가 시스템 발전의 기반이 되었다. 특히 MYCIN은 전문가 시스템 구축 툴의 개념을 확립하고, 이후에는 지식 베이스의 내용만 바꿔 넣으면 다양한 전문가 시스템을 구축할 수 있도록 개선되었다.

전문가 시스템 구축 툴은 지식 베이스 내용 이외의 구성 요소를 프레임워크로 제공하여 전문가 시스템 구축을 효율화하는 것이 목적이다. 추론 기관과 보조 기관은 지식 표현에 영향을 받으므로 생성 시스템에 대응하는 규칙형, 프레임 모델에 대응하는 프레임형, 또는 이것들의 복합형 등 여러 상용 툴이 있다.

보조 기관에는 지식 획득을 지원하는 기능도 있어 지식의 입력을 편하게 해 준다. 일반적으로 전문가 시스템을 이용할 때의 사용자 인터페이스는 문제에 따라 달라지므로 별도로 프로그램을 작성할 필요가 있다.

가) 전문가 시스템의 구조

1971년 파이겐바움(E. Feigenbaum)에 의해 전문가 시스템(DENDRAL)이 처음 개발되었으며, 기계가 지능을 요하는 문제를 해결하려면 누군가는 그 해답을 알고 있어야 한다는 인식에서부터 시작되었다. 전문가 시스템이란 좁은 문제 영역에서 전문가 수준으로 동작할 수 있는 컴퓨터 프로그램으로, 지식 보조자로 행동하거나 전문가의 문제를 대신 풀어내기 위해 개발되었다. 인공지능에서 '규칙'은 지식을 표현하는 가장 일반적인 방법이며, 규칙기반 전문가 시스템에서는 규칙을 IF 부분에 주어진 정보나 사실을 THEN 부분에 기술한 어떤 행동과 연결하는 IF-THEN 구조로 정의한다. 예를 들어, 신호등에 녹색불이 켜지면 길을 건넌다는 지식을 다음과 같이 정식화할 수 있다.

IF '신호등'이 녹색이다.

THEN 길을 건넌다.

규칙기반 전문가 시스템은 기반지식, 데이터베이스, 추론엔진, 해설설비, 사용자인터페이스로 이루어지며 각각의 역할은 다음과 같다.

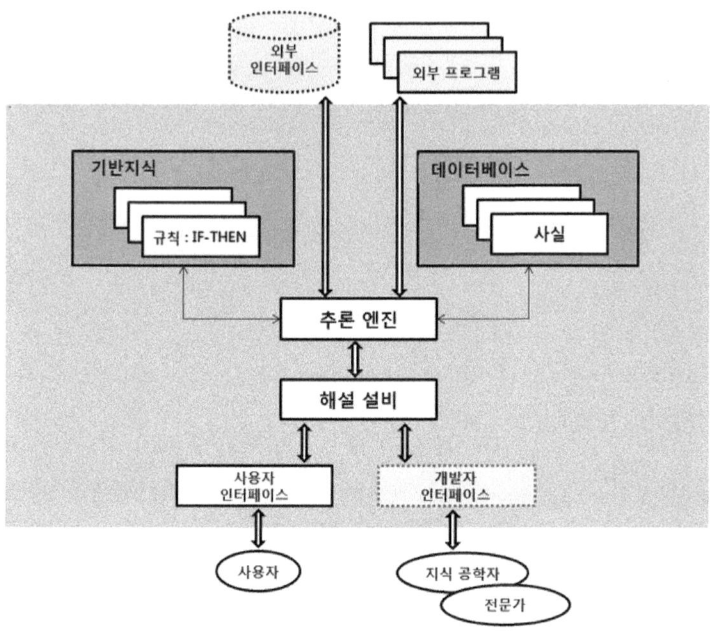

▲ 그림 4-14 규칙기반 전문가 시스템의 구조

- **기반지식** : 지식 베이스이다. 규칙의 집합으로 표현된 지식들을 포함하며, IF-THEN 구조를 띤다. 규칙의 조건 부분을 만족하여 규칙이 '점화'되면 취해야 할 행동 부분을 실행한다.

- **데이터베이스** : 기반지식에 저장된 규칙의 IF(조건)와 비교할 때 사용되는 지식(fact)들의 집합을 저장하고 있다.

- **추론엔진** : 전문가 시스템이 최적해를 구할 수 있도록 추론 역할을 담당하며, 기반지식에 주어진 규칙들을 데이터베이스에 있는 사실과 연결한다.

- **해설설비** : 전문가 시스템의 독특한 능력으로, 사용자에게 전문가 시스템이 어떻게 결론에 이르렀는지, 왜 특정사실이 필요한지를 설명하는 역할을 담당한다.

- **사용자 인터페이스** : 답을 원하는 비전문가와 전문가 시스템 간의 통신 수단이다.

전문가 시스템이 완전한 구조를 갖추기 위해서는 FORTRAN, Pascal과 같은 전통적인 프로그래밍 언어로 만든 외부 데이터 파일과 프로그램을 전문가가 사용할 수 있도록 외부 인터페이스 및 기반지식 편집기, 디버깅 보조도구, 입출력 설비들을 포함하는 개발자 인터페이스를 장착하여야 한다.

정보는 불완전할 수도 있고 모순될 수도 있으며, 불확실할 수도 있다. 하지만 대개 전문가는 이러한 상황에서도 올바른 판단을 내릴 수 있는 능력이 있으므로, 전문가를 대신하기 위한 전문가 시스템도 정보의 불확실성에 대처하여 주어진 문제에 대한 타당한 결론을 내릴 수 있어야 한다. 불확실성은 완전히 믿을 만한 결론을 도출하기 위한 정확한 정보의 부재를 의미하며, 전문가 시스템에서 지식이 불확실해지는 이유는 네 가지 정도로 요약된다.

첫째로, 전문가 시스템의 규칙에서 IF(조건)와 THEN(취해야 할 행동) 사이의 취약한 상관관계를 꼽는다. 전문가 시스템의 기반 지식에 들어갈 규칙을 정의할 때 이 둘 사이의 상관관계가 매우 모호하게 정의되는 상황이 발생하게 되므로, 수치화된 확신도(certainty factor)로 정의하는 것과 같은 방법으로 전문가 시스템이 이러한 모호한 관계를 다룰 수 있어야 한다.

두 번째로, 언어의 부정확성을 들 수 있다. 일반 지식들은 종종(often), 자주(frequently) 등과 같은 단어로 빈도를 표현하므로, 지식을 IF-THEN 형식으로 표현하기 어려운 경우가 발생할 수 있다. 따라서 전문가 시스템에는 기술된 지식의 의미를 정량화하여 적용하는 것이 필요하다.

세 번째로, 알려지지 않은 데이터도 불확실성의 요인이 된다. 전문가 시스템은 데이터가 아예 없거나 불완전한 경우 그 값을 '알려지지 않은'것으로 받아들이고 근사적인 추론을 진행하는 방식으로 해결해야 한다.

마지막은 특정 전문가 시스템을 개발하는 데 여러 전문가가 참여할 때 각 전문가의 동일한 결론을 얻지 못하는 경우 발생하는 모순된 견해와 충돌하는 규칙의 생성 문제이며, 지식 공학자는 각 전문가의 의견을 조율하고 가중치를 결정하여 통합된 결론을 계산해야 한다.

전문가 시스템에서 정보의 불확실성을 다루는 방법에는 베이지안 추론과 확신도 이론이 있다. 베이지안 추론(bayesian inference)은 통계적 추론의 한 방법으로, 추론해야 하는 대상의 사전 확률과 추가적인 관측을 통해 해당 대상의 사후 확률을 추론하는 방법이다. 베이즈 규칙을 사용하여 광물 탐사용 전문가 시스템인 PROSPECTOR의 개발에 성공한 사례가 있으나,

대부분의 문제에 대하여 명확하게 분리된 지식을 전달하지 않는다는 실세계 문제의 특성을 충족시키지 못하므로 다양한 시스템에 적용되지는 못했다.

의료 전문가 시스템인 MYCIN에 최초로 도입된 확신도 이론은 베이지안 이론의 대안 중 가장 널리 알려져 있으며, 전문가 시스템에서 불확실성을 다루는 판단적 접근 방식을 제공한다. 확신도는 전문가가 특정 사실에 대해서 신뢰하는 수치로 -1.0(확실한 거짓)에서 +1.0(확실한 참)까지의 값을 사용하며, 확률이 알려지지 않았거나 확률 값을 쉽게 얻을 수 없는 경우에 사용한다. 베이지안 이론과 확신도 이론은 전문가 시스템에서 불확실성을 다루기 위한 서로 다른 접근법을 제안하지만, 정보에 대한 판단 능력이 뛰어난 전문가를 찾아야 한다는 공통된 문제점이 있다.

전문가 시스템은 지식 베이스를 기초로 하고 있으므로 구조적으로는 지식 베이스와 추론 기관 및 다양한 서비스를 수행하는 보조 기관으로 구성된다. 이것은 일반 데이터베이스 시스템과는 목적이 다르다. 지식 베이스는 특정 분야의 전문가가 지적 활동과 경험을 통해서 축적한 전문 지식이나 문제 해결에 필요한 사실과 규칙 등이 저장되어 있는 데이터베이스이다. 전문 지식의 표현을 위해서는 IF-THEN 형식의 생성 규칙이 사용되며, 사실의 표현을 위해서는 프레임 표현이 사용된다. 생성 규칙과 프레임 표현을 채용함으로써 지식의 모듈화, 구조화가 가능하게 된다. 그 결과 지식의 추가와 변경이 가능하게 되어 상황의 변화에 따라 성장하는 시스템을 구축할 수도 있다.

데이터베이스는 보통 데이터만 저장되며 처리 자체는 프로그램에 서술된다. 그러므로 문제마다 데이터베이스도 프로그램도 다르다. 데이터베이스의 구성 자체는 SQL 등의 공통 툴이 있어 갱신과 검색은 용이하지만, 검색할 때부터 미리 문제 해결을 위한 프로그램을 별도로 준비하지 않으면 안 된다. 표 구조와 같은 특정 데이터를 지정하기 쉽고, 처리 알고리즘을 작성하기 쉬운, 즉 좋은 구조의 문제라면 데이터베이스 시스템이 유용하므로 실제 가장 많이 보급되어 있다.

한편, 전문가 시스템은 지식 베이스에 데이터뿐만 아니라 그 처리도 함께 저장되어 가동 부분으로 존재하는 추론 기관은 문제에 영향을 받지 않는다. 즉, 문제 의존부분이 모두 지식 베이스에 흡수되어 있다고 할 수 있다. 문제에 의존하지 않도록 하는 부분을 문제 공통의 프레임워크로 추출한 것이 전문가 시스템 구축 툴이다.

이를 사용하면 지식 베이스 내용을 바꿔 넣기만 하면 여러 시스템에 대응할 수 있다. 인간의 지식은 좋은 구조도 아니고, 데이터를 표로 정리할 수도 없고, 처리 알고리즘도 공식화하기 어려운 나쁜 구조일 때가 많으므로 일반 데이터베이스 시스템보다 전문가 시스템 쪽이 적합하다.

나) 퍼지 추론

한 전문가가 "변압기에 약간 과부하가 걸려 있지만, 잠시 유지해도 괜찮다"고 말했다고 가정하자. 다른 전문가들은 이런 방식으로 설명한 문제들을 많이 접해왔기 때문에 이를 해석하는데 거의 어려움을 겪지 않을 것이다. 그러나 이처럼 막연하거나 모호한 용어를 사용하는 전문가의 지식을 컴퓨터가 인식하게 만드는 것은 결코 쉬운 문제가 아니다. 연구자들은 애매한 언어에 의한 인간의 사고과정에서 나온 애매한 논리를 시스템으로 하여금 처리가 가능하도록 만들기 위해 고심하였고, 그 결과로 퍼지(fuzzy) 논리를 전문가 시스템에 적용하는 방안을 찾아내게 되었다.

퍼지 논리란 고전적인 0 또는 1인 이진논리처럼 소속을 분명히 하는 것이 아니라 어느 정도 속하는지를 바탕으로 지식을 포함하는 일련의 수학 원리이다. 간단하게 말하자면 사람의 키를 작은 키, 보통 키, 큰 키로 나누는 것과 같이 모호한 경계를 설명하는 논리다. 전문가 시스템의 궁극적인 목적이 인간의 지식과 경험을 시스템으로 구현하고자 함이며, 애매한 언어에 의한 인간의 사고과정을 모방하기 위해서 시스템은 애매한 사항에 대한 처리를 필요로 한다. 이 문제를 해결하기 위해 고전적인 이진논리가 아닌 인간의 논리와 유사하여 인간의 사고방식을 반영할 수 있는 수학적 기법인 퍼지 논리는 전문가 시스템이 다뤄야 하는 문제 해결 방식에 적합한 추론으로 인정받은 것이다.

퍼지 추론 기법에는 맘다니[16] 방법과 스게노 방법이 있다. 맘다니 방법은 입력 변수의 퍼지화, 규칙 평가, 출력으로 나온 규칙의 통합, 그리고 통합된 규칙에서 하나의 값을 도출해 내는 과정인 역퍼지화 단계로 진행된다.

▼ 표 4-2 맘다니 방식의 퍼지 추론 단계

1. 퍼지화 (fuzzification)	- 크리스프[17] 입력을 받고, 이를 적합한 퍼지 집합 각각에 어느 정도로 속할지를 결정한다. - 크리스프 입력은 언제나 논의 영역으로 한정된 수치값이다. - 입력을 받으면 적절한 언어 퍼지 집합에 대해 퍼지화한다.
2. 규칙 평가 (rule evaluation)	- 퍼지 입력을 받아 퍼지 규칙의 전건에 적용한다. - 전건이 여러 개 있다면 퍼지 연산자(AND, OR)를 사용하여 전건의 평가 결과를 나타내는 숫자 하나를 얻는다. - 그리고, 이 숫자(진리값)를 후건의 소속 함수에 적용한다. - 규칙 전건의 논리합을 평가하려면 OR 퍼지 연산을 사용한다.
3. 출력으로 나온 규칙의 통합	- 앞 단계에서 클리핑[18]되거나 스케일링[19]된 모든 규칙 후건의 소속함수를 퍼지 집합 하나로 결합한다.
4. 역퍼지화 (defuzzification)	- 퍼지 시스템의 최종 출력은 숫자여야 하므로 해당 과정을 거친다. - 역퍼지화 방법에는 주로 무게중심법을 사용한다.

맘다니 방법을 사용하면 전문지식을 더욱 직관적이고 인간의 방식으로 설명할 수 있으나, 수행에 상당한 시간이 소요된다는 단점이 있다. 스게노 방법은 맘다니 방법과 매우 비슷하지만 계산을 단순화하여 효율성을 추구한 방법이며, 최적화나 적응형 기법과 함께 잘 동작한다는 장점이 있다. 스게노 방법의 특징은 규칙 후건에 대한 소속 함수로써, 막대 하나로 된 단일체(Singleton)를 쓸 수 있고 퍼지 집합 대신 입력 변수에 대한 수학 함수를 사용했으며, 단일체의 가중평균을 구하여 크리스프 출력값을 구한다는 점이다.

16) 맘다니(E. H. Mamdani) : 수학자. 퍼지의 개념을 학문으로 정립하고 규칙형 퍼지 추론을 고안
17) 크리스프(crisp) : 분류가 분명한 (자료 또는 자료 집합)
18) 클리핑(clipping) : 상관 최소값. 단순히 규칙 후건의 소속 함수를 규칙 전건의 진리값 수준에서 잘라서 진리값을 연관 짓는 가장 흔히 쓰이는 방법
19) 스케일링(scaling) : 상관곱. 규칙 후건에 대한 원래의 소속 함수를 모든 소속도에 규칙 전건의 진리값을 곱하여 조정. 일반적으로 정보손실이 더 적어 퍼지 집합의 원형을 잘 보존하므로 퍼지 전문가 시스템에서 유용하게 사용.

퍼지 전문가 시스템은 퍼지 집합과 퍼지 규칙을 적용한 다음 정해진 요구 조건에 따라 시스템을 평가하고 조정하는 작업을 반복하는 과정을 통해 구축할 수 있다. 규칙기반 전문가 시스템이 정보의 불확실성을 다루는 방법인 베이지안 추론과 확신도 이론은 정의된 사건에서 도출되는 결론의 부정확성과 관계가 있는 반면, 퍼지 논리는 문제 자체에 내재된 부정확성에 집중한다. 퍼지 시스템은 공학 분야에 주로 응용되고 있지만, 특성상 사업이나 금융 분야에서 더 큰 잠재력을 보이고 있다.

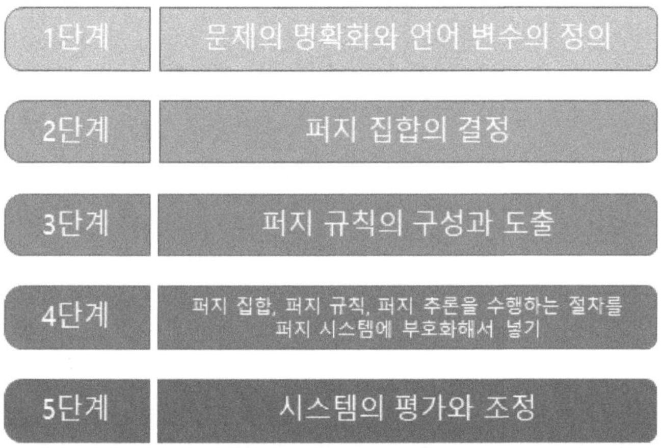

▲ 그림 4-15 퍼지 전문가 시스템의 절차

다) 전문가 시스템의 유형

전문가 시스템은 목적에 따라 다음과 같은 유형이 있다.

- **진단형** : 의료 진단, 고장 진단 등에서 관측된 현상으로부터 원인을 추정한다.
- **설계형** : 반도체칩 배선, 건축 설계 등에서 주어진 제약조건 중에서 최적해를 제시한다.
- **제어형** : 화학플랜트, 용광로 등에서 센서 관측 데이터로부터 최적의 제어를 수행한다.
- **상담형** : 법률 상담 등에서 요구를 만족하는 최적해를 제시한다.
- **교육형** : 지능적 CAI 등에서 학습자의 이해도에 따른 최적의 지도를 수행한다.

라) 전문가 시스템의 활용

EMYCIN으로부터 시작된 전문가 시스템 구축 툴은 1980년대에 인공지능이 붐을 일으키면서 각 기업이 상용화에 경쟁을 벌였다. 그런데 인간의 상식까지 포함한 판단 기준에서 보면 표면적인 지식 표현으로는 도움이 되지 않는 것이 밝혀지면서 1990년 이후 전문가 시스템은 쇠퇴해갔다.

전통적인 프로그램들과는 달리, 전문가 시스템은 사용할 정보가 불완전하거나 또는 모호한 상황에서도 동작할 수 있으며 합리적인 결론에 도달할 수 있다. 또한 지식이 처리 과정과 분리되어 있어, 새로운 지식을 추가하거나 빼는 작업이 용이하므로 시스템을 쉽게 수정할 수 있다는 장점을 지닌다.

하지만 모든 문제에 전문가 시스템을 적용하기에는 무리가 있으며, 가장 큰 이유는 전문가 시스템 자체가 인간이 가진 '학습'능력을 보유할 수 없다는 점이다. 실제 전문가는 새로운 지식을 습득하거나 잘못된 지식을 바로 알게 된다면 언제든 머릿속에서 규칙을 추가하거나 변경할 수 있지만, 저장된 규칙과 사실을 기반으로 추론하는 전문가 시스템은 자체적으로 기반 지식을 수정하거나 새로운 규칙을 추가할 수는 없기 때문이다. 따라서 전문가 시스템은 어디까지나 수단일 뿐이며, 전문가를 '흉내'내는 역할을 할 뿐이고 스스로 고도화된 지능을 가졌다고는 볼 수 없다.

그러나 이용 범위를 잘 제한한다면 여전히 매우 유효한 개념으로, 고도의 전문지식이 요구되는 과학기술 분야나 법률관계, 플랜트 설비 스케줄링, 의료 분야에서의 심전도 해석 등 비교적 확립된 분야에서 연구 개발이 이루어지고 되고 있다는 점과 기술의 발전과 융합을 통한 성능개선의 여지가 있는 점에서 볼 때, 인공지능이라는 큰 틀 안에서 전문가 시스템이 중요한 역할을 담당할 가능성은 충분하다.

4.2.6 에이전트

에이전트(agent)는 복잡한 동적인 환경에서 목표를 달성하려고 시도하는 시스템이다. 에이전트는 외부 환경과 센서와 행위자를 사용하여 상호작용한다. 가상공간 환경에 위치하여 특별한 응용 프로그램을 다루는 사용자를 도울 목적으로 반복적인 작업들을 자동화시켜 주는 컴퓨터 프로그램을 '소프트웨어 에이전트' 또는 '지능형 에이전트'라 한다.

에이전트는 일반적인 데이터베이스 시스템과 뭐가 다를까? 일반적인 시스템도 성가신 처리는 서버가 수행하므로 사용자 측에서는 정해진 사용자 인터페이스를 통하여 서버에 요구하기만 하면 된다. 이것으로 충분히 편리하지만, 만약 서버 측에서 요구받은 해가 없을 경우 보통 서버는 오류를 돌려주므로 사용자는 요구를 수정하거나 요구하는 서버를 다른 것으로 변경하지 않으면 안 된다

에이전트의 경우는, 만약 요구를 해결하지 못하면 에이전트가 자동적으로 다른 에이전트에 요구를 돌려보내 최종적으로 사용자가 반드시 어떠한 답이라도 받게 된다. 얼핏 보기에는 특별한 차이가 없는 것 같지만, 사용자가 시스템의 사정을 감안하지 않아도 된다는 본질적인 차이가 있다. 네트워크에 따른 분산 컴퓨팅 환경이 발전해 온 1980년대 이후 멀티 에이전트 연구가 활발해졌다. 근래의 네트워크 발전과 함께 분산 인공지능의 중요한 연구 분야가 되고 있다.

가) 에이전트의 정의

에이전트란 사전적으로는 '대리인', '대행자'란 뜻을 나타내고 컴퓨터 분야에서는 사람 대신 업무를 처리하는 지능적인 소프트웨어 또는 하드웨어를 의미하며, 정보를 알아서 찾아주는 검색엔진과 검색로봇이 대표적 예이다. 에이전트에 대한 정의는 다양하다. 사람마다 에이전트를 보는 시각이 다르고 연구 방향이 다르기 때문이다. 에이전트의 다양한 정의들의 공통사항을 정리하면 다음과 같다.

- 에이전트는 특정 목적을 위해 사용자를 대신하여 작업을 수행하는 자율적 프로세스이다.
- 에이전트는 지식 베이스와 추론 기능을 가지며 사용자, 자원(resource) 또는 다른 에이

전트와의 정보교환과 통신을 통해 문제 해결을 도모한다.

- 에이전트는 수동적으로 주어진 작업만을 수행하는 것이 아니고, 자신의 목적을 가지고 그 목적 달성을 추구하는 능동적 자세를 지닌다.
- 에이전트는 독자적으로 존재하지 않고 어떤 환경의 일부이거나 그 안에서 동작하는 시스템이다. 여기서의 환경은 운영체제, 네트워크, 또는 MUD 게임[20] 환경 등을 지칭한다.
- 에이전트는 스스로 환경의 변화를 인지하고 그에 대응하는 행동을 취하며, 경험을 바탕으로 학습하는 기능을 가진다.
- 에이전트의 행동은 한 번에 끝나는 것이 아니라 지속적으로 이루어지고 그 결과로 환경의 변화를 가져올 수 있다.

위에서 언급한 에이전트에 대한 정의는 절대적인 것은 아니지만 에이전트를 성립시키기 위한 중요한 지표라고 할 수 있다. 즉, 위에서 정의된 항목들 중 어느 정도 부합하느냐에 따라 에이전트의 역할을 충실히 수행하는지 여부를 판단할 수 있을 것이다.

나) 에이전트의 요건

에이전트는 사용자가 에이전트 측의 사정을 고려하지 않아도 좋다고 설명하였지만 고전적인 문제에서 고려한 주제를 정리하면 다음과 같이 말할 수 있다.

- 요구 내용을 상황에 따라 정확하게 조사한다. 즉시 응답성도 필요하다.
- 다른 에이전트와의 협력이 필요한 경우에는 상황에 따라 협조하며 동작한다.
- 개개의 이득과 전체의 이득이 반드시 일치하지 않는 경우에는 전체의 이득이 우선한다.

일반적인 서버에서는 이와 같은 주제를 고민하지 않고 요구 내용이 정화하게 주어지면 그 범위 내에서만 처리한다. 요구가 애매할 경우에는 오류 메시지를 내줄 뿐이다. 그러나 에이전트에는 앞에서 언급한 주제를 극복하기 위하여 다음과 같은 요건이 있다.

- **자율성(Autonomy)** : 요구의 취지에 따라 나름대로의 처리를 수행한다. 또는 환경으로부터 얻어지는 이득을 평가하고 그것을 최대화하도록 동작하는 것
- **사회성(Social Ability)** : 인간 다른 에이전트와의 상호 작용을 수행하거나 협조적으로 동작하는 것
- **반응성(Reactivity)** : 환경을 인식하고 변화에 대한 응답을 수행하며, 학습에 따라 보다 효율적으로 동작하는 것

에이전트에는 다양한 인공지능 기술이 사용된다. 지식 베이스, 상식, 애매함의 보완, 문제 해결, 탐색 또는 검색, 환경으로부터의 학습, 응답을 위한 유저 인터페이스 등 환경 인식을 위한 빅데이터 해석과 네트워크 통신 기술도 사용된다.

---

20) MUD(multi user dungeon) 게임 : 온라인 게임의 일종으로서 여러 사람들이 동시에 동일한 게임 환경을 공유할 뿐만 아니라 게임 환경 내의 정보와 자원을 공유하고, 자신의 수행과 협동적 문제 해결의 결과로 게임 내에서 자신의 사회적 지위와 권력 수준을 유지하거나 향상시킨다.

다) 에이전트의 사례

우리 주변에는 이미 많은 에이전트가 실용화되고 있다. 다음과 같은 시스템을 에이전트라고 부른다.

- **스마트폰 어시스턴트** : 소유자의 일상 행동 패턴을 학습하여 최적 행동을 보여준다.
- **인터넷 쇼핑** : 고객 구입 기록으로부터 관심도 경향을 학습하여 추천 상품을 제시한다.
- **도서 대출** : 도서관 단위 도서 관리를 넘어, 책이 없을 경우 다른 도서관에서 대출한다.
- **청소 로봇** : 오염되기 쉬운 곳이나 오염의 종류를 학습하여 효율적으로 청소한다.
- **기타** : 인터넷 전자상거래, 카탈로그에 의한 통신 판매, 옥션, 생산 관리, 재고 관리, 물류 관리, 건강관리, 교육 지원, 협조 설계, 각종 자율형 로봇 등

작업 순서를 정형화하고 일련의 체계적인 흐름으로 규정하는 워크플로우(workflow)는 작업 효율을 높일 뿐만 아니라 순서의 합리화에 따른 신뢰성도 높아지므로, 기업 활동에 있어서는 제조 라인부터 사무 관리까지 모든 곳에서 없어서는 안 되는 것이다. 이제는 스마트폰에서도 workflow라는 애플리케이션이 탑재되어 개인의 편의성을 높이고 있다

워크플로우를 쉽게 구축할 수 있도록 하는 구조를 제공하는 소프트웨어를 워크플로우 엔진(workflow engine)이라고 하는데, 이것도 일종의 에이전트다. 예를 들어, 여러 장소・부문・자원에 걸친 작업을 일일이 의식하지 않고 마치 자기 자리에 있는 한 대의 PC에서 처리하는 듯 한 워크플로우를 구축하는 것이 가능하다 이것은 에이전트 기능에 따라 필요한 장소의 자원을 찾고 필요한 지리를 수행하여 그 결과를 다음 자원에 넘겨주는 식의 처리가 자율적으로 수행되기 때문이다.

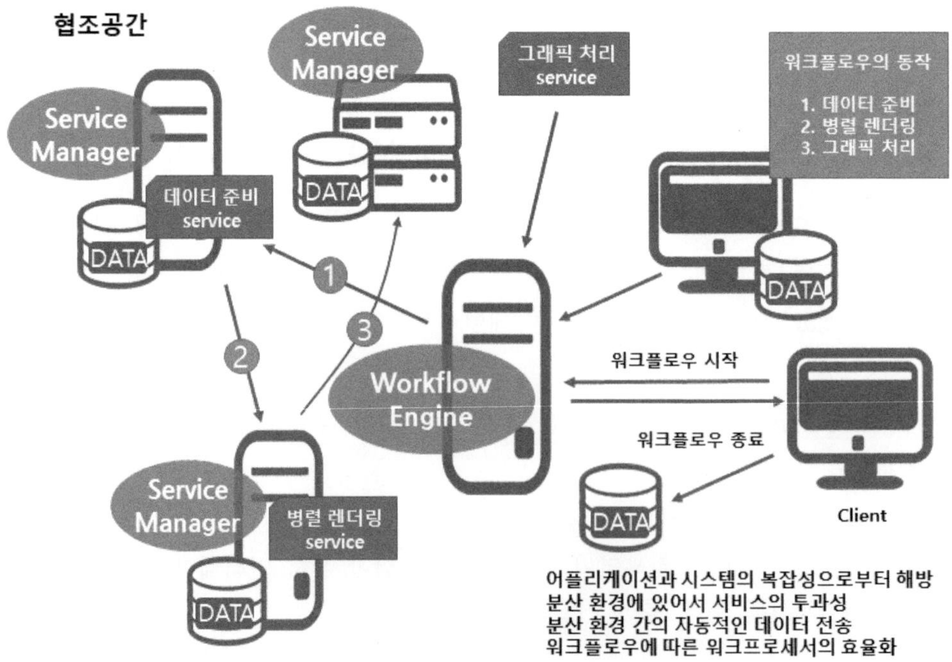

▲ 그림 4-16 워크플로우 엔진

라) 멀티에이전트

여러 에이전트가 협조하여 동작하는 경우를 멀티에이전트(MAS, multi-agent system)라 하며, 에이전트 간의 협력 방법이 중요한 주제가 된다. 에이전트 간의 협력은 상호간의 통신 또는 정보 공유라고 하는 것이지만, 예전에는 1950년대 말의 판데모니엄[21]을 시작으로 그 이후 다양한 정보 공유 구조가 제안되어 왔다.

1970년대 후반에 등장한 정보 공유를 위한 블랙보드 모델[22]은 여러 에이전트가 각각 몇 가지 지식을 맡아 블랙보드라고 하는 공유 공간을 통해 상호 작용을 서로 주고받게 함으로써 정보 공유를 수행하는 구조다. 단순한 공유 공간이 아니라 읽고 쓰기가 에이전트별로 독립적이고 병렬로 수행되어 실시간 응답성이 뛰어나다.

1980년대 후반에는 포섭 구조라고 하는 에이전트들 간의 제어 구조가 제안되었다. 이것은 지적으로 보이는 처리를 단일 기능 부품의 계층 제어 구조에 따라 구현되는 기법으로 이동 로봇에 적용되었다.

1990년대에는 에이전트들 간에 정보 교환을 위한 회화 프로토콜이 개발되었다. 에이전트들 간의 협력을 문자열로 주고받는 것은 비효율적이기 때문에 의뢰(ask)와 대답(tell)이라는 명령어로 주고받는 것이다. 이것은 단어가 지닌 의미를 보다 깊이 공유하기 위한 온톨로지[23] 연구로 진화되었다.

마) 멀티에이전트의 협상전략

멀티에이전트에서는 각 에이전트의 협력 방법으로 다음의 두 종류가 고려된다.

- **협조형(Cooperative MAS)** : 일반적으로 계층 구조의 태스크 구성으로 조직적 협조를 수행한다. 태스크 공유라고도 한다
- **경쟁형(Competitive MAS)** : 태스크는 독립으로 각각의 목표를 가진다. 협상 전략에 의한 경합 해소가 필요하다. 결과 공유라고도 한다

에이전트의 조직 구조로는 CAs와 NAs는 경쟁형. CLAs는 협조형으로 불린다. 협조형은 전체의 방향성이 일치하므로 행동 전략을 세우기 쉽지만 경쟁형은 각각의 방향성이 다를 가능성이 있으므로 어떤 조정이 필요하게 된다. 이것을 협상 전략이라고 한다. CLAs 이외에도 각각의 목표가 같은 방향이면 협상 전략은 필요하지 않으므로 협조형이라고 해도 좋다.

협상 전략으로는 에이전트들 간의 목표를 같은 방향에 두는 것이 좋다. 에이전트의 목표 범위를 집합으로 생각한다면 각 에이전트 목표 범위의 공통부분이 협상의 여지가 있는 부분이 된다. 이것을 협상 집합이라고 한다. 협상 진략은 에이전트들 간의 협상 집합을 확대하는 것

---

21) 판데모니엄(Pandemonium) : 셀프릿지(Oliver Selfridge)가 고안한 패턴 인식 모델, 인식의 각 단계를 담당 데몬으로 연결하여 모델화한 것으로, 일종의 에이전트 시스템으로 불린다. 지각정보 →이미지데몬→특징추출데몬→인지데몬→결정데몬→행동

22) 블랙보드 모델 : Hearsay Ⅱ라는 음성 이해 시스템에 도입된 정보 공유 구조

23) 온톨로지(Ontology) : 에이전트 간의 정보 해석에 차이가 생기지 않도록 하기 위한 공통 개념 체계. 일반적으로 정보의 의미를 부여하는 개념 체계로 지식 표현과 웹 데이터 기술 등 다양한 상황에 사용된다.

이라고 할 수 있다. 협상 전략은 협상 집합의 상태에 따라 다음과 같은 세 가지 패턴으로 나타난다.

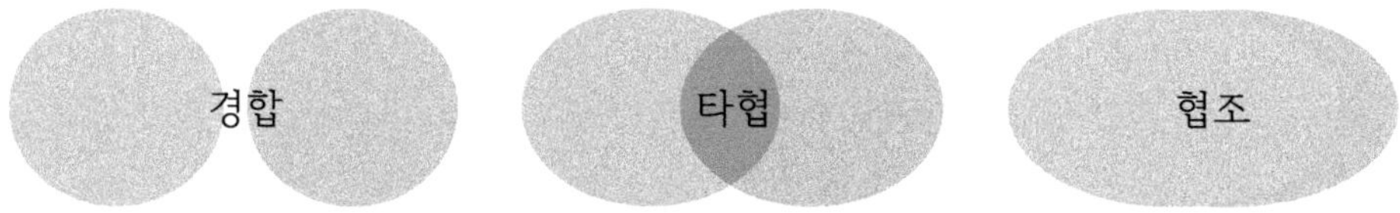

▲ 그림 4-17 협상 집합

- **경합** : 협상 집합이 공집합 - 각 에이전트는 목표 집합을 확대하여 서로 다가갈 필요할 필요가 있지만 결말이 나지 않으면 종료한다. 에이전트 간의 논의가 불가능한 경우에 자율 행동의 방향성을 드러내는 상황이다.

- **타협** : 협상 집합이 있지만 소극적 - 상호간에 목표 집합의 가중치를 바꾸는 노력이 필요하고 개선되지 않으면 적당히 먼저 진행한다.

- **협조** : 협상 집합이 있고 적극적 - 각 에이전트 상호간에 상대의 목표 집합을 활용하여 목표를 최대화하도록 진행할 수 있다.

특히 협상 집합이 공집합인 경우, 다시 말해 경합 상태에 있는 경우의 협상 전략은 중요하므로 상호 접근, 즉 경합 해소가 필요하다. 경합 해소에는 다음과 같은 전형적인 패턴이 있다.

- **분리 기질(shízothymia temperament)** : 자신의 목표만 생각하고 상대를 배제한다.

- **순환 기질(cyclothymic temperament)** : 상대의 목표를 변경시켜 자신의 목표로 끌어들인다. 이것은 또한 다음과 같은 패턴이 있다
  - 설득 : 상대의 가치를 진정으로 높이도록 유도한다. 상대도 이해한다.
  - 협박 : 상대가 양보하지 않으면 더욱 나빠지는듯한 비법으로 상대는 마지못해 따른다.

- **점착 기질(phlegmatic temperament)** : 시간이 지남에 따라 상호간의 목표가 변화하는 것을 기대하고, 자신의 목표도 확대시키려고 노력한다.

분리 기질은 즉시 결정할 수 있지만 win-lose가 될 가능성이 높다. 순환 기질은 협박의 경우는 win-lose이지만 설득은 win-win이 될 가능성도 높다. 점착 기질은 시간이 걸리지만 반드시 win-win이 된다. 반대로 보면 점착 기질은 win-win이 될 때까지 조정을 계속한다.

4.3 인공지능의 활용

최근에 개발된 마이크로소프트의 딥러닝 기술은 1001개 계층의 인공 신경망 구조 하에서 슈퍼컴퓨터를 활용하여 3주간의 학습 과정을 수행했다. 이 기술은 1,000가지 범주의 10만 장의 무작위 이미지를 분석하여 4.9%의 오류율로 인식하고 분류해냈다. 인간의 평균적인 인식 오류율이 5.1%라는 점을 감안하면 지금의 인공지능은 이미 인간의 시각 인식 및 분류 능력을 뛰어넘은 것으로 보인다. 구글 딥마인드의 알파고는 1920개의 CPU, 280개의 GPU가 클라우드 방식으로 연결되었고, 이세돌과의 대전에 앞서 6주간 130만 기보를 학습하여 바둑 분야에서 독보적인 성능을 보인 것이다. 인공지능 기술은 세상을 변화시키고 있다. 강력한 병렬프로세서, 빅데이터, 다양한 센서, 클라우드 컴퓨팅, 모바일 환경 등 다양한 기술 분야와 접목되어 사회의 기술적 시스템을 바꾸고 산업과 직업 구조를 변화시키고 있다. 그 중 가장 두드러진 활용 분야에서 몇 가지 사례를 살펴본다.

4.3.1 지능형 개인비서

애플은 2011년 4월 '아이폰4S'에 지능형 음성인식 기술 '시리(siri)'를 탑재하고 이를 지능형 개인비서(IPA, Intelligent Personal Assistant)라고 소개했다. '시리'이후 아마존 '알렉사(alexa)', 마이크로소프트의 '코타나(cortana)', 구글의 '구글 어시스턴트(google assistant)' 등으로 이어지는 지능형 개인비서를 더 이상 음성인식 기술이라 부르지 않는 이유는 과거 '우리~집'이라고 말하면 집으로 전화를 걸어주던 단순한 수준을 넘어 다양한 맞춤형 서비스를 제공하며 사용자의 삶을 크게 바꾸어 놓았기 때문이다.

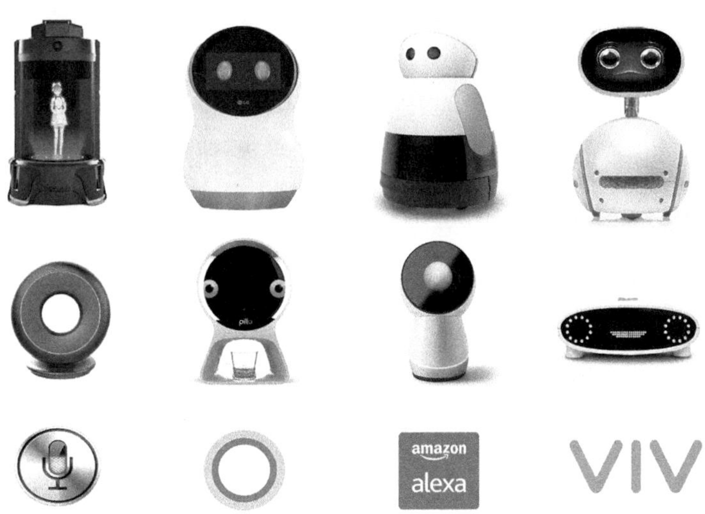

▲ 그림 4-18 다양한 형태의 지능형 개인비서

기존 음성인식 기술은 사람의 음성을 휴대폰 속에 저장된 명령과 대조해 맞춰주는 이른바 매칭 기술이었다면 지능형 개인비서는 음성 명령으로 전화를 걸 수 있는 것은 물론이고, 날씨를 묻거나 인터넷 검색을 대신 해 줄 수도 있다. 사용자의 집에서 사무실까지 가는 가장 빠른 길을 알려주기도 하고 특정 앱과 연동하여 인터넷과 연결된 사물을 제어하는 등 세분화된 다양한 서비스를 제공하고 있다. 말 그대로 사용자의 손안에서 비서 역할을 하는 셈이다.

사용자가 요구하는 작업을 처리하고 사용자에게 특화된 서비스를 제공하는 다양한 모습의 지능형 개인비서를 소프트웨어 에이전트(software agent)라고 부른다. 주요 에이전트로는 학습·추론·계획능력과 같은 지능적 특성을 지닌 지능형 에이전트(intelligence agent), 컴퓨터 시스템을 사용하기 편리하도록 지원하는 사용자 인터페이스 에이전트(user interface agent), 단순히 사용자 작업을 돕는 보조 에이전트(assistant agent), 분산 환경에서 상호 협력을 통해 작업을 수행하는 다중 에이전트(multi agent), 프로그램 자체가 네트워크를 돌아다니며 수행되는 이동 에이전트(mobile agent) 등이 있다.

가) 지능형 개인비서의 기술

지능형 개인비서의 구조는 클라우드 데이터센터 속 인공신경망을 적용한 인공지능모델을 설치하여, 처리 능력과 처리할 수 있는 분야를 성장시키는 머신러닝 기술과 사람의 말을 듣고 이해 할 수 있는 자연어 처리 기술이 결합된 형태로 이를 통해 보다 자연스러운 개인비서 서비스를 제공할 수 있게 되었다.

인공지능 학습모델을 늘리고, 기계학습과 인공 신경망을 구현하기 위해선 막대한 컴퓨터 파워를 요구하게 된다. 때문에 클라우드의 발전은 클라우드 데이터 센터나 슈퍼컴퓨터를 통한 인공지능 구현을 빠르게 도와 줄 수 있다. 지능형 개인비서 서비스를 위한 데이터 또한 각 IT 업체의 클라우드 데이터 속에 저장된다 할 수 있으며, 따라서 서비스를 제공 받기 위해서는 인터넷 연결은 반드시 필요하다.

또한 사물 인터넷은 PC, 노트북, 스마트폰 등 전자 통신 기기뿐 아니라 TV, 스마트 스피커, 냉장고 등의 기기에서도 지능형 개인비서 서비스를 이용할 수 있는 배경 기술이 되었다.

- **클라우드 서버** : 지능형 개인비서 기술의 중심엔 클라우드 기술이 자리 잡고 있다. 지능형 개인비서 서비스를 탑재한 스마트폰들은 사용자의 명령어를 분석하고 분석된 결과 값에 적절한 명령을 찾아 실행해 줄 수 있는 클라우드 데이터 센터(cloud data center)를 갖고 있다. 사용자가 스마트폰에 음성 명령을 내리면 스마트폰이 직접 명령어를 분석하는 것이 아니라 그 명령을 클라우드 데이터 센터에 있는 서버에 전달하고 클라우드 서버가 계산한 결과값을 받아들일 뿐이다.

  클라우드 서버는 단순히 음성을 분석하고 명령을 내리기만 하는 것도 아니다. 스스로 학습도 한다. 사용자가 스마트폰에 내린 명령은 클라우드 서버에 학습데이터로 차곡차곡 쌓이기 때문이다. 이렇게 쌓인 정보는 다음 명령을 분석할 때 활용된다. 처음에는 사용자의 명령을 듣고도 적절한 답을 보내주지 못하더라도 시간이 지나 관련된 명령에 관한 정보가 쌓이면 머신러닝과 딥러닝을 통해 해답을 찾을 수 있게 된다. 이 과정은 마치 갓난아기가 말을 배우는 것과 닮아있다. 따라서 클라우드 서버가 갖고 있는 정보의 양은 지능형 개인비서 기술의 핵심이 된다.

- **자연어 처리** : 클라우드 서버가 지능형 개인비서의 '뇌' 역할을 한다면, '귀'와 '입' 역할을 하는 건 자연어 처리 기술이다. 사용자의 말을 알아들어야 분석할 수 있고 또 원하는

결과를 내줄 수 있기 때문이다. 1990년대 후반, 겨우 단어를 알아듣는 수준에 불과했던 음성인식 기술과 달리 지금의 지능형 개인비서 기술이 긴 문장을 알아듣고 처리할 수 있는 것은 바로 이 자연어 처리(natural language processing) 기술 덕분이다. 주로 정보 검색, 질의응답 시스템 자동번역, 통역 등이 이에 속한다.

나) 대표적인 지능형 개인비서 서비스

지능형 개인비서는 단순히 스마트폰을 조작하는 용도를 넘어 실생활에서 다양하게 활용되고 있고 그 응용 범위가 더욱 확장되는 중이다.

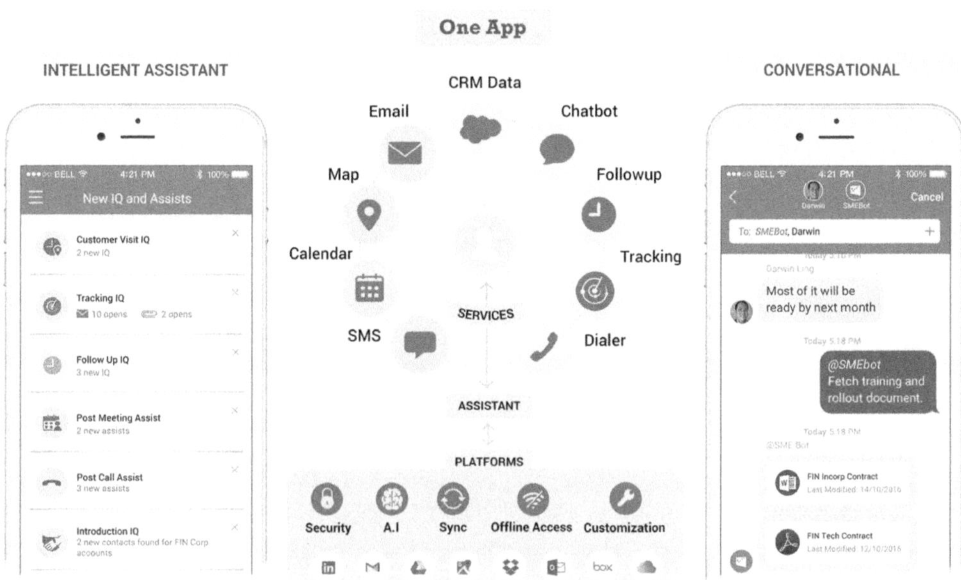

▲ 그림 4-19 다양한 개인비서 서비스

- **개인일정 관리** : 캘린더, 이메일, 검색, 사진, 지도 등 여러 앱과 연동하여 일정 알림 등의 서비스를 통해 도와주는 기능이다. 더 나아가 현재 날씨와 약속 장소까지의 이동 시간, 이동할 수 있는 최적의 방법을 제시하고, 인공지능으로 사용자의 행동 패턴을 분석하여 필요한 일정과 관련 정보를 요약해 알려주는 등의 서비스도 제공하고 있다.

- **여행 어시스턴트** : 해외여행 시 지도와 번역기는 필수이다. 지능형 개인비서는 특정 지역과 일정 기간 동안의 날씨, 여행지의 환율, 교통편 등의 정보를 제공하고, 예약 등의 서비스를 도와 줄 수 있다. 사용자의 위치를 중심으로 근처의 식당 등 원하는 장소에 대한 몇 가지 추천도 가능하다. 외국어를 보여주거나 들려주면 사용자의 이용 언어로 빠르게 번역하고 나아가 사용자의 말을 현지 언어로 통역해주기도 한다.

- **연락 및 SNS 관리** : 음성만으로 전화, 문자 전송을 수행하며, 사용자의 페이스북 등 SNS에 올라온 새로운 글, 사진, 동영상을 찾아 준다. 사용자의 관심사를 분석하여 흥미로운 내용을 자동으로 찾아 줄 수 있다. 메신저 또한 내용을 확인하고 음성으로 답장을 보낼 수 있도록 지원한다. 메신저 분석을 통해 사용자와의 친분 등을 판단하여 상대방의 주요 메시지를 알림 해 줄 수도 있다. 최신 이메일 알람, 이메일 보관함 열람 등의 기본 기능부터 메일을 음성으로 읽어주는 기능과 음성으로 메일을 작성하여 발송해 주는 기능도 제공한다. 사용자를 분석하여 자동으로 간단한 답장을 해줄 수도 있다.

- **고급 검색** : 사용자가 궁금한 것을 질문하면 인터넷 검색 등을 통해 대답하고 관련 상식, 유머, 화제의 뉴스 등도 간추려 알려 주기도 하는데 사용자와의 대화가 가능한 수준으로 발전되고 있다. 인터넷 쇼핑 시 사용자가 원하는 제품을 말하면 최대한 저렴하게 구매할 수 있도록 사이트를 검색하여 최저가를 찾아주며, 또한 이를 구매 해주는 기능을 제공한다. 또한 사용자의 관심 종목, 좋아하는 팀을 알려주면, 해당 팀의 경기일정, 결과를 알려주고 이를 시청할 수 있는 방법을 제안해 줄 수 있다.

- **미디어 관리** : 클라우드나 사용자 기기에 저장된 동영상, 사진, 음악 등을 관리하여 원하는 사진을 말하면 빠르게 찾아서 보여준다. 얼굴을 인식하여 특정인의 사진을 찾아줄 수도 있다. 저장된 음악 또는 가입된 서비스에서 제공하는 음악 재생 제어를 음성으로 실행할 수 있으며, 특정시간 또는 콘셉트에 따른 음원자동재생 관리도 가능하다.

- **사물인터넷 제어** : 사용자의 음성으로 특정 앱 서비스를 실행할 수 있으며, 최근에는 세부 기능까지 음성으로 조작할 수도 있다. 이를 통해 지능형 개인비서는 사물인터넷 기기를 제어하는 스마트홈의 플랫폼으로 진화하고 있다.

4.3.2 자율주행 자동차

SF 영화가 그리는 미래 도시에 자주 등장했던 자율주행 자동차가 드디어 현실화되기 시작했다. 각종 센서와 GPS를 통해 수집한 정보를 바탕으로 목적지까지 스스로 운행하는 자율주행 자동차(autonomous vehicles)는 4차 산업혁명의 대표적 기술 중 하나이다. 인공지능의 활용 영역이 확대되면서 지금 전 세계는 자율주행 자동차 개발 경쟁으로 뜨겁다. 지금까지 자동차 기술은 자동차 제조업체에서 주도했지만, 자율주행 자동차만큼은 정보기술 업체에서 더 활발하게 연구 중이다. 이들은 주변 사물을 인식할 수 있도록 돕는 첨단 센서와 고성능 프로세서의 도움을 받아 기술업체다운 자율주행 자동차를 개발하고 있다. 기존 자동차 제조업체도 이에 질세라 자동차의 심장을 배터리로 바꾸고, 기술업체가 이룩한 각종 스마트 기능을 자동차에 적용하는 중이다. 스마트폰이나 스마트워치 같은 모바일 기기와 자동차를 연동하려는 시도가 대표적이다.

가) 자율주행기술의 역사와 동향

자율주행 기술은 1950년대부터 미국에서 교통 혼잡 해소와 교통사고 감소를 위해 그 필요성이 제안된 바 있으며 그 후 2009년부터 구글이 도요타의 일반 차량을 개조해 무인 주행 자동차를 개발하고 시험 주행을 하면서 본격적으로 대중 앞에 모습을 드러냈다. 당시 IT기업이 자동차 지붕에 첨단 센서를 장착하고 360도 주변을 스캐닝하면서 자율 주행하는 기술을 보인 것은 신선한 충격이었다.

그로부터 구글은 막강한 인공지능 기술을 바탕으로 자동차 자율운행 시스템을 개발하는데 중점을 두고 연구를 계속 해왔으며 자율주행 자동차 관련 특허를 수백 건 취득했다. 2016년 말에는 사내 자율주행 프로젝트팀을 웨이모(waymo)라는 자회사로 분리하고 자율주행 자동차 시장에 본격적으로 참여하여 상용화에 박차를 가하고 있다.

현재는 주요 자동차기업들과 1차 부품업체, 그리고 웨이모를 비롯한 미국의 우버(Uber), 싱가포르의 누토노미(nu Tonomy), 중국의 바이두(baidu) 등 비자동차 제조업체들이 앞 다투어 자율주행차를 선보이고 실제 도로에서 주행시험을 진행하고 있는 상황이다. 특히 우버는 미국 피츠버그에서, 누토노미(nuTonomy)는 보스턴에서, 그리고 웨이모는 미국 피닉스에서 자율주행 택시와 모바일 서비스를 시험운행 중에 있다.

특히 웨이모는 2017년 11월부터 무인택시 운행 서비스를 전개하고 있는데, 위급 상황에 관여할 운전자가 탑승하지 않는 완전자율주행차량의 도로 주행 테스트로는 최초인 것으로 미국 자동차기술학회(SAE)에서 제시하는 자율주행 기술의 발전 6단계 중 5단계에 진입했음을 뜻하며, 이는 차량 안전성에 대한 책임이 사람에서 자동차 제조업체로 옮겨진다는 점에서 큰 의의를 갖는다.

▲ 그림 4-20 웨이모 자율주행 자동차

한국도 최근 몇 년 동안 자율주행 분야에 많은 움직임이 있었으며 자동차와 통신, IT 회사들과 연구소, 대학들이 자율주행차량의 임시주행 허가를 받고 실제 도로 주행시험을 진행하고 있다. 또한 제주도는 2018년 도내에 자율주행 플랫폼 전문회사를 유치한데 이어 2021년까지 전기차 기반 자율주행 자동차 시범단지를 조성할 전망이다.

나) 자율주행기술의 단계

미국자동차기술학회(SAE)는 자율주행 기술의 발전 단계를 6단계(레벨 0~5)로 구분하고 있으며 이 기준은 미국 · 유럽 · 아시아에서 공용으로 적용하고 있다. 레벨 0은 가장 기초적인 차량으로 현재 도로를 달리는 대부분의 차가 여기에 속한다. 별도의 시스템이 개입하지 않고 사람이 직접 운전하는 형태이다. 레벨 1은 운전자 보조 시스템을 탑재한 차를 말한다. 차선유지장치나 정속주행시스템(ACC) 등이 여기에 해당하며 운전은 사람이 하지만 특수한 경우를 대비해 시스템이 운전에 개입하는 형태다. 상황에 맞게 속도를 조절하거나 장애물을 피하는 기술이 적용되면 레벨 2다.

운전의 대부분을 자율주행 시스템이 하게 되는 레벨 3부터 자율주행차라고 부를 수 있다. 운전은 시스템이 하고 특수한 경우에 운전자가 즉각 개입할 수 있도록 전방을 주시하고 통제할 준비가 되어 있어야 하는 단계가 레벨 3이다. 참고로 테슬라(tesla)의 '오토파일럿(Auto

Pilot)'이 레벨 3의 조건부 자동화에 해당하며 운전자들이 전방을 주시하지 않고 사용하다가 여러 건의 교통사고와 2016년에는 미국과 중국에서 사망자가 1명씩 발생한 바 있다. 레벨 4는 운전자가 시스템에 이상이 생기지 않는 한 운전을 할 필요가 없다. 하지만 운전은 할 수 있도록 운전석에 앉아야 한다. 레벨 5는 핸들과 페달이 없이 완전한 자율주행 시스템이 도입된 차량(Driverless Car)이다.

전문가들은 현재 웨이모가 5단계인 레벨 4에 해당하는 것으로 보고 있다. 탑승자는 모두 승객에 불과하기 때문에 실질적으로 운행 사고의 책임 소재가 자동차와 그 제조업체로 넘어가는 단계까지 온 것이다.

▼ 표 4-3 미국 자동차기술학회(SAE)의 자율주행 기술발전 단계 구분

레벨	주요 내용
Level 0 (비자동화)	- 운전자가 차의 속도와 방향을 계속 통제한다. - 시스템은 주행에 전혀 영향을 주지 않는다.
Level 1 (운전자 보조)	- 운전자는 차의 속도 또는 방향을 계속 통제한다. - 시스템은 주행과 관련한 다른 기능에 개입한다.
Level 2 (부분 자동화)	- 운전자는 반드시 능동적으로 주행에 개입하고 주변 상황을 항상 주시한다. - 시스템은 정해진 조건에서 차의 속도와 방향을 조절한다.
Level 3 (조건부 자동화)	- 운전자는 능동적으로 주행에 개입하거나 주변 상황을 항상 주시하지 않아도 되지만, 항상 직접 주행을 통제할 준비가 되어 있어야 한다. - 시스템은 정해진 조건에 차의 속도와 방향을 조절하고, 기능 구현이 한계에 이르기 전에 운전자가 능동적 운전을 이어나가도록 알림으로써, 운전자가 대응할 수 있는 시간적 여유를 주어야 한다.
Level 4 (고도 자동화)	- 운전자는 정해진 조건에서 운전에 전혀 개입하지 않는다. - 시스템은 정해진 조건의 모든 상황에서 차의 속도와 방향을 통제하고 능동적으로 주행한다.
Level 5 (완전 자동화)	- 인간이 관리하는 모든 도로 및 환경조건하에서 운전자 없이 시스템이 풀타임 자동 주행한다.

다) 자율주행 자동차의 잠재적 장점과 숙제

자율 주행 자동차의 보편화가 가져올 잠재적 장점은 다음과 같이 요약 할 수 있다.

- 운전 미숙이나 실수로 인한 사고를 예방한다.
- 불필요한 안전거리를 줄이고 제한 속도를 높일 수 있으므로 교통 흐름이 개선된다.
- 운전자의 자격이 완화되고 결국에는 운전할 필요가 없어진다.
- 주차 밀도를 높일 수 있어 주차공간을 더욱 효율적으로 운영할 수 있다..

- 도로 표지판, 신호등, 교통 경찰관, 자동차 보험에 대한 비용이 절감된다.
- 차량의 자가 인식 기능이 높아져 차량 도단이 감소한다.
- 차량 내부사용 공간이 증가하고 배치도 자유로워진다.
- 불필요한 탑승자 수를 줄일 수 있고 나아가 무인 수송 서비스도 가능하다.
- 운전자 비용이 없으므로 소유보다는 공유비용이 더 저렴해진다.

반면 다음과 같은 난제들이 해결되어야 한다.

- 관련 법규나 규제가 마련되어야 한다.
- 차량 제조사와 주행 관련 소프트웨어 업체 간 책임 공방이 발생할 소지가 있다.
- 기존의 비자율주행 차량이 교통 흐름을 방해할 것이다.
- 운전 노동자와 조합, 그리고 스스로 운전하고자 하는 운전자들의 저항이 예상된다.
- 복잡한 상황에서 수동으로 운전하게 되는 비숙련 운전자들로 인한 위험에 노출된다.
- 차량과 주행 정보가 상시 노출되어 있어 사생활이 침해될 위험이 있다.
- 테러나 범죄에 이용될 수 있다.
- 충돌이 불가피할 때 여러 위험 상황 중 어떤 것을 선택할 것인가에 대한 소프트웨어 설계의 윤리적 문제가 대두된다.
- 통상 사용되는 경찰이나 보행자의 제스처나 비구두적 메시지를 아직 이해하지 못한다.
- 해킹이나 오류에 대비한 신뢰성, 도로의 인프라 변경 등 기술적 난제들이 남아있다.

세계적인 컨설팅사 보스턴컨설팅은 완전 무인 자율주행차가 향후 10년 내에 일반도로를 달리게 될 것이라고 전망했다. 자율주행차 보급도 계속 늘어 2035년에는 세계에서 판매되는 신차 중에서 차지하는 비중이 23%로, 4대 가운데 1대꼴을 차지할 것으로 추산했다. 자율주행 택시는 물론 자동차를 개인이 소유하지 않고 공유하는 서비스 보급이 확산되면서, 자율주행이 이동 거리에서 점하는 비율도 18%에 달할 것으로 예상했다.

완전자율주행차의 시대가 멀지 않았지만 보편화되기까지는 얼마나 걸릴지 단언하기 어렵다. 그러나 일단 보급만 된다면 새로운 비즈니스들이 연이어 출연할 것이다. 여러 자율주행 자동차를 보유하고 이를 바탕으로 운송서비스를 제공하는 회사가 등장하는가 하면 자율주행 자동차를 플랫폼으로 사용하는 회사도 나타날 것이다. 또 자율주행 자동차가 네트워크로 연결, 수집하는 데이터가 축적되고 분석이 이뤄지면 지금은 생각지도 못할 또 다른 서비스가 출연할 수도 있다.

4.3.3 지능형 로봇

로봇은 강제 노동을 의미하는 체코어 'Robota'에서 나온 말로써 1920년 체코 작가 카렐 차페크의 희곡 『로섬의 인조인간(Rossum's Universal Robot)』에서 최초로 쓰였다. 어떤 작업이나 조작을 자동적으로 하는 기계장치로써 산업형 로봇, 지능형 로봇, 안드로이드, 사이보그 등 다양한 목적과 형태로 발전해 왔으며, 흔히 인간과 비슷한 형태를 가지고 걷기도 하고 말도 하는 기계 장치를 칭한다.

지금까지 대부분의 로봇은 공장에서 생산성 향상과 자동화작업을 위한 반복 작업을 수행하며 노동을 대체할 목적으로 이용되어 왔다. 반복조립작업을 위한 기계로서의 제조용 로봇은 약 20년 전에 이미 성숙기 후반에 접어든 시장으로 분류될 만큼 오래된 장치이다. 하지만 여전히 꾸준한 기술발전이 이루어지고 있고 응용범위 또한 지속적으로 확대되고 있다. 최근 머신러닝, 자연어처리, 인식기술 등 여러 인공지능기술의 비약적인 발달로 로봇의 활용 범위도 제조업뿐만 아니라 서비스 업종까지 크게 확대되었다. 기존 로봇에 비하여 상당한 수준의 지능을 갖고 주변 환경을 인지하고 자율적으로 움직이며 인간과 상호작용하는 이른바 지능형 로봇이 어느새 우리 곁에 서있다.

시장조사기관 마켓앤드마켓(Markets and Markets)에 따르면, 전 세계 지능형 로봇시장은 2020년까지 연평균 19.22%로 성장해 그 규모가 780억 달러에 이를 전망이다. 자동차, 건설 등 제조업과 전문화된 산업분야를 포함해 노인 지원, 엔터테인먼트, 청소 등 개인 서비스를 제공하는 등 다양한 분야에서 활용될 것으로 예상된다. 글로벌 IT 리서치기업 가트너(Gartner)는 2022년에 이르러서는 인공지능을 탑재한 스마트머신과 로봇이 의료, 법률, IT분야 고학력 전문직 업무를 대체할 것이라 전망했다.

가) 지능형 로봇의 정의

제조업용 로봇에 비하여 지능형 로봇의 가장 큰 특징은 자율성이다. 프로그램된 순서대로 움직이는 것이 아니라 사람이나 동물이 그렇듯 상황에 반응해서 스스로 움직일 수 있는 것이다. IT 용어사전에 실린 표현을 빌리자면 '인간과 같이 감지하고 인식하는 능력이 있으며, 이 능력을 바탕으로 복잡한 의사결정 및 그에 따른 동작을 선택하는 로봇'이다.

지능형 로봇이 자율성이 필요한 이유는 제조업용 로봇에 비해 활동하는 환경이 다르기 때문이다. 제조업용 로봇의 활동 범위는 잘 구조화된 공장의 생산라인을 벗어나지 않는다. 따라서 로봇에게 영향을 줄 만한 상황의 변화가 일어나지 않거나, 만약 일어나더라도 예측이 가능하다. 따라서 예측된 상황 변화에 맞추어 로봇이 해야 할 일을 미리 프로그래밍할 수 있다.

반면에 지능형 로봇의 활동 범위는 인간의 생활공간이다. 로봇을 위해 모든 상황이 갖추어져 있는 공장의 생산라인과 달리 이 공간은 변화무쌍하다. 사람에게는 안락한 거실이 로봇의 입장에서 보면 정글이나 다를 바 없다. 아빠가 불러서 가려고 하는데 갑자기 딸이 달려와 앞을 가로 막을 수도 있다. 예측할 수 없던 상황이다. 충돌하지 않으려면 로봇은 누군가가 자기의 앞을 막아섰다는 사실을 인지하고, 원래의 목적을 잠시 보류한 채 멈춰서야 한다.

또 미리 입력되어 있던 지도를 바탕으로 안방을 찾아가려 하는데, 엄마가 오늘 기분전환 겸 식탁의 위치를 바꾸어 놓았다고 가정해 보자. 그러면 로봇은 예측하지 못했던 위치에서 자기를 가로막는 식탁을 우회해서 안방을 찾아가야 한다. 서비스를 제공해야 할 대상이 멋대로 위치를 바꾸고, 심지어는 로봇의 활동영역인 집을 벗어나 밖으로 나가기도 한다.

지능형 로봇은 이렇게 변동성이 큰 환경 하에서 필요한 서비스를 제공하면서도 사람들에게 불편을 주지 않아야 한다. 따라서 자율성은 지능형 로봇이 우리 생활공간에서 함께 공존하며 서비스를 제공하기 위해 반드시 갖추어야 할 필요조건이다.

이러한 필요조건들은 최근 조성된 IoT로 인한 생활환경의 지능화를 통해 기존의 로봇기술 자체적으로는 해결하기 어려웠던 많은 문제들을 자연스럽게 해결하면서 충족되어 가고 있다. IoT 환경에서는 지능형 로봇이 각종 센서 및 통신장치를 활용하여 자기위치를 계산하는 것이 그다지 어렵지 않은 문제이기 때문이다. 이런 의미에서 지능형 로봇의 실용화를 앞당기는데 있어 사물인터넷의 역할은 필수적이다.

나) 코봇

제조업 현장에서도 용접, 물건이송 등 단순 활용 단계를 넘어 사람과 로봇이 협업하는 '코봇(cobot, collaborative and symbiotic robot)' 활용이 증가하고 있다. 기존의 제조로봇은 공장 안에서도 사람의 접근이 금지된 철책 속에서 작업을 하는데 반해서 코봇은 로봇의 작업 공간 내에 근로자가 같이 있기 때문에 작업의 효율성과 더불어 안전성확보가 무엇보다 중요하다. 현재는 공장 내의 특정한 영역에서만 동작하는 코봇이 생산현장에 확산되는 단계에 있으며, 향후의 지능형 제조로봇은 공장 내의 대부분의 작업공간에서 사람근로자의 역할을 대신 해낼 수 있는 단계로 발전할 것으로 보인다.

▲ 그림 4-21 인간과 협업하는 로봇팔

[그림 4-21]와 같이 작은 제품의 조립 작업에서 작업자가 핸드 드릴이나 드라이버 같은 도구를 손에 쥔 로봇의 도움을 받는 상황에서 이미 정해진 코드와 프로그램의 루틴대로 움직이

는 로봇이라면 고정된 물체의, 정확하게 정해진 위치에, 정해진 순서대로, 물건에 나사를 끼우겠지만 그림을 다시 살펴보면 작업자는 뭔가 삐딱한 각도로 물건을 들고 있는 것을 알 수 있다. 이처럼 사람이 작업 대상을 공급해 주는 경우에는 아무리 정해진 규칙이 있다고 해도 그 위치며 각도 등이 일관되지 못하고 작업자에 따라 혹은 작업자의 기분이나 피로도에 따라 조금씩 달라질 것이다.

이 경우 로봇은 정해진 대로 동작하게 되니 엉뚱한 곳에 헛손질을 한다거나 심할 경우 사람 손을 대신 뚫을 위험도 있겠지만 진화된 협업 로봇은 비전 시스템으로 현재 대상의 변하는 위치를 파악하여 다양한 입력 정보들에 유연하게 동작을 변형하여 대응할 수 있다. 또한 사람이 근처에 있을 때와 없을 때의 안전을 고려해 속도와 힘을 조절하고 거리를 유지하는 등의 기능 또한 필수적으로 갖추어야 된다.

최근의 제조용 로봇의 특징은 작업의 다양성 확보, 소형화 및 고밀도화, 고속화 등으로 요약할 수 있다. 작업의 다양성을 확보하기 위해서는 시각센서를 이용한 작업 대상물의 3차원적 인식기능을 탑재하거나 다양한 물체를 핸들링하기 위하여 기존의 그리퍼(gripper) 대신 3D 프린터로 제작하여 손가락 혹은 동물의 손과 흡사한 형태를 가진 다기능로봇핸드를 장착하는 경우가 많다. 재질이 부드러우면서 공기압(Pneumatics) 구동을 이용할 뿐만 아니라 양팔을 갖추고, 사람과 같이 한쪽 팔에 7개 이상의 관절을 보유하여 그 외관 및 동작 또한 점점 사람과 닮아가고 있다.

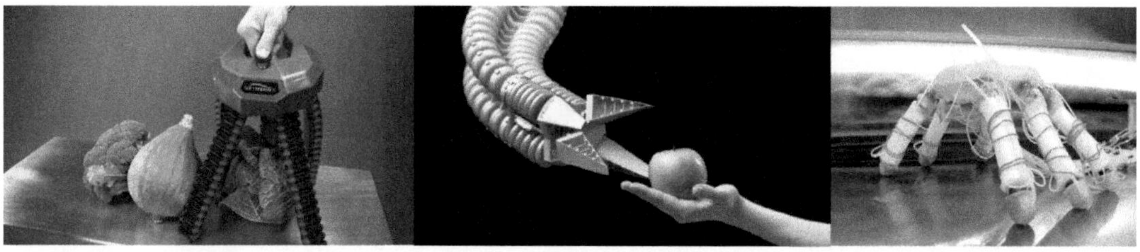

▲ 그림 4-22 <Soft Robotics사의 부드러운 재질의 'Gripper'(좌), Festo사의 코끼리 코를 모방한 'Gripper'(중), MIT에서 제작한 'Jamming Gripper'(우)

소형화 및 고밀도화를 위해서는 두 팔이 한 세트인 양팔로봇제품들이 널리 쓰이고 있는데 소형양팔로봇을 활용하면 설치면적이 축소되어 공간 활용도가 높아지고 손끝에 서로 다른 도구를 장착하여 작업효율을 높일 수 있다. 또한 소형경량로봇을 사용하면 생산을 위해서 공장에서 소비하는 전기에너지절약에도 도움이 된다. 고속화를 위해서는 기존의 직렬형 로봇팔 대신 강성이 높고 진동 저감에 유리한 병렬형 로봇구조를 활용하거나 로봇팔을 경량화하고 최적 제어기법을 도입하여 작업속도를 향상시킬 수 있다.

이밖에도 차 한 대를 들어 올릴 수 있을 정도의 강력한 가반하중 1,350kg의 대형핸들링로봇의 등장이나 종래의 6축 로봇에 비하여 조작성이 뛰어난 7축 로봇의 도입, 이동로봇 위에 탑재되어 작업공간의 이동이 가능한 로봇팔, 기존 생산라인의 변경 없이 즉시 투입 가능한 제조로봇 등이 최근 제조로봇의 특징적인 변화이다.

이러한 지속적인 기술혁신으로 인하여 생산현장에서는 로봇의 중요성과 의존도가 갈수록 높아지고 있으며 IoT기술과 융합하여 낮은 비용으로 높은 생산성과 품질을 창출할 수 있는 스마트공장화가 앞당겨질 것으로 기대된다.

다) 자율 주행 로봇

이제까지 제조용 로봇은 로봇팔의 형태가 대부분이었으나 최근에는 기존의 자동 경로 차량(AGV, Automated Guided Vehicle)보다 진일보한 자율 주행 로봇(Autonomous Mobile Robot)들이 앞 다투어 도입되고 있다. 기존의 AGV는 이동경로에 컬러테이프, 자기테이프 또는 전기유도선과 같은 시설물의 도움이 필요했기 때문에 작업 레이아웃 변경시마다 설치해야 하고, 오염 및 훼손의 우려가 있으며, 투입가능 AGV의 숫자가 제한되어 이송량이 제한되는 등 많은 문제점이 있었다.

반면, 요즘 도입되는 자율주행 로봇은 기존의 작업환경을 변경하지 않아도 로봇이 읽어 들이는 주변 형상에 대한 센싱 정보를 바탕으로 장애물을 회피하며 스스로 유연하게 길을 찾아가는 것이 가능해졌다.

▲ 그림 4-23 미국 보스턴의 한 창고에서 물류 이송중인 자율 주행 로봇

자율주행기술을 활용하면 제조현장에서의 이송뿐만 아니라 사람의 생활공간에서의 다양한 서비스로봇에 응용할 수 있다. 센서를 장착한 자율 주행 로봇이 스스로 작성한 환경지도위에 스스로 최적경로를 생성하여 부지런히 돌아다니며 포인트 데이터 검침, 우편물 수거, 야간 경비, 위험물 탐색 등 당초 근무자들이 하던 작업을 로봇이 대신함으로써 작업효율의 향상과 근무조건 개선효과를 동시에 얻을 수 있다.

이동로봇을 이용한 물류자동화 및 효율화도 최근의 중요한 변화이다. 아마존 물류센터는 가혹한 노동 환경으로 악명이 높다. 직원 1명이 하루에 24km를 걷는 곳도 있고 여름철이면 창고 내부 온도가 37도 이상 올라가기도 한다. 광대한 부지 면적을 보유하고 매일 1,000명 이상이 근무하면서 주문을 처리하고 있지만 일손이 부족하다. 이에 아마존은 2012년 로봇기업 키바시스템(Kiva system)을 인수하였고 그후 2년 동안 물류관리에 1만 5,000대의 로봇을 도입하여 약 9억 달러의 비용을 절감하였고 로봇에 의한 물류 효율성개선 효과로 당일배송, 익일배송을 확대할 계획이다. 키바 로봇은 수천대의 이동로봇들이 물품이 배치되어 있는 320kg 짜리 선반을 들어 올려 직원에게 가져오는 구조이며 로봇도입에 의하여 작업효율이 3배 증가하였다.

라) 클라우드 로봇

클라우드 로봇은 클라우드 컴퓨팅 기술을 로봇에 적용시킨 것이다. 로봇이 점점 더 복잡한 환경을 인지하고 인간과 보다 자연스럽게 소통하기 위해서는 기하급수적인 방대한 데이터를 필요로 한다. 하지만 기존의 로봇은 이러한 방대한 정보를 저장하고 처리할 수 없기 때문에 이러한 기능을 몸체와 분리시키는 클라우드 로봇이 고안되었다. 클라우드 로봇은 기존 로봇과 다르게 해당 정보를 가상의 저장 공간인 클라우드를 통해 무제한으로 저장한 다음 클라우드 플랫폼에서 심화된 분석 툴을 이용하여 원격으로 처리하거나, 심지어 현재 가지고 있지 않은 새로운 기술들을 다운로드 받아 실행한다.

▼ 표 4-4 기존 로봇과 지능형 클라우드 로봇의 비교

구분	기존 로봇	클라우드 로봇
개념	로봇 자체	로봇+클라우드
특징	기능, 기술적 부담을 로봇 자체에서 해결	서비스 범위 확장 유용성 확보
장점	생산자동화, 노동집약적 산업 발달	비용 절감, 유용성 증대
단점	기술적 제약성, 비용상 문제	대중화 방안 미흡, 상용화 관건

클라우드 플랫폼은 로봇으로부터 수집한 방대한 데이터베이스를 이용하여, 일종의 로봇 전용 웹을 구성, 아직 생소하기만 한 다양한 외부 환경 · 개체들에 대한 정보, 수행 가능한 작업들에 대한 정보 등을 로봇을 위한 '집단 지성 지식 기반 서비스'로 활용할 수 있게 된다. 궁극적으로는 이를 통해 사용자의 입장에서 원격으로 개발 초기 단계의 분석에서부터 산업 현장 속의 로봇을 테스트, 제어할 수 있는 환경으로 이어지게 될 것으로 전망된다.

이처럼 클라우드 로봇은 기존 로봇이 가졌던 물리상의 한계를 극복하고 개별 로봇이 자체적으로 원격에 저장된 정보를 상황에 맞게 사용할 수 있도록 했다는 점에서 기존 로봇의 한계를 극복했다. 로봇의 정보 처리를 더욱 빠르고 정밀하게 만들 수 있기 때문에 개발이 집중되고 있는 로봇 공학계의 최신 동향이다. 즉, 로봇에 들어가는 컴퓨팅 파워를 줄이고 웹 기반의 서버에서 사용하여 대용량의 데이터와 같은 서비스를 로봇 몸체에 전부 저장하는 것이 아니라 클라우드에서 제공받는 것이다. 이를 통해 로봇이 몸체로써 하드웨어 역할을 하며, 동작 환경에 맞게 로봇에게 필요한 자원을 최대한 활용할 수 있게 될 것이며 다양한 분야에서 저비용으로 로봇 서비스의 창출이 확대될 수 있다.

이러한 새로운 개념의 로봇은 당연히 새로운 종류의 기술을 필요로 한다. 고객의 입장이 된 로봇과 클라우드 서버와의 원활한 접속을 위한 네트워크 관련 이슈는 물론, 단일 서버가 얼마나 많은 로봇을 동시에 서비스할 수 있는가 하는 문제 등이 대두된다. 여러 종류의 다양한 로봇이 서버에 여러 가지 통신망을 통해 자유롭게 접속할 수 있기 위해서는 표준화의 문제도 중요한 이슈가 된다. 그 중 하나로 'robot operating system(ROS)'이라는 로봇 생태계를 통해 가상 소프트웨어 개발 및 사용자 친화적 인터페이스, 표준화 작업이 한창이다. 이 오픈소스 프로젝트에 이미 많은 로봇 관련 전문가 · 개발자 · 그 밖의 제조업 내의 다양한 이해 관계자들이 참가하여 협업 로봇을 위한 미들웨어, 인터페이스 등을 라이브러리화하는 작업을 진행하고 있다.

현재 ABB社의 MyRobot 플랫폼, Grid Robotics, Rapyuta Service, Robohub, RoboEarth, V3Nity, PROFETA 등의 다양한 클라우드 플랫폼이 운영되고 있거나 개발 중이다. 현재는 이를 통해 'Robotics as a Service'의 형태로 연결된 로봇들과 로봇 운영자, 로봇 프로그래머 등의 다양한 사용자들에게 여러 가지 관련 정보를 제공하고 있다.

마) 휴머노이드

휴머노이드(humanoid)란 사람을 뜻하는 'Human'이란 단어와, '~와 같은 것'이란 의미를 가진 접두사 'oid'의 합성어이다. 외모가 사람과 비슷해서 팔과 다리를 가지고 이족 보행을 하는 로봇을 휴머노이드라고 부른다. 사람과 같은 방식으로 이동하므로, 계단이나 단차가 있는 곳도 이동할 수 있는 등 사람과 동일한 공간에 적용하기에 더 우월하다는 장점을 가진다. 비슷한 의미로 휴머노이드와 가끔 혼용되어 쓰이는 안드로이드(andriod)라는 용어는 사람과 거의 구별이 안 될 정도로 훨씬 인간에 근접한 로봇을 의미하며 번역하자면 '인조인간'이 가장 근접한 개념이다. 외모는 물론 동작이나 지능까지도 인간과 다를 바 없어야 하며 아직은 SF 영화에서나 볼 수 있다.

휴머노이드는 로봇의 운동 메커니즘이 다를 뿐 기본적으로 제공하고자 하는 서비스는 다른 종류의 서비스 로봇들과 같다. 바퀴로 이동하는 로봇들은 그 방식이 필수적이었다기보다는 이족보행 메커니즘을 구현하기 위한 기술적인 어려움과 구현 비용의 문제 등을 고려한 선택이었다는 점을 감안한다면 굳이 휴머노이드를 따로 분류한다는 것이 불필요할 수도 있다.

그럼에도 휴머노이드는 로봇 세상에 있어 무척이나 특별한 존재이다. 인간의 형상으로 자연스럽게 걷고 손으로 뭔가를 조작하며 사람과 대화하는 모습을 보면 마치 그것이 진짜 인간인냥 친숙하게 느껴지고 사람을 대하듯 인격을 부여하기도 한다. 이 때문에 로봇 공학자들은 과거 수십 년 동안 인간의 지능 · 행동 · 감각 · 상호작용 등을 모방하여 인간을 대신하는 휴머노이드를 개발하고자 부단히 노력해오고 있다.

대표적인 휴머노이드로는 일본 혼다 자동차사가 개발한 '아시모', 사우디아라비아의 시민권을 획득한 로봇 소피아, 관절과 손가락을 가진 도요타자동차의 'T-HR3' 로봇 등이 있다.

▲ 그림 4-24 2018년 4차 산업혁명 콘퍼런스 참석차 내한한 휴머노이드 소피아

바) 지능형 로봇의 주요 기술

그동안 개발된 로봇은 전기, 전자, 기계, 자동화, 전산 등의 일반 산업 부문의 첨단기술이 총망라된 복합체이지만, 지능형 로봇은 인공지능과 생체공학, 신경회로, 퍼지이론, 음성화 화상인식 기술, 마이크로프로세서와 모터제어, 센서 사용 등 이제까지 인류가 개발한 모든 기술이 총동원된 첨단 기술체이다. 최근 차세대 반도체 산업의 새로운 패러다임으로 부상 중인 시스템온칩시스템반도체(SoC)[24]와도 연결된다.

지능형 로봇의 주요 기술은 물체 인식, 위치 인식, 조작 제어, 자율이동, 액츄에이터 등이 있다. 물체 인식은 로봇 내부 또는 클라우드에 저장된 학습정보를 바탕으로 물체의 영상, 물체의 종류, 크기, 방향, 위치 등 3D 공간 정보를 실시간으로 파악하는 기술이고 위치 인식은 로봇이 스스로 공간 지각능력을 갖도록 하는 기술이며 조작 제어는 물건을 잡고 자유롭게 원하는 형태로 움직이는 기술이다. 자율이동은 외부 장애물에 관계없이 바퀴나 이족, 사족을 이용하여 자유롭게 이동하는 기술이며 액츄에이터는 초소형 모터, 인공피부 · 근육 등 다양한 소재와 기계공학을 통해 움직임을 제어하는 기술이다.

가장 기본적으로 지능형 로봇은 사용자와 함께 생활하면서 서비스를 제공할 수 있기 위해서는 자기 주위에 누가 있고 무슨 일이 일어나고 있는지, 그 중의 어떤 사용자가 자기에게 메시지를 보내고 있는지를 파악해 낼 수 있어야 한다. 물론 로봇에 부착된 터치스크린을 이용해서 지시할 수도 있겠지만, 사람들이 로봇에게 기대하는 것은 그런 방식이 아니다. 마치 다른 사람을 대하듯 로봇을 대하며, 다른 사람과 교류하는 것과 유사한 방식으로 로봇과 교류하기를 원하기 때문이다. 이런 능력을 로봇에게 갖추게 하는 기술들을 총체적으로 '인간로봇 상호작용'이라고 한다.

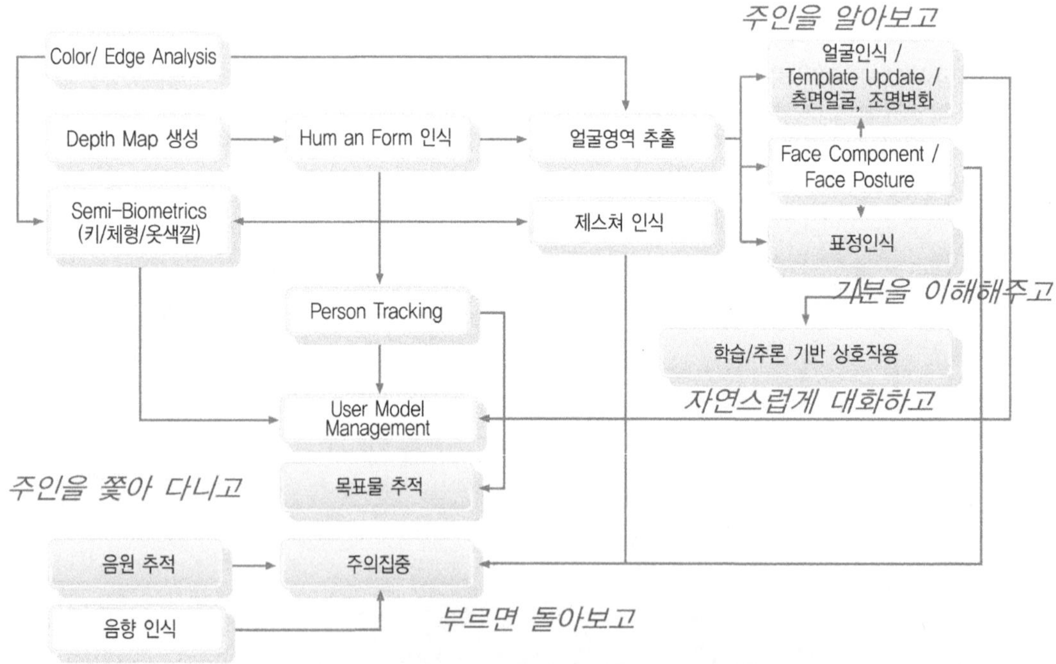

▲ 그림 4-25 지능형 로봇의 인간로봇 상호작용 개념도

---

24) 스템온칩시스템반도체(SoC, System-on-Chip) : 여러 기능을 가진 시스템을 하나의 칩에 모아 담은 비메모리 반도체. 메모리 · 프로세서 · 소프트웨어 등을 하나로 통합한 것으로 칩 하나로 복잡한 여러 기능을 일괄 처리한다.

[그림 4-25]는 인간로봇 상호작용이 실현하고자 하는 로봇의 기능들을 개괄적으로 본 것이다. 카메라나 마이크를 통하여 받아들인 영상 및 음성 정보를 다양한 기술을 적용 및 처리하여 '주인을 알아보고', '자연스럽게 대화'하는 등의 기능들을 구현하는 과정을 보여주고 있다. 인간로봇 상호작용이란 기술의 전체를 대변하는 것은 아니지만, 대체적으로 이러한 종류의 기술을 이용해서 이런 목적을 달성하려 한다는 점을 표현하고 있다.

물론 문제는 각각의 블록 하나하나가 만만치 않은 난이도를 가진 기술들이라는 점이다. 하지만 인간로봇 상호작용은 로봇을 로봇답게 하는 핵심기술(Key Technology)로 많은 주목을 받고 있으며, 수많은 연구자들이 여기에 매달리고 있다.

사) 지능형 로봇의 활용 사례

지능형 로봇의 종류로는 장소 및 상황에 적합한 서비스를 제공하고 사용자가 임의의 환경에서 가정, 사무실의 로봇을 사용할 수 있도록 환경을 제공하는 IT도우미 로봇, 가정이나 사무실 등 실내에서 인간의 육체적·정신적 노동을 대신하는 가사도우미 로봇, 인간과 친하게 지내면서 오락, 교육 기능을 제공하는 에듀테인먼트 로봇, 건물 또는 기계에 단위모듈이나 SoC 형태로 내장되어 실시간으로 인간과 환경을 인지해 요구하는 서비스를 제공하는 로봇 인사이드 시스템 등이 있다.

IT도우미 로봇으로는 아마존이 개발한 지능형 개인비서 '알렉사'를 기반으로 음성제어 기술을 다른 앱이나 서비스가 무료로 사용할 수 있도록 ASK(alexa skill kit)나 홈오토메이션 플랫폼인 '구글 홈', 애플의 '시리', 삼성의 '빅스비', SKT의 '누구' 등 주로 지능형 개인비서 서비스를 수행하는 제품들이 있다.

▲ 그림 4-26 일본 소프트뱅크의 지능형 로봇 Pepper

2014년 일본 소프트뱅크에서 출시된 휴머노이드 지능형 로봇인 페퍼(Pepper)는 키 120㎝, 몸무게 29㎏으로 사람의 표정과 목소리를 분석한 감성 대화가 가능하며, 인공지능으로 IBM 왓슨을 활용한다. 페퍼는 소매점, 대리점, 전시장, 산업현장 등 다양한 분야에서 활용되고 있다. 자동차 부품 생산라인에 투입된 페퍼는 설비이상 시 영상을 관리자에게 전달하여 생산 연동계획(rolling plan) 시간을 한 시간 이상 단축시켰으며, 야간 작업자의 신체 정보를 분석하여 이상 징후 발생 시 신속히 대응한다.

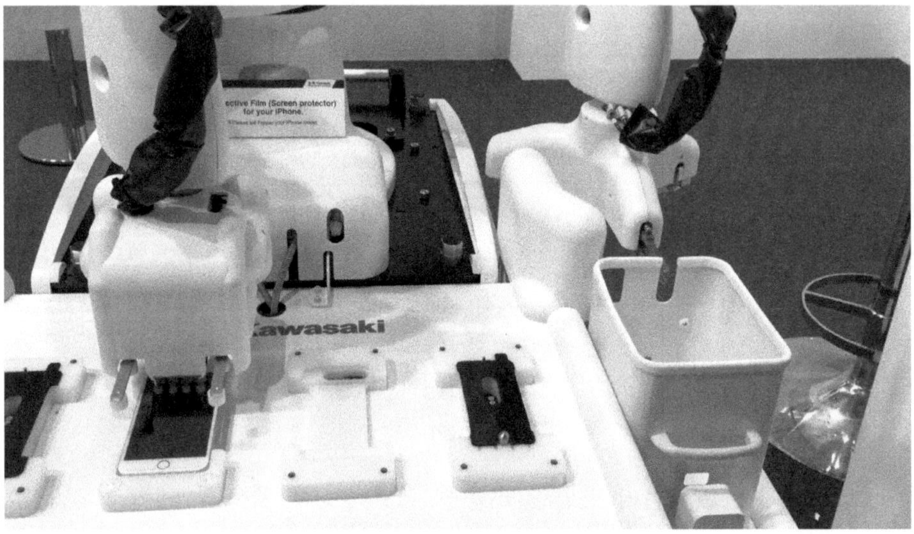

▲ 그림 4-27 duAro가 스마트폰에 액정보호 필름을 부착하는 모습

가와사키의 '듀아로(duAro)'는 2015년에 공개된 양팔형 협업로봇으로 양손 움직임, 팔의 독립적 움직임이 가능하고 바퀴가 있어 원하는 위치로 자유롭게 이동할 수 있고, 저출력 모터를 탑재했으며 동작이 부드러워 인간과 함께 현장에서 작업이 가능하였다. 충돌감지 기능이 있어 작업자 부근에서는 로봇이 저속으로 동작하고 로봇이 멈춘 상태에서 사용자가 원하는 대로 로봇을 교육할 수 있다.

CHAPTER 5

디지털 라이프

4차 산업혁명이 이끄는 변화와 미래

CHAPTER 5 디지털 라이프

인공지능, 빅데이터, 사물인터넷, 4차 산업혁명 시대의 변화는 이미 시작되었다. 변화의 끝이 어떤 미래일지 누구도 단언할 수 없다. 확실한 건 미래를 향한 변화의 속도가 점점 빨라지고 있다는 점이다. 기술은 하루가 다르게 진화하고 불가능을 가능하게 하며 상상을 현실로 만들어 버리는 혁신적인 실험들이 연일 지속되고 있다.

유전공학 기술의 발달 덕분에 인류의 평균 수명은 점점 길어지고 지능형 로봇에 의해 인간의 노동이 대체되는 영역은 더욱 늘어나고 있으며 세상의 모든 것들이 연결되면서 현실 세계와 디지털 세계가 공존하는 혼합현실은 인간이 접할 수 있는 물리적 지평선을 넓히게 될 것이다. 초연결 사회에서는 모든 것이 모든 것에 의해 데이터로 수집되어 클라우드 플랫폼에 저장되고 분석되며 특정 목적에 반영된다.

블록체인 기술을 이용하면 중개인 없이도 안전하고 직접적인 방법으로 가치와 자산 즉 돈, 계약, 주식, 지적 재산권 등을 디지털로 전송할 수 있다. 그리고 이러한 직접 거래는 권력의 분산을 견인하고, 권력의 분산은 오늘날 정치에서 발생하는 모든 부패를 척결할 가능성을 열어 준다. 인터넷이 가져온 정보의 민주화로 과거 절대 권력이 힘을 잃게 된 것처럼 블록체인은 오늘날 인터넷만큼 중요하고 큰 시장을 형성하는 기술로 자리 잡게 될 것이다.

대부분의 인간 활동과 기업의 활동은 디지털화되고 지금의 화폐도 머지않아 디지털 화폐로 대체될 것이다. 세상은 디지털이 아닌 것이 없게 된다 해도 과언이 아니다. 현재에도 디지털 전환은 이루어지고 있다. 4차 산업혁명은 일상생활과 산업 전반에 걸친 디지털 전환의 연속적인 과정으로 존재하고 그 결과가 디지털 라이프라고 할 수 있다. 초연결 사회는 IT기반의 디지털 사회이다. 아날로그의 가치와 향수는 개인의 취미나 취향으로 남겨지게 될 것이다.

이 장에서는 디지털 라이프를 이끄는 많은 변화 중 앞서 언급하지 못했거나 미진하게 다루었던 분야에 대하여 기술 중심으로 살펴본다.

5.1 진화하는 몸

최근 전 세계는 인구의 고령화가 사회적인 이슈로 떠오르고 있다. 노인인구의 증가는 급격한 의료서비스의 수요 증가를 초래하고 이로 인하여 의료비용의 급증을 야기하고 있다. 또한, 평균 수명의 연장은 노인의 삶의 질 저하를 막기 위한 수단을 요구하고 있으며, 전문 의료진의 부족현상이 심화 되고 있다. 이러한 문제들을 해결하기 위하여 최근 IT기술이 의료분야에 다양한 형태로 융합되고 있다. 질병과 장애, 노화에 대한 우리의 대처는 치료가 아닌 대체와 강화로 바뀌었으며, 이에 따른 신체와 지적 능력의 확장은 끝을 가늠하기 어렵다.

5.1.1 인체 플랫폼

휴머노이드가 '기계의 인간화'를 최종 목표로 진화하고 있다면 다른 한 편에서는 생명공학(BT, biotechnology), 로봇공학(robot engineering), 인공지능(AI), IT 등이 융합하면서 '인간의 기계화'가 진행되고 있다. 의료 기구 같은 치료용 기기나 안경, 목발 같은 보조 기기의 도움을 받는 것을 넘어서, 인체에 직접 기술을 적용하여 편리한 생활을 가능하게 하는 것으로 이때 인간의 신체는 기술적 산물을 삽입할 '플랫폼'으로 간주된다. 기존에 행해지던 각막, 장기 이식 등은 제공자와 수혜자의 특질이 맞아야 하고, 수요에 비해 공급이 지나치게 적어서 오랜 기간을 기다려야 하는 등 어려움이 많았다.

인체 플랫폼[1] 기술은 이식 대신 완벽히 수혜자의 몸에 적응할 수 있도록 만들어진 인공 망막과 전자 의수, 인공 장기를 원래의 것과 대체할 수 있게 해주는 것이다. 모든 신체는 설계 가능한 대상으로 변했으며 수십 년 전부터 개념으로만 존재했던 인공 신체기관들이 최근엔 실제로 윤곽을 드러내고 있다. 일부는 벌써 상용화돼 장애인들의 삶의 질을 높이고 있다.

가) 인공 망막과 슈퍼 눈

미국의 '세컨드 사이트 메디컬(second sight medical)'사는 망막의 역할을 대신하는 '아르거스(argus)Ⅱ'를 개발했다. 선글라스에 달린 소형 카메라가 풍경을 촬영하고, 그 영상이 외부에 휴대하는 영상처리장치에서 전기신호로 변환되어 망막에 이식한 마이크로칩으로 전송된다. 이 신호가 시신경을 자극하여 풍경을 인식할 수 있는 것이다. 유럽과 미국에서는 각각 2011년과 2013년에 시판을 승인하였고 2015년 12월 현재, 200명 이상의 환자의 연간 경험이 수집되었다. 아직 해상도가 낮은 편이지만 현재까지 개발된 망막 보철물 중에서 임상적으로 가장 효과가 큰 것으로 평가된다.

▲ 그림 5-1 세컨드 사이트 메디컬 프로덕트의 ArgusⅡ

차세대 인공 망막 연구도 진행 중이다. 일본 오카야마대 연구팀이 개발하는 인공망막 '오유렙(OUReP)'은 빛을 인지하는 광전자색소를 코팅한 직경 1㎝정도의 크기의 얇은 필름으로, 망

1) 인체 플랫폼 : 한국전자통신연구원의 2015.6 발간된 'ECOsight 3.0: 미래사회 전망'보고서에서 처음 사용된 용어

막에 이식된 후 본래 망막과 같은 해상도를 나타낼 수 있다고 알려졌다. 빛을 받아 전기신호로 변환시키는 광전자색소가 신경세포를 자극해 시각을 회복하는 원리를 적용했다. 카메라나 소형컴퓨터 등 외부기기가 필요 없다는 게 가장 큰 장점이다. 현재 2015년 쥐 실험에만 성공한 상태다.

시력 증강 기술도 등장했다. 2015년 3월 미국 실리콘밸리의 바이오해킹그룹 '대중을 위한 과학(Science for the Masses)'은 잠시 동안이지만 인간의 시력을 확장시켜 야간에도 사물을 선명하게 볼 수 있도록 해주는 '클로린 e6'라는 점안액을 개발해 직접 실험에 옮겼다. 실험 참가자는 어둠 속에서 50m 밖 나무가 우거진 곳에 서 있는 사람을 식별할 볼 수 있었다. 개발팀은 향후 적어도 7시간 동안 야간 시야 확보가 가능한 점안액을 개발할 것이라고 밝혔다. 이 약이 개발되면 야간뿐만 아니라 심해에서도 시야를 확보하는 것이 가능해진다. 정확한 원리는 알려지지 않아 아직 인체에 대한 안전성은 검증되지 않았다.

캐나다의 '오큐메틱스 테크놀로지'사는 슈퍼 시력을 만들 수 있는 '바이오닉 렌즈'를 개발했다. 지름 8mm의 투명하고 구부러질 수 있는 렌즈이며, 가장자리를 둘러싼 1.17mm 두께의 고리 안에 삽입된 작은 알루미늄 거울이 눈으로 들어오는 빛의 양을 4배나 늘려 가시거리를 3배 늘려준다. 시력 1.0 정도인 사람이 이 렌즈를 끼면 3.0이 된다. 그러나 아직 동물실험조차 진행되지 않은 상태이며, 인위적으로 많은 양의 빛을 쪼이기 때문에 안구에 악영향을 줄 거라는 지적이 있다.

나) 슈퍼 귀와 인공 달팽이관

소리는 귀 고막 바깥 외이도를 통해 먼저 사람의 몸에 들어온다. 이 소리는 고막과 이소골이라는 귓속뼈를 진동시킨다. 이런 진동은 다시 달팽이관(蝸牛, 와우) 내의 림프액의 움직임을 만든다. 림프액의 진동은 약 1만5000개의 유모세포를 자극해 이 신호를 생체 전기신호로 변환한다. 이런 전기신호가 뇌에 전달돼야 비로소 사람이 소리를 들을 수 있다. 이런 복잡한 체제 중 한 곳만 잘못되면 사람은 청력을 잃을 수 있다.

물론 현대과학과 의학이 발달하면서 많은 치료 방법이 개발됐다. 그중 흔히 쓰는 보청기는 청력이 약해진 만큼 더 강하게 림프관을 진동시켜 소리를 들을 수 있게 한다. 하지만 유모세포가 손상될 경우 뚜렷한 방법이 없는데, 청신경을 통해 뇌로 전달되는 생체 전기신호를 만들지 못하기 때문이다. 게다가 불행히도 유모세포는 한 번 손상되면 재생되지 않는다.

달팽이관이 손상되면 결국 '인공 달팽이관' 장치를 이식해야 한다. 인공 달팽이관은 손상된 유모세포를 대체해 달팽이관 내에 전기신호를 보내주는 장치다. 귀에 장착한 마이크로폰에 들어온 소리가 몸 바깥이나 귀 뒤에 휴대한 음성처리장치에서 적절한 전기신호로 변조돼 귀 안에 이식한 다채널 전극에 무선 전송된다. 여기서 나온 전기 신호가 청신경을 자극한다. 1990년대에 이미 제품화됐고, 이를 이용해 2012년까지 전 세계에서 30만 명 이상이 청력을 되찾았다. 15,000개의 유모세포를 귀에 불과 20여 개의 채널로 대체했기 때문에 아직 정밀도가 떨어진다.

배터리와 마이크 등 외부 기기가 필요 없는 차세대 인공 달팽이관 개발도 활발하다. 한국기계연구원과 서울대 공동 연구팀은 2014년 세계 최초로 서로 길이와 두께가 다른 유연한 압전소자 여러 개의 물리적 변화를 이용하여 소리의 높낮이를 분리해 주는 유모세포의 기능을 그대로 모사한 '생체모사 무전원 인공기저막 소자'를 개발했다. 이 소자를 이용해 인공 달팽이관을 제작하면 기존 인공달팽이관처럼 귀 외부에 구멍을 뚫고 소형 마이크를 이식할 필요가 없어지며, 별도의 배터리를 연결할 필요도 없어 삶의 질이 훨씬 높아질 것으로 기대된다. 2016년 기준 쥐 실험만 진행 중이며, 사람을 대상으로 하는 임상실험은 미정이다.

조직공학과 3D 프린팅 기술의 발달에 힘입어 귓바퀴를 포함한 인공 귀를 통째로 만드는 시도가 진행 중이다. 2013년 미국 프린스턴대, 존스홉킨스대, 메릴랜드대 공동연구팀은 하이드로겔 소재와 연골세포를 이용해 귀 형상을 만들고 휘감겨진 형태의 은 나노 입자로 된 안테나를 붙여 달팽이관과 연결하고 이를 다시 청각 장애 환자의 청각 신경 말단과 연결할 수 있는 인공 귀를 제작했다. 이 인공귀의 성능은 사람이 들을 수 있는 가청 주파수 한계(약 20~2만 Hz)를 뛰어넘어 초음파까지 들을 수 있어 실제 개와 비슷한 청각능력을 갖게 되며 동물이나 사람에 대한 실험은 아직 이루어지지 않았지만, 머지않은 미래에 청각장애인들도 큰 수술 없이 청력을 되찾을 수 있을 것이란 희망을 보여주었다.

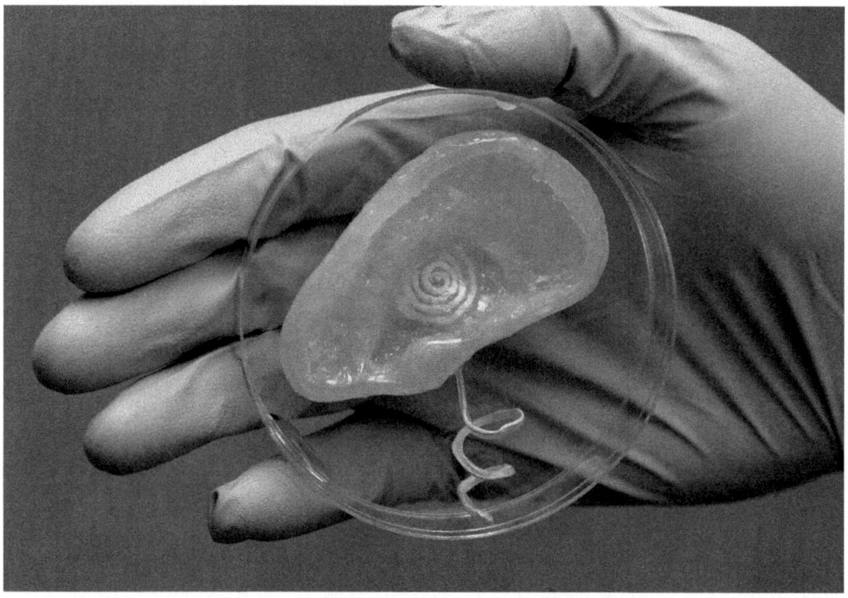

▲ 그림 5-2 프린스턴, 존스홉킨스, 메릴랜드대 공동연구팀이 개발한 인공 귀

2016년 2월에는 미국 웨이크 포레스트의대 연구진은 3D 프린터와 생분해성 플라스틱을 활용해 비교적 크고 탄탄한 생체조직까지 찍어낸 인공 귀를 만들어냈다. 미세한 공기통로가 있어, 산소나 영양성분까지 실제 생체조직처럼 드나들 수 있다는 게 특징이다. 연구진은 이런 식으로 만든 귀와 턱뼈, 근육조직을 실험쥐에 이식한 결과, 형태가 2개월 뒤에도 잘 유지되는 건 물론 주변 혈관과 신경들까지 이식된 인공조직과 문제없이 결합된 걸 확인했다고 밝혔다.

외부 기기가 필요 없는 차세대 인공 달팽이관 개발도 활발하다. 한국기계연구원과 서울대 공동 연구팀은 2014년 달팽이관 원리를 그대로 모사한 '생체모사 무전원 인공기저막 소자'를 개발했다. 외부 음성처리장치 대신 서로 길이와 두께가 다른 유연한 압전소자 여러 개의 물리적 변화를 이용했다. 2016년 기준 쥐 실험만 진행 중이며, 사람을 대상으로 하는 임상실험은 미정이다.

다) 인공 기관지와 인공 심장

다른 사람의 기증이 필요 없는 인공생체 이식의 길은 2011년 처음 열렸다. 영국 유니버시티 칼리지 런던의 알렉산더 세이펄리언(Alexander Seifalian) 박사는 기관지암에 걸린 스웨덴 환자의 기도를 3차원 입체영상으로 촬영한 뒤, 인체 친화적 플라스틱으로 복제품을 만들었다. 스웨덴 캐롤린스카 대학병원에서는 적극적인 항암치료와 방사선치료에도 불구하고 암이 골프공 크기로 자라 기도를 막아 사망할 처지에 놓인 36세의 아프리카 암 환자가 있었고 의료진은 이 복제 기관지를 환자의 줄기세포가 담긴 용액에 담아 배양물질을 투입했다. 그 결과, 줄기세포가 기관 조직으로 발달했고 의료진은 12시간동안의 수술을 거쳐 종양이 침범한 기관지를 모두 제거하고 인공 기관을 환자의 기관이 있던 자리에 성공적으로 이식할 수 있었다. 이 수술은 기증자에 의존하지 않고 며칠 안에 기관을 만들 수 있으며 장기가 신체에서 이식 거부 반응을 일으킬 위험도 없는 최초의 인공장기 이식수술이었다.

▲ 그림 5-3 최초의 인공 기관지

1982년 미국 유타대 의대 드브리스(Devries) 교수는 말기 심장병 환자 클라크에게 사상 최초의 인공심장 '자빅(jarvik-7)'을 이식하는데 성공했다. 냉장고 크기의 공기유압식 펌프가 환자의 혈액을 혈관으로 짜내주는 체외이식형 인공심장이었다. 클라크는 이후 112일 동안 생존할 수 있었다.

미국 아비오메드(Abiomed)사는 2001년 거동을 제한해야 하는 불편이 뒤따랐던 체외이식형 인공심장을 개선하는 최초의 체내이식형 인공심장 '아비오코(abiocor)'를 개발하여 인공심장으론 처음으로 미식품의약국(FDA)의 임상시험 공인을 받았다. 2001년부터 지금까지 10여 명의 환자에게 임상시험용으로 수술됐지만, 합병증의 위험을 감수하면서 수술을 받을 만큼 생존 연장 혜택이 크지 않고 장기간 심장 박동을 일정하게 유지하기가 어려운데다가 오작동시 사망에 이르는 위험성이 있어 2016년 현재 추가 제품 개발을 포기한 상태다.

기존의 인공 심장은 실제 심장과는 형태가 좀 다를 뿐 아니라 크기 역시 환자에 맞춤형이 아니라서 너무 크거나 작거나 모양이 맞지 않았는데 2017년 스위스 ETH취리히 연구팀에 의해 3D 바이오 프린터를 이용해서 환자 맞춤형 인공 심장을 만드는 연구를 진행되었다. 생체에 적합하도록 유연한 실리콘 소재로 만든 인공 심장은 390g으로 가벼우며 실제 심장처럼 좌우 심실이 있어 혈액을 순환시키는 구조이다. 자체가 근육이 있는 것은 아니라서 공기의 압력으로 작동시켜야 하는 문제와 3000회 정도 박동밖에는 견딜 수 없는 내구성의 향상 문제 등이 해결 과제로 남아있어 후속 연구를 진행 중이다.

▲ 그림 5-4 실제 심장과 거의 흡사한 ETH Zurich의 실리콘 인공심장

라) 인공 혈액과 인공 신장

출혈이 많은 환자의 경우 지금까지는 다른 사람에게 헌혈을 받은 혈액을 수혈하는 것이 생명을 살리는 유일한 길이다. 그러나 혈액은 늘 부족한 상태이고 혈액형이 맞지 않으면 사용하지 못해 수급이 어렵다. 또 수혈용 혈액은 냉장 보관해야 하고, 저장 수명은 42일로 짧을뿐더러, 냉장고에서 꺼낸 후 4시간 이내 사용해야 하는 단점과 혈액의 정제가 필요하고 수혈로 인한 간염이나 AIDS 등 질병의 감염이 우려되는 등 사용에 여러 가지 제한이 따르고 있다. 또한 일부 종교에서는 인간 피의 수혈을 거부하기도 한다.

이런 까닭으로 인공혈액의 개발이 필요하나 사람의 혈액은 여러 성분이 들어있는 매우 복잡한 혼합물로 사람의 피를 인공적으로 만들기란 현재로는 불가능하다. 따라서 적혈구의 약 33%를 차지하고 산소공급과 이산화탄소 제거역할을 담당하는 헤모글로빈만 분자 공학적으로 따로 분리한 산소운반체(HBOCs, Hemoglobin Based Oxygen Carriers)를 출혈이 심한 환자에게 공급하는 기술을 개발하였다. 또 한편으로는 헤모글로빈과 무관한 과불화탄소를 이용한 산소운반체(PBOCs, Perfluorocarbon Based Oxygen Carriers)을 사용해 일시적으로나마 산소공급을 돕도록 하는 방법도 연구 중이다. 하지만 이는 혈액의 주요 생리적 기능 중 적혈구의 산소 운반 기능만을 대체할 뿐 혈액응고인자와 혈소판이 하는 지혈작용은 할 수 없다. 또한 적혈구 속이 아닌 정제한 헤모글로빈은 산소운반 능력이 떨어지고, 혈압을 높이고 신장을 손상 시킨다는 사실이 밝혀지면서 관련 연구가 더 이상 진척되지 못했다.

2016년 미국 워싱턴대학 알란 닥터(Allan Doctor) 박사는 인공 혈액 '에리쓰로머(EM, ErythroMer)'를 개발해 쥐 실험에서 고무적인 성과를 올렸다. 연구팀에 따르면 에리쓰로머를 쥐에게 투여하자 다른 쥐의 정상 혈액처럼 산소를 조직으로 운반했으며, 전체 혈액량의 40%를 잃어 쇼크에 빠진 쥐를 소생시키기도 했다. 닥터 박사는 에리쓰로머를 이용하여 전쟁에서 발생하는 대량 전상자나 응급환자들에게 사용할 수 있는 분말 형태의 인공 혈액 개발을 구상하고 있다고 말했다. 만일 이 혈액이 분말 형태로 만들어 진다면 냉동 보관할 필요 없이 구급대원은 곧바로 구급 가방에서 분말 혈액을 꺼내 물을 부어 녹인 후 응급환자에게 공급할 수 있을 것이다.

또한 최근 줄기세포 관련 연구가 늘어나면서 새로운 연구도 활발히 진행되고 있다. 영국 에든버러대학 연구진은 유도만능줄기세포를 이용해 모든 혈액형에 수혈할 수 있는 O형의 적혈구에서 새로운 적혈구를 만드는 법을 2035년까지 개발을 목표로 실험 중이고 또 다른 영국 연구진들은 면역거부반응 단백질을 제거해 A, B형 혈액을 O형으로 전환하거나 신생아 탯줄에 있는 조혈모세포를 이용해 다량의 적혈구가 포함된 인공혈액을 만들기도 했다. 인공혈액이 개발되면 단순히 헌혈을 대체하는 것뿐 아니라 희귀 혈액질환의 치료나 장기이식 시술 등에 커다란 전기가 마련될 전망이다.

2015년 미국 UC샌프란시스코와 밴더빌트대 공동연구팀은 몸 안에 이식해 혈액 노폐물을 거를 수 있는 인공 신장의 개발 정보를 발표했다. 미세전자기계시스템(MEMS)에 쓰이는 반도체 제조기술을 활용해 만든 실리콘 나노필터가 펌프나 전력공급 없이 오직 혈압만으로 피의 노폐물을 걸러내면, 공여자의 신장 세포가 든 생물 반응기가 물을 재흡수한다. 실리콘 나노필터는 예비 실험 결과 면역거부반응은 일어나지 않았지만, 현재 60일 정도인 생물반응기 내 신장 세포의 생존 기간을 늘리고 필터가 장기간 막히지 않도록 개선해야 한다. 현재 커피 컵만한 프로토타입이 공개됐고, 2020년 임상시험이 목표다.

▲ 그림 5-5 인공 신장의 크기와 바이오 인공신장에 들어가는 실리콘 나노필터(우)

같은 해인 2015년 '유도만능줄기세포[2](iPS, induced pluripotent stem cell)'를 이용하여 배아 형성기의 신장에 가까운 구조를 만들어 낸 성과도 있었다. 호주 멜버른의 머독 어린이연구기관(Murdoch Children's Research Institute)은 인간의 유도만능줄기세포를 이용하여 배아 형성기의 신장과 비슷한 구조를 실험실에서 만드는 데 성공했다. 이 신장은 아직 작고, 대각선 길이가 1cm에 미치지 못한다. 그러나 일반 신장이 가진 해독 기능과 혈관 등을 모두 갖추고 있다. 연구진 리더인 멜리사 리틀 교수는 이 방법을 통해 피부나 혈액 세포를 배양해 모든 사람의 미니 신장을 만들 수 있다면서 학자들이 미니 신장을 통해 약이 신장에 미치는 독

2) 유도만능줄기세포(iPS) : 이미 분화된 체세포를 분화 이전의 줄기세포 상태로 되돌린 '역분화줄기세포'. 환자의 특정 세포를 모든 종류의 체세포로 바꿀 수 있어 맞춤형 재생의학 연구에 활발히 쓰이고 있음

성효과를 실험하거나 개인의 신장질환 소인을 실험할 수 있게 될 것이라고 예상하면서 언젠가는 인간에게 이식할 신장을 만들어 낼 수 있게 될 것이라고 덧붙였다.

마) 전자 의수와 전자 의족

전자 의수는 이제 신기한 제품이 아니라 실제로 여러 나라에서 도입된 의료 기기라고 할 수 있다. 하지만 아직 실제 팔처럼 자유자재로 사용할 수 있는 전자 의수의 개발은 먼 미래의 일이기도 하다. 사실 현재 나와 있는 전자 의수는 표면 근전도[3)]로 사용자의 의도를 알아내 전자 손에 명령을 내리는 방식이 주로 쓰인다. 하지만 절단 등으로 인해 근육이 남아있지 않는 경우나 표면 근전도로 알아낼 수 있는 동작 수가 10여 개에 불과하다는 근본적인 한계 때문에 착용자가 이 의수를 이용해 물건을 집어 올리는 행위와 같은 단순한 일도 쉬운 것이 아니다.

최근에는 근육 대신 신경 다발에서 직접 전기 신호를 받으려는 연구가 시작됐다. 2017년 영국 임페리얼 칼리지 런던의 연구팀은 척수 운동 신경(spinal motor neurons)에서 신호를 받는 가슴 및 남은 팔 근육의 일부 신경 말단을 전자 의수에 연결시켜 컨트롤 하는 방법을 연구하고 있다. 뇌에 직접 연결해서 컨트롤 하는 방식도 시도되고 있으나 뇌에 전극을 삽입하는 등 침습적 시술을 요구하는 경우가 많아 위험할 수 있기 때문이다.

가장 이상적인 경우는 실제 팔과 마찬가지로 척수 운동 신경에서 조절을 받는 전자 근육이 실제 팔처럼 움직이는 경우이지만 근육 절단과 마찬가지로 이미 해당 신경 섬유가 소실된 경우 착용자는 본래 다른 목적으로 쓰던 신경을 이용해서 전자 의수를 조절하는 과정을 배워야 한다. 여섯 명의 자원자를 대상으로 한 초기 연구는 비교적 긍정적인 성과를 거뒀다는 것이 연구팀의 설명이다.

미국 샌디에고에서 개막한 '솔리드웍스 월드 2014'에서 MIT 미디어랩 생체공학 연구소장 휴 허(Hugh Herr)은 양쪽 다리에 의족을 착용한 채 무대에 등장해 주목을 받았다. 기조연설에서 그는 농담조로 자신을 '운송업에 종사하는 사람'이라고 소개했다. 장애를 입은 사람에게 생체공학적인 의족을 통해 일상의 '교통수단'을 제공해준다는 의미가 담긴 표현이었다.

▲ 그림 5-6 자신이 개발한 BioM을 착용한 Hugh Herr

3) 표면 근전도 : 근육에 흐르는 전기 신호

평소 즐기던 암벽 등반에서 동상으로 두 다리를 잃은 휴 허는 비장애인의 보행 패턴을 정확하게 모사한 로봇 의족을 개발해 2014년 보스톤 마라톤 대회 폭탄테러로 다리를 잃은 미국의 무용가 에이드리언 해슬렛-데이비스를 1년 만에 무대로 복귀시키는 데 성공했다. 세계 최초의 생체 공학 다리와 종아리 시스템인 '바이옴(BioM)'이라는 최첨단 전자 의족은 지금까지 1,000여 명의 절단장애인에게 적용됐다.

2017년 한국기계연구원은 무릎 아래가 절단된 환자의 보행을 돕는 '발목형 로봇 의족'을 개발했다. 발목의 움직임을 세계 최고 수준으로 자연스럽게 모사하면서, 무게는 1.4㎏으로 'BioM'보다 가볍고 가격은 시중 제품의 1/5 정도까지 낮춘 스마트 로봇의족으로 발목 관절을 30도까지 움직일 수 있고 토크 출력(발목 회전력의 크기)은 150 Nm으로 실제 걸을 때와 같이 발로 땅 바닥을 차주는 반동을 그대로 구현할 수 있다.

바) 전자 피부

인간의 피부에는 통증을 느끼고 뇌에 전달하는 신경망이 분포돼 있다. 몸의 어느 부위에 작은 상처만 생겨도 민감하게 느낄 수 있는 신호체계를 갖추고 있는 것이다. 움직임이 자유롭더라도 피부가 없다면 촉각과 압력, 통증을 느낄 수 없다. 빗물이 몸에 스미지 않도록 막을 수도 없고, 추위가 찾아와도 소름이 돋지 않는다. 경고 시스템이 망가지고 작은 상처도 치명적이 된다. 몸을 둘러싼 껍데기 정도로 여기기 쉽지만 알고 보면 피부는 경이적인 기관이다. 체내 모든 기관 중 면적이 가장 커 모두 펼치면 그 넓이가 18㎡에 이르고, 중량 면에서도 뇌보다 2배나 무겁다. 화상 등으로 피부를 1/3 이상 잃으면 생명까지 위태롭다.

인공으로 만든 피부가 인간의 진짜 피부와 같이 자연스럽게 넓은 표면을 두르면서, 다양한 기능까지 갖출 수 있을까? 최근 속속 발표되는 전자피부 분야의 연구 성과들은 그 가능성을 높여준다. 전자피부는 각종 센서를 포함한 전자회로를 피부처럼 얇게 만든 것이다. 최근 주목받는 웨어러블 기기의 최종 목적지는 입는 대신 부착하거나 몸에 삽입하고 설치하는 형태가 되리라 예상하는데, 전자 피부는 그 종착지에 가깝다.

인체에 부착하는 박막 센서는 우선 의료용으로 기대된다. 2014년 노스웨스턴 대학과 일리노이 대학 공동 연구팀은 5㎝ 크기의 박막 센서를 개발했다. 이 기기 속 센서 한 개 크기는 0.5㎟로 작아서 얇고 쉽게 휘어질 수 있게 돼 있으며, 스티커처럼 간단하게 부착할 수 있다. 이 센서는 열을 민감하게 감지해 0.01℃의 미세한 온도 변화도 파악할 수 있고 습도의 변화에도 민감하다고 한다. 연구진은 피부 온도와 습도는 혈류량과 밀접한 관계가 있는 만큼 이 센서를 이용해 건강 상태를 관리할 수 있을 것이라 예상한다.

서울대 화학생물공학부 김대형 교수는 2014년 파킨슨 환자용 전자피부를 발표한 바 있다. 센서가 파킨슨 환자의 근육이 뒤틀리는 것을 감지하면 내장된 나노 입자가 터지면서 약물이 피부로 투여되는 것. 데이터를 저장해 환자의 상태를 이전과 비교할 수도 있다. 앞으로 전자식 스티커를 붙이는 것만으로 체온, 심박, 호흡, 산소포화도, 혈류, 혈압, 혈당과 같은 중요 생체 정보를 정확하게 측정할 수 있고, 파킨슨병과 같이 특정 질환에 맞춘 의료용 전자피부가 상용화되리라 예측해볼 수 있다. 혈압이나 혈당을 측정하기 위해 병원을 방문하는 일이 사라지고, 자신이 어떤 증세를 느끼기 전에 병원에서 먼저 연락을 받게 되고, 전자 피부가 응급처치를 하는 등 다른 미래를 상상해 볼 수 있다.

한편 전자피부가 원래 피부에는 없는 기능을 더해 업그레이드 될 수도 있다. 냄새 맡고 소리를 듣는 피부가 바로 그런 예다. 2015년 국내의 소프트일렉트로닉스연구진은 유해가스 및 유기용매에 의해 물체의 전기 용량이 변화하는 특성을 이용해 촉각과 함께 냄새를 감지하는 인공피부를 만들었다. 이런 기능은 화재나 유독 가스 유출 등의 위험 상황을 빠르게 포착하고, 재난 현장에서의 구조 활동에도 유용하게 사용되리라 기대된다. 같은 해 울산과학기술연구원(UNIST)도 동아대와 공동으로 손처럼 미세한 압력과 진동, 온도를 감지할 뿐 아니라 소리까지 들을 수 있는 전자피부를 개발했다. 그 밖에도 자기장을 이용해 위치를 파악할 수 있는 피부 등이 연구되고 있다.

로봇이나 의수, 의족 등의 기계 장치에 피부와 같은 기능을 부여하는 용도도 주요하다. 로봇 연구가 이제까지는 움직임을 구현하는데 집중했다면 앞으로는 인간과 같은 피부, 무게와 촉감, 압력을 인지하는 정교한 기능에 도전하고 있다.

2015년 10월 미국 스탠포드 화학공학과 즈넨 바오 교수 연구팀은 '톡톡' 치는 것과 '꾹꾹' 누르는 차이를 구별할 수 있는 전자 피부를 개발했다고 발표했다. 이 전자피부는 두 겹으로 돼 있는데, 압력이 가해지면 틀 사이에 있는 탄소 나노튜브가 가까워지면서 전류를 생산하고, 전류의 양에 따라 촉감을 구분한다. 또 이 전기신호를 빛 신호로 바꿔 신경세포에 전달하는 방식을 써 신경세포의 피로도 덜었다. 유연한 인공 피부를 개발하고 있는 연구자 중 한 명인 영국 글래스고우 대학 다히야 교수는 앞으로 15~20년이면 인구통계학적 변화에 따라 로봇이 간병인 역할을 대신 하여 노인을 도와야하며 그렇게 하기 위해서는 로봇이 인간이 느끼는 것처럼 촉감과 압력, 무게를 느낄 수 있어야 한다고 말했다.

대구경북과학기술원 연구팀은 2017년 세계 최초로 나노섬유 기판을 이용한 전자피부를 개발했다. 연구팀이 개발한 전자피부는 기존의 플라스틱, 고무 기판을 이용한 전자피부와 달리 산소, 땀, 체액 등이 투과돼 신체에 불편함이나 염증을 유발하지 않아 장시간 헬스 모니터링에 활용할 수 있을 것으로 기대된다.

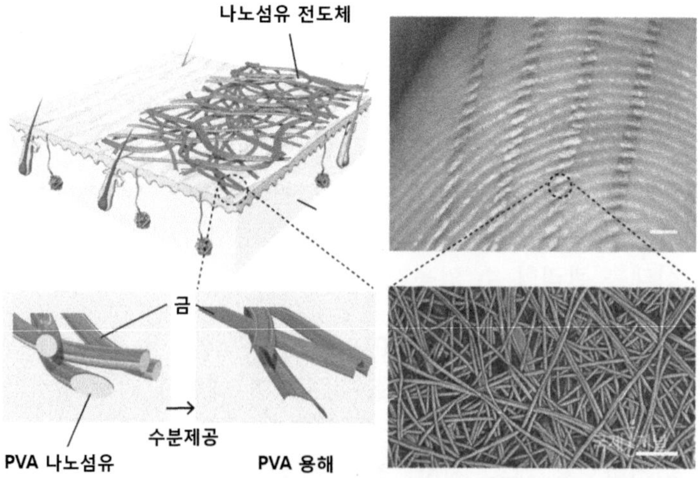

▲ 그림 5-7 전자피부 모식도와 손가락에 전자피부 부착 모습

마지막으로 앞서 살펴 본 여러 사례에서 소개되었듯이 인공 장기 제작 과정에서 3D 프린터의 역할은 작지 않다. 3D 스캐닝으로 개별 환자의 환부를 촬영하고, 3D 프린터를 통해 인공뼈, 인공관절 등을 제조할 수 있어 환자의 신체구조에 따른 개인 맞춤 의료가 가능하며 최근

에는 살아 있는 세포에 대한 적층 조형이 가능한 '3D 바이오 프린터'가 개발되어, 이를 인공간, 근육, 혈관 등에 적용하는 연구가 진행되는 등 의료용 3D 프린터에 대한 연구개발은 더욱 활발히 이루어지고 있다. 시장조사 전문기관 마켓스앤마켓스는 글로벌 의료용 3D 프린팅 시장규모가 2017년 0.75억 달러에서 연평균 17.5% 증가하여 2022년에는 18.8억 달러로 성장할 것으로 내다봤다.

독자적으로 진행되는 연구들이 하나로 모아지고, 실제 생활에서 사용되기 까지는 상당한 시간이 걸릴 테고 넘어야 할 산도 많다. 인체에 부착 혹은 삽입하는 전자피부의 경우 생체 부작용이 없어야 한다. 배터리도 문제다. 체온으로 전력을 생산하는 방식, 오징어 먹물로 만들어 독성이 없는 배터리 등 다양한 연구가 진행 중이다. 전자 피부 연구의 진척은 인간은 점차 전자 장치와 합성되고, 로봇과 기계는 인간과 닮아가는 경향을 보여준다.

5.1.2 인체 이용 기술

배터리 외에 별도의 전력원이 없거나 전력이 부족한 사물인터넷 환경에서 전원공급과 안정적인 네트워크의 문제는 사물인터넷 시장의 지속적 성장을 위해 반드시 넘어서야 할 과제로 지적되고 있다. 전기는 점점 더 많이 필요해질 것이고 데이터를 주고받는데 쓰는 주파수 대역도 대폭 커져야 한다.

하지만 화석 에너지인 석유·석탄은 고갈되어 가고 원자력은 위험성 때문에 쉽사리 늘릴 수도 없는 상황이다. 수력·조력·풍력·태양광 등 다양한 대체 에너지가 개발되고 있지만 효율이 높지 않고 에너지를 수집하기 위해서는 대규모 투자와 설비가 필요하다. 이에 대한 해결책으로 최근 '에너지 하베스팅(energy harvesting)'이 새롭게 급부상했다.

에너지 하베스팅은 그냥 버려지는 자투리 에너지를 수확(harvesting)해 전기로 바꿔 쓰는 기술이다. 대표적인 것이 태양광, 태양열 전지 장치이다. 그 외에도 진동이나 압력에서 에너지를 얻거나, 산업현장의 폐열, 전자기기로부터 발생하는 전자파, 사물이 움직일 때 발생하는 위치에너지, 신체의 움직임이나 체온 등에서 에너지를 수집해 전기로 바꿔 쓰는 게 에너지 하베스팅의 개념이다. 에너지 하베스팅은 자연에서 직접 전기 에너지를 획득할 수 있기 때문에 에너지 공급의 안정성, 보안성 및 지속 가능성을 유지할 수 있고, 환경공해를 줄일 수 있는 친환경 에너지 활용 기술로 각광받고 있다.

그중 인체 에너지 하베스팅은 인체의 일상 에너지를 이용해 저전력이긴 하지만 상시전원이 필요한 사물인터넷 센서나 웨어러블 기기들의 전원공급의 문제를 해결해 배터리가 없이도 구동을 가능케 하는 기술이다. 정기적으로 배터리를 교환하거나 또는 충전을 해야 하는 번거로움에서 벗어날 수 있고 유지비용도 줄이게 되는 것이다.

케이블 대신 사람의 몸을 도체로 사용하여 전원을 공급할 뿐만 아니라 양방향 데이터 통신을 실현하는 기술도 있다. 인체 통신 기술은 인체의 전도성을 이용하여 인체를 통신선으로 사용함으로써 웨어러블(wearable) 또는 몸에 심는(implant) 형태의 센서나 기기와 무선으로 연결하는 개인영역 네트워킹(WBAN, wireless body area network) 기술이다. 네트워크 구성이 쉽고 사전 보안성이 뛰어난 것이 특징으로 복잡한 통신 기술이나 장비 없이도 인체를 통신 매개체로 활용하는 인체 통신 기술은 상용화 단계에 이르렀다.

가) 인체 에너지 하베스팅

우리 인체는 36.5도의 체온을 가지고 항상 멈추지 않고 뛰는 심장이 있으며 언제나 진동한다. 신체 활동을 통해 발생하고 버려지는 체온, 정전기, 운동에너지 등을 에너지 하베스팅 기술을 통해 지속적인 전기 에너지로 변환해 공급할 수 있다면 충전이 필요 없는 웨어러블 기기의 구현이 가능할 것이다.

인체 에너지 하베스팅 기술은 스마트워치, 스마트안경과 같은 웨어러블 전자기기나 심박조율기(pacemaker), 생체 삽입형 혹은 부착형 바이오메디컬 모니터링 센서 등의 주전원 혹은 보조전원으로 활용 가능하다. 심박조율기 배터리 교환을 위해 수술할 필요가 없어진다. 또한 진동 구조물의 상태 진단용 자가발전 무선 센서 노드로도 활용될 수 있다.

▲ 그림 5-8 .소의 심장에 붙여서 테스트를 진행 중인 압전 소자 심박조율기

인체 하베스팅 기술이 삽입·부착형 기기들에 적용되기 위해서는 하베스팅 소자도 결합될 기기와 동일한 특성을 가지고 있어야 하므로 유연한(flexible) 소재, 초박막형 구조, 나노와이어 구조의 압전(piezoelectric), 마찰전기(triboelectric), 열전(thermoelectric) 방식으로 연구개발이 진행 중이다.

2008년 미국의 조지아 공대에서 ZnO 나노와이어를 수직 배열한 나노 발전기를 개발하여 경미한 피부의 움직임을 감지하는 센서와 모바일 기술에 응용한 사례가 있다. 이 나노 발전기는 몸속에서 혈류나 혈압, 혈당 등을 측정하는 나노장치에 연결할 수도 있다. 혈액이 흐를 때 생기는 난류로 나노발전기가 전기를 만들면, 이 전기로 구동되는 나노센서가 측정 정보를 외부에 무선 송신하게 된다. 또 인슐린이나 항암제 등 체외에서 투여하는 약물들도 추후 약물전달시스템과 나노 발전기의 결합으로 체내 삽입돼 스스로 약물을 공급할 수 있다. 또한, 나노 발전 섬유로 만든 옷을 입으면 걸을 때, 숨을 쉴 때조차 전기를 만들 수 있다.

나노 와이어는 1차원 구조를 가지면서도 전기적 특성과 기계적 안정성이 높아 차세대 반도체용 소자로 주목받고 있다. 2017년 국내 KIST가 나노와이어를 기반으로 직접 옮기는 기술을 개발, 이 기술을 이용하여 손가락 관절용 나노 발전기를 개발했다. 손가락 관절에 이 장치를 착용하면 움직임에 따라 전기가 발생하며 기존 소자보다 우수한 전기에너지를 얻을 수 있다.

아직까지 나노 발전기는 기초 연구 수준에서 LED 혹은 소형시계를 동작시킬 수 있는 전력을 생산하는 등 선행 연구를 통하여 가능성만 입증된 상태이나 새로운 소재와 기술의 시도가 계속 되고 있어 머지않아 저비용, 고효율의 나노 발전기를 만날 수 있을 것이다.

일본 야마하 연구개발센터는 2012년 열전도소자를 이용해 열을 전기로 바꿔 센서를 구동시키고 이를 이용해 체온과 습도 등을 측정하는 '체온 발전' 시제품을 내놨다. 이 과정에서 확보한 데이터는 20~30초에 1회 가량 무선으로 전송된다. 별도 전원 공급 없이도 팔찌 형태의 제품만 착용하면 체온을 전환해 데이터를 측정하고 전송까지 가능해진 것이다. 이와 같은 열전 발전기[4](TEG)는 체온뿐만 아니라 공장 설비나 배관, 자동차 엔진 부위 등 열이 발생하는 곳에는 어디든지 설치가 가능하다. 자체적으로 전력을 만들어내기 때문에 별도의 배선이 필요하지 않고 배터리를 교체할 필요가 없다는 것도 장점이다.

2017년 2월 한국세라믹기술원과 인하대 공동연구팀은 혈액, 림프액 등 인체의 체액을 통해 에너지를 저장할 수 있고 외장재 없이 반영구적으로 사용가능한 생체 이식형 전지를 개발했다. 생체 친화적인 소재로 만들어진 전극을 직접적으로 체내에 삽입하고, 인체의 체액 속에 존재하는 나트륨, 칼륨, 칼슘, 염소 이온 등이 전지의 전해질을 대신하여 전극에 흡·탈착함으로써 작동하는 반영구적인 생체 이식형 슈퍼 커패시터[5]로 생쥐를 통한 실험 결과, 세포독성이 없고 생체적합성이 우수하게 나타났으며 충전과 방전도 안정적으로 이뤄짐에 따라 심박 조율기, 삽입형 심장 박동 모니터기, 척추 신경 자극기 등 인체 기관을 보조하거나 모니터링할 수 있는 체내 삽입형 의료장치의 안정적 자가 발전을 통해 반영구적 사용이 가능해질 것이다.

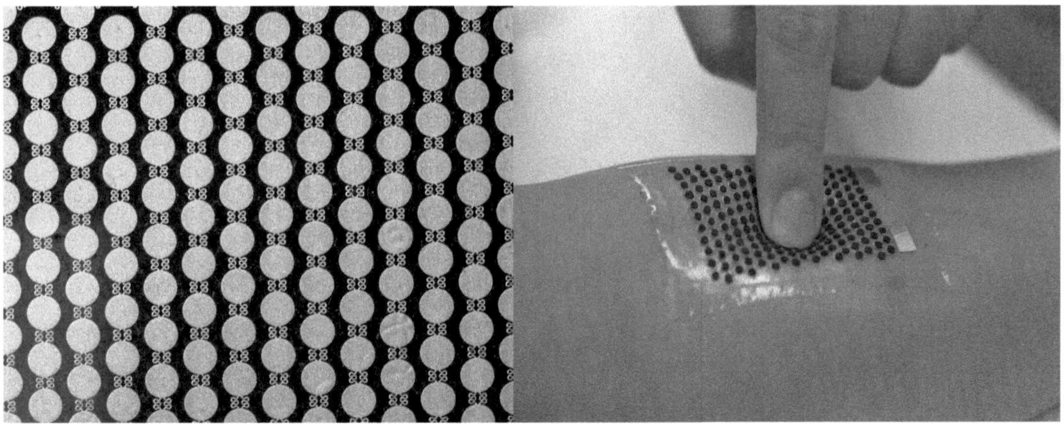

▲ 그림 5-9 스프링으로 연결한 도트 구조의 바이오 연료전지(좌) 패치를 피부에 접착한 모습

UC샌디에고의 웨어러블 센서 센터는 2017년 사람의 피부에 붙여, 배터리 대신 땀에서 에너지를 추출해 발전하는 바이오 연료 전지 패치를 개발했다. 사람의 땀에 포함된 젖산을 산화시키는 효소를 이용해 전류를 생성하는 원리로 이 재료를 피부에 부착하려면 신축성과 면적당 출력을 늘리는 게 관건이었는데, 도트 배열을 스프링 구조로 연결해 신축성을 해결하고, 3D 프린팅된 탄소 나노 튜브를 상단에 배치해 10배의 출력을 실현할 수 있었다. 연구진은 실험에

4) 열전 발전기(thermoelectric generator) : 두 지점의 온도차를 이용해 열에너지를 전기에너지로 변환하는 장치
5) 커패시터(capacitor) : 축전기, 마주 놓인 두 전극 사이에 유전체를 끼워 만들어진 전기용량이 있는 전기회로 소자

서 이 패치를 피부에 붙이고, 운동해서 나온 땀을 이용해 블루 LED를 4분 동안 켜는데 성공했다. 머지않아 스마트 밴드 '핏빗(Fitbit)'등 블루투스 디바이스를 충전하는 번거로움이 사라질 것으로 예상된다.

충격 에너지를 압전소자를 이용해 전기에너지로 변환하는 기술도 개발되고 있다. 사람이 걸어갈 때 지면과 닿으면서 생기는 충돌 에너지를 압전소자를 이용해 발전하는 것이다. 물론 에너지 추출이 쉽지는 않다. 사람이 자전거를 돌리면서 생기는 회전 에너지를 전기 에너지로 바꾸면 하루에 약 2kwh 정도의 전기를 생산할 수 있다고 한다. 걷는 건 상하운동인데, 이때는 전압이 높고 전류가 낮아 충전도 어렵고 자전거를 돌릴 때보다 효율도 떨어진다고 한다. 하지만 효율이 점점 높아져 앞으로가 기대되는 기술이다.

사람한테서 발생하는 정전기 역시 에너지 하베스팅 기술에서 주목하는 주요 에너지원 중 하나다. 인체 주위의 전자파 진동을 이용하는 기술 역시 연구되고 있다.

나) 인체 통신 기술

인체 통신 기술(WBAN)은 케이블 대신 사람의 몸을 매개체로 전파나 디지털 신호를 전달하는 기술이다. 별도의 선이나 안테나 없이 기기를 인체에 접촉하는 것만으로 정보를 전송한다. 사물인터넷(IoT), 웨어러블 기기가 보편화될수록 쓰임새가 커지고 있다.

인체 통신 기술에는 전류와 전계 방식의 두 가지가 있으며, 각 분야에서 활발한 연구 개발이 이루어지고 있다. 전류 방식은 체내를 흐르는 전류의 변화를 이용한다. 인체에 송수신기의 전극을 접촉시켜 미세한 전류의 변화로부터 데이터의 0과 1을 표현한다. 실제 인체를 흐르는 전류는 최대 500μA 정도이다. 전계 방식은 인체 표면의 전계 변화를 이용한다. 송신기로부터 절연체를 이용하여 접촉하고 있는 인체에 전압을 걸 때 인체의 표면 전계가 변하는 것을 수신기에 내장한 포토닉 전계 센서로 증폭하여 신호를 검출해내는 방식이다.

인체 통신 기술의 아이디어는 1990년대 중순부터 있었지만, 2004년 9월 일본 마쓰시타전공이 세계 최초로 전류 방식을 이용한 제품을 발매했고, 2005년 2월에는 NTT도코모가 인체의 표면 전계 변화를 이용하여 최대 10Mbps의 고속 전송속도를 실현하는 신기술인 RedTacton을 발표하고 시제품을 공개한 바 있다.

국내에서는 한국전자통신연구원(ETRI)에서 디지털 직접 전송 방식에 의한 인체 통신 기술을 개발함으로써 체내에 흐르는 전류 변화를 이용하는 마쓰시타전공과 인체 표면의 전계 변화에 의한 NTT도코모의 전송 방식과 차별화된 기술을 개발했다. 한국전자통신연구원은 2009년 세계에서 처음으로 초당 10메가비트(10Mbps)까지 속도를 낼 수 있고 초당 2메가비트까지 전송할 수 있는 디지털 신호 인체 통신에 성공, 원천 기술을 확보했으며 2012년에는 미국전기전자학회(IEEE) 기술표준위원회 국제표준화도 이끌었다.

인체 통신은 다양한 분야에 활용될 수 있다. 예를 들어 인체 통신 칩이 내장된 폰을 소지하고 있다면 출입문에 손을 대기만 하면 신원이 자동으로 파악돼 자동으로 문이 열린다. 암호를 입력하지 않아도 된다. 처음 만난 두 사람이 인체 통신이 가능한 폰을 소지하고 있다면 악수만 해도 자동으로 명함이 교환된다. 또 카메라를 들고 프린터에 손을 대기만 하면 출력하겠느냐는 질문이 나오고 '예'를 누르면 바로 인쇄가 된다. 몸에 부착된 각종 센서가 혈압, 맥박 등을 측정해 휴대폰에 전송하기까지 절차도 자동으로 진행된다. 인체 통신을 이용하면 유선이나 무선으로 네트워크를 구축하지 않고 센서 네트워크를 만들 수 있다.

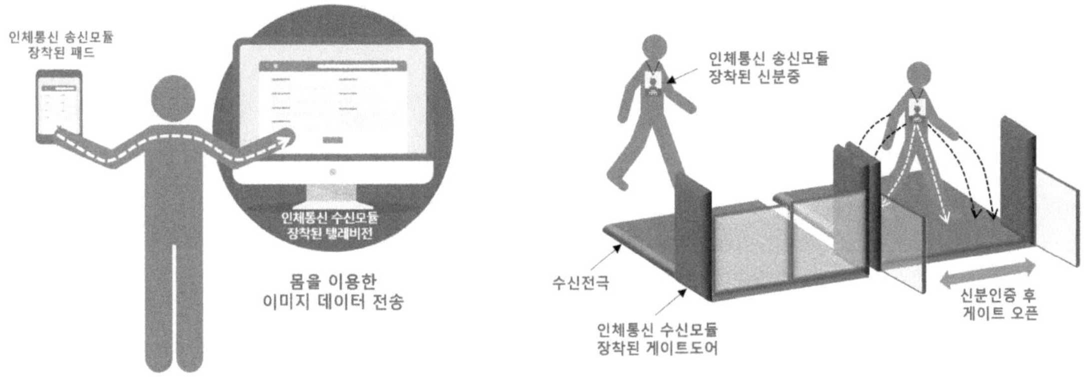

▲ 그림 5-10 인체 통신 기술의 활용 예시

지금까지 인체 통신을 활용하여 상용화된 분야는 캡슐내시경 분야이다. 캡슐내시경은 신체 장기 내부를 촬영한 이미지 데이터를 몸 밖의 수신기에 전달하는 의료시스템으로 손쉬운 신체 장기 검사를 가능하게 해준다. 현재 몸 밖의 수신기에 데이터를 전송하기 위해 RF 무선 신호를 이용하거나 인체 통신을 이용하여 실시간으로 데이터를 전송하는 방법과 이미지를 촬영하여 메모리에 저장 후 배변 후 이미지를 확인하는 방법이 존재한다. RF 무선 신호를 이용하는 대표적인 캡슐 내시경은 Given Imaging사의 PillCam이란 제품이 존재한다. 인체 통신 기술을 캡슐 내시경에 적용하여 판매되는 제품에는 인트로메딕사의 MicroCam이라는 제품이 있다. 또한 내부 메모리에 저장하는 방법을 사용하는 제품에는 Jinshan사의 OMOM이란 제품이 판매 중이다.

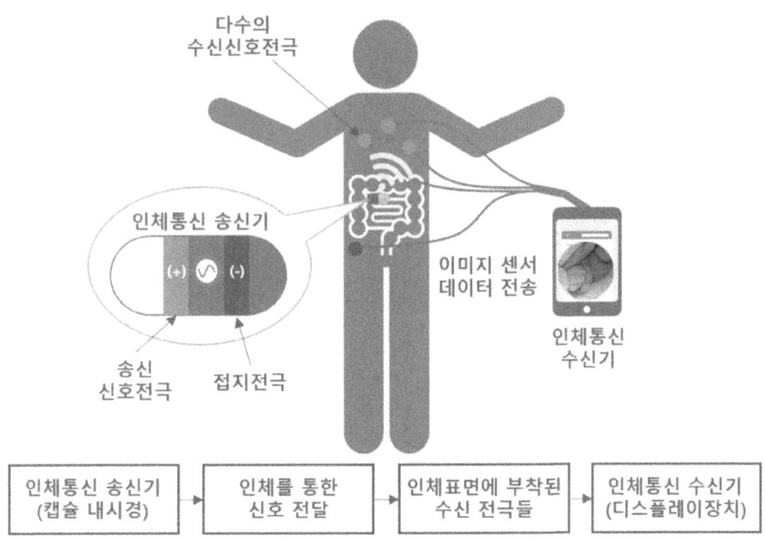

▲ 그림 5-11 인체 통신기술을 이용한 캡슐내시경 시스템

인체 통신 기술은 네트워크 구성이 용이하고 정보 누설의 위험을 사전에 방지할 수 있어 차세대 개인통신 기술로 부상하고 있다. 그러나 정보 전송의 안정성이 떨어져 상용화에 어려움을 겪었다. 인체의 작은 움직임에도 정전기 등 환경 요소로 신호 잡음이 발생하기 때문이었다. 사람의 몸 안에서 발생하는 심장 박동, 장 운동 등 각종 생체 활동도 잡음을 일으켰다. 게

다가 체내에 흐르는 전자파 및 전류가 인체에 미치는 영향에 대한 안정성에 대한 우려가 제기되고 있어 전류가 인체에 미치는 영향이 규명되어야 실용화될 전망이다.

2017년 2월 한국전자통신연구원이 기존 '인체 통신'을 개선, 사람의 몸과 2~3㎝ 떨어진 기기에도 안정된 정보 전송이 가능한 기술을 개발함으로써 각종 웨어러블 기기 및 바이오센서의 정보 전달 안정성을 대폭 향상시킨 새로운 방법이 마련됐다. 연구팀은 전송 주파수 대역을 좁히는 방법을 썼다. 주파수 대역이 좁아지면 그만큼 신호 세기가 강해지고, 잡음에도 영향을 덜 받게 된다. 기존 8㎒ 대역폭을 2㎒로 좁혔다. 신호 세기는 약 5배 이상 향상되고 1μbit 수준의 데이터 손실률을 기록했다. 신호 강도가 세진만큼 전송 성능도 개선되어 인체에서 2~3㎝ 떨어져 있는 기기에도 데이터가 안정된 형태로 전달된다.

연구팀은 이 기술을 각종 문서 기반 정보를 전송하는 기기에 응용할 수 있다고 설명했다. 몸에 부착하는 바이오센서, 옷처럼 입는 웨어러블 기기들이 몸을 매개체로 정보를 손쉽게 전송한다. 한글 100자 이내의 간단한 정보는 0.001초 안에 기기로 전송한다.

다) 인체 재생 기술

오늘날 재생의학 전문가들은 세포 하나를 가지고 인간의 전 신체기관을 만드는 것이 가능하다고 얘기한다. 자신의 피부를 이식하여 손상된 피부를 재생하는 이미 가능해졌으며 최근 미국에서는 피부 줄기세포를 이용해 수축과 이완이 가능한 인체 근육 조직을 만드는 데 성공하기도 했다.

2012년 미국 맥고완 재생의학연구소(McGowan institute for regenerative medicine)의 요르그 겔라흐(Joerg Gerlach)는 화상 환자의 몸에서 건강한 피부세포를 추출한 다음 그것을 물에 섞어 피부세포 분무기라는 컴퓨터로 정교하게 제어되는 줄기세포 도포용 분무기를 이용해 환부에 뿌려 손상된 피부를 재생시킨 연구결과를 공개했다. 아직 실험단계에 있지만 이미 십여 명이 넘는 환자들이 완치되었다.

2016년 미국 캘리포니아대 연구진은 임신 기간이 인간의 1/3 정도인 돼지 자궁에 사람과 돼지 유전형질을 혼합한 줄기세포를 주입해 그 안에서 사람에게 이식할 수 있는 인공 장기를 만들기 시작했다. 유전자 편집 기술인 '크리스퍼(CRISPR)' 유전자 가위를 이용해 돼지 배아줄기세포에서 돼지 췌장을 만드는 유전자 부위를 제거하고 이 유전자 틈새(genetic niche)에 사람의 피부 세포로 만든 유도만능줄기(iPS)세포를 주입해 사람과 돼지 유전자를 합성한 '키메라(chimera)[6] 세포를 만든다.

이 배아는 돼지 배아지만 돼지 췌장을 만들지 않는다. 인간-돼지 키메라 세포를 3~4주간 배양한 결과 연구진은 키메라 세포에서 뇌를 제외한 모든 장기, 췌장 심장 눈 등의 기능까지 복원됨을 확인했다. 이번 실험이 성공하게 되면 사상 최초로 인공 장기를 만들 수 있는 길이 열린다. 하나의 키메라 세포를 제작하기 위해 4년간 돼지 1500마리의 배아가 연구에 쓰였다. 그러나 이 분야는 윤리적 논쟁을 일으킬 수 있는 분야여서, 미 국립 건강 연구소는 실험에 대한 재정 지원을 유예시켰다. 연구자들은 합법적이라고 주장하지만, 사회적 논란을 우려하고 있다.

---

6) 키메라 : 그리스 신화에 등장하는 사자 머리, 양의 몸통에 뱀의 꼬리를 가진 괴물. 다른 종끼리 결합해 새로운 종을 만들어내는 유전자 편집 기술을 의미한다.

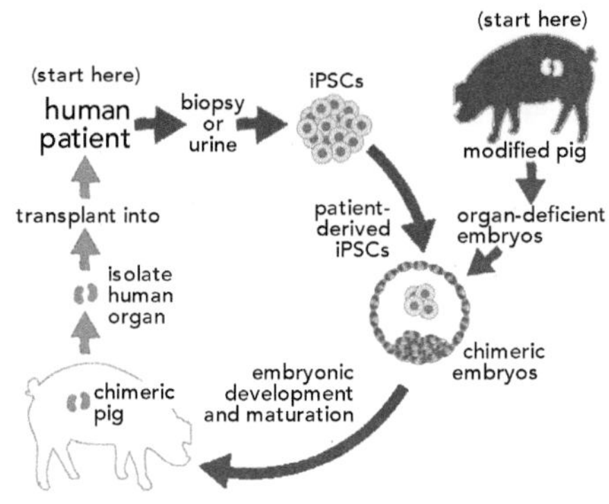

▲ 그림 5-12 키메라 세포 제조 과정

2017년 8월 미국 오하이오주립대 연구팀은 반도체 같은 칩을 피부에 붙인 뒤 떼어내면 인체의 생체 기관 조직 손상을 치유하거나 기능을 개선하는 기술의 동물실험에 성공했다고 발표했다. 이는 '트랜스펙션(transfection)'이라는 기술을 나노 수준의 전자 기술과 결합한 것이다. 트랜스펙션은 DNA에 의한 형질전환(transformation)과 감염(infection) 두 단어 합성어이다. 동물이나 식물의 살아있는 세포에 외래 유전자를 DNA나 RNA 형태로 주입해 세포의 성질이나 기능을 다른 것으로 재프로그래밍하는 것이다.

연구팀은 '조직 나노 트랜스펙션(TNT, tissue nano transfection) 기술'이라고 이름 붙인 기술을 이용해 유전자 암호를 세포에 주입할 수 있는 얇고 작은 칩 장치를 만들었다. 이 칩을 피부에 붙인 뒤 기계에 연결해 누르면 세포를 재프로그래밍하는 DNA나 RNA가 손상된 세포들로 정확히 이송된다. 이는 칩 안에 특수하게 배열한 나노채널을 통해 만들어진 '고도로 강력하고 초점이 집중된' 전기장이 일종의 미세 운송 터널 역할을 하는 덕이다.

연구팀은 이 기술을 쥐와 돼지를 대상으로 한 동물에 적용, 실험에 성공했으며 효과는 98%에 달했다. 연구팀에 따르면, 다리 혈관이 손상돼 피 흐름이 막힌 쥐 다리 피부에 이 칩을 붙이자 세포 변화와 재생이 시작됐다. 주입된 유전자가 피부세포를 혈관세포로 바꾸었고 약물 투여 없이 3주째에 혈관이 살아나 기능하며 완전 치유됐다. 연구팀은 피부세포에서 만든 유전자의 이런 성공적인 트랜스펙션 과정은 생체의 거의 모든 기관에서 일어났다고 밝혔다. 예컨대 피부세포를 이용해 뇌세포 유전자 코드를 만든 뒤 이 칩을 통해 뇌졸중으로 중간대뇌동맥이 막힌 쥐에게 투여한 결과 손상 부위가 치유됐다는 것이다.

연구팀에 따르면, 칩에서 생성되는 전류장은 생물체가 느낄 수준이 아니며, 칩은 바로 떼어내면 되고, 이후 1초도 안 되는 사이에 손상된 부위 세포에 새로운 '정체성'을 갖게 하는 트랜스펙션 과정이 시작돼 몇 주 안에 치유된다고 밝혔다. 연구팀은 TNT 기술은 칼을 대거나 주변 조직을 손상시키는 이른바 침습적 방법이 아니며, 바이러스를 이용한 기법 등에 비해 부작용이 없고, 면역시스템을 우회해서 면역억제제가 필요 없는 반면, 효율은 매우 높아 향후 1년 안에 인체 임상실험을 할 수 있을 것이라고 덧붙였다.

2018년 1월 네너드 버삭(Nenad Bursac) 미국 듀크대 교수팀은 인간의 피부세포로 만든 유도만능줄기(iPS)세포를 골격근육세포로 분화시킨 뒤, 이를 기능을 갖춘 근육 조직으로 성장시키는데 성공했다. 이런 기술은 손상된 근육의 재생에 활용할 수 있다. 환자 자신의 세포에서 유래했기 때문에 거부 반응을 피할 수 있다. 유전성 근육질환을 앓는 환자들도 iPS세포 단계에서 유전자 가위 기술을 활용해 유전체를 교정하면 건강한 근육 조직을 이식 받을 수도 있다. 다만 iPS세포는 강력한 증식 능력과 분화 능력이 암을 유발할 가능성이 있다는 지적을 받고 있다. 이런 우려 때문에 한 때 승인됐던 iPS세포 임상시험도 중단된 상태다. 이에 요시히데 하야시자키 일본 이화학연구소 연구팀은 iPS세포에서 돌연변이가 나타나는 특정 조건을 파악하는 등 줄기세포가 암으로 발전하지 않도록 하는 방법도 찾고 있다.

인체 세포를 이용한 조직 재생 기술은 현재 타인의 신체기관을 받아 이식하는데 발생되는 여러 문제를 해결하게 될 것이며 향후 10~15년 후면 재생된 신체조직 및 기관저장 관련은행이 들어서게 될 것이라 내다보고 있다.

5.1.3 스마트 헬스케어

본격적인 고령화 사회 진입, 만성질환자 증가, 의료비 부담 증대 및 건강한 삶에 대한 관심이 커지면서 질병 치료뿐만 아니라 질병 예방의 중요성이 부각되고 있다. 의료서비스는 과거 증상기반의 의료에서 증거기반 의료를 넘어 축적된 의료 정보를 바탕으로 인공지능 분석기법을 활용한 정밀의료(precision medicine)로 패러다임이 변화하고 있다. 또한, 4차 산업혁명을 기반으로 한 의료 서비스의 발달은 환자 개인의 의료적 혜택뿐만 아니라 인구 고령화 대응 및 사각지대 의료 확대 등 범국가적 차원의 문제 해결에도 도움이 될 것이다.

의료기기에 ICT 기술이 융합되어 기존의 의료기기를 고도화하거나 새로운 형태의 의료기기를 만들어 내고 있으며, 유-헬스(u-health)와 같이 새로운 개념의 서비스가 등장하고, 병원의 정보화를 통해 효율화를 극대화하는 디지털 병원, 헬스케어 데이터를 이용한 개인별 맞춤치료와 예방관리로 건강수명 연장을 추구하는 헬스케어 3.0 등 혁신적인 의료 IT융합 기술들이 연구되고 있다

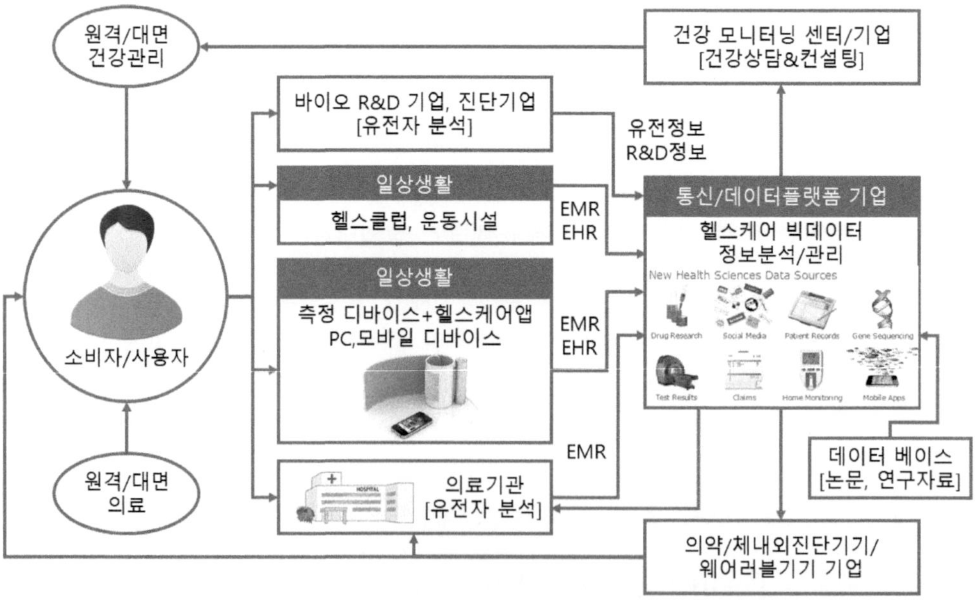

EHR(Electronic Health Record) : 의료기관이 아닌 일상생활에서 수집되는 디지털화된 개인건강정보
EWR(Electronic Wellness Record) : 건강관리를 위한 활동 시 수집되는 디지털화된 생체정보

▲ 그림 5-13 스마트 헬스케어 산업구조

가) 헬스케어와 빅데이터

스마트 헬스케어는 4차 산업혁명의 핵심 ICT 기술인 사물인터넷(IoT), 클라우드 컴퓨팅, 빅데이터 및 인공지능(AI)을 헬스케어와 접목한 분야이다. 기본적인 산업구조를 살펴보면, ICT 또는 바이오 기술을 활용하여 헬스케어 데이터를 생성, 수집하는 것으로 시작된다. 이는 클라우드로 전송, 저장되고 인공지능으로 분석되어 새로운 의약품 및 의료 서비스를 개발하는데 활용되고 있다.

헬스케어 데이터는 유전체 정보(genetic information), 개인건강정보(PHR, personal health record), 전자의무기록(EMR, electronic medical record)으로 구분할 수 있는데, ICT와 헬스케어 기술의 혁신으로 데이터의 종류, 양, 생성속도가 급증하고 있다.

유전체 정보는 한 사람당 약 30억 개, 1 테라바이트(TB)에 달하는 유전체 염기쌍의 서열로서, 정밀 의료(precision medicine), 개인 맞춤형 신약 개발, 유전자 편집, 합성 생물학을 구현할 핵심 열쇠이다. 기존에는 유전자 분석비용이 높아 유전자 변이를 확인할 비교 데이터가 부족하고, 대량의 데이터를 저장하고 분석할 수 있는 ICT 기술이 없었다. 그러나 2010년 이후 차세대 염기서열 분석 기술(NGS, next generation sequencing)의 발전으로 서비스 비용과 소요시간이 크게 감소하여 데이터가 늘어나고, 머신러닝 등으로 빅데이터 분석이 가능해져 유전체 정보가 다시 주목받고 있다.

방대한 양의 유전체 정보를 확보하고 이를 빅데이터로 구축하기 위해서 대규모 자금 투입이 필요하다. 또한, 진단, 처방, 치료를 위한 유전자 변이를 찾아내기 위해 기준이 되는 표준 유전체를 구축해야 하며 이를 바탕으로 유전자 염기서열과 질환, 의약품, 처방방법에 대한 연관성에 대한 연구가 필요한 상태이다. 그러나 민간 기업이 단독으로 수행하는 것이 현실적으로 어렵고, 유전체 정보 빅데이터 및 관련 연구는 자국민의 보건향상을 위해 필수적인 자원이므로, 각국 정부가 주도하는 컨소시엄 형태로 진행되고 있다.

▼ 표 5-1 주요 국가별 헬스케어 빅데이터 구축 현황

국가명	특징
미국	• 2015년 오바마 행정부가 발표한 정밀 의료 계획(Precision Medicine Initiative)의 일환으로 100만 명의 유전자 분석 프로젝트 진행 중 • 유전체 분석 서비스를 제공하는 Illumina와 23andMe가 축적한 유전체 정보를 신약 개발에 활용하고자 Pfizer 등과 제휴
영국	• 정부주도로 2012년부터 자국민 10만 명의 유전체를 분석하는 프로젝트(Genomics England)를 진행 중으로 2017년 말 현재 약 45% 진척
대한민국	• 2016년 10월 서울대와 마크로젠이 아시아인 표준 유전체 지도 완성 • 2016년 11월 울산과학기술원과 한국표준과학연구원이 한국인 표준 유전체 지도(KOREF) 완성 • 2017년 4월 '분산형 바이오 빅데이터' 구축 추진 TF 발족

국내에서는 정부 주도로 빅데이터의 구축과 활용을 추진 중이다. 신약, 화장품, 의료기기, 보험상품을 개발하는 수요기업에 주요 병원 및 공공기관에 축적되어 있는 진료, 처방 등의 헬스케어 데이터를 거래하는 것이 주요 골자이다. 우리나라는 단일 공보험 체계로 대부분의 헬

스케어 데이터가 건강보험공단와 건강보험심사평가원에 집중되어 있다. 또한, 환자 쏠림 현상으로 수도권 대형병원에 대규모 의료 정보가 축적되어 있으므로, 빅데이터 구축이 상대적으로 쉬울 것으로 예상된다.

개인건강정보는 혈당 수치, 혈압, 심전도, 운동량, 식단 정보 등의 라이프 로그[7]로, 주로 IoT 디바이스와 스마트폰 애플리케이션을 통해 생성, 수집된다. 최근 고성능 IoT 기기가 출시되어 다양한 생체 정보를 시·공간 제약 없이 실시간으로 모니터링 하는 것이 쉬워짐에 따라 IoT와 헬스케어를 융합한 응용 서비스가 활성화되고 있다.

IoT 디바이스는 사용목적에 따라 일상적인 건강관리와 생활습관 개선을 목적으로 하는 웰니스 피트니스 기기와 혈당, 혈압, 심전도와 같은 환자의 바이탈 사인을 모니터링 하는 메디컬 기기로 구분된다. 메디컬 기기는 의료기기법의 적용을 받아 사업화를 위해서 유효성 및 안전성 검증과 제조시스템 전반에 대한 인증이 필요하여 시장진입이 상대적으로 어렵다.

전자의무기록은 의료기관에서 종이차트에 기록했던 인적사항, 병력, 건강상태를 비롯하여 처방정보, 처방결과 등을 전산화한 형태를 말한다. 유전체 정보와 개인 건강정보가 건강 개선, 질환 치료 및 예방 등의 구체적인 임상적 가치와 연결되기 위해서는 전자의무기록을 바탕으로 데이터가 분석되어야 한다. 그래서 스마트 헬스케어 산업에 진출하는 IT기업들이 많은 데이터가 축적되어 있는 대형 의료기관 들과 제휴하여 제품, 서비스를 개발하고 있다. 전 세계적으로 의무기록의 디지털화 추세가 가속화되고 있어, 활용성이 더욱 제고될 것으로 기대된다.

▼ 표 5-2 헬스케어 데이터의 종류

구분	생성자	설명
유전체 정보	염기서열 분석 서비스 업체	• 1인당 약 30억 개의 유전자 염기 서열 정보 • 개체 간 약 0.1%의 차이 존재 • 2016년 기준 79,110건의 유전체 정보 분석 프로젝트 완료 • 유전체 분석비용이 2000년대 초반 8천만 달러에서 2017년 100달러로 하락
개인 건강 정보	개인	• 스마트폰 애플리케이션 또는 IoT 디바이스로 수집되는 운동량, 식단, 수면패턴 등 개인 Lifelog • 다양한 디바이스와 서비스 증가
전자 의무 기록	의료기관	• 진단정보, 영상정보, 약제 처방자료, 처방결과 등 환자의 모든 진료정보를 전산화하여 입력, 저장, 관리하는 형태 • 전 세계적으로 디지털화 가속화

헬스케어 데이터가 전례 없이 빠른 속도로 늘어남에 따라 이를 통합, 저장 및 분석하는 시도들이 계속되고 있다. 방대한 양의 데이터를 분석하여 유의미한 정보를 추출할 수 있는 인공지능 기술을 접목했을 때 헬스케어 빅데이터의 활용 가능성을 극대화하고 새로운 가치를 창출할 수 있을 것으로 예상된다.

7) 라이프로그(lifelog) : 개인의 일상생활 활동에 관한 모든 데이터

나) 헬스케어와 사물인터넷

IoT 헬스케어를 통해 개인이 건강 관련 데이터를 직접 생산 수집하며, 물리적으로 의료기관을 방문하지 않아도 원격으로 의료 서비스를 받을 수 있는 유-헬스(u-health)가 가능하다. 유비쿼터스 헬스(ubiquitous Health)란 뜻의 유-헬스는 유무선 네트워크를 바탕으로 환자, 의료기관, 정부기관, 솔루션개발/기기업체 등의 유기적 연결을 통해 환자가 병원 안에서 뿐만 아니라, 병원 밖에서도 실시간으로 원격 자가진단, 치료, 상담, 예약 등을 받을 수 있는 이상적인 환경을 말한다.

이러한 의료 서비스 공간의 확대는 병원과 요양시설에 갇혀 지낼 수밖에 없었던 환자·장애인·노인들의 생활공간을 확장시킨다. 거꾸로 의료 서비스로부터 단절된 생활을 하던 바쁜 사람들에게 별도의 시간을 빼앗지 않으면서 의료 서비스를 받을 수 있는 기회를 제공한다. 일년에 한 번 받던 건강검진을 일 년 내내 받을 수 있으며, 발병과 치료의 시간 격차로 인한 피해를 최소화할 수 있다.

미국에서는 1990년대부터 원격 의료가 본격적으로 활성화되기 시작했다. 넓은 면적으로 인해서 지역별로 의료 수준이 크게 상이하며, 의료 접근성 문제가 심각하기 때문이다. 이에 따라 시골과 대도시 병원 간의 원격 의료에 대한 필요성이 제기되었고, 1993년 미국원격의료협회(ATA, american telemedicine association)가 설립되면서 본격적으로 원격의료가 시행되었다.

미국은 빨라진 인터넷과 스마트폰의 보급 및 보험회사의 정책 변경 등에 따라 더 많은 의료기관이 온라인으로 환자와 소통하기 시작했으며, 환자들은 혈압, 심박수 등 생체신호를 의사에게 전달 할 수 있는 새로운 의료기기를 활용해 원격으로 만성질환을 관리하고 있다. 미국 보건사회복지부에 따르면 미국 의료기관의 약 61% 및 병원의 40~50%가 원격진료 형태의 진료를 제공하고 있는 것으로 나타났고, 원격의료협회는 2015년 한 해 동안 약 1억 5,000만 명 이상의 미국인들이 원격진료 서비스를 받았다는 발표가 있었다.

최근 더 많은 보험회사와 고용기업들은 원격의료 서비스를 지원하고자 추진하고 있으며, 2016년 원격의료를 복지혜택으로 제공하는 대형 고용기업의 비율은 약 75%로 2015년의 48%에서 크게 늘어나고 있다. 미국 최대의 원격의료 회사 텔라닥(teladoc)의 2016년 원격진료 횟수는 95만 건이었으며 미국 최대의 보험사인 카이저 퍼머넌테(kaiser permanente)는 2016년 이뤄진 1억 건 이상의 진료 중에 사상 최초로 대면진료보다 원격진료가 더 많이 이뤄졌다고 밝히기도 했다. 스크립스 중개과학연구소의 에릭 토폴 박사 역시 저서 『청진기가 사라진 이후(patients will see you now)』에서 "직접 진료실을 방문하는 것이 점점 퇴출되고 있다."고 언급하기도 했다.

'아메리칸웰(american well)'은 미국 전역에 약 1억 명의 이용자를 보유하고 있는 라이브 비디오(live video) 원격진료 기업으로 지난해 미국 40개 주에 300여 개 병원을 보유하고 있는 헬스케어 기업 콘센트라(concentra)와 파트너십을 체결했고, 최근에는 삼성전자와 제휴를 맺고 삼성 스마트폰을 활용한 원격진료 서비스를 제공하고 있다.

해외 스타트업 '바빌론헬스(babylon health)'는 스마트폰을 활용하여 원격 진료가 가능한 서비스를 제공하고 있다. 채팅을 통해 상담을 진행할 수 있고, 매월 5파운드의 유료 멤버쉽 가입을 진행하면 전문의에게 진료를 받을 수 있으며, 진료 후 처방된 약은 배송을 통해 편리하게 집에서 받아볼 수 있다.

▲ 그림 5-14 바빌론 헬스 웹사이트 홍보 이미지 캡쳐

스마트폰 등 헬스케어 기기를 이용한 원격의료가 실현되려면 3가지 전제조건이 갖춰져야 하는데, 첫째로 혈압, 맥박, 혈당 등을 측정하는 센서(sensor) 등의 IoT 의료기기가 있어야 하고 두 번째로 센서로부터 전송 받은 데이터를 저장하는 서버(server), 마지막 세 번째가 의료진에 의한 피드백(feedback)이다. 바로 이 '피드백' 부분에서 원격진료와 원격모니터링이 구별된다.

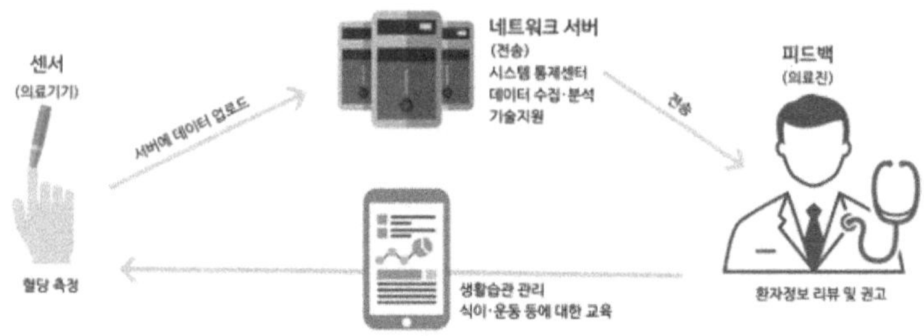

▲ 그림 5-15 원격의료 개념도

'원격진료'가 원거리의 의사가 라이브 비디오나 IT 기술을 이용해 환자의 증상을 듣고 간단한 기기들로 검사를 진행한 후 진단 혹은 처방 등을 진행하는 방식이라 한다면 '원격 환자 모니터링(remote patients monitoring)'은 고혈압, 당뇨 등의 만성질환 환자에 대하여 기존에 내원하던 병·의원 방문주기를 그대로 유지하되, 병원을 방문하지 않는 기간 동안의 자가관리를 목표로 하는 방식이다. 처방을 내는 행위 등은 포함되지 않으며, 먼 곳에 있는 환자가 측정한 혈압, 혈당 등의 생체정보를 주기적으로 의료진에게 전송하고, 이를 전달받은 의료진들이 환자의 건강상태에 대해 지속적인 관찰과 상담을 진행하게 된다. 특히, 당뇨병 분야에서는 인터넷을 기반으로 한 원격혈당관리시스템(IBGMS, internet based glucose monitoring system)이 단기는 물론 장기간의 혈당조절 면에서도 효과적이라는 사실이 국내에서도 이미 입증되었다.

이처럼 원격 진료 서비스는 해외에서 꾸준히 성장하고 있고 그에 따른 투자도 활발하게 이루어지고 있는 반면에 아직 국내에서는 기술적인 문제보다는 이해관계자들의 의견이 첨예하게 갈리며 찬반 논란이 계속되고 있어 관련 법규 등 제도적 준비나 서비스 시행에 아직 큰 진전을 보이지 못하고 있는 실정이다.

IoT 헬스케어의 참여자는 웨어러블 기기 제조업체, 플랫폼 또는 개별 서비스 제공업체로 구분된다. 웨어러블 기기와 개별 서비스는 진입장벽이 낮고, 일반 소비자를 대상으로 판매하는 매스마켓이 존재하여 중소 벤처 기업들의 진출이 활발하다. 그러나 디바이스와 서비스의 사용이 지속적이지 않고 일반 건강관리에 활용되는 웰니스(Wellness) 기기들은 운동량이나 수면상태와 같은 생체 정보를 단순히 모니터링 하는 것에 그치고, 계속적인 사용을 유도할 수 있는 가치 있는 서비스가 부족한 탓에 매출 규모는 아직 적은 편이다.

Apple, Google, 삼성전자 등의 글로벌 IT기업들이 다양한 IoT 헬스케어 데이터를 저장 관리할 수 있는 독자적인 플랫폼을 개발하여 서비스를 제공하고 있으나, 아직은 수익이 크게 발생하지 않고 있다. 적용기술에 대한 국제 표준이 마련되지 않아 웨어러블 기기 및 플랫폼들이 각기 다른 기술로 개발되어 상호호환성 및 확장성이 떨어진다는 것이 이유로 거론된다.

2013년 11월 가트너(Gatner)에 의하면, 사물인터넷이 창출하는 부가가치가 2020년 1.9조 달러에 이르고, 그 중에서 헬스케어 산업이 약 15%를 차지하여, 제조업과 함께 가장 높은 부가가치가 창출될 것으로 전망된다.

다) 헬스케어와 인공지능

헬스케어 분야에 인공지능을 도입하면, 의료종사자는 개인의 지식과 경험보다는 의학적 데이터를 기반으로 의사결정을 하게 되어 의료비가 절감되고 치료 효율성이 증대될 것으로 예상된다. IBM의 '왓슨 포 온콜로지(watson for oncology)'은 인공지능 자연어 처리를 위한 슈퍼컴퓨터로 의학 분야에 도입되어 암의 진단 및 처방, 유전체 분석 등에 보조 수단으로 활용 중이다. 왓슨은 1,500만 쪽 이상의 전문자료, 300종 이상의 의학 학술지, 200종 이상의 의학 교과서를 습득하였으며, 미국 내 두 곳의 대형병원에서 수년간 트레이닝을 하였다. 왓슨의 암에 대한 진단 수준은 '전공의' 수준으로 평가되고 있으며, 현재도 전 세계 80여 개 병원에서 다양한 사례들을 통해 여러 의학지식을 학습하면서 진단 정확도를 높이고 있다.

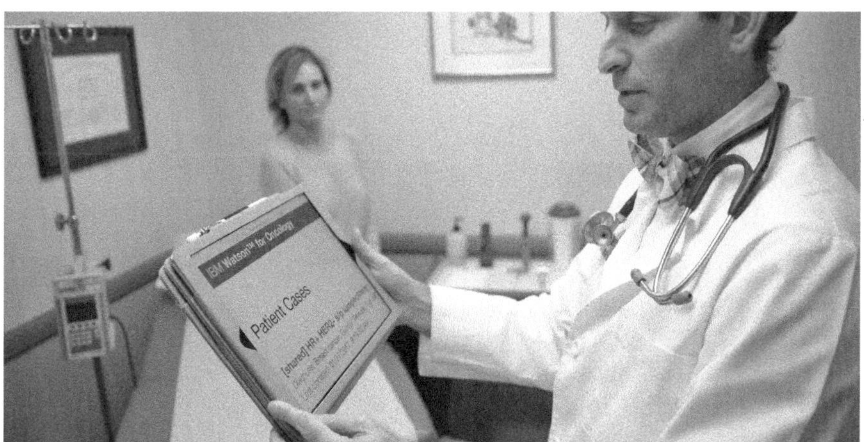

▲ 그림 5-16 임상에서 암진단 및 처방에 사용되는 IBM Watson

의료분야의 오진율은 아직 높은 편이다. 일본의 경우 오진율이 약 30% 정도로 추정되고, 세계 최고 수준의 의료 기술을 보유한 미국에서도 1차 진료 오진율이 약 20%에 이르고 있는 실정이다. 2017년 7월 한국소비자원의 조사에 따르면 오진율이 가장 높은 질병은 암이며, 이 중 판독오류에 의한 오진 건수는 전체의 33.6%에 달한다. 진단 처방에 있어 인공지능은 기존의 오진율을 대폭 감소시키고, 신뢰성을 확보하는 방향으로 발전하고 있다. 인공지능 기반 이미지 인식 기술은 인간의 판독 정확도를 넘어섰으며, 인간과 비교가 되지 않는 학습속도로 발전하고 있어 정확도는 날로 높아질 것으로 예상된다.

글로벌 컨설팅 및 B2B 시장조사기관 프로스트앤설리번(Frost & Sullivan)은 의료 인공지능 시장규모가 2014년 6.3억 달러에서 연평균 40%씩 증가하여 2021년에는 10배 이상인 66.6억 달러에 이를 것으로 전망하였다.

또한 의료서비스는 보다 정밀화되고 맞춤화된 형태로 제공하게 될 것이다. 기존에는 고비용으로 활용할 수 없었던 개인의 유전체 정보에 대한 접근이 쉬워지면서 향후에는 환자 개개인에 최적화된 치료제 개발이 가능해질 전망이다. 전통적인 의약품은 같은 증상을 갖는 모든 환자에게 동일하게 처방되어 왔다. 개인차로 인해 의약품의 효과와 부작용이 다르게 나타나고, 그에 따른 의료비 낭비가 문제점으로 지적되어 왔다. 8천만 달러에 육박하던 DNA 시퀀싱[8] 분석 비용이 10년 간 급격히 하락하여 100달러정도로 가능해짐에 따라 특정 유전자 염기서열, 질환 발생 및 진행양상, 의약품 반응 사이의 상관관계가 더욱 활발히 연구되어 이를 바탕으로 진단 및 처방이 이루어진다면 치료 효과는 높아지고 부작용은 낮아지는 정밀 맞춤 의료의 실현과 질환의 예방까지 가능할 것으로 기대된다.

8) DNA sequencing : 머신러닝으로 DNA의 염기서열을 분석하는 기술

5.2 블록체인

2018년을 열면서 가장 뜨거운 이슈 중 하나는 '가상화폐'였다. 대표적인 가상화폐인 '비트코인(bitcoin)'은 2017년 1월 100만 원대였던 가격이 불과 1년 만에 2천만 원을 돌파하며 20배 가까이 크게 올랐다. 주식거래와 달리 장마감시간도 없이 24시간 운영되고 가격제한폭도 없다보니 급격한 가격변동 폭에 따른 위험요소도 많고 과거 네덜란드의 튤립 투기에 비유하며 폭락을 경고하는 목소리도 적지 않았지만 '거품'과 '투기'의 우려 속에서도 전국을 강타한 가상화폐 투자 열풍은 식을 줄 몰랐고 그 여파로 관련 다단계 사기나 거래소 해킹 등 폐해도 잇달아 정부는 부랴부랴 가상화폐 실명제 실시로 진화에 나서기 시작했다.

그런 혼란 속에서 뒤늦게 투자대열에 합류하려는 예비 투자자뿐만 아니라 대다수 국민들은 이름도 생소한 여러 가상화폐들에 대해 관심을 갖게 되었고 그러나 여전히 많은 사람들이 그 실체를 쉽게 이해할 수 없었다. 가상화폐와 함께 언급되는 블록체인도 마찬가지였다. 가상화폐의 기반이 되는 기술인 블록체인과 가상화폐를 분리해서 봐야 한다는 사실을 받아드리는 것은 어려운 일이었다.

5.2.1 블록체인의 개요

최근 미국 대형 유통업체 월마트는 IBM과 공동으로 블록체인(block chain) 기술을 적용한 식품 이력 추적시스템을 개발해 테스트하고 있다. 테스트 결과에 따르면 멕시코산 망고가 어느 재배 농장에서 어떤 경로를 통해 납품됐는지 확인하는데 6일 18시간 26분 걸렸던 기존 과정을 불과 2.2초 만에 마칠 수 있었다. 글로벌 식품 유통업체들은 이미 블록체인 기술에 뛰어들었다. 월마트를 비롯한 네슬레, 돌푸드, 크로거, 유니레버 등 8개 식품·유통회사들은 IBM과 제휴를 맺고, 블록체인 기술을 활용해 식품 안전성을 높이는 방안을 모색하고 있다.

러시아 식료품 배달업체 INS(instamart)는 대형 소비재 유통업체인 유니레버, 네덜란드 축산 조합인 프라이스랜드캄피나, 미국 식료품 회사 마스 등과 손잡고 블록체인 기반이 식료품 공급망을 구축해 도소매 유통업체 거치지 않고 제조업체와 소비자를 직접 연결하는 계획을 추진 중이며 이를 통해 최종 소비자 가격을 최대 30%까지 내릴 수 있을 것이라 내다봤다.

블록체인은 유통업체의 생명과도 같은 상품 품질관리뿐만 아니라 유통구조 자체를 재편하는 혁명적 변화를 이끌어가는 중이다.

가) 블록체인의 탄생

2008년 10월 31일 저녁 자신을 사토시 나카모토라는 가명으로 소개한 누군가가 암호화 기술 커뮤니티 '메인(Gmane)'에 『비트코인 : P2P 전자화폐 시스템』이라는 논문을 올렸다. 이 논문에서 그는 비트코인을 '전적으로 거래 당사자 사이에서만 오가는 전자화폐'라고 소개하고 'P2P 네트워크를 이용해 이중 지불을 막는다.'라고 설명했다. 그리곤 약 두 달 뒤인 2009년 1월 3일, 사토시는 논문으로 설명했던 기술을 비트코인이라는 가상화폐로 직접 구현해 보여줬다. 사토시 나카모토가 말한 'P2P[9] 네트워크를 이용해 이중 지불[10]을 막는 기술'이 바로 '블록체인'이다.

가상화폐라고도 부르는 전자화폐는 현실의 지폐처럼 물리적인 실체 없이 그저 컴퓨터상에 데이터로만 존재하기 때문에 파일을 복사하듯이 복제가 가능하고 해킹이나 위·변조, 이중 지불의 위험에 항상 노출되어 있다. 블록체인은 수정된 잔고에 신뢰성을 부여하는 기록으로 가상 화폐가 거래 가능한 화폐로서의 가치를 갖도록 해준다.

가상화폐의 사용은 은행의 체크카드나 항공 마일리지와 같은 원리이다. 본인 명의의 체크카드를 제시하거나 항공사에 로그인하여 대금결제를 하면 청구나 입금이라는 현실적인 절차 없이 본인의 전자장부에 거래내역이 기록되고 잔고가 수정되는 것만으로 완료된다. 가상 화폐가 사용자들로부터 안전한 거래수단으로 인정받기 위해서는 국가가 보증하는 법정 화폐처럼 장부의 거래내역을 신뢰할 수 있는 높은 수준의 보증이 필요하다. 거래 장부는 모든 비정상적 조작으로부터 안전해야 하고 누구나 열람할 수 있도록 투명하게 공개되어야 한다.

은행이나 신용카드 회사 등 기존 금융회사는 거래 장부를 안전하게 보관하기 위해 치밀한 인적·물적 보안 대책을 세운다. 접근이 통제되는 전산센터에 거래 장부를 저장한 서버를 두고 각종 보안 장비와 프로그램으로 무장하고 있지만 그곳은 늘 해커들의 주 공격목표가 되어 종종 뉴스에 등장하곤 한다.

블록체인은 서버나 보안프로그램 없이도 거래 장부를 안전하게 보관하는 방법을 사용한다. 사토시 나카모토가 내놓은 해법은 비트코인을 사용하는 모든 사용자가 함께 거래 장부를 관리하도록 하는 것이다. 모든 비트코인 사용자는 P2P 네트워크에 접속해 똑같은 거래장부 사본을 암호화하여 나누어 보관한다. 새로 생긴 거래내역을 거래 장부에 기록하는 일도 사용자 몫이다. 이들은 10분에 한 번씩 모여 거래 장부를 최신 상태로 갱신한다.

모든 비트코인 사용자는 갖고 있던 거래 장부끝에 가장 최근 10분 동안 거래 내역을 추가한다. 기존 장부 내용의 일부분이 손실되었거나 다수의 내용과 다르면, 다른 사람이 가진 온전한 최신의 장부를 복제해 잘못된 곳을 수정한다. 이때 몇몇 사람이 멋대로 장부를 조작할 수 없도록 과반수가 인정한 거래내역만 장부에 기록한다.

최근 거래내역을 적어 넣었으면, 새로 만든 거래 장부를 다시 모든 비트코인 사용자가 나눠 가져간다. 이런 작업을 10분에 한 번씩 반복한다. 이 때 10분에 한 번씩 만드는 거래내역 묶음을 '블록(block)'이라고 부른다. 블록체인은 블록이 모인 거래장부 전체를 가리킨다. 비트코인은 처음 만들어진 2009년 1월부터 지금까지 이뤄진 모든 거래내역을 블록체인 안에 쌓아두고 있다. 지금도 전 세계 비트코인 사용자는 10분에 한 번씩 비트코인 네트워크에서 만나 블록체인을 이어가고 있다.

물론 이런 작업을 사용자가 직접 하는 건 아니다. 비트코인 네트워크에 연결된 컴퓨터가 알아서 처리한다. 사용자는 자기 컴퓨터를 비트코인 네트워크를 유지하는 데 품앗이하는 셈이다. 이 방식은 모든 사용자가 모든 거래기록을 보유함에 따라 거래가 일어날 때마다 분산된 장부들을 서로 대조하기 때문에 거래 기록의 조작이 극히 어렵고, 인증 및 보안을 위한 중앙

9) P2P (peer to peer) : 최대한 서버에 의존하지 않고 클라이언트 컴퓨터끼리 직접 연결하여 정보를 주고받는 형태
10) 이중 지불(double spends) : 이미 사용한 금액만큼 가상 계좌의 잔고가 갱신되기 전에 재사용하는 행위

관리체제가 필요 없게 되어 해커들은 공격 대상을 특정할 수 없게 된다. 가상화폐는 화폐 발행에 따른 생산비용이 전혀 들지 않고 이체비용 등 거래비용을 대폭 절감할 수 있다.

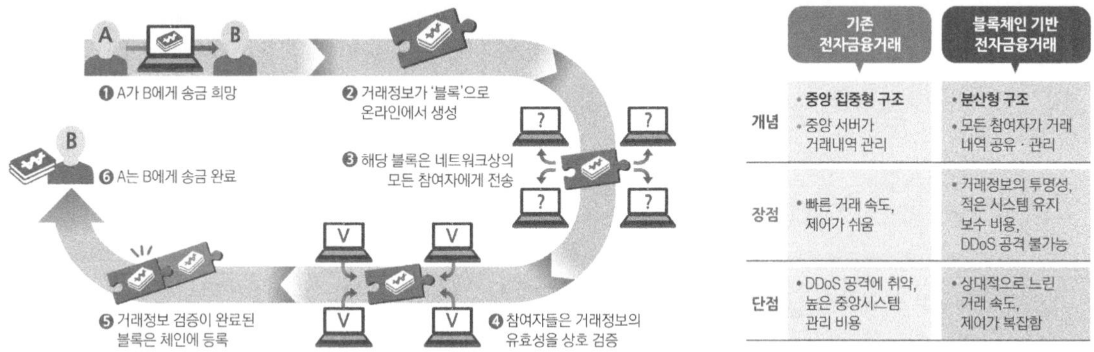

▲ 그림 5-17 블록체인 기반 금융거래의 특징(우)과 거래 흐름도

비트코인, 이더리움, 리플 등 모든 가상화폐는 블록체인을 활용한 한 가지 시스템일 뿐이며, 블록체인은 비트코인에 국한되지 않는 개념으로 데이터 안정성 및 신뢰성 제고를 위한 핵심 기술로 대두되고 있다. 이중에서 블록체인을 최초 구현한 가상화폐인 비트코인을 기준으로 살펴본다.

나) 블록체인의 정의

블록은 블록체인을 구성하는 요소로 개념적으로는 다수의 거래 정보의 묶음을 의미한다. 각 블록은 최대 1MB의 크기까지 확장될 수 있으며, 블록은 6개의 정보로 구성된 헤더(80바이트)와 1,000~3,000건 정도의 거래 정보(1,048,479바이트), 기타 정보(17바이트)를 저장할 수 있는 바디로 이루어져있다. 블록 하나의 물리적인 크기는 평균 0.98Mbyte이며 거래 정보에는 평균 1,800개의 입출금과 관련한 여러 가지 정보를 가지고 있다. 기타 정보는 블록 내에 있는 정보 중에서 블록 헤더와 거래 정보에 해당하지 않는 정보를 말하며, 블록 해쉬 계산에 사용되지 않는다.

▼ 표 5-3 블록 헤더의 구성

이름	크기	내용
version	4byte	소프트웨어/프로토콜 버전
previous block (header) hash	32byte	직전 블록헤더의 해쉬[11]
merkle root hash	32byte	블록에 포함되어있는 모든 거래내역의 요약본
time stamp	4byte	블록이 생성된 시간
nBits	4byte	난이도 조절용 수치
nonce	4byte	최초 0에서 시작해서 1씩 증가하는 수

블록 헤더 해쉬는 블록의 식별자 역할을 하며 6가지의 블록 헤더 정보를 입력값으로 하고, 여기에 SHA256[12] 해쉬 함수를 2회 적용해서 계산되는 값으로, 32바이트의 숫자값이다.

11) 해쉬(hash) : 임의의 길이의 데이터를 고정된 길이의 데이터로 매핑하는 해쉬 함수를 통해 얻게 되는 랜덤값. 매핑된 해쉬만 가지고는 원래의 값을 알아내기 어려워 암호화 등에 사용된다.
12) SHA-256 : 미국의 NIST가 정한 표준 해시 함수의 일종

개별 거래 정보의 해쉬값은 해당 거래가 포함된 블록의 머클 해쉬(merkle hash) 계산에 입력값으로 사용되고, merkle hash는 블록 헤더 해쉬의 계산에 입력값으로 사용된다. 블록 헤더 해쉬는 다음 블록(A라 하자)의 직전 블록 해쉬(previous block hash) 값으로 저장되며, previous block hash는 A 블록의 블록 헤더 정보 중 하나로서, A 블록의 블록 헤더 해쉬를 계산하는데 입력값으로 사용된다.

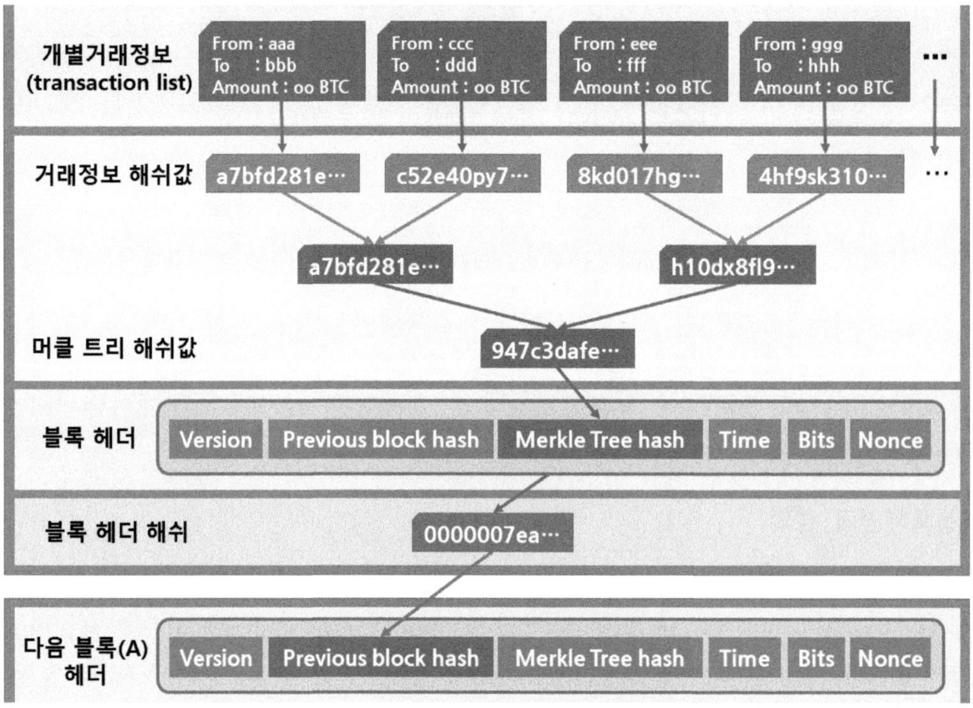

▲ 그림 5-18 블록 헤더 해쉬를 구하는 과정

블록체인은 최초의 블록(Genesis Block)부터 시작해서 바로 앞의 블록에 대한 링크를 가지고 있는 링크드 리스트다. 블록체인은 여러 노드[13]에 걸쳐 분산되어 저장 및 관리되며, 블록에는 거래 정보가 포함되어 있으므로, 블록의 집합체인 블록체인은 모든 거래 정보를 포함하는 거대한 분산 공개 장부(open distributed ledger)이라고 할 수 있다.

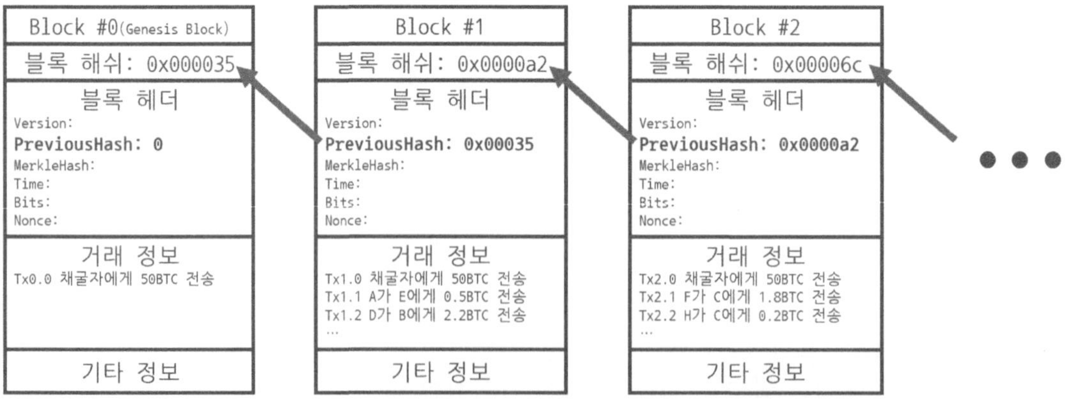

▲ 그림 5-19 블록체인의 링크드 리스트 구조 개념도

13) 노드(node) : 네트워크상에 있는 참여자의 컴퓨터

다) 디지털 서명

블록체인은 거래 정보를 모두에게 공개하고, 누구나 거래 정보를 생성할 수 있으며, 거래 정보를 모두에게 복사해서 사본을 저장하고 그 사본끼리 동기화시킴으로써 기록이 사라지는 일을 원천적으로 막는다. 그러나 분산 처리를 통해 기록의 파손은 막을 수 있지만, 이것만으로는 파손만큼이나 위험한 기록의 위/변조까지 막을 수는 없다. 블록체인은 이 문제를 암호화를 통해 해결한다. 블록체인에 담겨 있는 모든 거래 정보에는 디지털 서명이 포함되어 있어서 거래 정보가 진본임을 신뢰할 수 있다. 비대칭키와 해쉬 함수를 이용하는 디지털 서명은 단지 그 디지털 서명에 작성자로 기재된 자가 그 기록을 작성하였다는 사실과 작성내용이 송·수신 과정에서 위조송신자로 인해 변조되지 않았다는 사실을 증명할 뿐 기록 자체를 암호화하는 것이 아니므로 제3자가 기록을 열람하는 데에는 아무런 장애가 없다. 디지털 서명은 데이터의 진위 여부를 확인할 수 있게 해준다. 이런 이유로 가상화폐를 암호화폐(crypto-currency)라고 부른다.

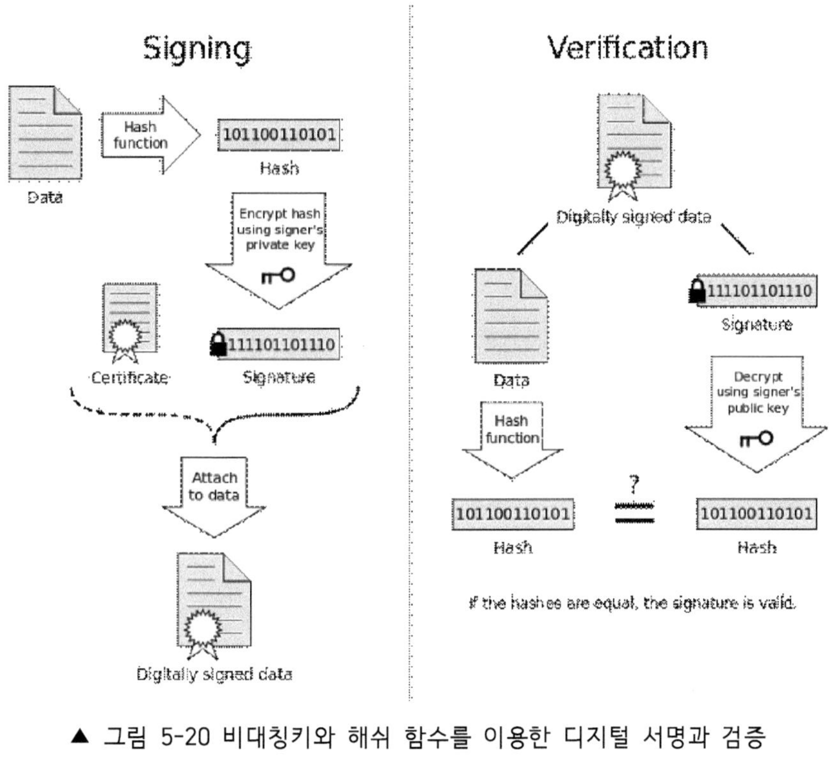

▲ 그림 5-20 비대칭키와 해쉬 함수를 이용한 디지털 서명과 검증

라) 작업 증명

작업 증명(PoW, Proof of Work)은 새로운 블록을 블록체인에 추가하는 '작업'을 완료했음을 '증명'하는 것이다. 새로운 블록을 블록체인에 추가하려면, 그 새로운 블록의 블록 해쉬를 계산해내야 하고, 그 블록 해쉬를 계산해내려면 그 블록의 블록 헤더 정보 중의 하나인 논스(nonce)값을 계산을 통해 구해야 한다. 이 논스 값을 구하는 것이 바로 작업 증명이다.

nonce 값은, 이 nonce 값을 입력값 중의 하나로 해서 계산되는 블록 해쉬값이 특정 숫자(bits값)보다 작아지게 하는 값을 말한다. 그리고 해쉬 함수의 특성상, 어떤 해쉬값을 결과로 나오게 하는 입력값을 찾으려면, 그 해쉬값에서 역산을 하는 방식으로는 찾을 수 없고, 같은 해쉬값이 나올 때까지 무작위로 입력값을 계속 바꿔가면서 찾아낼 수밖에 없다.

그 입력값을 바꿀 수 있는 유일한 통로가 바로 nonce다. 다시 말해 블록 헤더에 포함된 6가지 정보 중에서 확정되지 않아서 값을 바꿀 수 있는 유일한 항목이 nonce다. 이 nonce 값을 1씩 증가시키면서 반복적으로 계산한 블록 해쉬값이 특정 숫자보다 작은 값이 나오면, 그 때의 nonce 값으로 계산한 블록 해쉬가 그 블록의 블록 해쉬로 확정되고, 블록 해쉬라는 식별자를 얻은 그 블록은 새로운 블록으로서 블록체인에 추가되며 작업이 완료 된다.

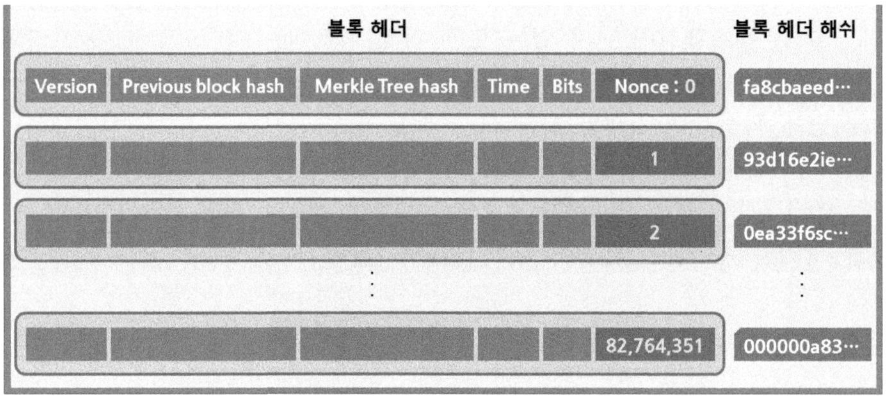

▲ 그림 5-21 블록 해쉬가 『000000a84』보다 작게 나오는 nonce값을 구하는 과정

작업 증명 성공 여부의 기준이 되는 특정 숫자는 작업 난이도를 의미하는 bits에 의해 정해진다. 앞에서 블록 해쉬는 32바이트의 숫자라고 했는데, 이해를 쉽게 하기 위해 블록 해쉬를 부호 없는 1바이트의 숫자라고 해보자. 그럼 1바이트의 숫자값을 블록 해쉬값으로 산출하는 해쉬 함수는 0~255 사이의 값을 결과로 산출한다. 블록 해쉬가 128보다 작아야 한다고 하면, 0~255 사이의 값을 산출하는 해쉬 함수를 적용해서 128보다 작은 블록 해쉬값이 나올 확률은 128보다 작은 수(0~127)의 개수, 128을 해쉬 함수가 산출할 수 있는 모든 값(0~255)의 개수, 256으로 나눈 값으로 50%의 확률이 된다. 블록 해쉬가 64보다 작아야 한다면 64/256, 즉 25%의 확률로 nonce 값을 구할 수 있다. 블록 해쉬가 32보다 작아야 한다면 확률은 12.5%로 줄어든다. 여기서 128, 64, 32라는 특정 숫자가 바로 블록 헤더 정보의 bits이다.

bits의 값은 한 개의 블록을 생성하는데 걸리는 평균 시간이 10분이 되도록 난이도를 조절한다. 2,016개의 블록이 생성되는데 소요되는 시간이 평균 시간인 20,160분보다 오래 걸리면 bits값을 크게 해서 난이도를 낮추고, 적게 걸리면 bits값을 작게 해서 난이도를 높이는 방식으로 조절하여, 매 2,016번째 블록마다 블록체인 전체에 걸쳐 일률적으로 적용한다.

마) 보상

가장 먼저 작업 증명에 성공하고 그 결과 새로운 블록을 블록체인에 추가해서, 해당 블록에 포함된 모든 거래를 유효한 거래로 확인(confirmation)해준 대가로 보상이 주어진다. 이 과정을 '채굴(mining)'이라 한다. 채굴 작업에는 nonce 값을 구하기 위해 엄청나게 많은 횟수의 해쉬 계산이 필요하며 그런 계산을 수행하는 컴퓨터인 채굴기와 그 채굴기를 가동하기 위해 막대한 양의 전기라는 비용이 든다. 그래서 이런 비용에 대한 보상이 없다면 아무도 채굴을 하지 않을 것이다.

비트코인에서의 보상은 새로 발행되는 비트코인과 해당 블록에 포함되는 거래의 거래 수수료의 합이다. 비트코인의 신규 발행(조폐)은, 채굴자가 블록을 처음 구성할 때 채굴자의 지갑으로 일정량의 비트코인이 입금되는 거래를 그 블록의 첫 거래(generation transaction)로 추가하는 방식으로 이루어진다.

새로 발행되는 비트코인은 2009년 1월 첫 발행 시 50BTC[14)]에서 시작해서 블록체인에 21만개의 블록이 추가될 때마다 절반으로 줄어든다. 지급되는 양은 줄어든다 하더라도 비트코인의 가치가 늘어난다면 보상이 줄어드는 것은 아니다. 약 4년마다 줄어들어 2016년 7월 10일에는 12.5BTC으로 1/4로 줄었지만, 비트코인 자체의 가치는 4배가 훨씬 넘게 증가했기 때문에 실질 보상액은 오히려 늘어났다고 볼 수 있다. 이처럼 디플레이션 화폐라는 비트코인의 특징은 비트코인의 가격을 높이는 중요한 요인이기도 하다. 이렇게 발행되는 비트코인의 총량이 2,100만개에 이르면 비트코인의 신규발행은 종료된다. 더 정확하게는 20,999,999.9769개인데, 블록 당 최소 보상량이 비트코인의 최소단위인 1사토시(0.00000001BTC)보다 작을 수 없기 때문이다. 결국 채굴하더라도 언젠가는 비트코인은 더 이상 발행되지 않으므로, 거래 수수료만이 유일한 보상으로 남게 된다.

거래 수수료는 송금한 돈의 액수가 아닌 거래내역의 크기(bytes)에 따라 달라지며 각 거래 당사자끼리 자율적으로 정할 수 있고, 거래가 블록에 추가되는 우선순위를 결정하는데 거래 수수료가 입력값으로 사용되기도 한다. 수수료의 증가는 거래의 성격과 다른 화폐와의 경쟁 등 시장 상황에 따라 정해지겠으나 비트코인의 이용률이 떨어지는 요인으로 작용할 것이므로 대폭 높아지기는 힘들 것이다.

신규 발행이 사라지는 약 2140년 경 이후 비트코인 시스템이 어떤 모습일지는 상상하기 어렵지만 어떤 상황에서든 채굴이 의미가 있으려면, 채굴에 소요되는 비용보다 수익이 더 커야 한다. 이 조건을 만족시켜야 채굴이 계속되고 블록체인이 지속될 수 있다. 채굴 비용의 감소는 결국 작업 증명 해답을 찾는데 얼마의 시간이 소요되느냐에 달려있다. 이는 작업의 난이도에 달려 있으므로, 거래 수수료만이 유일한 보상인 상황에서 블록체인이 유지되려면 결국은 채굴 난이도가 낮아지는 방식으로 이행될 것이다.

바) 충돌 해소

블록체인은 전 세계에 걸쳐 수많은 노드에 복사되어 있으며, 이 노드들은 P2P로 연결되어 블록체인 네트워크를 형성한다. 그리고 하나의 거래 정보가 발생하면 이 거래 정보는 블록체인 네트워크에 분산되어 있는 모든 노드들에 전파되어야 한다.

예를 들어 사용자 F가 지갑 앱에서 C에게 수수료 0.001BTC와 함께 1.6BTC를 보내면, 지갑 앱은 블록체인 네트워크상의 노드 A에 개인키로 디지털 서명한 거래 정보를 전송한다. 지갑은 개인키와 공개키, 주소로 구성된다. 256비트의 랜덤값으로 이루어진 개인키로 '타원곡선 암호법'을 사용해 공개키를 만들며, 공개키로 개인키를 유추하는 것은 거의 불가능하다. 또한 공개키를 변환한 것이 주소(계좌번호)가 된다. 거래 정보를 받은 노드 A는 먼저 F의 공개키로 해당 거래의 유효성을 검증한 후에 그 거래를 아직 블록 생성 작업이 시작되지 않은 후보 블록에 추가하고, 인접한 다른 노드에 그 거래 정보를 전파한다. 거래 정보를 받은 노드 B도 마찬가지 방식으로 블 체인 네트워크상의 다른 노드에게 거래 정보를 전파하며, 이 거래는 결국 블록체인 네트워크 전체 노드에 전파된다.

---

14) BTC : bitcoin의 통화 단위, XBT라는 단위도 사용한다.

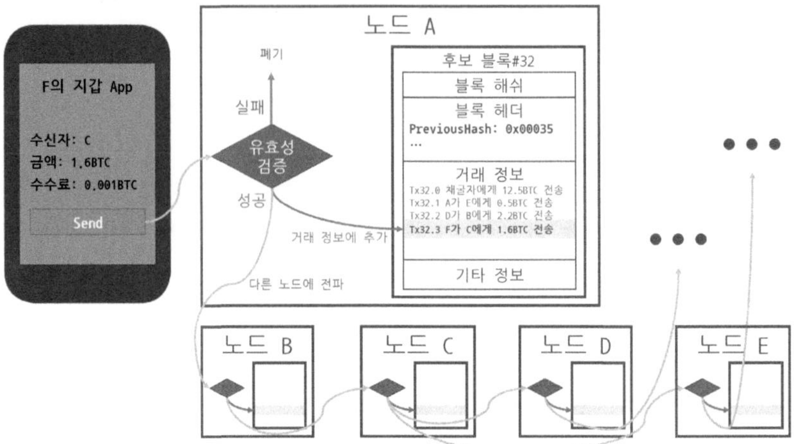

▲ 그림 5-22 거래 정보를 담은 후보 블록의 전파

블록에 거래 정보가 채워지면 노드는 후보 블록을 생성한다. 이때 캐나다에 있던 노드와 호주에 있던 노드는 상당히 멀리 떨어져 있으므로, 각 후보 블록에 담겨 있는 거래의 내용과 순서는 서로 다를 수 있다.

▲ 그림 5-23 노드 인접도에 따라 거래정보가 서로 다르게 만들어진 후보 블록

새로 만들어질 블록은 현재 마지막 블록인 블록 P의 다음에 추가될 예정이다.

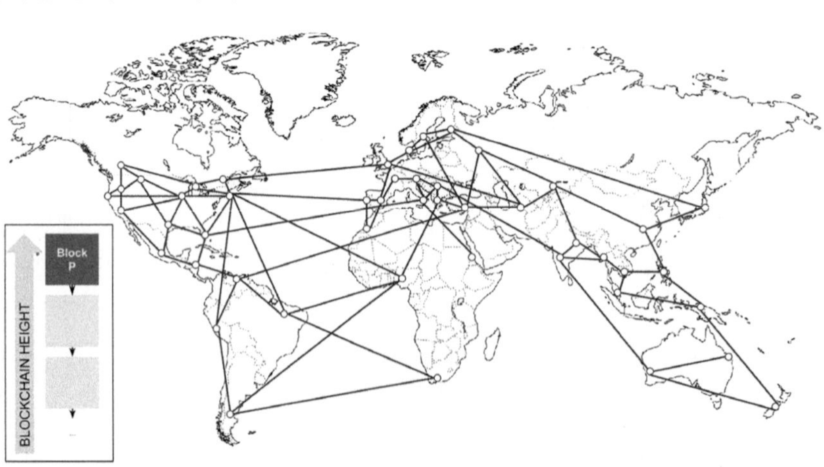

▲ 그림 5-24 블록 P의 전파 과정

이 때 캐나다의 채굴 노드와 호주의 채굴 노드가 거의 동시에 nonce 값을 찾아서 블록을 성공적으로 생성했다. 캐나다의 노드가 생성한 블록을 블록 A라 하고, 호주의 노드가 생성한 블록을 블록 B라 하면, 생성 후 전파 과정은 [그림 5-25]와 같다. 캐나다 노드의 인접 노드에서는 전달받은 블록 A의 블록 해쉬를 다시 계산해서 그 값이 정말로 특정한 숫자보다 작은 올바른 값인지 검증한 후에, 자신이 가지고 있던 블록 P에 블록 A를 추가한다. 호주 노드에 인접한 노드에서도 마찬가지 방식으로 기존의 노드 P에 노드 B가 추가된다. 이 방식이 계속되면서 블록 A와 블록 B는 전 세계에 분산되어 있는 노드에 전파된다.

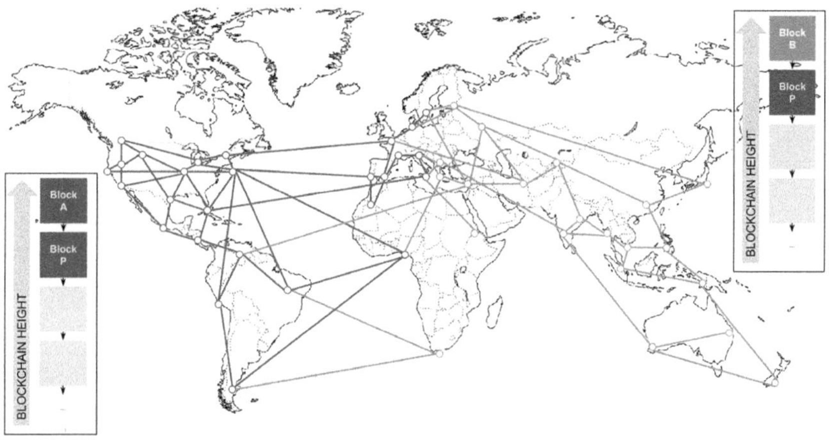

▲ 그림 5-25 서로 다른 블록체인 '블록 A'와 '블록 B'의 전파 과정

포르투갈에 있는 노드에는 블록 A가 먼저 전파된 후에 블록 B가 전파되었다. 포르투갈 노드에서는 늦게 도착한 블록 B는 무시된다. 러시아에 있는 채굴 노드도 nonce 값을 구하고 있었으나, 구하기 전에 블록 B를 먼저 전달받아서 블록 B을 검증한 후 블록 P 다음에 블록 B을 추가했다. 블록 B에 이을 새로운 블록의 nonce값을 구하기 시작하고, 잠시 후 블록 A를 전달받았다. 늦게 도착한 블록 A는 러시아 노드에서는 무시된다.

이번에는 러시아 노드가 가장 먼저 nonce 값을 구해서 새로 블록 X을 생성하고 블록 B 다음에 블록 X를 추가한 후에 또다시 다음 [그림 5-26]과 같이 인접 노드에 전파했다.

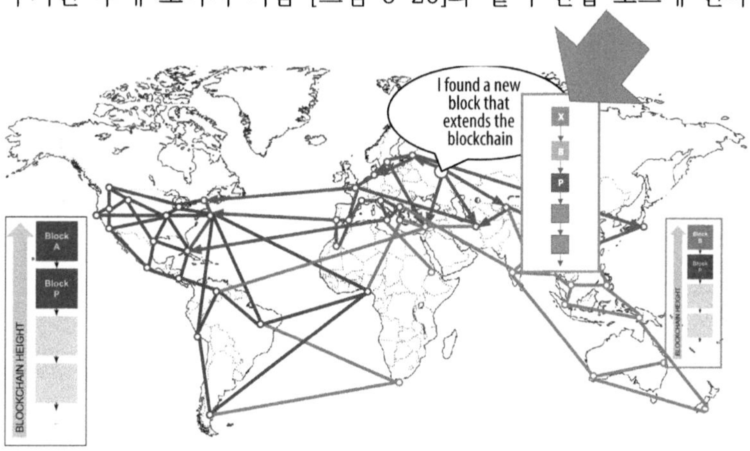

▲ 그림 5-26 '블록 X'의 전파 과정

포르투갈에 있던 노드에는 블록 P 다음에 블록 A가 추가되어 있는 상태였는데, 블록 P, 블록 B에 이어진 새로운 블록 X를 전달받았다. 포르투갈에 있던 노드에는 다음과 같이 블록체인의 충돌이 발생한다.

▲ 그림 5-27 블록체인의 충돌

블록체인에서는 이렇게 충돌이 일어날 때 더 많은 작업 증명이 수행되어 길이가 더 긴 블록으로 분기한다. 그렇지 않으면 분산되어 있는 장부 내용의 동기화가 깨지기 때문이다. 그래서 포르투갈 노드에 더 긴 블록체인을 가진 블록 X가 전파되는 순간, 블록 A는 블록 P에서의 연결이 끊어지고 고아(orphan)가 된다.

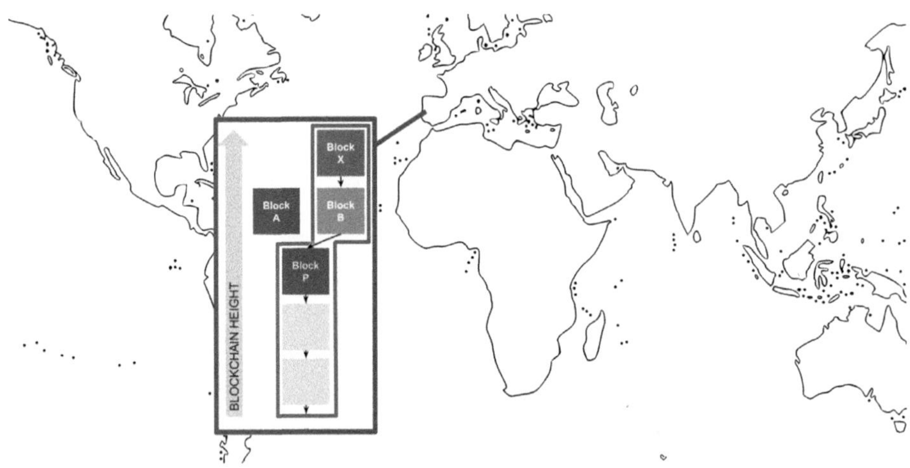

▲ 그림 5-28 충돌 시 길이가 더 긴 블록을 선택하여 분기하는 블록체인

블록 생성은 평균 10분이 소요될 정도로 연산량이 큰 작업이며, 따라서 앞에서 발생한 것처럼 블록 A와 블록 B가 거의 동시에 생성되어 충돌이 발생할 가능성은 그리 높지 않다. 그리고 길이가 같은 블록체인이 충돌하더라도 머지않아 블록체인의 길이가 달라져서 분기에 의해 충돌이 해소되는 순간이 금방 다가온다.

블록체인의 충돌 시 분기에 의해 고아가 되는 블록의 수는 2017년 7월 이전에 대부분 2개 이하, 최대 3개까지 발생했으나 그이후로는 글을 쓰는 현재까지 한 개도 발생하지 않았다. 하지만 일시적으로나마 이런 분기 상태가 발생할 수 있기 때문에, 실제 거래 상황에서는 보통 어떤 거래가 포함된 블록 이후로 3~5개의 블록이 더 추가된 후에야 그 거래를 최종적으로 유효한 것으로 확정한다. 일시적으로 분기가 발생하더라도 그 이후로 3~5개의 블록이 추가되는 과정에서 분기 상태가 해소되고 결국 하나의 블록체인만 남기 때문이다. 특정 거래가 블록에 추가되는 것을 '확인(confirmation)'이라고 하고 가상화폐 거래소마다 가상 화폐 별로 거래 확정의 기준이 되는 확인의 횟수가 각각 다르다. 거래 수수료가 높을수록 확인의 우선순위가 높아지기도 한다.

블록 A에 있던 거래 중에서 블록 B에 포함되지 않았던 거래 T가 있을 수 있다. 이 경우 블록 A가 고아가 되더라도 거래 T는 유실되지 않는다. 블록 B에는 포함되지 않았던 거래 T는 블록 X 또는 그 이후의 블록에 언젠가는 포함되게 된다. 왜냐하면, 블록 X는 블록 B를 부모로 해서 생성되는데 거래 T가 블록 B에 포함되지 않았으므로, 블록 B에 이어 생성되는 블록 X 또는 그 이후의 블록에서는 거래 T를 아직 블록체인에 포함되지 않은 다른 거래들과 마찬가지로 취급하며 블록에 추가하기 때문이다.

사) 이중 지불

동일한 기기에 담긴 지갑에서는 이중 지불을 할 수 없다. 예를 들어 하나의 기기에 설치되어 있는 지갑의 잔액이 5만원일 때, 이 지갑에서 5만원을 지불하는 순간 잔액이 0이 되고, 다시 5만원을 지불할 수 없기 때문이다. 이중 지불은 보통 물리적으로 떨어진 두 개의 지점에서 발생할 수 있는 문제다. 네트워크상의 모든 노드에 장부가 복제되어 있으므로 캐나다에서도 내 잔액은 5만원이고, 호주에서도 내 잔액은 5만원이다. 그럼 캐나다에서도 A에게 5만원을 보내고, 이 거래가 아직 도달하지 않은 호주에서도 B에게 5만원을 보내면 어떻게 될까?

시작할 때는 멀리 떨어진 두 곳에서 이중 지불이 실행되었지만, 두 거래는 블록체인 네트워크를 타고 전파되다가 어디에선가 반드시 만나게 되어있다. 그 만나는 지점에서는 두 거래 사이에 반드시 선후 관계가 생긴다. 그 지점에 먼저 도달한 거래는 유효한 거래로 인정되지만 늦게 도달한 거래는 이미 잔액이 0인 상태에서 5만원을 보내게 되므로 무효한 거래로 버려지게 된다. 따라서 이중 지불된 거래 중 하나는 결국에는 무효화되는 방식으로 이중 지불 문제가 해결된다.

아) 완료된 거래 정보의 변경

블록체인의 변경은 거의 불가능하다. 거래 정보가 변경되면 merkle hash가 변경되고, merkle hash가 변경되면 블록 해쉬가 변경되고, 블록 해쉬의 변경은 다음 블록의 블록 해쉬 변경으로 연쇄적으로 이어지게 된다. 그리고 블록 해쉬는 작업 증명의 해답(nonce 값)을 찾아내야 구할 수 있으므로, 거래 정보를 변경한 블록부터 그 이후의 모든 블록을 순서대로 다시 채굴해야 한다.

블록 하나 채굴하는데 평균 10분이 소요되므로 어떤 악의적인 노드가 바로 앞의 블록의 거래 정보를 변경하고 채굴하는 그 10분 동안, 다른 선의의 노드들은 거래 정보가 변경되지 않은 원래의 블록체인에 계속 블록을 이어 나가게 된다. 그래서 그 10분 후에는 악의적인 노드의 블록체인의 길이는 다른 선의의 노드들이 보유한 블록체인의 길이보다 1개 더 짧아지게 되고, 두 블록체인이 만나게 되는 순간 길이가 짧은 블록체인은 버려지게 된다.

만약 악의적인 노드가 다른 노드들보다 연산 능력이 훨씬 뛰어나다면 악의적인 노드에 있는 블록체인에 블록이 추가되는 속도가 다른 블록체인에 블록이 추가되는 속도보다 더 빠를 것이고, 언젠가는 악의적인 노드의 블록체인의 길이가 가장 길어지게 된다. 이렇게 되는 순간 악의적인 노드에 의해 변경된 거래 정보가 유효한 거래 정보로서 전체 블록체인 네트워크에 퍼지게 되며 과거 거래 정보의 변경이 성공하게 된다. 이처럼 악의적인 노드가 전체 네트워크가 가진 채굴 속도의 과반수이상을 지배하여 이를 통해 부정한 거래를 정당화하고 채굴을 독점하는 행위를 51% 공격이라고 한다.

하지만 경제적인 관점에서 생각해보면 이런 일이 발생할 가능성은 사실상 없다. 일단, 거래 정보가 변경될 수 있다는 사실이 알려지게 되면 블록체인의 신뢰는 깨지고 화폐의 가치는 사라진다. 통상 속도의 50%를 넘는 연산 능력을 갖기 위해서는 많은 비용을 지불했을 것이고 그 능력으로 보상액도 많이 보유하고 있을 것이다. 이런 상황에서 블록체인의 신뢰가 붕괴되면 큰 피해를 보는 쪽은 악의적인 노드 자신이기 때문에 경제적으로 이익을 볼 수 없는 거래 정보의 변경보다는 신뢰를 유지하면서 채굴을 통한 보상을 얻는 편이 합리적인 선택이 된다. 결국 비트코인 사용자가 각자 자기 이익을 지키려고 노력하는 것만으로도 비트코인 시스템의 안정성이 커진다. 2013년 말, 비트코인 네트워크가 지닌 계산 능력은 이미 세계 1위에서 500위까지 슈퍼컴퓨터를 모두 더한 것을 넘어섰다. 사실상 조작이 불가능하다는 말이다.

5.2.2 블록체인의 구분

중앙기관이 없는 블록체인은 누구나 참여할 수 있어 기본적으로 '허가(permission)'가 필요 없지만, 활용에 따라 인증이 요구되어 증명자와 이용자를 관계를 기준으로 무허가 블록체인, 반허가 블록체인, 허가 블록체인으로 구분된다. 블록체인에서 허가란, 거래를 증명하거나 송금을 하는 주체로서 네트워크에 참여하고자 할 때 필요한 허가를 뜻한다.

- **무허가 블록체인(permissionless blockchain)** : 거래를 증명하는 채굴자들과 거래 이용자들이 특정 기관의 허락 없이 자유롭게 네트워크에 참여할 수 있는 프로토콜을 뜻하고 증명자와 이용자의 신상이 알려질 필요가 없다. 비트코인, 라이트코인, 대쉬, 네임코인, 이더리움 등이 여기 속한다.

- **반허가 블록체인(semi-permissioned blockchain)** : 거래 증명자들이 네트워크의 허락 및 증명과정을 거치지만 거래는 누구나 자유롭게 사용이 가능한 프로토콜로서 한정된 탈중앙화적 요소를 가지는 동시에 법적 요구사항을 준수해야한다. 반허가 블록체인은 허가형 서비스(Permissioned service on permissionless blockchain)와 무허가형 서비스(Permissionless service on permissionless blockchain)로 구분 가능하다. 체인, 코인베이스, 서클, 비트고, 오케이코인 등이 여기 속한다.

- **허가 블록체인(permissioned blockchain)** : 거래 증명자와 거래 이용자 모두 개인정보를 제공하고 중앙기관의 허락아래 네트워크에 참여하는 방식으로 모든 거래를 컨트롤하고 있지만 블록체인의 분산장부 기능의 장점을 이용한다. 블록스택, 레저(ledger), 클리어매틱스, 하이퍼레저, 가드타임 등이 여기 속한다.

가) 블록체인의 종류

블록체인 네트워크 참가자의 성격과 주체의 역할에 따라, 공공 블록체인, 개인 블록체인, 하이브리드 또는 컨소시엄 블록체인으로 구분한다.

- **퍼블릭 블록체인(public blockchain)** : 비트코인, 이더리움과 같이 중앙기관의 통제를 받지 않고 누구나 네트워크에 참여할 수 있고 거래내역 열람이 가능한 공개된 형태로 컴퓨팅 파워를 이용한 작업증명(PoW)으로 이용 가능하다.
- **프라이빗 블록체인(private blockchain)** : 1개의 기관이 권한을 갖고 모든 것을 통제하는 완전히 폐쇄적인 개인 블록체인으로 암호감사(cryptographic auditability) 기능이 추가된 중앙 데이터베이스 개념이다.
- **컨소시엄 블록체인(Consortium Blockchain)** : 여러 기관들이 컨소시움을 이뤄 구성하는 블록체인으로 허가된 기관만 네트워크에 참여할 수 있다. 미리 선정된 노드에 의해 통제되지만, n개의 주체가 1개의 노드를 운영하고 주체간 합의가 있어야 거래 가능하다. 하이브리드 블록체인(Hybrid Blockchain)이라고도 한다.

▼ 표 5-4 블록체인의 종류

구분	개념 및 특징	비고
퍼블릭 블록체인 (Public Blockchain)	- 최초의 블록체인 활용사례 - 인터넷을 통해 모두에게 공개, 운용 가능한 거래장부 - 컴퓨팅파워 제공하여 누구든 공증 참여 - 네트워크 확장 어렵고 거래 속도 느림	- 네트워크 효과 - 안정적인 Ecosystem - 51% 공격이나 이중 지불 위험성 존재
프라이빗 블록체인 (Private Blockchain)	- 개인형 블록체인 - 1개의 주체가 내부 전산망을 블록체인으로 관리하고 권한 행사 - Private Blockchain 개발을 위한 플랫폼 서비스도 등장	- 시스템 변경 감수 및 안정성 확보 - 1개의 주체 내 글로벌 Branch
컨소시엄 블록체인 (Consortium Blockchain)	- 반중앙형 블록체인 - 미리 선정된 노드에 의해 조정되고 n개의 주체들이 노드를 1개씩 운영 - n개의 주체들간 합의된 룰 공증 참여 - 네트워크 확장 용이하고 거래속도 빠름	- 참여 주체들 간의 비즈니스 합의 - 시스템 안정성 확보 - 51% 공격이나 이중송금 문제없음

퍼블릭 블록체인과 프라이빗 블록체인은 서비스가 다르고 운영환경이 다르기 때문에 요구사항도 다르다. 특히 퍼블릭 블록체인은 누구나 참여할 수 있고 모든 사람이 운영하기 때문에 운영 주체가 불분명하고, 독자적인 화폐를 통해 금융활동을 하기 때문에 법적 구속력에서 상대적으로 자유로울 수 있다. 그러나 프라이빗이나 컨소시움 블록체인은 운영 주체가 명확하고, 새로운 금융거래를 하는 것이 아닌 기존에 있던 금융 거래를 하는 것이기 때문에 모든 금융 관련법과 규제사항을 준수해야 한다.

나) 퍼블릭 블록체인의 한계

퍼블릭 블록체인은 인증 안 된 참여자도, 악의적인 목적을 가진 해커도 퍼블릭 블록체인에 접근할 수 있으므로 네트워크 상의 모든 노드들이 악의적인 네트워크 참여자의 공격에 방어하면서 같은 데이터를 공유해야 한다. 퍼블릭 블록체인은 이런 요구사항을 만족시켜야 하기 때문에 성능 면에서 많은 것을 포기했다.

퍼블릭 블록체인은 기본적으로 누구나 후보 블록을 만들어 제출하고 분산 검증을 통해 하나의 블록을 선정해 신뢰할 수 있는 블록으로 인정받는 구조이다. 따라서 인터넷 상에서 블록을 공유해야 하는 시간이 있고 너무 많은 블록이 동시에 만들어지면 하나의 블록을 선택하기 어렵기 때문에 블록 생성시간에 제한을 두고 있다. 비트코인의 경우 약 10분마다 하나의 블록을 생성하고, 이더리움은 약 12초마다 하나의 블록을 생성한다. 네트워크에 공유되는 시간을 고려했을 때 이더리움에서 내가 보낸 거래결과를 확인하려면 1~2분 정도 기다려야 한다. R3[15] 이더리움 보고서에 따르면 이더리움의 초당 거래횟수는 약 10tps(transaction per second)이고 비트코인의 경우 약 7tps이다. 즉각적인 처리가 필요한 금융권 서비스에는 그대로 적용하기에는 불가능한 수준이다.

또한 퍼블릭 블록체인에서 채택하고 있는 분산합의 알고리즘으로 작업증명(PoW)이나 지분증명[16](PoS)을 사용하려면 내부 화폐가 필요하다. 거래 내역을 검증해 신뢰할 수 있는 블록을 만드는 노드가 필요하고 그를 위한 보상이 있어야하기 때문이다. 또한 작업 증명의 경우는 쓸모없는 컴퓨팅 파워를 많이 사용하기 때문에 친환경이지 않은 문제도 있다.

블릭 블록체인에서 사용하는 알고리즘들은 나중에 블록 생성 후 블록이 확정되기 때문에 허용되는 시간 안에 네트워크 분기가 생길 수 있어, 항상 확실한 데이터를 보장해야 하는 금융권에는 적합하지 않다. 때문에 프라이빗이나 컨소시움 블록체인들은 비잔티움 장애 허용(byzantine fault tolerance)[17] 계열의 분산합의 알고리즘을 사용해 네트워크 분기를 허용하지 않는다.

5.2.3 블록체인의 활용

블록체인은 거래 당사자 간의 신뢰 확보를 위해 중앙 기관을 필요로 하지 않는 탈중앙화(decentralization)를 달성한 최초의 소프트웨어 기술이다. 비트코인은 블록체인 기술을 금융 분야에 적용한 사례이지만 이더리움이나 최근 개발되고 있는 EOS나 IOTA, 국내에서 개발되는 Blockchain OS 등은 단순한 금융 거래를 넘어서 블록체인 위에서 당사자 간의 계약을 프로그램으로 실행시킬 수 있는 탈중앙화 플랫폼을 지향하고 있다. 블록체인이 세상을 바꿀 수 있는 기술이라고 평가받는 이유도 이처럼 탈중앙화 플랫폼의 바탕이 되기 때문이다.

일상생활에서 생겨나는 여러 가지 기록들에 대한 진위여부를 판명하는데 정부나 은행처럼 신뢰를 보장할만한 제3자의 개입이 필요 없으므로 보다 쉽게 신뢰할 수 있는 많은 기록들을

---

15) R3 Cev : 골드만삭스, 글로벌 투자은행 JP모건 등이 속해있는 국제 블록체인 컨소시엄
16) 지분증명(PoS, Proof of Stake) : 작업증명(PoW)의 에너지 낭비문제(전기세 등)를 해결하기 위해 채굴 컴퓨터가 없어도 자신이 보유하고 있는 가상화폐에 따라 가상화폐가 지급된다. 은행이자 같은 개념이다.
17) 비잔티움 장애 허용 : 미리 정해진 정도를 넘지 않는 부분에서 어떤 형태의 장애가 있더라도 정확한 값을 전달

남길 수 있다. 예를 들어 병원에서 치료를 받았을 때 치료 행위가 디지털 상에 기록되고 이 기록에 대해 부인할 수 없다면 의료 사고를 증명하기 쉽다. 행정 쪽으로 보면 주민등록증이나 운전면허증과 같은 기록물이 블록체인 기록 대상이 될 수 있다. 국가에서 물건을 구매할 때 조달청의 조달 프로세스를 블록체인에 집어넣으면 나중에 공정성 시비가 붙었을 때 면책을 받을 수 있을 것으로 기대된다. 전자 여론시스템이나 콜드체인 같은 물류서비스 시스템에도 적용이 가능하다.

블록체인 기술은 이미 완성 단계에 있어 이를 습득하는 것이 그리 어려운 기술은 아니다. 오픈 소스도 많기 때문에 기술적 수준을 논의하기보다는 그 기술을 어떻게 실생활이나 서비스에 적절하게 배치해 활용할 것인가가 중요한 포인트다. 가트너(Gartner)가 분석한 기술성장 주기(Hype Cycle)에 따르면 2017년 블록체인 기술은 실망기로 빠져드는 기술로 보고 있다. 기술이란 처음 만든 사람이 있고 그 기술에 호응해 이를 확산시키는 얼리어답터(early adopter)들이 있다. 얼리어답터들은 기술에 매료된 사람들이지 실용성에 대해 관심을 갖는 사람들이 아니다. 실용성을 찾으려면 약간의 시간이 걸리기 때문에 실망기가 온다. 블록체인은 지금 실용성을 찾아가는 단계이다.

이미 여러 업종의 다수 기업과 최소 3개국의 정부가 시범 운영 또는 경우에 따라 실제 블록체인 애플리케이션 배치를 실시하고 있다. 아직은 공급망 관리와 식품 안전성 개선, 신원 확인, 부동산 거래 수행, 의료 기록 및 보험 거래 처리에 주로 활용되는 정도이다.

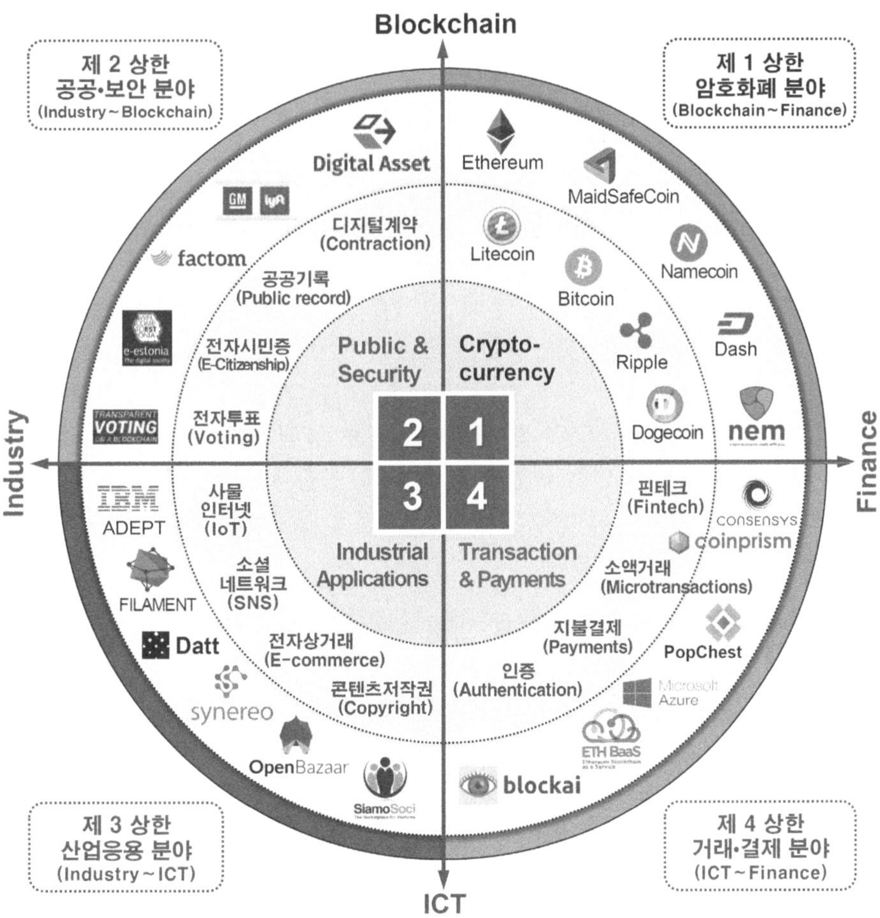

▲ 그림 5-29 블록체인 기술의 활용범위

국내의 경우, 금융보안원에서는 금융보안 표준화 협회를 만들고 전자금융거래의 효율성과 건전성을 높이기 위해 블록체인 관련 표준을 추진하고 있다. 금융권 블록체인 도입 시 보안성 검토와 블록체인 서비스 보안성 테스트를 지원하고 있다. 한전에서도 블록체인을 이용한 전력거래와 전기자동차 충전소를 기획하고 있다.

가) 공급망 관리

일반적으로 공급망에는 일련의 거래를 처리함에 있어 비즈니스 정보의 일부를 공유해야 하는 여러 당사자들이 관련된다. 그리고 각 당사자는 해당 정보가 변경되거나 삭제되지 않았음을 확신해야 한다. 식품의 경우에는 더욱 높은 신뢰도가 요구된다. 세계보건기구(WHO)에 따르면 매년 약 10명 중 1명이 오염된 식품을 섭취하여 질병을 앓고 있으며 5세 이하의 아동 12만5,000 명을 포함하여 42만 명이 이로 인해 사망하고 있다. 대부분은 아프리카와 동남아시아에서 사망하고 있지만 질병관리본부(CDC)는 미국 내에서도 식품으로 인한 질병으로 매년 약 3,000명이 사망하고 있는 것으로 추정했다. 블록체인은 식품을 원산지부터 시장까지 정확하게 추적할 수 있다면 식품으로 인한 질병의 근원을 지금보다 훨씬 쉽고 빠르게 찾아내는데 도움을 줄 수 있다.

미국의 소매 기업 월마트(walmart)는 공급망을 위해 블록체인을 실험하고 있으며 IBM과 함께 '농작물에서 돈육까지' 제품을 추적하는 솔루션을 개발했다. 영국의 신생기업 프로비넌스(provenance)는 블록체인을 사용하여 글로벌 공급망에서 원자재의 원산지를 추적하는 플랫폼을 개발했다. 해당 기업은 최근에 참치를 윤리적으로 포획했는지 확인하고 노동 착취가 없는 어획을 장려하기 위해 어부가 전송한 휴대전화 텍스트 메시지를 통해 인도네시아에서 잡힌 참치를 추적하는 시범 프로젝트를 완료했다.

이미 전 세계에서 수천 곳의 재배지를 포함한 공급망을 갖추고 있는 신선 딸기류 최대 유통업체인 드리스콜스(driscoll's)는 월마트, S&S, 홀 푸즈, 기타 전 세계적인 슈퍼마켓 소매 기업을 통해 딸기와 블루베리, 라즈베리, 블랙베리 등을 판매한다. 드리스콜스를 비롯한 12곳 이상의 식품 가공업자가 IBM과 협력해 부패한 식품의 출처를 밝히는데 블록체인을 활용하기 위해 협력하고 있다. 블록체인은 공급망에서 모든 데이터 포인트(data point)를 연대순으로 기록할 수 있기 때문에 가상 포렌식[18] 과학자가 추적하는 제품에 관한 정보를 얻는 '파라다이스'가 될 수 있다. 드리스콜스의 CIO 톰 큘렌은 "이를 통해 책임 회피를 없앨 수 있다. 공급망에서 시작했지만 이후 데이터 수집 범위를 확대해 공장에서부터 과일이 유통 센터를 떠나 고객 및 소비자 수준에 도달할 때까지 발생하는 이벤트 등도 포함시켜 과일의 원산지와 인증에도 활용할 수 있을지 검토하고 있다."라고 말했다.

드리스콜스는 현재 블루투스를 지원하는 GPS 센서를 활용해 냉장 컨테이너 안에 있는 과일의 온도를 모니터링하고 있다. 멕시코의 트럭 운전기사가 트럭 안의 온도가 너무 따뜻해 실수로 과일을 익히지 않는지 곧바로 파악할 수 있다. 하지만 이 시스템은 식품으로 인한 질병이 발생했을 때 원인을 밝히는 데는 별 도움이 되지 않는다.

이런 빈틈을 메우는 것이 블록체인이다. 팔레트와 클램쉘 컨테이너부터 바코드를 기록해 과일을 특정 수확물로 추적하는데 사용할 수 있다. 이를 통해 드리스콜스는 과일의 원산지를 정

18) 가상 포렌식(virtual forensics) : 가상 환경으로부터 법정 제출을 전제로 디지털 증거 자료를 수집·분석하는 기술

확히 파악하여 이를 통해 식품 안전성에 대한 투명성을 확보하고 개선할 수 있게 되었다. 큘렌은 "변경이 불가능하기 때문에 데이터를 신뢰할 수 있는 공급망을 통해 추적할 수 있다. 블록체인은 유전자 표시를 개선하는데 도움이 되는 머신 러닝 및 고급 분석과 함께 2018년 드리스콜의 디지털 계획의 초석이다."라고 말했다.

미국에 본사를 둔 세계적 물류 운송업체 UPS(united parcel service)에는 공급망에서 블록체인이 관리 연속성에 끼치는 영향에 대한 연구를 전담하는 팀이 있다. UPS의 기업 아키텍처 및 혁신 이사 린다 위클랜드는 통관 중개업이 수반되는 많은 수동 프로세스를 자동화하는데 있어서 블록체인이 큰 역할을 할 수 있음을 간파했다. 그는 '이런 시스템은 UPS가 지금보다 더 신속하게 모든 활동을 현대화하고 재화를 통관하는데 도움이 된다. 블록체인은 또한 거래 정확도를 높이고 선적용 컨테이너 등 물리적인 자산의 비용을 낮춘다.'라고 말했다.

하지만 블록체인의 잠재력을 실현하기 위해서는 공급망 전반에 걸쳐 도입해야 한다. 이를 위해 지난 11월 UPS는 물류 산업용 블록체인 표준을 개발하고 있는 BiTA(blockchain in trucking alliance)에 가입했다. 위클랜드는 '이런 표준을 통해 UPS와 협력사가 지금은 어렵지만 블록체인에서 데이터를 공유할 수 있다. BiTA를 통해 우리는 지금보다 블록체인의 유용성을 높이는 더 많은 표준을 확보하게 될 것이다.'라고 말했다.

UPS는 블록체인이 현재 추진 중인 SLN(smart logistics network) 전략의 핵심 부분이 될 것으로 기대하고 있다. 여기에는 사물인터넷, 로봇공학, 인공지능, 머신러닝 등 다른 신기술도 사용된다. 이를 위해 CIO 후안 페레즈는 2016년 ATG(advanced technology group)를 설립했고, 이후 UPS의 다른 사업부에도 이를 확대 적용하고 있다.

나) 자주적 신원

인터넷의 흥미로운 구조 중 하나는 신원 제공자(IDP, identity provider)다. 물론 사람은 누군가에게 신원을 부여 받아야 할 필요는 없다. 인간으로 정체성을 타고나기 때문이다. IDP가 제공하는 것은 사실 그 제공자에게 중요한 특성을 기록하는 수단인 식별자(identifier), 그리고 그것이 사용자 본인에게 맞음을 입증하는 수단, 일반적으로 암호이다.

이런 구조가 만들어진 이유는 온라인 신원이 전통적으로 개인과 그 개인의 필요가 아니라, 조직과 그 조직의 필요라는 관점에서 취급됐기 때문이다. 신원 확인 시스템은 특정 도메인 내에서 식별자와 특성을 관리하기 위해 만들어진다. 그 결과 사람들은 수백 개의 조직에서 수백 가지의 온라인 페르소나를 갖게 됐다. 이러한 각각의 관리용 신원 확인 시스템은 이를 제공하는 조직에서 독점적으로 소유한다. 이러한 많은 시스템으로부터 독립적인 온라인 신원은 사실상 없다. 새 주소가 생기거나 신용카드 번호가 업데이트되는 경우 사용자는 각 시스템에서 요구하는 방식대로 한 번에 하나씩 이를 반영해야 한다.

이 작업을 한 곳에서 처리할 수 있다면 어떨까? 물론 각 시스템은 여전히 사용자 계정을 저장해야 하고 사용자의 업데이트된 주소도 여전히 필요할 것이다. 그러나 그 계정은 사용자가 제공하는 신원과 연결된다. 더 중요한 점은 사용자 스스로 '통제하는' 신원이라는 것이다. 이 개념을 자주적 신원(self-sovereign identity)이라고 한다. 자주적 신원의 시작은 온라인과 오프라인에서 자신의 신원을 만드는 것은 자기 자신이라는 개념이다. 자주적 신원 시스템은 중앙 기관에 의존하지 않고 분산되고, 실생활에서의 신원과 동일한 방식으로 작동한다.

오프라인에서는 수많은 서드파티가 제공하는 특성과 자격 증명의 사용이 유연하다. 일반적으로 본인이 직접 그러한 자격 증명을 지갑에서 꺼내 다른 사람에게 제시하여 확인하도록 하는 방식이 사용된다. 예를 들어 운전면허증은 운전을 승인하는 자격 증명용으로 발급되지만 그 외에도 많은 용도로 사용할 수 있다. 술집에서 바텐더가 손님에게 성인임을 입증하는 신분증을 요구할 때 운전면허증을 제시할 수 있다.

이는 온라인의 신원의 작동 원리와는 매우 다르다. 술집과 도로교통공단 사이에는 아무런 법적 계약, 비즈니스 관계 또는 기술적 통합이 없다. 술집은 신원 확인을 위해 누구의 허가도 받지 않았으며 언젠가부터 그냥 사람들에게 면허증을 보여 달라고 요구하기 시작했을 뿐이다. 요구를 받은 사람은 바텐더에게 자격 증명을 제공한다. 이것이 가능한 이유는 술집이 도로교통공단이 발급한 면허증의 생년월일을 신뢰하기 때문이다. 또한, 중요한 정보는 인증이 쉽되 위조하기는 어려운 방식으로 패키지화된다.

오프라인 세계는 그 자격 증명이 나타내는 사람에게 부여되는, 그 사람이 가지고 다니는 분산된 자격 증명을 사용한다. 이러한 종류의 서드파티 자격 증명을 '주장(claim)'이라고 한다. 그 주장의 대상이 제시할 때에도 진실임을 확인할 수 있는 주장이다. 이러한 "입증 가능한 주장"이 자주적 신원의 핵심이다.

자주성은 그 사람이 완전한 통제권을 갖는다는 의미는 아니다. 그러나 자주성은 경계를 정의한다. 경계선 안에서는 그 사람이 의사 결정을 내리고 밖에서는 다른 사람과 피어(peer)로 협상한다. 술집의 예를 다시 들면, 제시할 자격 증명을 결정하는 것은 손님 본인이다. 술집은 어떤 자격 증명을 받아들일지를 결정한다. 술집이 운전면허증을 인정할 의무는 없다. 바텐더가 운전면허증이 위조됐다고 판단하면 바텐더는 면허증과 그 면허증을 제시한 손님을 거부할 수 있다.

자주적 신원은 사람들이 종이 또는 플라스틱 자격 증명을 항상 가지고 다니는 실생활에서는 원활하게 작동하지만 온라인에서는 똑같이 구현하기가 훨씬 더 어렵다. 온라인 신원에는 5가지 실질적인 문제가 있다.

- **근접성 문제** : 멀리 떨어져 있는 사람과 거래할 때 사기의 가능성이 높아진다.
- **규모 문제** : 온라인 신원 시스템은 루트 신뢰 기관과의 비즈니스 관계와 기술적 통합을 바탕으로 한다. 여기에는 비용이 많이 들기 때문에 가치가 큰 사용 사례에만 실행된다.
- **유연성 문제** : 현재 신원 시스템은 융통성이 없이 형식과 사용 사례가 고정되어 있다.
- **개인 정보 보호 문제** : 브라우저 쿠키와 같이 공유되는 식별자로 인해 사용자 모르게 개인 정보가 누적되고 상호 연계된다. 지속적인 해킹은 중앙화된 대규모 개인 정보 저장이 안전하지 않음을 보여준다.
- **동의 문제** : 신원 시스템은 이메일 주소, 전화 번호, 사회 보장 번호와 같이 동의 없이 손쉽게 연계해서 추적하고 엿볼 수 있는 범용 식별자에 의존한다.

자주적 신원 시스템은 분산 및 암호화를 사용해 이러한 문제를 해결한다. 분산된 신원이 어려운 이유는 기능적인 신원의 핵심적인 요구 사항 중 하나가 검색(discovery)이라는 점이다. 상대방이 식별자를 주면 나는 그 식별자를 조회해야 한다. 과거에는 이 과정이 중앙의 디렉토리로 이어졌고, 이것이 중앙화된 신원 시스템으로 이어졌다. 그러나 블록체인이 등장하면서 모든 것이 바뀌었다.

자주적 신원 시스템은 블록체인, 즉 분산 원장을 사용하므로 중앙 디렉토리가 없어도 분산된 식별자를 조회할 수 있다. 블록체인 자체는 신원 문제를 해결하는 것이 아니라 그동안 없었던 연결 고리를 제공할 뿐이다. 덕분에 수십 년 전부터 알고 있던 암호화를 실제로 사용할 수 있게 된 것이다. 사람들은 오프라인에서와 같이 분산된, 확인 가능한 자격 증명을 사용해서 스스로를 입증할 수 있다.

원리를 이해하기 위해 술집에서 운전면허증을 제시하는 예를 다시 보자. 도로교통공단은 주장(claim) 발행 기관이며 주장 소지자에게 운전면허증의 디지털 표식을 제공한다. 도로교통공단은 블록체인의 분산된 식별자와 연결된 키를 사용해 주장에 서명하여 흔적을 만든다. 따라서 이 주장을 받은 사람은 누구나 그 발행자가 도로교통공단임을 알 수 있다. 사용자는 지갑에 주장을 넣고, 블록체인에서 자신이 제어하는 분산 식별자에 연결된 키를 사용해 디지털 운전면허증에 부서[19](countersign)한다. 술집에서 손님이 법적 성인임을 확인해야 하는 경우 손님이 디지털 운전면허증을 제시하면 술집은 이것이 변경되지 않았는지, 도로교통공단이 그 손님에게 발행했는지, 이를 제시하는 사람과 동일인인지를 확인할 수 있다. 누구나 블록체인을 사용해서 분산 식별자를 조회하고 연결된 공용키를 가져올 수 있다.

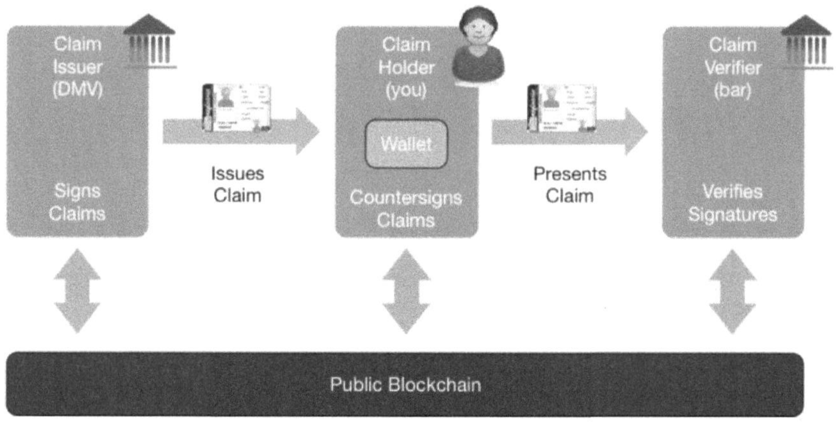

▲ 그림 5-30 블록체인을 이용한 '주장(claim)'과 검증 절차

물론 모든 조직 또는 개인은 원하는 주장을 발급할 수 있다. 어느 주장이든 자유롭게 지갑에 보관할 수 있다. 또한 주장 확인자는 어떤 주장을 신뢰할지를 직접 선택할 수 있다. 이러한 선택을 분산함으로써 필요한 유연성을 확보하면 거의 모든 용도로 자주적 신원 시스템을 사용할 수 있다.

자주성을 갖추려면 신원 시스템에는 다음과 같은 특징이 필요하다.

- **지속성** : 사라질 수 있는 신원은 자주적이지 않다. 자주적 신원 시스템의 식별자는 장기간 지속되며 재사용할 수 없고 그 식별자를 만든 사람의 소유다. 자주적 신원이 필요한 것은 사람만이 아니다. 조직과 연결된 사물 역시 필요하며 개인과 동일한 인프라를 사용할 수 있다.

19) 부서(countersign) : 이미 다른 사람이 서명한 문서를 인정하는 서명을 하는 것

- **피어 기반** : 자주성은 경계를 정의한다. 그 경계 안에서는 사람이 통제권을 갖고 밖에서는 다른 사람과 피어 자격으로 상호작용한다. 사람들은 자신이 형성하는 관계와 자신이 공유하는 정보를 통제하지만 다른 사람들도 동일한 선택을 한다. 자주적 신원 시스템은 클라이언트-서버가 아니라 피어 대 피어다.
- **개인정보 보호** : 자주성은 정보가 공유되는 방식을 사람이 통제할 수 있도록 한다. 연관을 차단하지 않고 특성 노출을 최소화하지 않고 명시적인 동의를 제공하지 않는 신원 시스템은 사람들의 정보를 위험에 노출시키고 정보에 관한 통제력을 없앤다.
- **이식 가능** : 자주성은 선택과 통제를 암시한다. 벤더 종속은 이 두 가지를 파괴한다. 선택과 통제를 보호하기 위해서는 식별자 및 관련된 자격 증명은 이식 가능해야 하며 자주적 신원 시스템은 상호 운용이 가능해야 한다.

현재 소브린(sovrin), 유포트(uPort), 베레스 원(veres one) 등 여러 가지 자주적 신원 시스템이 존재하며 개발 진척 단계도 제각기 다르다. 각 시스템은 분산된 자주적 신원을 지원하지만 주장을 발급하고 제시하는 방법에 차이가 있다.

자주적 신원은 비교적 새로운 개념이며 빠른 변화가 일어나는 중이다. 상호운용성은 제공하기 위해 분산 식별자와 확인 가능한 주장에 대한 표준이 개발되고 있다. 궁극적으로 이러한 시스템은 인간의 존엄성을 강화하고 인간의 자기 결정권에 대한 기본적인 욕구를 보호하게 된다. 조 앤드류가 썼듯이 "신원에 대한 깊은 이해 없이 상호 연결된 시스템을 구축하면 인간의 존엄성을 훼손할 위험이 있다. 의도하지 않게 자기표현을 거부하고 개인을 위험에 빠트리고 가장 필요한 자기 결정권을 무심코 탄압하는 시스템을 구축할 위험이 있다."

올바르게 구현된 자주적 신원 시스템은 거리로 인해 발생하는 문제가 있긴 하지만 동의하에 확장 가능하고 유연하며 개인정보가 보호되는 상호작용을 제공한다. 가장 중요한 점은 이 시스템이 개인정보 또는 사용하는 사람들의 자유를 위협하지 않으면서 자연스러운 인간의 활동을 지원한다는 것이다. 모든 사람이 지지할 수 있는 발전이다.

다) 부동산 거래

블록체인을 이용하여 부동산을 관리하게 되면 조작이 불가능하기 때문에 부동산 사기를 막을 수 있다. 부동산 정보를 블록체인 상에서 검색하고 거래를 할 수 있도록 하는 것이다. 그렇게 되면 부동산 중개자 없이도 판매자와 구매자가 직접 거래를 할 수 있어서 거래비용을 줄일 수도 있다.

독일의 스타트업인 '슬록닷아이티(slock.it)'는 스마트 도어락 제품 개발을 시작으로 부동산 임대서비스에서 자체 개발한 블록체인을 활용한 스마트 계약 서비스를 제공한다. 그 중심에 블록체인 기반의 '스마트 계약(smart contract)' 시스템이 있다. 스마트 계약은 블록체인을 통해 일정 조건을 만족하면 자동으로 거래가 실행되도록 설계된 프로그램을 의미하며 우버와 에어비앤비와 같은 중개 플랫폼 없이도 개인 간 거래가 가능한 시스템이다.

부동산 소유자와 임차인의 조건이 맞아 계약을 체결하면 보증금과 임대료는 가상화폐 이더리움으로 암호화된 블록을 통해 바로 이체된다. 집 문 열쇠는 디지털 키 형태로 임대인 스마트폰에 전송된다. 대문뿐 아니라 사물인터넷(IoT)으로 연결된 주방기구, 가전제품, 영상기기 등의 사용 권한을 줄 수도 있다. 미리 정한 사용 기간이 지나면 이런 접근 권한은 자동으로 원래 주인에게 돌아간다. 임차인에게 현관문 비밀번호를 알려주거나 열쇠를 넘겨주는 수고를 할 필요조차 없다. 중개업체가 개입하는 것도 아니다. 서비스 공급자와 소비자 간의 신뢰성을 보장하는 중개 플랫폼만 있을 뿐이다. 슬록닷아이티는 이 스마트 계약 시스템을 기반으로 진정한 P2P 거래를 실현했다.

현재 슬록닷아이티는 이 기술을 활용해 '무엇이든 빌려주고, 팔고, 공유한다(Rent, sell or share anything)'라는 슬로건 아래 아파트와 사무실, 일반 주택은 물론 자동차, 자전거 등 다양한 물품을 공급자와 수요자가 직거래할 수 있도록 해 주는 플랫폼을 실험하고 있다.

2011년 설립된 블록체인 기반의 부동산 스타트업으로 현재 캘리포니아에 기반을 두고 있는 프로피(propy)는 2018년 1월 미국 버몬트 주와 파트너십을 맺고 블록체인을 활용해 토지 기록을 관리하는 시범사업을 시작했다. 부동산 거래 시 효율성과 안전성을 높이고 토지 관리 데이터를 종이 문서나 기존 시스템으로 저장할 때 드는 비용을 줄이기 위해서다.

2016년 12월 네덜란드 은행 ABN AMRO는 IBM과 공동으로 부동산 거래 및 정보 교환 애플리케이션 'Torch'를 출시했다 이 애플리케이션에는 판매자, 구매자, 임차인, 임대인, 은행, 공증 사무소, 주택 감정인, 등기소, 상공회의소 및 모든 관련 규제 기관이 접속해 정보를 교환할 수 있다. Torch의 정보 등록 및 저장 시스템에는 블록체인이 핵심 기술이 적용돼 정보의 신뢰성과 안전성을 보장하며, 모든 사용자가 정보에 접근할 권한을 부여 받고 있다.

Torch는 등기소, 상공회의소, 중앙은행 등의 기관에서 받은 부동산 정보를 공개하며, 주택 감정인은 해당 정보를 사용해 부동산 가치를 평가하고, 평가 보고서를 고객 및 은행과 공유할 수 있다. 뿐만 아니라 Torch에 등록된 주택 임대 및 매매 계약서는 법적 효력을 가진다.

라) 의료 기록

전 세계적으로 고령화 사회가 도래함에 따라 의사 한 명당 환자의 수가 증가함으로써 서비스의 품질이 저하될 것으로 우려되고 있다. 이미지 처리나 대량 데이터 분석에 유용한 인공지능을 의료 데이터 관리나 분석에 도입하고 환자의 전자기록에 연계한 검사 결과 이력을 한 장소에 데이터로 모아둘 수 있다면 의사는 스캔 이미지 등을 눈으로 확인하는 작업에 많은 시간을 보내는 상황에서 해방될 것이다. 하지만 환자의 개인정보 보호의 중요성으로 인해 의료 데이터는 조심스럽게 다뤄져야만 한다.

AI의 의료 분야에 대한 진출에 대해서는 IBM 왓슨을 비롯하여 이미 많은 사례들이 있고 구글 산하의 딥마인드(deepmind)와 영국NHS 병원도 제휴하여 인프라를 구축하기 시작했다. 딥마인드의 소프트웨어에 대량의 스캔 이미지와 질병 증세를 학습시켜 스캔 데이터만으로 질환을 특정하는 것을 목표로 하고 있다. 그런데 이 시도는 본인에게 충분한 사전설명도 없이 NHS를 방문한 160만 명의 환자 데이터가 딥마인드에 제공되었다는 언론보도에 의해 엄청난 비난을 받게 되었다.

의료기관이 기업에게 개인정보를 전달한 것은 확실히 문제이지만, 담당 의사들은 대체로 환자에게 시행된 조치의 공개를 피하는 경향이 있고 심지어 그 대상이 환자 본인일 경우도 있다. 그래서 학회 등에서 공유되지 않는 치료수단이나 임상사례는 각 의사나 병원 내 등 폐쇄된 커뮤니티에서만 공유되고 그 병원에서 담당자가 없어지는 동시에 노하우도 어떤 기록에 남지 않은 채 사라지는 문제가 있다.

딥마인드는 개인정보를 취급하는 의료 플랫폼으로서 신뢰를 얻기 위해 블록체인을 활용해 암호화한 환자의 개인정보를 실시간으로 추적할 수 있는 'Verifiable Data Audit'를 발표했다. 데이터의 암호화와 변경 이력이 모두 기록되는 분산형 대장을 사용함으로써 개인정보의 보호는 물론 수정을 방지할 수 있고 개인정보에서 분리된 의료 데이터를 수집하여 분석하는 플랫폼을 전 세계 의료관계자가 공유할 수 있어 의사들은 지금까지 없었던 통찰력을 얻을 수 있고 환자도 좀 더 적절한 치료를 받을 수 있을 것으로 전망하고 있다.

또한, 의료정보가 개별 의료기관을 중심으로 파편화돼 관리되기 때문에 '중복검사'와 같은 불필요한 절차가 반복된다. 누구나 한 번쯤 한 병원에서 진료를 받다 병원을 옮겼을 때 이미 받은 검사들을 다시 받아야 했던 경험이 있을 것이다. 중복 검사는 환자의 돈과 시간을 낭비하는 것은 물론 의사의 진료 능률도 떨어뜨린다.

국내의 의료정보 플랫폼업체인 메디블록(medibloc)은 블록체인을 이용해 개인 의료정보를 각각의 의료기관이 아닌 자신이 직접 관리·통제할 수 있는 플랫폼을 구축했다. 개인은 병원으로부터 전자문서 형태의 의료데이터를 받고 이를 메디블록이 만든 탈중앙화된 저장소에 암호화한 상태로 저장한다. 그리고 이 데이터에 대한 해시값을 받아 메디블록 블록체인에 올린다. 의료데이터는 용량이 매우 크기 때문에 블록체인 밖에 저장하고 해시값만 블록체인에 저장해, 데이터를 실제로 사용할 때 진본 여부를 확인하는 것이다. 개인의 휴대용 의료기기를 통해 생성된 데이터도 똑같이 관리된다. 의료진은 메디블록 플랫폼에 올라온 환자의 의료데이터를 바탕으로 불필요한 중복검사를 피할 수 있다.

마) 기타

블록체인 기술을 '드롭박스' 같은 클라우드 저장소 서비스에 활용한 곳도 있다. '메이드세이프'다. 메이드세이프는 사용자들이 조금씩 내놓은 저장공간을 P2P 방식으로 관리한다. 메이드세이프에 올린 데이터는 사용자 컴퓨터 자원을 활용해 암호화되고, 누구도 알 수 없도록 조각내 이곳저곳에 나눠 보관한다. 오로지 데이터를 올린 본인만 암호를 해독해 데이터를 활용하거나 다른 사용자에게 공유할 수 있다.

메이드세이프는 구글 드라이브나 드롭박스와 달리 중앙 서버가 없기 때문에 해커가 공격할 구심점이 없다. 분산서비스거부(DDoS, Distributed DoS) 공격을 하려 해도 딱히 노릴 곳이 없다. 더 안전하다는 말이다. 또 다른 사람이 공유한 저장 공간을 활용할 수 있기 때문에 추가 비용 없이도 무한히 많은 저장 공간을 쓸 수 있다. 메이드세이프 사용자가 모인 네트워크가 스스로 시스템을 관리하니 관리에 드는 비용도 거의 들지 않는다.

블록체인 기술을 이용해 중앙 서버 없이 사용자끼리 안전하게 메시지를 주고받을 수 있는 서비스 '비트메시지(bitmessage)'도 나왔다. 비트메시지 개발자 조나단 워렌은 NSA의 무분별한 통신 감시에 대항해 안전한 커뮤니케이션 수단을 만드는 것이 목표라고 밝혔다.

비트메시지는 비트코인과 마찬가지로 사용자가 만든 P2P 네트워크상에서 작동한다. 주고받는 메시지를 암호화하는 건 물론이고 메시지를 보내고 받는 당자사의 주소도 추적할 수 없는 형태로 만들었다. 'nuribit@bloter.net'이라는 e메일 주소를 보면 사용자 아이디는 'nuribit'이고 e메일 서비스를 제공하는 도메인은 'bloter.net'이라는 사실을 유추할 수 있다. 이 e메일을 누가 쓰는지를 찾으려면 bloter.net에 가서 nuribit을 찾으면 된다. 비트메시지는 메시지를 주고받을 때 쓰는 주소를 'BM-orkCbppXWSqPpAxnz6jnfTZ2djb5pJKDb' 같이 아무 의미가 없는 문자열로 만들어 익명성을 강화했다.

관리 주체가 없는 인터넷 주소(DNS) 시스템을 만드는데 블록체인 기술을 활용한 경우도 있다. 네임코인(namecoin)은 인터넷 주소(도메인)를 관리하는 시스템이자, 여기서 쓰는 가상화폐다. 인터넷 웹사이트 이름을 관리하는 데 쓰여서 이름도 '네임'코인이다. 네임코인 시스템이 만든 인터넷 주소는 '.bit'로 끝난다. '네임코인'은 기존 DNS 관리 시스템에서 벗어난 대안 인터넷 주소 시스템을 P2P 네트워크의 힘을 빌려 꾸렸다.

모든 인터넷 주소는 단 한 곳이 관리한다. 비영리기관인 국제인터넷주소관리기구(ICANN)다. '.com .net .org .info .biz'로 끝나는 최상위 인터넷 주소를 만들거나 거래하려면 ICANN에 승인을 받아야 한다. 이 과정에서 ICANN은 인터넷 주소를 검열한다. '대마초닷컴' 같은 인터넷주소를 못 만들게 하는 것이다. 네임코인은 지금처럼 한 곳에 집중된 인터넷 주소 관리 시스템에 반대한다. ICANN의 손아귀에서 벗어난 새 인터넷 주소를 만들고자 한다.

아이디어는 비트코인에서 빌려왔다. 비트코인이 거래장부를 네트워크에 배포해 P2P 방식으로 운영하듯, 네임코인은 인터넷 주소를 P2P 방식으로 관리한다. 네임코인 인터넷 주소를 등록하고 거래하는 일은 익명으로 이뤄진다. 2011년 6월 위키리크스는 네임코인을 공식적으로 지지했다.

대안 인터넷 주소 시스템을 유지하는 데 자기 컴퓨터를 빌려준 사람들은 보답으로 네임코인을 받는다. 네임코인은 '.bit'으로 끝나는 인터넷 주소를 살 때 쓴다. 네임코인 시스템에 힘을 보탠 사람이 그 안에서 이득을 볼 수 있도록 한 것이다. 네임코인을 내야 하기 때문에 무작정 인터넷 주소를 차지하기도 어려워진다. '.bit' 주소를 만들려면 0.01네임코인을 내야 한다. 인터넷 주소를 만든 사람은 그 주소를 삭제하거나 다른 사람에게 넘겨줄 수 있다.

이외에도 공공분야에서 납세자 추적, 토지 등기, 온라인 투표, 나스닥 거래 기록 등에 블록체인을 활용하고 있거나 테스트 중인 사례가 무수히 많다. 블록체인이 열어젖힌 가능성은 아직 끝이 보이지 않는다. 어쩌면 모든 중앙 집중 서비스를 P2P 방식으로 흐트러뜨릴지도 모를 일이다. 이 영향은 단순히 기술적인 데 머물지 않는다. 중앙에 집중된 권력이 사용자 손으로 돌아간다는 뜻이기도 하다. 비트코인이 인터넷 이후 가장 혁명적인 기술로 불리는 이유는 바로 이 때문이다.

5.3 엣지 컴퓨팅

글로벌 IT 전문 리서치 및 자문기관 가트너(Gartner)는 2017년 글로벌 사물인터넷 기기 사용량이 지난해보다 31% 증가해 84억 대에 달할 것으로 전망했으며, 2016년부터 2020년까지 연평균 34%로 증가해 2020년에는 204억대에 육박할 것으로 예측했다. 올해 전체 엔드포인트와 서비스의 지출 규모는 1조 6,896억 달러(약 1,940조 원)에 달할 것으로 예상되며, 2016년부터 2020년까지 연평균 21%로 성장해 2020년에는 시장규모가 2조 9천억 달러에 이를 것으로 예측했다. 특히, 산업용 사물인터넷(IIoT, Industrial Internet of Things)의 글로벌 시장 규모는 2015년 1,137억 달러를 기록했으며, 연평균 8%씩 성장을 지속해 2022년에는 1,954억 달러의 대규모 시장을 형성할 것으로 전망되었다. 산업용 사물인터넷이 운송, 제조, 에너지, 헬스케어, 소매업 등 산업 전 분야에 적용 되면서 4차 산업혁명을 견인할 것으로 예상된다.

이처럼 사물인터넷으로 인한 막대한 데이터가 쉴 새 없이 쏟아지고 있는 가운데 IT 업계 전문가들은 사물인터넷 시스템에 배치된 클라우드 컴퓨팅 모델이 디바이스로부터 생성되는 데이터양을 제대로 처리하지 못해 향후 2년 내로 마비가 올 것이라고 경고하기 시작했다. 실제로 IoT 환경에서 빅데이터를 관리하고 머신러닝을 통해 비즈니스 혁신까지 이르기 위해서는, 우선 이에 상응하는 컴퓨팅 기술이 요구된다. 이러한 측면에서 IoT 사물에서 계속해서 생산되는 데이터 입력에 대해 즉각적으로 반응할 수 있는 엣지 컴퓨팅(edge computing) 기술이 주목받고 있다. IT 리서치 기업 가트너(Gartner)는 2018년 기업이 주목해야 할 '10대 전략기술 트렌드' 중 하나로 '클라우드에서 엣지로(Cloud to the Edge)'를 꼽았다.

5.3.1 엣지 컴퓨팅의 개념

사물인터넷의 클라우드 컴퓨팅(cloud computing)은 중앙 집중식으로 한 곳에서 데이터를 처리하다 보니 데이터를 수신하고 전달하는 데 시간이 오래 걸린다. 이런 이유로 산업 분야의 어플리케이션의 경우 클라우드 컴퓨팅에 전적으로 의존하는 것이 불가능하다. 산업용 어플리케이션은 현장에서 즉각적으로 반응해야 할 상황이 자주 발생하므로 데이터 송수신 시 네트워크 혼잡과 병목현상으로 인한 지연을 용납할 수 없다. 이런 상황에서 실시간으로 대응하려면 엣지와 클라우드를 결합한 아키텍처가 필요하다. 클라우드와 반대로 엣지 컴퓨팅(edge computing)은 데이터가 생성된 디바이스에서 직접 처리하거나 네트워크상의 가까운 로컬 컴퓨터나 서버에서 데이터를 실시간으로 처리하는 방식이다. 때문에 요즘 클라우드의 한계를 보완하는 기술로써 '엣지 컴퓨팅'에 대한 관심이 고조되고 있다.

가) 엣지 컴퓨팅의 정의

엣지 컴퓨팅이 부각되는 이유는 사물인터넷 시대에 나타나는 새로운 변화, 즉 ① 인터넷연결 사물의 폭발적 증가, ② 데이터의 초 대용량화, ③ 실시간 처리의 필요성으로 요약된다. 엣지 컴퓨팅은 분산형 컴퓨팅 기술로서 중앙처리 방식의 클라우드 컴퓨팅을 보완하는 기술이다. 데이터센터의 중앙서버로 데이터를 보내 저장하고 필요할 때 내려 받는 '중앙처리 방식'을 사용하는 클라우드 컴퓨팅 기술은 방대한 데이터를 송수신 하는 과정에서 컴퓨팅의 과부하 문제, 보안 문제가 발생할 수 있다. 따라서 중앙데이터 서버인 클라우드를 보조해 기기 주변부에 연산 기능을 부여하는 엣지 컴퓨팅 기술을 통해 데이터 처리 부담을 줄이는 것이다. 향후 실시간으로 막대한 데이터를 쏟아내는 자율주행차, 산업용 사물인터넷 분야에서 널리 활용될 전망이다.

엣지 컴퓨팅은 과거 클라우드에 위임했던 작업의 대부분을 엣지에 맡기는 방식이다. 그 단계에서 한 차례 추려진 상위 작업은 다시 클라우드로 전달된다. 이때 엣지는 당연히 클라우드 데이터 센터보다 물리적으로 단말기 가까운 곳에 위치하게 된다. 한편에선 이 방식을 가리켜 엣지 컴퓨팅 대신 '포그(fog) 컴퓨팅'으로 부르기도 한다. 클라우드, 즉 구름이 지상에서 멀리 떨어진 상공에 위치하는 데 반해 안개는 인간이 사는 지표면 가까이에 존재하기 때문이다. 최근엔 플랫폼 자체를 일컫는 표현으로 엣지도, 포그도 아닌 '클라우드렛(cloudlet)'이란 표현을 쓰는 이도 점차 늘어나는 추세다.

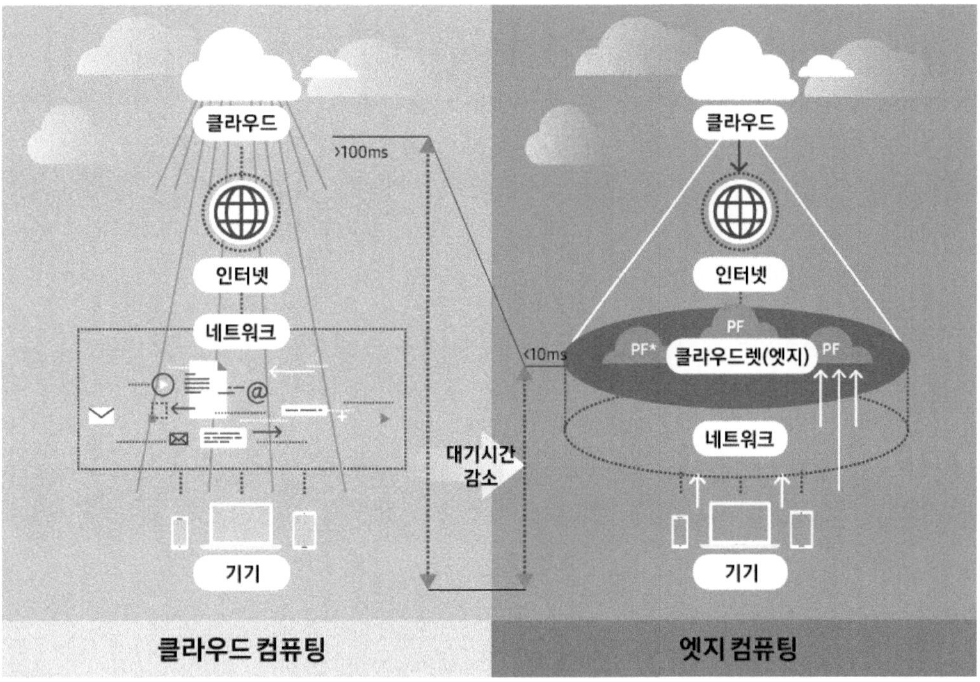

*페타플롭(PetaFlop). 1초 내에 가능한 연산 처리가 1000조 회에 이르는 것. 이론상으로만 존재하는 컴퓨터 처리 속도 측정 단위를 일컫는다

▲ 그림 5-31 클라우드 컴퓨팅과 엣지 컴퓨팅의 비교

다른 기술 분야와 마찬가지로, 에지 컴퓨팅도 자체 용어가 있다. 다음은 많이 사용되는 몇 가지 용어들에 대한 간단한 정의이다.

- **에지 기기(edge device)** : 데이터를 생성하는 모든 기기가 될 수 있다. 에지 기기는 데이터를 생성 또는 수집하는 센서, 산업용 머신 또는 따른 기기들이 될 수 있다.
- **에지(edge)** : 에지가 무엇인가는 용도에 따라 달라진다. 통신 분야에서 에지는 휴대 전화기 또는 송수신 타워가 될 수 있다. 자동차에서는 정비소 바닥의 장비가 되고 기업 it에서는 노트북이 에지가 될 수 있다.
- **에지 게이트웨이(edge gateway)** : 게이트웨이는 에지 컴퓨팅 처리가 수행되는 곳과 에지 네트워크를 넘어서 더 큰 네트워크 환경으로 나가는 창구이자 버퍼이다.

- **팻 클라이언트(fat client)** : 에지 기기에서 어느 정도의 데이터 처리를 할 수 있는 소프트웨어. 단순하게 데이터를 전송하기만 하는 씬 클라이언트(thin client)와 상대가 되는 용어이다.

- **에지 컴퓨팅 장비(edge computing equipment)** : 에지 컴퓨팅은 다양한 기존 장비와 신규 장비를 사용한다. 여러 가지 기기, 센서 그리고 머신들을 인터넷 액세스 가능하게 만들기만 하면 에지 컴퓨팅 환경에서 작동하게 할 수 있다. 시스코를 비롯한 하드웨어 공급업체들은 현장 환경에서 사용할 목적으로 외장이 강화된 견고한 네트워크 장비 라인을 보유하고 있다. 다양한 컴퓨트 서버, 컨버지드 시스템 그리고 심지어는 AWS 스노우볼[20]같은 스토리지 기반 하드웨어 시스템까지도 에지 컴퓨팅 배치에 사용될 수 있다.

- **모바일 엣지 컴퓨팅(mobile edge computing)** : 통신 시스템 특히, 5g 시나리오에서 에지 컴퓨팅의 확장을 가리킨다.

엣지 컴퓨팅과 클라우드 컴퓨팅은 두 개의 완전히 다른 컴퓨팅 접근 방법으로 하나가 다른 하나를 대체하지 않는다. 대부분의 처리를 엣지 컴퓨팅에서 담당하겠지만 클라우드에서도 여전히 시간에 민감하지 않거나 디바이스에 필요하지 않은 데이터를 처리한다. 모든 디바이스의 데이터를 모아 빅데이터 분석을 하는 것이 대표적인 예이다. 모든 컴퓨팅을 엣지로 옮기는 것은 안전하지 않으며 너무 흩어져 있어 관리하기 힘든 환경이 될 것이기 때문에 특정 목적에 맞는 엣지 컴퓨팅 기반 애플리케이션을 만드는 것만으로도 충분하다.

엣지 컴퓨팅은 사물인터넷이 도입된 산업 현장에서 구체적인 가치를 보인다. 우선은 전체 센서 데이터를 전송하지 않고 유용한 데이터만 전송하기 때문에 연결 비용을 절감할 수 있으며, 특히 지능형 계량기나 자산 추적기 등 이동통신망을 통해 연결하는 디바이스에 가치를 더할 것이다. 또한, 산업 시설이나 채굴 작업 현장에서 센서가 생성하는 대량의 데이터를 처리할 때도 데이터를 분석해 필터링한 다음에 전송하기 때문에 네트워크와 컴퓨팅 자원을 대폭 절감할 수 있다.

또한, 민감한 데이터를 디바이스 내에 저장하기 때문에 보안과 프라이버시도 개선할 수 있다. 예를 들어, 새로운 소매 광고 시스템과 디지털 광고판은 현장 디바이스에서 수집한 정보를 기반으로 타깃 광고와 정보를 전달하도록 만들 수 있다. 이런 솔루션에서 엣지 컴퓨팅은 식별 가능한 정보를 클라우드로 전송하는 대신 데이터를 익명화하고 분석해 원래 위치에 저장하는 것으로 사용자 프라이버시를 보호하는 데 도움을 준다.

엣지 디바이스에서의 처리 작업은 지연시간을 줄이고 연결된 애플리케이션이 좀 더 즉각 반응하도록 만들어 준다. 컴퓨터 시야나 머신러닝을 이용하는 애플리케이션에 디바이스에서 클라우드로의 데이터 전송은 치명적이다. 온디바이스(on-device) 머신러닝은 자연어 인터페이스를 향상시켜 스마트 스피커가 음성 명령에 좀 더 빨리 대응하며, 조명을 켜거나 온도를 조절하는 등의 기본적인 기능은 인터넷 연결이 끊어진 상태에서도 실행할 수 있다. 게다가 엣지 컴퓨팅은 디바이스 소프트웨어의 OTA 업데이트[21]가 가능하기 때문에 이들 시스템을 장기적인 활용을 보증해 준다.

---

20) aws(amazon web services) snowball : aws 클라우드에 페타바이트 규모의 대용량 데이터 전송 솔루션

21) OTA update : over the air, 무선 네트워크를 이용한 업데이트. 임베디드 디바이스의 소프트웨어 업데이트 시 물리적 접근이 필요 없이 데이터 센터에서 전송하는 것만으로 가능

IoT 애플리케이션용 머신러닝의 활성화는 엣지 컴퓨팅 역량의 증가에 결정적인 동인으로 작용하고 있다. 디바이스는 복잡한 딥러닝 네트워크를 신속하게 실행하는 것은 물론, 배터리에 의존하는 IoT 디바이스의 특성상 전력 소비량도 적어야 한다. 이 때문에 서로 다른 컴퓨팅 아키텍처의 도입이 필요해졌는데, IoT 디바이스에 CPU와 GPU, DSP[22]와 같은 다양한 처리 엔진을 통합해 워크로드별로 가장 효율적인 엔진에 할당해 성능과 전력 효율을 개선해야 한다. 실제로 DSP는 동일한 워크로드를 CPU에서 처리하는 것보다 25배의 전력 효율을 보이기도 했다.

▼ 표 3-5 클라우드 컴퓨팅과 엣지 컴퓨팅 장단점

구분	클라우드 컴퓨팅	엣지 컴퓨팅
장점	- 사용량 기반의 지불로 합리적인 가격모델 - 빅데이터 저장 및 처리	- 네트워크와 컴퓨팅 자원 절감 - 보안 강화 및 개인정보 보호 - 응답 시간 단축 - 전력 효율 개선
단점	- 서버 안정성에 대한 우려 - 보안 문제 - 상대적으로 응답 시간 느림	- 엣지 컴퓨팅의 GPU는 상대적으로 연산능력이 떨어짐 - 엣지 자체의 보안 취약

IoT 산업에 엣지 컴퓨팅 도입이 가능해진 것은 반도체 기술의 혁신적인 발전이 선행되고 있기 때문이다. 특히, 전문가들은 GPU 활용이 확대되면서 엣지 컴퓨팅 기술 발전이 가속화될 것으로 기대하고 있다. GPU는 CPU보다 연산 성능이 다소 떨어지지만 병렬 연산처리에 특화되어 있어 다량의 데이터를 처리할 수 있는 장점이 있다. 때문에 IoT 생태계에서 급진적으로 증가될 데이터 트래픽을 처리하기에는 GPU가 더욱 적합하다고 평가되기도 한다. GPU 생산의 70~80%를 담당하고 있는 점유율 1위 사업자인 엔비디아의 데이터 센터 매출은 2016년 145%의 높은 성장을 달성했다. 분산형 엣지 컴퓨팅 시장을 리드하는 엔비디아의 입지로 미루어 볼 때, GPU 시장의 확대와 더불어 엣지 컴퓨팅의 발전 가능성을 기대할 수 있다.

나) 엣지 컴퓨팅의 특징

엣지와 클라우드 컴퓨팅은 함께 잘 동작하지만, 클라우드 컴퓨팅은 좀 더 범용적인 플랫폼이고 엣지 컴퓨팅은 특별한 필요에 맞춰 만들어진 것이다. 이렇게 특별한 용도로 만들어진 엣지 컴퓨팅의 특징은 다음과 같다.

- **서비스 제공의 신속성** : 엣지 컴퓨팅은 실시간으로 데이터를 처리할 수 있어 데이터 흐름을 가속화한다. 특히 즉각적인 반응 속도를 요구하는 응용 프로그램을 제 때에 조치를 취할 수 있어 효율적이다. 데이터를 초 단위 더 나아가 밀리 초 단위까지 측정해 나타낼 수 있다. 예를 들면 배관을 타고 이동하는 석유의 양을 일정 시간 동안 측정해 클라우드로 데이터를 전달할 수 있다. 또는 강수량이나 온도, 일조량을 실시간으로 파악하며 날씨를 예보하는 데에도 사용될 수 있다.

- **가용성의 향상** : 엣지 컴퓨팅은 기업들이 시스템 회복 속도를 높이는 데에도 도움이 된

22) DSP(digital signal processor) : CPU와는 별도로 음향이나 영상처리를 담당하여 CPU의 부담을 줄여주는 역할

다. 여러 국가나 도시에 지사 등의 형태로 원격 사업장을 설치하는 기업들이 많은데 이때, 코어 IT 인프라 중 한 곳이라도 문제가 발생하면 이들 사업장은 매출과 명성에 심각한 타격을 입을 수도 있다. 컴퓨팅 설비를 엣지에 설치하면, 코어에서 문제가 발생하는 것과 무관하게 원격 사업장을 가동할 수 있다.

- **확장된 스토리지와 분산된 부하** : 스토리지는 기업들이 더 나은 고객 서비스를 제공할 수 있도록 하는 엣지 컴퓨팅의 역할 중 하나이다. 엣지 컴퓨팅이 도입되면 클라우드에 걸리는 데이터 부하가 대폭 줄어든다. 단말기에서 모든 데이터를 곧바로 중앙 클라우드와 주고받지 않고 1차적으로 엣지에 데이터 부하량이 분산되는 것이다. 이렇게 되면 스마트 보안 장치 등 비디오 센서에서 보내는 자료가 늘어나고 화질 수준이 높아지면서 기존 대역폭 상으론 문제가 많았던 부분이 크게 개선될 수 있다. 예컨대 넷플릭스의 사업 전개 전략은 엣지에 초점이 맞춰져 있고, 고객에게 최고 품질의 스트리밍 경험을 제공할 수 있도록 최종 사용자에 최대한 가까이 호스팅 아카이브를 두었다.

- **데이터 분석 속도의 향상** : 엣지는 기업들이 데이터 분석 속도를 높일 수 있게 해준다. 데이터는 많은 디지털 사업 분야에서 생명과도 같아서, 기업들이 고객 행동과 시장 동향에 대한 통찰력을 끌어낼 수 있는 자원이다. 위치기반 서비스, 개인화 콘텐트, 선제적 마케팅을 활용하는 기업들이 점점 더 늘어나면서 이러한 통찰력은 더욱 중요해지고 있다. 하지만 데이터는 그것이 현재성을 가질 경우에 한 해서만 가치가 있다. 엣지 컴퓨팅은 쓰레기 정보는 폐기하고 유용한 정보만 미리 빠르게 분석하여 실행 가능한 통찰력을 보다 신속하게 도출할 수 있어 고객의 기대치를 앞설 수 있게 돕는다.

- **보안 수준의 향상** : 엣지 컴퓨팅 체계에선 데이터를 엣지에서 클라우드로 보낼 때 프라이버시 정책을 강화할 수 있을 뿐만 아니라 네트워크·클라우드 오류, 분산 서비스 거부(DDoS) 공격 등으로 클라우드 서비스를 이용할 수 없을 때에도 엣지 컴퓨팅에선 가까운 엣지(클라우드렛) 플랫폼에서 '임시 처방' 서비스를 받을 수 있다. 보안 수준이 한층 더 강화되는 것이다.

다) 엣지 컴퓨팅의 구조

엣지 컴퓨팅은 클라우드 컴퓨팅 방식을 보다 정교하게 만든 형태라고 볼 수 있다. 엣지 컴퓨팅으로 자사 IoT 시스템에서 서버 비용을 절감하고 지연 시간을 줄이고자 한다면, 단순히 서버 소프트웨어가 엣지에서 동일하게 구동되는 방식으로는 곤란하다. 엣지 게이트웨이 인프라를 위해 고가의 전용 서버를 설치하고 연산에 큰 부하가 걸리는 소프트웨어를 실행해야 한다면 결과적으로 서버 수만 늘리는 것일 뿐이기 때문이다.

엣지 컴퓨팅이 중앙집중 방식의 문제점을 보완하기 위해서는 두 단계의 클라우드, 다시 말해 상위의 '집중형' 클라우드와 하위의 '분산형' 클라우드 사이에 분업 내지 협업관계를 유지해야 한다.

엣지 컴퓨팅이 IoT 시스템에서 효과를 발휘하도록 하는 요인 중에는 머신러닝 기술도 있다. 머신 러닝은 학습을 위해 수많은 데이터와 GPU를 이용한 연산을 필요로 하는 반면, 학습 결과로 도출된 로직의 실행에 있어서는 선형 함수가 연산의 대부분을 차지하고 있기 때문에 그 효과에 비해 연산 부하가 낮은 편이다. 즉 데이터 처리 로직의 학습은 클라우드 서버에서 하고, 학습된 로직의 적용은 전용 디바이스에서 하게 함으로써 저가컴퓨터를 추가하는 것으로도 서버 및 네트워크 부하를 크게 줄일 수 있다. 엣지 컴퓨팅의 기대 효과를 추정하기 위해서는 센서가 생산하는 데이터 처리에 어떤 기법을 사용할지 판단할 필요가 있다.

클라우드 컴퓨팅 아키텍트(architect)로 잘 알려진 재너카이럼(Janakiram MSV)은 이 관계를 [그림 5-32]의 '3중 구조'로 설명한다. "엣지 컴퓨팅 환경에선 세 개의 층, 즉 ① 데이터 소스(data source) ② 인텔리전스 레이어(intelligence layer) ③ 실천 가능한 인사이트(actionable insight)가 서로 맞물리며 상호작용한다."는 게 그의 주장이다.

▲ 그림 5-32 엣지 컴퓨팅의 3중 구조 패러다임

데이터 소스는 '데이터가 나오는 부분'을 가리킨다. 그런데 과거 단순 계산에서 출발했던 컴퓨팅과 달리 오늘날 컴퓨팅은 점점 더 많은, 그리고 복잡한 데이터 처리와 관련된다. TV나 스마트폰은 물론이고 산업장비·고객·물품 등 각종 관리 프로그램과 헬스케어 어플리케이션에 이르기까지 요즘은 모든 기기와 프로그램, 앱이 그 자체로 데이터 생성 원천이자 데이터 처리 수요처가 된다.

이처럼 데이터양이 엄청나게 늘어나면서 수많은 데이터 간 관계도 점차 복잡해진다. 판단과 행동의 지침을 올바르게 내리려면 그 모든 변수를 모두 고려해야 한다. 하지만 시시각각 새롭게 생성되는 데이터 속에서 일정한 관계성을 찾아내는 일은 말처럼 쉽지 않다. 인간 두뇌론 결코 처리할 수 없을 정도로 복잡하고 또 다양하기 때문이다. 다행히 요즘은 그 일을 머신 러닝이 해내고 있다. 실제로 머신 러닝은 점차 늘어나는 데이터를 이전엔 상상조차 하기 어려웠던 조합으로 재구성, 창의적 통찰력을 제공하는 촉매로서 기능하고 있다.

머신 러닝은 엣지와 클라우드 간 파트너십을 규정한다. 엣지 컴퓨팅에서 1차로 데이터를 전송받은 엣지 층의 컴퓨터는 연산부하가 낮거나 신속하게 대응해야할 작업들을 실시간으로 처리하는 한편 머신 러닝을 위한 데이터를 걸러 클라우드 서버로 넘기고 클라우드 서버는 대용량 데이터 세트와 복잡한 알고리즘에 기초해 머신 러닝 모델을 창출, 엣지 플랫폼에 넘겨준다. 그러면 엣지 플랫폼은 해당 모델을 이용, 실시간으로 데이터 세트를 처리하게 된다. 이 과정에서 엣지 층과 클라우드 층을 연결해주는 게 바로 인텔리전스 레이어, 곧 엣지 컴퓨팅 체계의 두 번째 차원이다.

엣지 컴퓨팅 시스템 사용자, 예를 들어 기업의 정책 결정자는 인텔리전스 레이어가 제공한 분석에 기초해 정확한 판단을 내릴 수 있다. 이게 바로 엣지 컴퓨팅의 세 번째 요소, 곧 실천 가능한 인사이트다. 요컨대 엣지 컴퓨팅은 머신 러닝의 지원으로 과거 인간 전유물로 간주됐던 창의적 통찰력(insight)을 기계로 창출, 인간에게 제공하는 시스템이다. 이 같은 작동 기제가 곧 엣지 컴퓨팅이 '가장 바람직한 행동을 위한 판단'을 도출해낼 수 있는 근거이기도 하다.

5.3.2 엣지 컴퓨팅의 활용

엣지 컴퓨팅이라 하면 가장 먼저 떠오르는 것은 스마트팩토리에서 사용되는 미니 PC 형태가 대부분이다. 초기에는 센서의 데이터를 수집하고 전달하는 게이트웨이의 역할만 했던 엣지 컴퓨팅이 이제는 점차 그 활용 범위를 넓혀나가며 위상이 강화되고 있다. 일각에서는 현재 데이터센터와 엣지 컴퓨팅을 과거 메인프레임과 클라이언트-서버 시스템에 비유하기도 한다. 클라우드가 점차 중요해지며 산업의 새로운 트렌드로 잡아가고 있지만, 빠른 데이터 수집을 통한 분석과 활용을 위해 엣지 컴퓨팅도 더욱 주목받고 있기 때문이다.

주로 산업용 사물인터넷(IIoT) 환경에서 수행되었던 엣지 컴퓨팅은 이제 다른 산업으로 그 응용 분야로 점점 확산되는 추세이다. 주로 대표적인 분야가 이동통신 업계이다. 관련업계는 '모바일 엣지 컴퓨팅(MEC, mobile edge computing)' 기술 개발을 본격화하고 있다.

MEC는 통신사가 구축한 모바일 기지국이나 와이파이 인프라를 신호 중계기로만 이용하는 것이 아니라, 컴퓨팅 자원도 배치해 엣지 컴퓨팅용으로도 활용할 수 있도록 하는 것이 핵심 내용이다. 한창 기술개발 중인 5세대 이동통신(5G) 영역에서 특히 주목받고 있다.

MEC는 통신업체들이 무선 네트워크에 5G를 구축하면서 데이터 전송이 핵심 기능인 5G 송수신 기지국에 대용량 데이터센터를 탑재하고 이웃하는 데이터센터를 점점 더 많이 추가해나가는 형태로 구축될 것이다. 기지국이 이용자가 자주 활용하거나 빠른 전송이 필요한 대용량 데이터를 스스로 파악해 저장, 이용자 단말기 요청이 있을 때 즉각 전송하는 방식으로 애플리케이션 개발자나 콘텐트 제공자들에게 모바일 네트워크 엣지에서 클라우드 컴퓨팅 능력과 IT 서비스 환경을 제공하게 된다.

기업 고객들이 에지 컴퓨팅을 하기 위해 이런 마이크로 데이터센터를 소유하거나 임대하게 되면, 통신 업체가 보유하고 있는 더 방대한 네트워크로의 게이트웨이에 직접 액세스할 수 있고, 그렇게 되면 퍼블릭 IaaS 클라우드 공급업체에 연결할 수 있게 될 것이다. MEC가 적용되면, 특히 응용 애플리케이션들의 데이터 전송 지연시간이 비약적으로 줄어들고 대용량 대역폭 제공할 수 있으며 실시간 네트워크 정보 접근이 가능하도록 하여 준다.

가) 산업용 IoT

현재의 산업용 IoT 사례의 대부분은 '가동 모니터링'이나 '예지보전 솔루션'이다. 엣지 컴퓨팅은 단순히 센서의 데이터를 수집하고 모니터링 하는 것을 넘어 이를 분석한 결과를 토대로 실시간(on boarding) 자동 조절하고 기기 수명 예측이나 문제점 예측 등 분석까지 할 수 있도록 함으로써 클라우드와 협업하며 운영 효율성 및 관리 편의성을 증대시킬 수 있다.

150년 된 스위스 기업 쉰들러(Schindler)는 엘리베이터와 에스컬레이터로 유명하다. 매일 10억 명이 세계 곳곳의 도시와 건물에서 쉰들러의 제품을 이용한다. 2017년 쉰들러는 엣지 컴퓨팅과 머신러닝을 도입했다. 그동안 판매한 수백만 대의 엘리베이터와 에스컬레이터로부터 새로운 인사이트를 뽑아내겠다는 구상이다.

쉰들러는 시장의 변화에 대응하기 위해 직원 6만 명과 협력업체가 이용하는 방대한 레거시 시스템을 통합하고 공급망 같은 내부 프로세스도 표준화했다. 또한, 수년간 중국의 화웨이와 공동으로 자체적으로 연산 능력을 갖춘 엣지 컴퓨팅 솔루션을 개발하고 그동안 판매한 150만 대에 달하는 구형 엘리베이터를 똑똑하게 만들기 위해 각각에 센서와 엣지 디바이스를 설치하고 있다.

이 기기는 엘리베이터와 에스컬레이터에 내장되어 사물인터넷 게이트웨이를 통해 수집한 정보를 클라우드로 보낸다. 이후 과정은 제너럴 일렉트릭(GE)의 '프리딕스(predix)' 플랫폼이 맡아서 정보를 분석해 장애가 발생하기 전에 엘리베이터와 에스컬레이터를 관리할 수 있도록 지원한다.

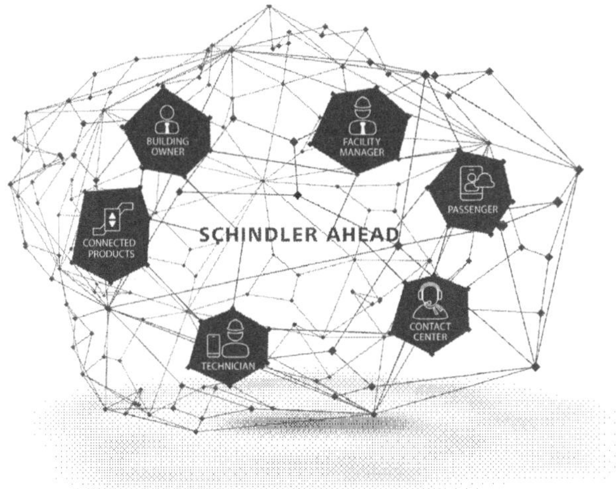

▲ 그림 5-33 쉰들러 어헤드가 표현하는 엘리베이터의 인터넷

이러한 노력의 결과물이 '쉰들러 어헤드(schindler ahead)' 플랫폼이다. 엣지 기기에서 뽑아낸 인사이트와 고객, 이용자, 서비스 전문가 등을 연결한다. 이를 이용하면 빌딩 소유주나 장비 관리자가 전용 앱을 통해 엘리베이터의 상태 정보를 확인할 수 있고 새로운 정보를 실시간으로 받을 수 있다. 새로운 응용 프로그램 및 업데이트은 서비스 기술자가 현장에 가지 않아도 쉰들러 어헤드 웹스토어에서 쉽게 다운받아 OTA로 전송할 수 있다. 엘리베이터의 장애 시간이 극적으로 줄어든 것은 물론 엘리베이터 승객을 위해 향상된 안정성 및 편의성을 제공할 수 있게 되었다.

쉰들러의 CDO 마이클 닐스는 "엣지 컴퓨팅은 지난 몇 년간 일어난 혁신 중 가장 중요한 기술 중 하나다. 앞으로 이 분야에서 더 많은 발전이 있을 것이다. 산업 장비와 산업 인터넷은 엣지 컴퓨팅 없이는 구현할 수 없다. 이를 이용하면 엘리베이터에 더 근접해 컴퓨팅과 인텔리전스를 구현할 수 있다. 엣지 컴퓨팅과 클라우드를 결합하면 빅데이터 분석은 물론 더 복잡한 머신러닝도 처리할 수 있다"라고 말했다.

■ **커넥티드 카**

커넥티드 카(connected car)는 자동차와 ICT 기술을 융합하여 양방향 인터넷, 모바일 서비스 등이 가능한 차량이다. 커넥티드 카는 주변 다른 차량이나 교통 및 통신 인프라와 무선으로 연결되어 위험 경고, 실시간 내비게이션, 원격 차량 제어 및 관리 서비스뿐만 아니라 운전자의 인터넷 서비스까지 제공한다. 향후에는 자율 주행이나 자동 충전, 운전자 보조 시스템 그리고 인포테인먼트[23] 플랫폼 등의 기능을 추가한 스마트 카로 진화될 전망이다.

유럽전기통신표준화기구인 ETSI는 '커넥티드 카' 서비스를 대표적인 MEC 모델로 제시했다. 커넥티드 카는 커뮤니케이션, 보안, 네트워크, 서비스, 협업이 모두 필요한 바퀴 달린 데이터센터로서 운전자, 주변 차량, 주변 인프라와 빈번한 커뮤니케이션이 일어난다. 그리고 자동차 내부의 네트워크, 무선, 모바일 디바이스, 텔레커넥티비티, 클라우드와의 연결로 더욱 복잡해질 것이다. 클라우드만으로는 빠른 속도로 주행 중인 커넥티드 카에서 발생하는 데이터를 효과적으로 대응하기는 무리가 있고 실시간 대응이 필요한 상황은 특히 그렇다. MEC가 적용되면 고속도로 주변 기지국은 커넥티드 카 기술에 적용되는 도로정보 데이터를 저장하고 교통통제 상황 등 도로정보 데이터를 중앙서버에 보내는 절차를 생략하는 대신 이용자 차량에 곧바로 전송, 지연시간을 최소화해 즉각적으로 대응할 수 있도록 한다.

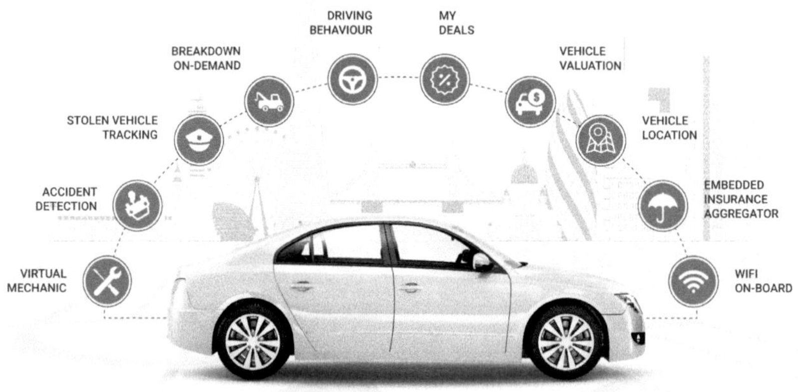

▲ 그림 5-34 커넥티드 카를 통해 사용 가능한 서비스

2017년 8월 도요타 자동차는 지능형 차량 제어, 실시간 데이터를 이용한 지도 생성, 클라우드 컴퓨팅에 의한 운전 지원 등 커넥티드 카의 실현을 위해 미국 반도체 기업 인텔과 함께 스웨덴의 통신 장비 기업 에릭슨, 일본의 자동차 부품 기업 덴소, 통신기업 NTT도코모 등이 참여한 '엣지 컴퓨팅 컨소시엄'을 구성했다.

---

23) 인포테인먼트 (infortainment) : 정보(information)와 오락(entertainment)의 합성어로, 정보의 전달에 오락성을 가미한 소프트웨어 또는 미디어를 가리키는 용어

2018년 1월 글로벌 커넥티드 카 서비스 회사 에어비퀴티(Airbiquity)는 자사의 OTAmatic 공중 소프트웨어[24]와 데이터 관리 제품을 기술 기업인 애리티(Arity)의 '운전 행동 분석 모듈'에 결합하는 사업을 발표했다. 이 결합을 통해 양사는 차량 소프트웨어를 항상 업데이트 상태로 유지하고, 차량에서 발생하는 운전 데이터를 수집해서 클라우드에 전송하여 클라우드 처리와 엣지 분석을 효율적으로 진행할 수 있는 OTA 서비스 제공 플랫폼을 통합 구축하게 됐다. 또한 자동차 제조사와 그들의 고객들은 이 플랫폼을 통해 데이터 전송 용량을 초과하지 않고 추가적인 비용의 발생 없이도 차량으로부터의 대처 가능 정보를 실시간으로 입수할 수 있다. 또한, 이 통합 솔루션을 통해 사용량 기반 보험, 운전자 기록, 사고 예측, 공유 모빌리티 분석 및 서비스, 차량 예측 진단 기능을 향상할 수 있을 것으로 전망했다.

게리 홀그렌 애리티 사장은 "현대의 항공기는 비행 당 테라바이트 절반 정도의 데이터를 생성한다. 커넥티드된 자율주행 차량도 이와 다르지 않으며 차량들 사이에서 상당한 데이터를 생성할 것이다. 업계가 연결성이 강화되고 안전하며 유용한 운송 시스템 개발에 눈을 돌리고 있는 상황에서 우리는 현장에서 처리된 데이터 정보에 대응하고 클라우드로 보내지기 원하는 정보를 유연하게 결정할 수 있는 능력 모두가 필요하다"면서 "이번 에어비퀴티와의 파트너십을 통해 애리티 수집 정보가 엣지에서, 당신 자신의 플랫폼 혹은 클라우드에서 어떻게 돌아가는지 보여줄 것이다. 우리는 OTAmatic 플랫폼이 차량에서 직접 공급하는 임베디드 데이터를 더 많이 활용함으로써 혁신을 계속하며 운전자와 솔루션 공급사가 중요한 결정을 신속하게 내릴 때 필요한 더 의미 있는 정보를 제공할 수 있다"고 말했다.

나) 가상현실

MEC는 대용량 데이터 전송이 필요한 가상현실(VR), 증강현실(AR) 서비스를 위해서도 필수 기술로 손꼽힌다. 가상현실 경험 역시 빠르게 인기를 얻고 있고 오큘러스나 구글 글래스 같은 VR 기기는 많은 인기를 얻었다. 실제로 VR의 잠재력은 엄청나서 2020년까지 1,500억달러 규모의 시장을 형성할 것으로 예상된다.

분명한 것은 이들 기술이 아직 초기 단계일 뿐이고 앞으로도 수년 동안 막강한 잠재력을 발휘할 수 있다는 점이다. 연결성과 게임 경험이 점점 더 개인화함에 따라, 기업들은 그러한 사용자들에게 최상의 게임 경험을 가져다주기 위해 노력해야 한다. 이는 엄청난 양의 데이터를 생성, 저장, 처리해야 한다는 것을 의미한다.

전 세계에서 폭발적인 인기를 얻으며 미국 뿐 아니라 국내에서도 이슈가 된 바 있는 증강현실 모바일 게임 '포켓몬고'의 경우, 이 게임 앱은 위치 정보, 사용자의 동선, 인터넷 연결성 같은 막대한 양의 데이터를 수집한다. 뿐만 아니라 이 앱은 사용자의 구글 계정과도 동기화하는데, 이는 구글 데이터와의 접속을 요구한다. 즉, 어마어마한 양의 정보들이 게임 서버에 의해 획득 및 처리된다는 말이다. 카메라와 위치 센서 같은 스마트폰의 다양한 기능들 역시 활용되어야 하고 그로부터 수집된 정보는 즉각적으로 처리되어 증강현실의 화면에 실시간으로 반영되어야 한다. 처리 시간 단축은 모든 컴퓨팅 작업에서 바람직하지만 증강현실과 가상현실, 생체(얼굴·음성)인식 등 최근 각광 받고 있는 빅데이터 기술 관련 컴퓨팅에서 특히 유의미하다.

---

24) 공중(OTA, over the air) 소프트웨어 : OTA 업데이트가 가능한 소프트웨어.

인간이 일상적 밝기 조건에서 안면을 인식하는 덴 최소 370ms, 최대 620ms가 걸린다. 음성 인식에도 짧게는 300ms, 길게는 450ms가 소요된다. 특정 음성이 인간의 것인지 여부를 인식하는 덴 4ms면 충분하다. 이처럼 예민한 시청각 반응 능력을 보유하고 있기 때문에 단 몇 백ms 차이만으로도 가상(증강)현실 화면이 주는 몰입감은 엄청나게 달라진다.

이는 엣지 컴퓨팅이 중요해질 수밖에 없음을 보여주는 완벽한 시나리오를 제시한다. 예를 들어 헤드셋을 장착한 머리의 움직임에 따라 눈에 보이는 영상도 움직이지만, 그 영상이 실제 머리의 움직임보다 20ms이상 지연되면 어지러움을 유발한다. 클라우드로 앱 처리를 실행하게 되면 디바이스에서 클라우드까지의 왕복 지연 시간이 수 백ms에서 수 십ms가 발생하는 반면 엣지 디바이스에서 처리함으로써 수ms에서 수 십ms의 '저 지연'을 실현할 수 있다. 엣지 컴퓨팅은 포켓몬고나 VR 경험에서 알 수 있듯, 엣지 컴퓨팅은 코어 데이터센터로부터 멀리 떨어졌을 때, 전송 지연을 감소시키고 전반적인 성능은 강화하며, 서비스의 전달 능력을 크게 향상시킬 수 있다.

다) 의료 서비스

ICT 기술의 발전은 의료 서비스 분야에 있어서도 치료 중심의 관리에서 건강한 삶의 질을 중요시하는 예방 중심의 관리로 전환하는 원동력이 되었으며 의료 기술 또한 시스템 전반에 걸친 ICT 기술과의 융합에 힘입어 급속하게 발전하고 있다. 이미 IBM의 인공지능 '왓슨'을 비롯하여 방대한 데이터를 순식간에 처리할 수 있는 인공지능 기술이 의료현상에서 활약하고 있으며, 사물인터넷 기술은 병원에 가지 않아도 개인의 건강정보를 관리 받을 수 있는 원격 진료 서비스를 만들어 냈고, 의료기관은 신속하고 정확한 진단과 치료를 돕는 효율적인 장비와 시스템을 갖출 수 있게 되었다.

2014년 애플은 사용자의 건강정보를 모으고 아이폰과 애플워치 등에서 확인할 수 있는 플랫폼 '헬스킷'을 발표했다. 헬스킷은 체온·혈압 등 기본적인 생체정보를 확인해 만성질환을 관리하거나 생활습관을 개선하는 것에서 그치지 않고, 웨어러블 기기를 통해 수집한 정보를 기존 의료정보가 기록된 전자의료기록(EHR)과 연계할 수 있도록 했다. 이를 위해 애플은 미국 최대 EHR 업체인 에픽시스템과 제휴를 맺었으며, 이미 미국 대형병원 중 4분의 3 이상이 헬스킷과 연계된 데이터를 만성질환자 관리 등에 활용하고 있다.

구글은 웨어러블 기기를 통해 건강 관련 지표를 측정하는 기술을 꾸준히 개발하고 있다. 지난 2015년부터 임상시험에 활용 가능한 건강추적 스마트밴드를 개발 중인데, 임상시험 중 환자가 착용하고 있으면 병원 밖에서도 맥박·체온 등 상태를 측정해 약물 평가에 활용할 수 있는 데이터를 전송하는 구조다. 2015년 바늘이 필요 없는 혈당측정기를 개발해 특허를 출원하기도 했다. 2014년에는 스위스 제약사 노바티스와 손잡고 당뇨병 환자의 눈물에 포함된 포도당을 측정해 혈당 수치를 추적하는 '스마트 콘택트렌즈'의 개발에 나섰다. 작년에는 안구에 인공 용액을 주사해 각종 정보를 스마트폰과 연동하는 '안구 내장형 스마트렌즈' 특허를 출원하기도 했다.

2016년 인텔은 엣지 컴퓨팅 시스템을 적용해 진단과 치료 결과의 개선, 비용 절감 및 효율 향상을 목표로 IoT 의료 솔루션을 개발, 의료 현장에서 운영하기 시작했다. 엣지 컴퓨팅으로 얻어지는 추가적인 효과는 실시간에 가까운 데이터 접근 및 분석, 데이터 보안, 클라우드와 연결이 상시 유지되는 엣지 장치를 통한 데이터 수집과 분석이 가능해진 점이라 할 수 있다. 분산처리에 따라 네트워크 부하와 결과 도출 시간이 줄어들어 보다 선명한 영상 화질을 캡처해 실행 가능한 결과를 얻기까지의 시간을 단축하고 긴 수명의 저전력 엣지 디바이스는 유지비용의 절감을 가져다주었다.

▲ 그림 5-35 인텔의 Healthcare IoT Solution 사이트 캡쳐 화면

엣지 디바이스는 점점 더 정교한 컴퓨팅 역량을 제공할 수 있도록 만들어지고 있다. 엣지 컴퓨팅을 도입함에 있어 고려해야할 사항은 기술보다는 클라우드와 엣지의 자원 분배를 통해 운영비용과 반응 속도의 이득을 얻을 수 있을지를 먼저 분석해봐야 한다.

굳이 서버에 실시간 업데이트가 필요하지 않은 데이터들, 프라이버시 보호 등 규제에 대응하기 위해 일부 삭제 · 요약 후 전송해야 하는 데이터들, 또는 수십밀리초 내에 반응해야 하는 처리 프로세스 등을 정책적으로 결정해 엣지에서 처리, 저장, 전송할 데이터와 프로세스를 체계적으로 분류하는 방법으로 클라우드 서버 및 네트워크 부하 감소와 속도개선 효과를 누릴 수 있다.

엣지 컴퓨팅의 성장에는 사물이나 기기, 엣지 단의 분산 기지국들의 네트워크 속도와 장비 자체의 스펙 강화가 중요한 요인이 된다. 점차 데이터 전송속도가 빨라지면서 대용량 데이터의 전송 시간도 짧아지고 있으며, 그만큼 CPU의 성능도 향상돼 많은 데이터를 좀 더 빠르게 처리할 수 있도록 지원하기 때문이다. 이를 조만간 구현될 5G와 같은 첨단 연결 기술과 결합하면, 새로운 종류의 스마트 디바이스와 애플리케이션의 출현을 목격할 수 있을 것이다.

5.4 디지털 트윈

GE 에이비에이션(GE Aviation)은 항공기 엔진을 만드는 회사다. 이 회사는 항공기의 엔진을 만들어 항공기 제조사에 파는 것이 비즈니스 모델이었다. 그러나 이제 GE 에이비에이션은 더이상 항공기 엔진을 '판매'하지 않는다. 항공기 엔진에 다양한 센서를 부착해서 엔진에 대한 서비스 레벨을 보장하고, 그에 대한 비용과 가치를 청구한다. 4차 산업혁명에 대응하면서 GE 에이비에이션은 제품을 판매하는 회사에서 서비스 업체로 바뀌었다.

이는 GE 에이비에이션의 항공엔진이 '스마트 커넥티드 제품(smart connected product)'이기 때문에 가능한 일이다. 항공엔진에 부착된 센서에서 생산되는 실시간 데이터를 분석해서 새로운 서비스를 만들 수 있었다. GE 에이비에이션는 사물인터넷와 디지털 트윈(Digital Twin) 기술을 통해 디지털 트랜스포메이션을 이룬 대표적인 사례라고 볼 수 있다.

사회 전반에 걸친 디지털 트랜스포메이션에 가속도가 붙기 시작했다. 현실 세계에 존재하는 모든 것을 디지털로 옮기는 중이라고 해도 과언이 아니다. 디지털 트윈도 그 변화의 움직임 중 하나이다.

5.4.1 디지털 트윈의 개념

IDC 조사에 따르면, 글로벌 제조업체의 70%는 2017년에 커넥티드 제품을 제공했거나 제공할 계획을 가지고 있었으며, 40%는 제품을 서비스 형태로 공급하려고 한다. 미국 VDC 리서치의 설문조사에서는 응답자의 51%가 미래의 성공을 위해 IoT가 중요하다고 답했다. 영국 자산운용사 애버딘(aberdeen)은 제조산업 상위 84%의 기업이 모델 기반 엔지니어링을 통해 그들의 매출, 비용, 출시일, 품질관리를 하고 있다고 전했다.

IT 리서치 기업 가트너(Gartner)는 디지털 트윈을 2018년 10대 전략 기술로 선정하면서 향후 3~5년 동안 유망할 것이라고 전망했다. 디지털 트윈을 '물리적 사물 및 시스템의 동적 S/W 모델'로 정의하고, 센싱 데이터로 물리적 대상의 현재 상태를 파악하고, 변화에 대응하며, 운영을 개선하고 가치를 부가하는 기술로 설명하고 있다. 특히 잘 설계된 디지털 트윈은 기업의 자산으로서 제조생산성은 물론 비즈니스 전 과정에서의 의사 결정을 크게 향상시킬 수 있을 것으로 내다봤다.

가) 디지털 트윈의 정의

디지털 트윈이라는 말은 2011년 무렵에 미 항공우주국(NASA)의 논문에 처음 등장했다. NASA에 의한 디지털 트윈의 목적은, 우주탐사기나 미 공군의 항공기 미션 성공률을 높이기 위해 가동 기간을 최대화하는 것이다. 비행 중에 기록한 데이터를 바탕으로 기체의 열화 상태를 파악하여, 가동 수명은 얼마나 남았는지, 수명을 연장하기 위해서는 어떻게 보수하는 것이 합리적인지와 같은 시뮬레이션에 사용했다. GE는 이 개념을 최초로 상용화하며 ICT 제조업 분야에 기선을 잡고 독일 지멘스와 함께 세계 제조업의 양대 강자로 군림하고 있다.

디지털 트윈은 실제로 존재하는 자산의 디지털 모델이며 소프트웨어로 가상화한 디지털 복제품(트윈)을 만들어 시뮬레이션 함으로써 실제 자산의 현재 상태, 생산성, 동작 시나리오 등의 여러 특성에 대한 정확한 정보를 얻을 수 있다.

다시 말해, 디지털 트윈은 현실 세계에 존재하는 물리적 대상의 형상, 성질, 상태 등의 정보를 사이버 상에 동일하게 구현하는 것을 말한다. 이미 3D 모델링과 시뮬레이션 기술은 제조업을 비롯한 산업의 다양한 분야에서 오래전부터 적용해왔다. 하지만 디지털 트윈은 실물과 트윈이 1 대 1 매핑된다는 점에서, 하나의 모델을 생성하고 시뮬레이션 한 결과로 수천, 수만 대의 제품을 양산하는 기존의 방식보다 더 고도화된 기술이라고 할 수 있다. 따라서 디지털 트윈이 구현되기 위해서는 3가지 요소가 필요한데 현실에 존재하는 물리적 대상, 이를 가상화한 디지털 모델, 가상과 실제 대상 간의 데이터와 정보 연결성이 그것이다.

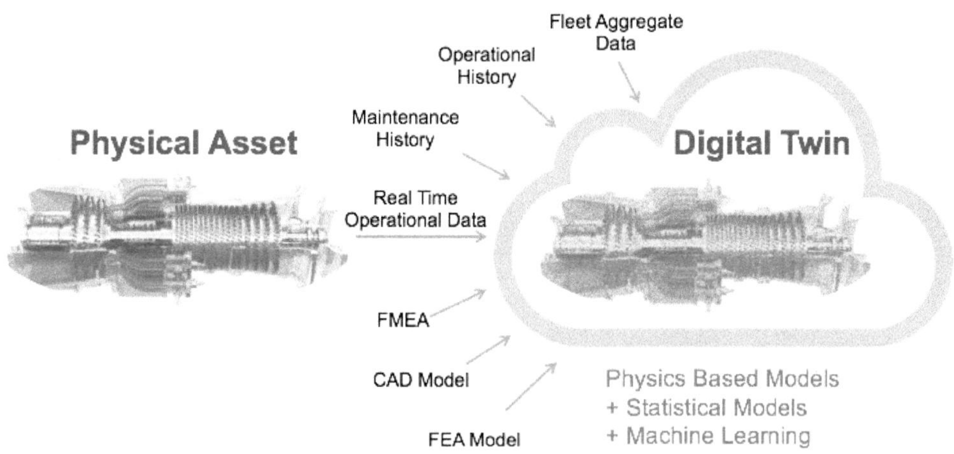

▲ 그림 5-36 물리적 자산과 1대 1 매핑되어 작동하는 디지털 트윈 모델

출시 전 시험 주행 테스트를 받기위해 시험주행장에 달리고 있는 자동차를 생각해보면 과거에는 이 자동차에서 생산되는 수많은 데이터를 수집하고 분석하여 리포트 형태로 만들어져서 다음 개발주기에 반영하였다.

그러나 디지털 트윈 환경에서는 다르다. 자동차의 각종 센서와 전자제어장치(ECU) 등에서 발생하는 정보는 사물인터넷을 통해 실시간으로 수집되고 수집된 데이터를 머신러닝 등 최신 기술을 이용해 분석할 수 있으며 실시간으로 분석된 데이터는 곧바로 CAD 설계자들에게 제공된다. 설계자들은 이 데이터를 반영해서 새롭게 시뮬레이션 할 수 있다.

전통적인 시뮬레이션은 표준화된 프로세스와 표준화된 데이터로 진행한다. 그러나 IoT 환경에서 디지털 트윈은 증강현실, IoT, 3D 프린팅, 머신러닝과 인공지능 등 다양한 요소기술을 활용해 디지털과 피지컬을 연결함으로써 실시간 피지컬과 동일한 정보를 디지털에 구현해서 설계에 반영해 평가할 수 있고 이렇게 최적화된 설계는 즉각 3D프린트로 구체화할 수 있다.

디지털 트윈은 갑자기 등장한 기술은 아니다. 이미 2000년대 초반에 항공 우주 분야에서 연구 개발 단계에 활용하기 시작했다. 우주라는 미지의 세계에 막대한 비용을 들여 개발한 우주선을 보내고, 한 번도 해 보지 않은 임무를 수행해야 하는 항공 우주 산업 분야에서 디지털 트윈은 꼭 필요한 기술이었다.

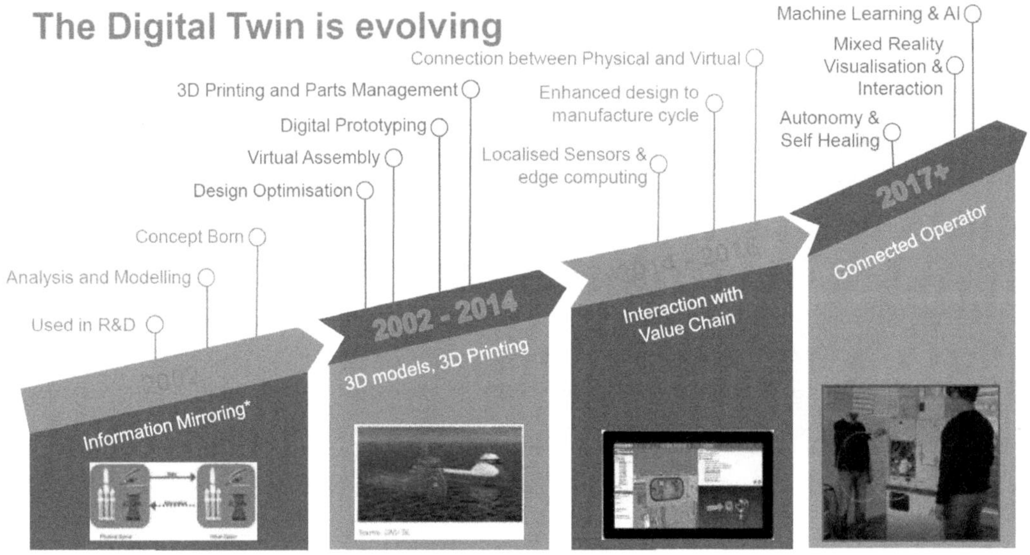

▲ 그림 5-37 Digital Twin의 진화

관련 기술이 점차 발달하여 실제 물리적인 요소와 디지털 요소가 연계된 것은 최근의 일이다. 바로 사물인터넷, 가상·증강현실 등이 등장하면서 정보의 수집과 시각화가 고도화된 덕분이다. 디지털 트윈의 궁극적인 활용 목적이 최적화라는 점에서는 시뮬레이션을 통한 예측이 무엇보다 중요하다. 최근 머신러닝을 포함한 인공지능(AI) 기술의 발전에 힘입어 디지털 트윈의 목적에 더욱 가까이 다가갈 수 있게 되었다.

나) 디지털 스레드

디지털 트윈은 물리적 대상의 설계, 제작, 운영, 폐기에 이르기까지의 전 주기에 걸쳐 트윈이 생성된다. 이렇듯 단계별로 생성되는 트윈의 형상과 속성, 상태는 다를 수 있다. 하지만 디지털 트윈이 궁극적으로 지향하는 물리적인 요소와 디지털 요소의 융합이 이루어지기 위해서는, 전 주기에 걸친 정보가 누락되지 않고 이어져야 한다.

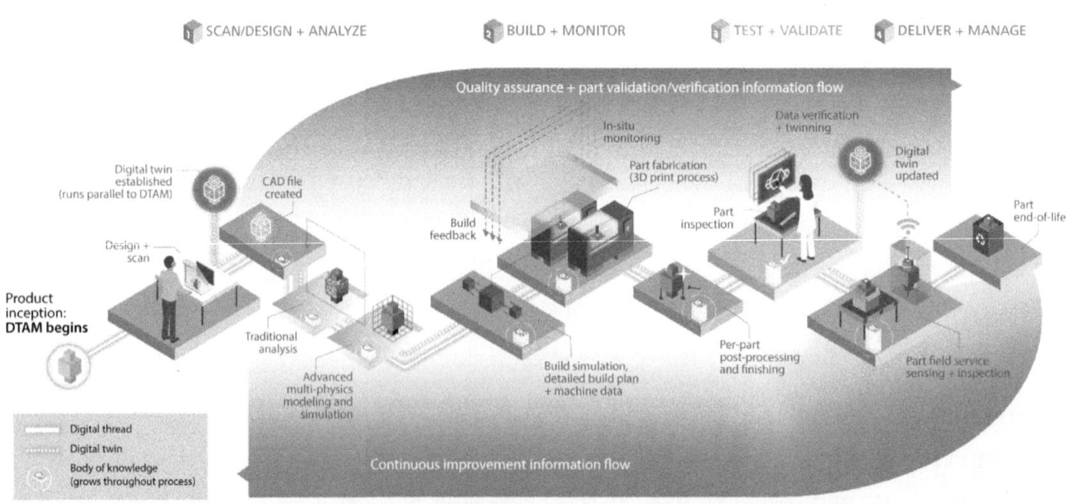

▲ 그림 5-38 제조분야의 디지털 트윈과 디지털 스레드

이렇게 정보가 한 가닥의 실처럼 꿰어지는 것을 디지털 스레드(Digital Thread)라고 부르며, 디지털 트윈을 활용하는 데 있어 중요한 기술 중 하나이다. 디지털 스레드는 일종의 디지털 출생 신고서 같은 것으로, 기업은 이를 통해 제품의 생산부터 폐기까지의 제품 수명주기 모든 단계를 모니터링할 수 있다

다) 디지털 트윈의 특징

디지털 트윈 환경을 구축하기 위해서는 제품 설계 단계에서부터 잘 설계된 센서 전략을 갖고 있어야 한다. 센서를 통해 얻은 데이터가 유용해야만 최적화된 디지털 트윈을 만들 수 있고 이를 분석하여 다시 설계에 반영할 수 있기 때문이다. 디지털 트윈의 도입에 따라 나타나는 특징은 다음과 같다.

- **가상화를 통한 시뮬레이션**
  디지털 트윈이 도입되면서 가장 큰 특징은 가상화를 통한 시뮬레이션이 가능해졌다는 점이다. GE의 경우를 들면 항공기 엔진을 배우기 위해서는 기존에는 실제 항공기 엔진을 놓고 분해하면서 설명하며 교육을 했었고 정비도 엔진을 분해하면서 정비하는 방식이었다. 그런데 디지털 트윈이 되면서 동일한 엔진을 그대로 디지털로 전환하여 가상현실을 통해서 직접 분해하지 않고도 세세한 엔진의 구조를 볼 수도 있고 문제에 대해서 사전에 시뮬레이션을 통해 분해범위를 최소화하게 된다.

- **시공간의 한계 극복**
  현장의 자산에 문제가 생기면 직접 가서 보고 다시 본사에 와서 그 문제점을 분석하는 일련의 행위들이 사라지고 디지털 트윈을 통해서 거리와 시간에 상관없이 원격으로 자산을 관리할 수 있게 된다. 문제가 발생하면 상황을 분석하고 원인을 파악하기 위해서 이제까지 쌓아놓은 빅데이터를 통해서 유추한 다음 해당 문제의 해결방안을 여러 개 제시하고 그것을 디지털 트윈을 통해 시뮬레이션을 한 다음에 직접 해결방안을 제시할 수 있어 이동 시간과 비용을 절감하게 된다.

- **제품 개발시간 단축**
  제품 개발과정은 수없이 반복되는 시제품 제작과 테스트 과정을 거친다. 디지털 트윈은 이 과정을 가상화함에 따라 실제 '목업[25](mock-up)' 제작에 들어가는 시간과 비용을 줄이면서 최적의 제품설계를 할 수 있게 되고 또한 3D 프린터를 활용하여 실시간 시뮬레이션에 따른 부품들을 바로 만들 수 있어서 제품설계부터 개발까지가 분리된 것이 아닌 실시간 상호 보완적으로 진행된다.

- **AS(After Service)에서 BS(Before Service)로 전환**
  디지털 트윈은 다양한 제품들을 디지털화하여 운영할 수 있고 지속적인 시뮬레이션이 가능함에 따라서 기존 제품들의 수명, 부품들의 마모 등을 사전에 예측이 가능할 수 있다.

  기존에는 제품을 무한정 운영해야 얻을 수 있는 정보를 디지털 트윈을 통해서 시간을 단축하고 양질의 정보를 얻을 수 있게 되어 제품의 고장, 부품의 마모가 일어나고 그것에

25) 목업(mock-up) : 제품 디자인 과정에서 심미적 판단을 위해, 혹은 어느 정도의 기능을 예측하기 위해 일단 외관만 실물과 비슷하게 만든 모형

대한 교체 등을 해 주는 AS 중심에서 이제는 사전에 예측하고 제품의 소모주기, 고장예측 등을 디지털 트윈을 통해 수집한 결과를 고객에게 사전에 통보를 통해서 고장 전에 미리 대응이 가능하도록 하는 BS 중심으로 변화될 것이다.

이미 GE 에이비에이션의 경우도 항공기 엔진 등에 IoT를 적용해서 실시간 정보들을 받고 그런 정보들을 통한 이상행동을 감지하고 그 감지된 정보를 디지털 트윈을 통해서 생성된 엔진에 도입하여 예상되는 문제, 원인, 해결방법을 해당 고객에게 안내를 하고 부품교체가 필요할 경우 항공기의 경로에 맞게 3D 프린터로 즉시 부품을 조달하여 안전사고를 미연에 방지하는 기술을 보유하고 있다.

5.4.2 디지털 트윈의 구현

디지털 트윈의 구현 대상은 현실 세계에 존재하는 모든 물리적인 요소와 정보라고 할 수 있다. 하지만 그 구현 과정에서는 비용, 시간, 인력이 수반되기 때문에 항상 모든 것을 구현할 수는 없다. 따라서 실제로 구현되는 대상의 범위는 디지털 트윈의 활용 목적, 시나리오, 보유 데이터에 따라 결정된다.

예를 들어 공기 청정기라는 제품을 중심으로 디지털 트윈을 구현한다면, 제품을 만드는 장비를 포함한 제조 현장의 물리적 요소, 제품 또는 제조 장비의 사용자, 미세 먼지 농도와 같이 공기 청정기와 관계가 있는 환경적인 요소가 구현 대상이 될 수 있다. 그리고 이러한 구현 대상의 속성이나 시간의 흐름에 따라 변하는 상태에 대한 정보도 디지털 트윈으로 구현하는 대상에 포함된다.

따라서 디지털 트윈을 가능케 하는 핵심적인 기술은 크게 3개 분야로 요약할 수 있다. 먼저 사업 분야에 대한 전문적인 데이터 기술이다. 즉, 데이터 전처리(pre-processing)의 자동화, 검사 역량 그리고 디지털 스레드 같은 것이다. 두 번째는 제품의 수명이나 구동 특성 등이 포함된 공학적인 물리 모델과 디지털 모델을 도출하는 기술이다. 마지막으로 대규모 데이터들을 산업분야에서 요구하는 수준까지 분석하여 지식을 추출하는 기술이다.

가) 디지털 트윈의 활용 모델

디지털 트윈은 활용 범위에 따라 크게 세 가지 단계로 나뉜다.

- **관제 모델(observation model)** : 데이터 스트림(data stream)을 통해 물리적 대상의 상태를 모니터링하는 방식이다. 예를 들어, 제조 현장의 기계 운영 현황을 분석해서 이상 징후를 포착하고 경고를 한다거나, 장애의 대응 방안을 도출하는 데 활용된다.

- **운영 모델(operation model)** : 디지털 트윈에 파라미터를 설정하여 물리적 대상을 제어할 수도 있다. 조명이나 설비의 밸브를 원격 제어하거나, 공조 설비를 제어하여 실내 온도를 조절하는 것을 예로 들 수 있다.

- **최적화 모델(optimization model)** : 디지털 트윈이 궁극적으로 지향하는 활용 모델이라고 할 수 있으며, 대상의 기능 매개 변수(functional parameters), 상황 정보

(contextual data) 등을 활용하여 운영을 최적화하기 위한 시뮬레이션을 의미한다. 풍력 발전기 날개의 경사각을 시뮬레이션하여 최적화하고 그 결과로 발전량을 증대하는 것이 대표적인 사례이다.

나) 디지털 트윈의 장단점

모든 것에는 양면성이 있듯이, 디지털 트윈을 도입하는데도 장단점이 존재한다. 제조 분야를 예를 들어 보면 제품의 품질 향상, 개발 비용 절감과 단축의 효과가 있다. 공정 과정에서 오류를 줄일 수 있으며 이로 인해 발생될 수 있는 손실을 줄이고 다양한 요구에 유연하게 대응할 수 있다. 운영 단계에서의 지속적인 최적화를 통해 운영비용을 절감할 수 있다. 리서치 기관의 분석에 따르면, 디지털 트윈의 도입으로 제조사는 제품 개발 기간의 25% 단축, 10~15%의 비용 절감 효과가 있다고 한다. 디지털 스레드를 통한 정보의 보존과 연속성 확보 또한 장점이다. 기업 측면에서는 생산과 서비스를 지속해서 최적화함으로써 궁극적으로 매출 증대의 효과를 기대할 수 있다. 특히 잘 설계된 디지털 트윈은 기업의 자산으로서 제조생산성은 물론 비즈니스 전 과정에서의 의사 결정을 크게 향상시킬 수 있다.

하지만 기술적으로 초기 단계인 현재로는 디지털 트윈을 구현하고 운영하는데 상당한 비용이 발생한다는 단점이 있다. 또한 사이버 상에 대량의 정보를 담기 때문에 보안 측면의 위험요소는 항상 존재하며 이에 대한 대응책이 필요하다.

다) 디지털 트윈의 효과

디지털 트윈을 도입함으로써 에너지, 항공, 로봇, 자동차, 국방 등 여러 산업 분야에서 자산 최적화, 돌발사고 최소화, 생산성 증가 등 설계부터 제조, 서비스에 이르는 모든 과정의 효율성이 향상됨에 따라 다음과 같은 효과를 기대할 수 있다.

- **제품 경쟁력 확보** : 기업들은 디지털 트윈을 도입함에 따라서 제품 개발시간 단축 및 개발비용 절감 등을 통해서 제품의 경쟁력을 확보할 수 있다. 제품 개발 시의 아이디어를 보다 빠르게 구체화할 수 있어서 다양한 제품기획이 가능하게 된다. 또한 사전 시뮬레이션을 통한 제품설계 및 개발은 제품의 문제점을 최소화하여 제품의 안정성을 확보할 수 있으며 고객별 디지털 트윈을 관리하여 구매부터 관리까지 제품사용의 라이프 사이클을 파악, 재구매로 연결될 수 있는 기회를 확보할 수 있다. 결과적으로 디지털 트윈 기술 도입은 기업의 체질을 새롭게 변화시키는 원동력으로 작용하게 된다.
- **고객 확대** : 디지털 트윈 기술 도입은 고객관계를 새롭게 정의하게 된다. 이전에는 제품의 판매에 초점이 맞추었다면 이제는 판매한 제품의 서비스에 초점을 맞추어서 구매고객의 관리와 함께 고객의 만족도도 증대하는 효과를 기대할 수 있다.
  이미 GE의 경우 항공기 엔진의 판매를 하여 고객의 대상도 결과적으로 비행기 제조사로 국한되었지만 지금은 비행기를 구매한 항공사로 확대되어 고객들의 Needs를 분석하고 고객들이 선호하는 제품정보를 확보할 수 있는 계기가 되었다. 결과적으로 제조사 중심의 제품생산에서 사용자 중심의 제품생산이 가능하게 되었고 이를 통해 고객들의 만족과 제조사의 만족을 동시에 이끌어 낼 수 있었다.
- **고객별 맞춤서비스 가능** : 디지털 트윈은 고객별로 관리가 가능하여 고객특화를 통해 고

객의 맞춤식 서비스를 제공이 할 수 있다. 동일한 제품을 사용하였다 하더라도 제품 구매 이후의 교체, 파손 등의 정보들에 따라서 각 고객별 정보는 달라진다. 디지털 트윈은 서로 다른 고객별 제품정보를 분석해 각각에 맞는 맞춤형 서비스를 제공할 수 있어 고객 만족도를 증대시킬 수 있다.

- **새로운 수익원 창출** : 1차 고객에서 2차 고객으로 확대가 가능하게 되고 2차 고객에 맞춤형 서비스를 제공할 수 있게 되어 이에 대한 사용료 기반의 서비스로 제품 판매 이외의 새로운 수익을 확보할 수 있다. GE의 경우도 디지털 트윈을 통해 제조에서 서비스로 사업의 이미지를 변화시킴으로써 단순한 제품 생산 판매에서 벗어나 고객서비스를 통한 새로운 수익모델을 창출하였고 성공적인 디지털 트랜스포메이션을 이루었다. 또한 고객의 데이터를 축적하고 그 데이터를 분석한 결과로 신제품 또는 새로운 부품의 개발이 가능하고 새로운 사업도 발굴할 수 있어 사업의 확장을 통한 지속적 수익 증대를 가져올 수 있다.

5.4.3 디지털 트윈 적용 사례

디지털 트윈은 제조 분야를 중심으로 적용됐으며, 소규모의 사업장에도 유용하지만 시뮬레이션이 중요한 대규모 사업 분야에서 각광받고 있다. 한 번의 오류가 치명적인 항공, 선박 분야나 한 번 설치하면 오랜 기간 사용하는 풍력 발전 분야에서 유용하게 사용되고 있고 교통, 물류, 도시 등으로 적용 영역이 점차 확장되는 추세이다. 몇 가지 분야의 적용 사례를 알아본다.

가) 제조 분야

스마트 공장에서의 디지털 트윈은 현실의 물리적 공장과 가상의 공장을 연결해 장비나 시스템의 상태를 모니터링하고, 변동 사항이나 유지보수 시기 등을 알려줌으로써 작업을 개선하고 공장의 효율을 높이는데 사용된다. 디지털 트윈은 구현 후 시간이 지날수록 유용한 가용 데이터를 지속적으로 수집하고 학습하게 되므로 이를 분석 및 해석하게 되면 공장뿐만 아니라 기업이 추구하는 비즈니스 목표를 이룰 수 있게 해주는 훌륭한 조언가를 얻게 되는 셈이다.

제조분야에서 디지털 트윈은 디지털 제조, 제조 운영 관리, 공급망 계획 및 최적화에 기여하며, 주로 다음과 같은 용도로 활용되고 있다.

- **제품 설계 검토, 예지보전**
- **생산 라인 설계 · 운영 · 유지보수 시뮬레이션**
- **작업 환경 시뮬레이션**
- **현장 작업자 가상화 교육**

2016년 GE는 지난 몇 년간 10억달러를 투자해 '스마트 공장'을 넘어 '브릴리언트 공장'을 표방하며 클라우드 기반 개방형 소프트웨어 플랫폼 '프레딕스(Predix)'를 공개했다. GE는 디지털 트윈을 위해 공장 내 모든 장비에 센서를 부착하고, 여기에서 수집한 데이터를 모아 프레딕스를 통해 분석할 수 있게 되었다. 시뮬레이션 개념이 새로운 것은 아니지만, 예측의 정확도가 높아졌다는 것이 주요 특징 중 하나다. GE가 디지털 트윈 개념을 프레딕스에 적용할 수 있었던 것은 결국 사물인터넷 · 클라우드 · 빅데이터 등 기반 기술이 있었기 때문이다.

독일 지멘스(siemens)도 세계 최고의 스마트 공장으로 꼽히는 독일 암베르크(Amberg) 공장을 시작으로 디지털 트윈 기술을 접목한 공장 자동화 플랫폼 '마인드스피어(mindsphere)'를 도입하며 혁신을 지속하고 있다. 마인드스피어는 기기로부터 수집된 수십만 개의 데이터를 활용해 디지털 트윈을 만들고, 가상공간에서 제품 개발 공정을 다양하게 바꿔가며 실험한다. 같은 생산 라인이라 하더라도 작업자를 어떻게 배치하느냐에 따라 생산성이 달라지는데, 이를 고려한 최적의 운영 환경을 구축하여 지멘스의 암베르크 스마트 공장은 기존 공장 대비 약 30%의 에너지, 25%의 비용, 시장출시기간 50%를 절감하였으며 75%의 자동화와 주당 35시간의 근무시간에도 연간 약 1,000종의 제품을 1,200만개 생산하면서 불량률은 0.001% 수준으로 세계 최고의 생산성을 자랑하고 있다.

▲ 그림 5-39 지멘스 암베르크 공장의 마인드스피어

나) 에너지 분야

디지털 트윈은 에너지 부문의 효율성을 높일 수도 있다. 에너지 분야에서는 디지털 트윈이 발전 시설 계획의 최적화, O&M[26]의 효율화, 소비 최적화에 활용되고 있다.

- **디지털 발전소** : 최대 전력 생산 발전 설비 및 단지 설계, 생애주기 동안의 전력 생산 최적화, 이상 징후 파악을 통한 유지 보수 효율화
- **에너지 소비 최적화** : 전력 소비량 예측 및 소비패턴분석을 통한 사용량 절감 방안 도출

디지털 트윈은 특히 단가가 비싼 제품, 혹은 생산 · 사용 현장이 멀고 접근하기 어려운 시설의 경우 그 효과가 더 높아진다. 대표적인 게 풍력 발전기(풍력 터빈)이다. 풍력 터빈은 대당 제작 단가도 높을뿐더러 기후 등 주변 환경에 맞춰 제대로 설치해야 하는 까다로운 시설이다. 일단 판매되면 오랜 기간 사용되는 데다 터빈 상태를 점검하는 기술자가 발전소에 상주하기도 쉽지 않다. 여러모로 디지털 트윈을 사용하는 게 유리하다.

26) O&M(Operation & Maintenance) : 운영, 유지보수

에너지가 주된 수입원인 GE같은 기업이 디지털 트윈 방식 도입에 앞장서는 건 그 때문이다. 실제로 GE는 일찍이 "향후 우리가 생산하는 모든 제품의 디지털 트윈을 만들고 생산 공정에도 디지털 트윈 체계를 도입하겠다"고 선언했다. 2015년 공개된 GE는 '디지털 파워플랜트' 솔루션은 기존 발전소에 압력, 온도, 진동, 환경 변수 등 다양한 상황을 측정할 수 있는 센서를 설치하고 자사의 프레딕스 플랫폼에 연결, 이를 통해 수집된 데이터를 분석하여 발전 시설을 최적화하고 문제가 발생하기 전에 미리 예측해서 대처하고 있다.

풍력 발전소는 일명 '웨이크 손실(wake losses)'이라는 문제를 해결해야 한다. 풍력 발전소에 바람이 불어올 때, 가장 앞에 있는 풍력 터빈이 풍력 에너지를 이용해 바람개비 모양의 블레이드를 회전시킨다. 그런데 이 터빈 뒤에 '웨이크' 공간이 형성된다. 위쪽으로 바람을 일으키는 머신이 생성한 기류 때문에 특정 공간에 아래쪽으로 바람이 불게 되면서, 풍력 에너지 생산 효율성이 감소하는 문제가 발생하는 것이다.

그런데 풍력 발전소의 풍력 터빈마다 1대1로 매핑된 디지털 트윈을 이용해 바람과 회전하는 블레이드에서 생성된 기류를 측정하고, 블레이드의 속도를 조정할 수 있다. 그러면 더 많은 에너지를 아래쪽으로 바람을 생성하는 터빈으로 통과시킬 수 있게 된다. 이 경우, 앞에 있는 터빈의 에너지 생산량은 줄어든다. 그러나 아래쪽으로 바람을 생성하는 터빈의 생산량은 증가한다. 풍력 발전소 운영자는 이런 원리를 이용해 풍력 발전소 에너지 생산량을 극대화할 수 있다.

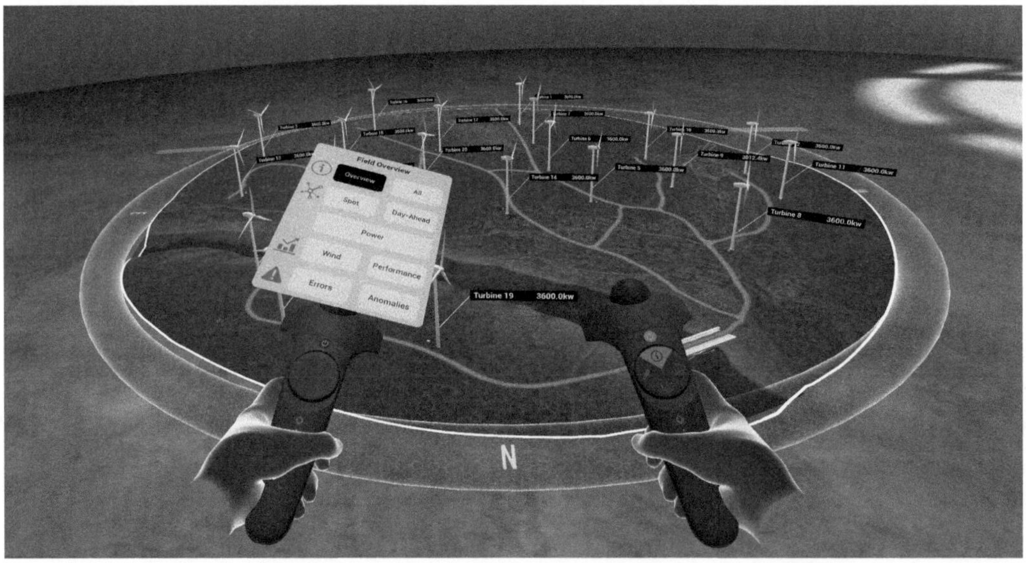

▲ 그림 5-40 디지털 트윈과 VR을 이용해 제어하는 GE의 풍력발전소

다) 물류 분야

물류 분야에서는 디지털 트윈을 물류 운영 현황 모니터링 및 최적화에 활용하고 있다.

- **컨테이너 터미널의 운영 현황 및 장비, 차량 상태 모니터링**
- **물류 창고 내부 상황의 실시간 관제**

두바이 항구 컨테이너 터미널의 경우, 터미널의 각종 주요정보를 3D로 실시간 관제하여 운영을 효율화하고 있다. 터미널의 상·하역 작업 순서, 각종 장비의 위치 및 상태, 컨테이너 정보 등을 가상화 모델을 통해 분석·제공하고 있으며, 실제로 운영비용 절감 및 65%의 생산성 향상과 이슈 조기 대응의 효과가 있었다.

2016년 삼성SDS는 VR 기반의 창고관리 솔루션 '첼로 VWS(virtual warehouse system)'를 개발해 사내 특송 사업에 적용하고 이커머스와 유통 기업을 대상으로 서비스를 시작하였다. 그동안 물류창고는 물류 운영 전문가가 텍스트로 이뤄진 데이터를 바탕으로 현장을 파악하고 문제 발생 시 출장을 가야만 하는 한계가 있었다. 삼성SDS는 새로운 창고관리 시스템 첼로 VWS를 통해 물류창고 데이터를 3차원으로 시각화한 디지털 트윈을 구축하고 가상현실 기기를 접목, 현장에 가지 않더라도 창고 내 물류 적치율 및 재고 상황 등을 모니터링할 수 있게 되었다.

20FT Container		
Lengh (cm)	Width (cm)	Height (cm)
588.0	233.0	235.0

Pallet		
Lengh (cm)	Width (cm)	Height (cm)
118.5	88.8	181.5

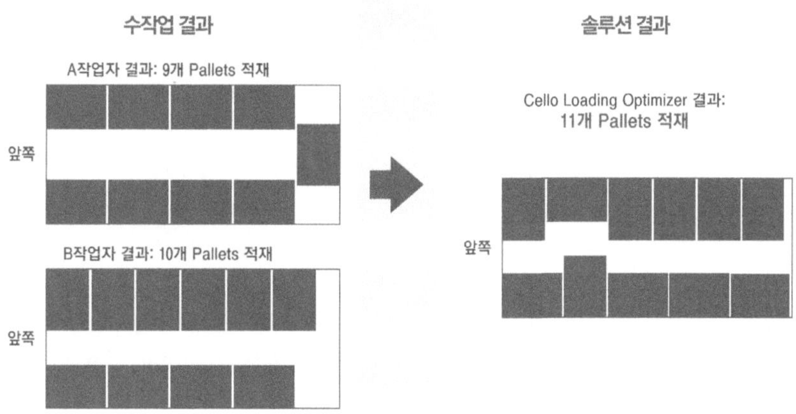

▲ 그림 5-41 Cello Loading Optimizer

라) 도시 분야

도시에서는 디지털 트윈을 도시 가상화 모델을 기반으로 도시 각 분야의 현황을 모니터링하고, 예측 시뮬레이션을 통해 도시 계획 및 운영을 하는데 활용하고 있다.

- **도시 계획** : 신도시 개발, 도시 재생 사업을 위한 설계
- **도시 운영** : 교통, 에너지, 환경, 재난 재해, 통신 등 다양한 분야에서 운영을 최적화하기 위한 모니터링 및 시뮬레이션

도시 전체를 하나의 디지털 트윈으로 만든 후 각종 재해재난과 실생활에 밀접한 문제를 해결하려는 시도도 있다.

2016년 세계경제포럼(WEF)이 발표한 세계 139개국 ICT 경쟁력 순위에서 핀란드를 제치고 1위를 차지한 싱가포르 정부는 2014년 리셴룽 총리 주도로 '스마트네이션(smart nation)' 정

책을 발표했다. AI, 빅데이터, 사물인터넷, 로봇, 자율주행차, 드론 등 4차 산업혁명의 핵심 기술을 실생활과 개별 산업에 접목해 공공 · 민간 혁신을 동시에 꾀하겠다는 계획이다.

이 연장선상에서 싱가포르는 디지털 트윈 구축 프로젝트를 통해 도시 전체를 3D로 구현하는 중이다. 프랑스의 3D 솔루션 전문기업 다쏘시스템(dassault systems)이 주도하는 '가상 싱가포르(virtual singapore)' 프로젝트는 2014년 12월 시작하여 2018년 종료 예정으로 도시를 3차원으로 모사하고 있다. 단순히 도시의 외양만 3D로 만든 것이 아니라 전기 · 가스 · 교통 등 사회 필수 인프라, 기상정보, 인구통계, 시설물 등 건물 내부까지 데이터로 수치화해 시뮬레이션할 수 있도록 했다. 나아가 싱가포르는 글로벌 공간정보시스템(GIS) 소프트웨어 기업 에스리(Esri)의 오픈 GIS 플랫폼을 활용해 도시 전체를 디지털 트윈으로 만들었다.

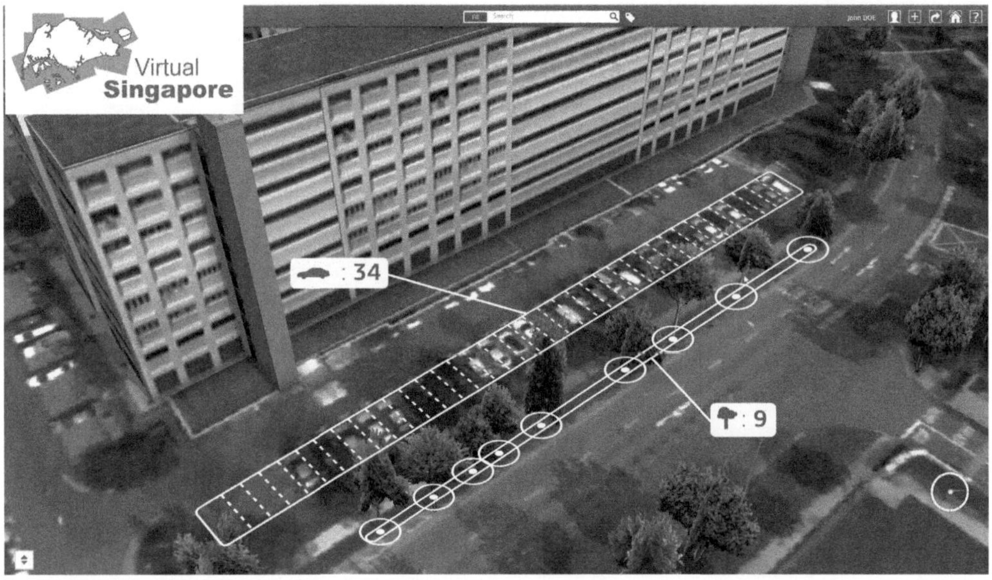

▲ 그림 5-42 가상 싱가포르 프로젝트 홍보 youtube 캡쳐 화면

싱가포르는 섬으로 이뤄진 도시 국가라는 특성상 매년 홍수 문제로 골머리를 앓는다. 하지만 디지털 트윈을 통해 도시를 둘러싼 수위를 실시간 모니터링하고, 강수량에 따른 수위 변화를 시뮬레이션함으로써 홍수 가능성을 사전에 예측하고 위험에 대비할 수 있다. 실시간 교통 상황은 물론 도시 전체의 태양에너지 발전량을 계산하거나 특정 빌딩 내 공실률을 실시간으로 파악하는 등 생활 밀착형 서비스도 제공한다. 이 프로젝트를 통하여 구축된 도시 가상화 모델을 기업, 국민, 연구기관이 모두 활용하도록 할 예정이며, 개방형 혁신이 연쇄적으로 발생할 것으로 예상된다.

우리나라도 국토교통부 주도하에 2018년 6월 현실과 가상세계가 결합한 국토 가상화 디지털 트윈 기술을 통해 현실을 분석 · 예측 · 제어하는 스마트시티 기반 기술 개발을 시작하는 한편, 첨단 공간정보 생산을 위해 해상도 50㎝급의 정밀지상관측 영상 취득이 가능한 위성 발사를 과학기술정보통신부와 내년부터 2020년까지 공동으로 준비하고 위성정보센터 설립을 추진한다. 시계열적 국토변화, 재난·재해 대응, 접근 불가능 지역 정보 취득 등에 활용한다.

디지털 트윈 기술은 점차 고도화, 정교화 되고 있으며 적용 분야도 계속 확대되고 있다. 디지털 트윈은 현실 세계를 접하지 않고도 현재 상황과 미래를 정확히 예측할 수 있는 기술인만큼 다양한 분야에 활용도가 높아 앞으로도 적용 영역이 계속 확대될 것으로 예상된다.

CHAPTER 6

앱 인벤터

직접 만드는 나만의 스마트폰 어플리케이션

CHAPTER 6 앱 인벤터

앱 인벤터(App Inventor for Android)는 구글과 매사추세츠 공과대학교(MIT)가 공동으로 개발을 주도하고 MIT에서 웹(web) 서비스로 제공되고 있는 안드로이드 앱 개발 오픈 소스 웹 애플리케이션이다. Java, C 등의 복잡한 프로그래밍 언어 대신 블록 기반의 그래픽 인터페이스를 사용하므로 컴퓨터 프로그래밍을 처음 접하는 사람들도 코드 블록들을 드래그 앤드 드롭하는 것만으로 쉽게 안드로이드 장치에서 실행할 응용 프로그램들을 만들 수 있다.

앱 인벤터는 객체 개념이 없고, 객체를 나타내려고 해도 제한이 있기 때문에 애플리케이션을 만드는 범위가 아직은 한정적이지만 프로그램의 개념을 익히고 앱의 구동방식을 이해하기 쉬워 코딩 교육용으로 적합한 도구라 할 수 있다. ios용 버전은 아직 없으며 현재까지의 최신 버전은 2013년 12월 6일 발표한 앱 인벤터 2이다.

6.1 앱 인벤터 기초

앱 인벤터는 컴퓨터에 별도의 개발 소프트웨어를 따로 설치하지 않고 앱 인벤트 사이트에 접속하여 직접 화면을 디자인하고 프로그램을 코딩하는 구조이다. 코딩되는 모든 프로그램은 기본적으로 앱 인벤터 서버에 저장되는 클라우드 방식을 적용하고 있다. 따라서 개발자의 컴퓨터에 파일로 보관하고자 한다면 반드시 따로 저장해야 한다.

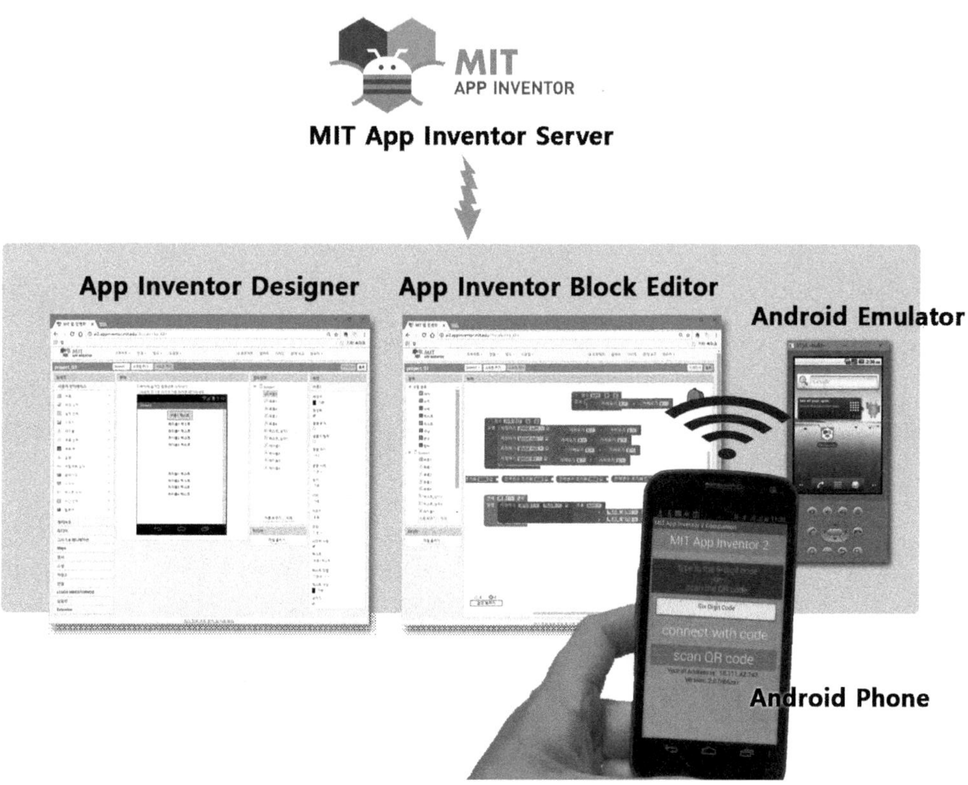

6.1.1 앱 인벤터 시작

■ 앱 인벤터 준비

앱 인벤터를 이용하여 앱을 개발하려면 우선 크롬 브라우저와 구글 계정이 필요하다. 또한 완료한 프로젝트의 결과를 확인하기 위해 에뮬레이터 또는 MIT AI2 컴패니언이 필요하다.

1. 크롬 브라우저 설치 후 구글 계정 생성

앱 인벤터는 자바나 C 언어와 같이 특정 에디터를 설치하여 프로그램을 코딩하는 것이 아닌 앱 인벤터 사이트인 『http://appinventor.mit.edu/explorer』에 접속하여 웹상에서 직접 코딩하고 결과를 확인하는 구조이기 때문에 앱 인벤터에 접속 가능한 웹 브라우저를 먼저 설치해야 한다. 구글의 크롬, 모질라의 파이어폭스, 애플의 사파리가 앱 인벤터 사이트에 접속 가능한 웹 브라우저이다. 그중에 일반적으로 많이 사용하는 브라우저가 바로 구글의 크롬(chrome)이다.

2. MIT AI2 컴패니언과 에뮬레이터 설치

스마트폰을 이용하여 완성된 앱을 테스트하려면 MIT AI2 컴패니언을 이용해야 한다. MIT AI2 컴패니언은 WIFI가 연결된 환경에서 무선으로 앱을 테스트하는 방법으로 반드시 스마트폰과 컴퓨터가 동일한 WIFI 망에 연결되어 있어야 한다. MIT AI2 컴패니언은 스마트폰의 Play Store에서 'MIT A12 Companion'을 검색하여 설치하면 된다.

가상의 안드로이드 폰인 'aiStarter 에뮬레이터'는 스마트폰의 센서나 전화, 문자 등의 기능을 사용할 수 없을 뿐만 아니라 프로그램을 실행하고 결과를 확인하는 속도가 느리다는 단점을 가지고 있다. 하지만 WIFI 연결을 이용하기 어렵거나 스마트폰이 없다면 'aiStarter 에뮬레이터'를 설치하여 앱을 테스트할 수 있다 aiStarter 에뮬레이터는 앱 인벤터 사이트에서 다운로드받아 설치한다.

① 크롬을 실행하고 앱 인벤트 사이트에 접속한 다음 [Resurces]-[Get Started]를 클릭한다.

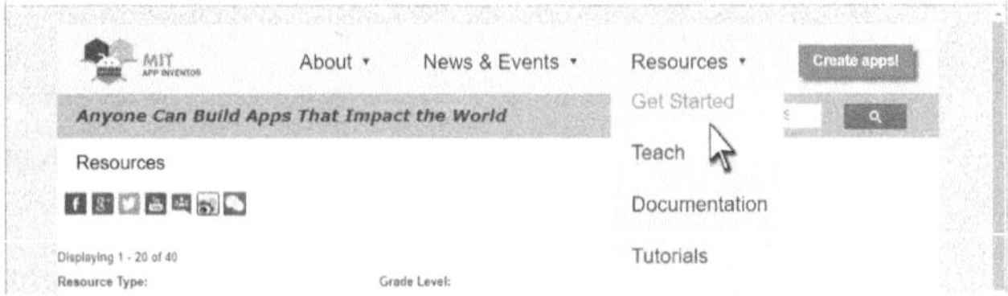

② [1.Setup Instructions:]항목을 클릭한다.

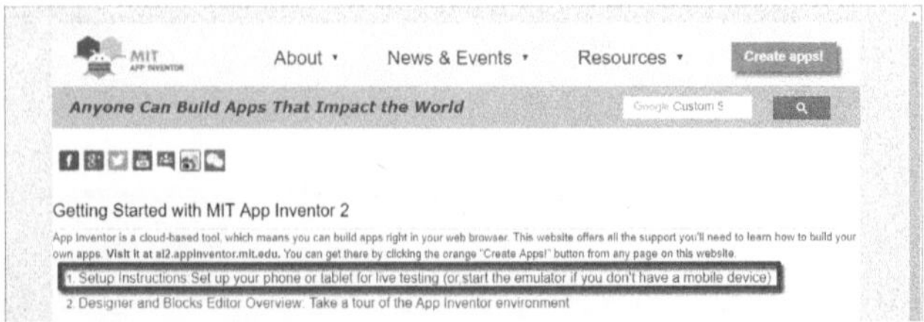

③ [Option Two]항목의 [Instructions]을 클릭한다.

④ [Step 1. Install the App Inventor Setup Software]항목에서 시스템에 설치된 운영체제에 적합한 링크를 클릭한다.

⑤ [1.Download the installer.]를 클릭한다.

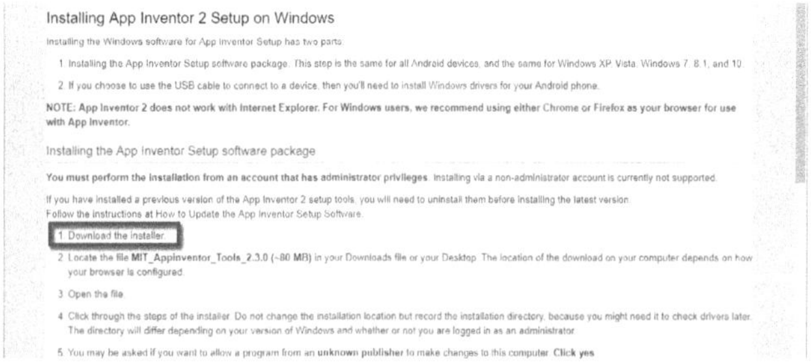

⑥ 파일 다운로드가 완료되면 [다운로드] 폴더에 저장된 'MIT AppInventor. Tools-2.30-win-setup' 파일을 더블클릭한 후 [실행] 버튼을 클릭한다.
프로그램 설치화면이 표시되면 [Next] 버튼을 클릭한다.
사용자 이용 약관에 동의하기 위해 [I Agree] 버튼을 클릭한다.

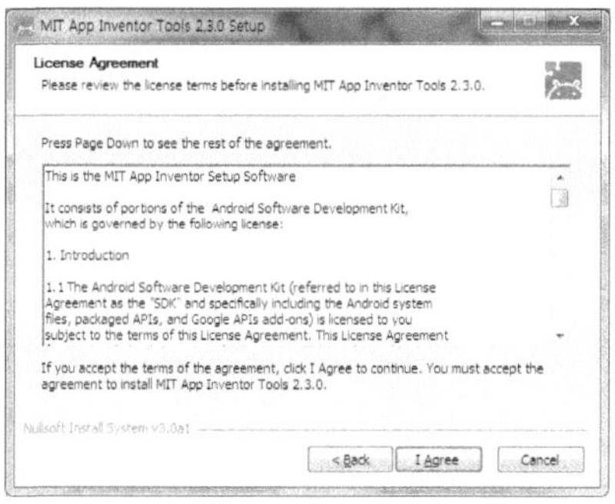

⑦ [Anyone who uses this computer(all users)] 항목을 선택한 후 [Next] 버튼을 클릭한다.
[Desktop Icon] 항목을 선택한 후 [Next] 버튼을 클릭한다.

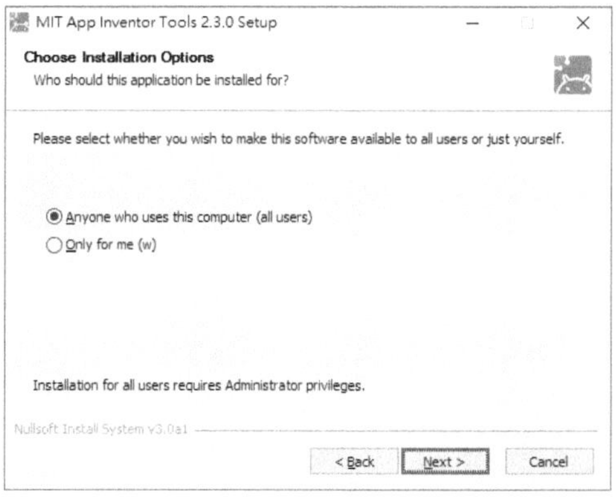

⑧ 프로그램을 설치할 경로를 지정하는 화면 'C:\Program Files (x86)\AppInventor'이 표시되면 [Next] 버튼을 클릭한다. 설치를 위해 [Install] 버튼을 클릭한다.

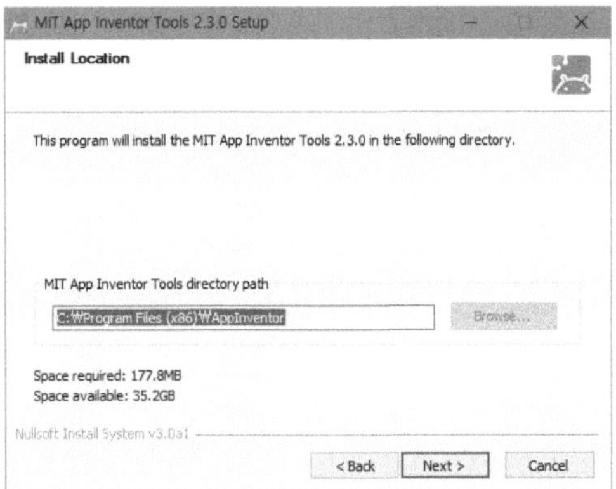

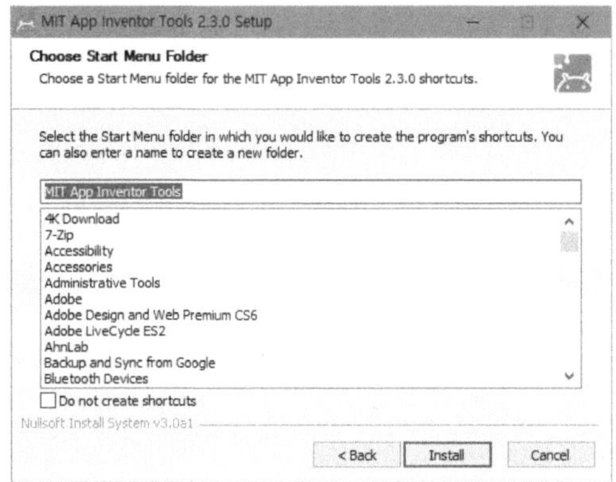

⑨ 설치가 완료될 때까지 기다린 후 설치가 완료되면 'Start aiStarter tool now' 항목을 클릭하여 선택을 해제하고 [Finish] 버튼을 클릭한다. 바탕화면에 새로 생긴 아이콘 을 더블클릭한다. 우측 화면이 표시되면 aiStarter 에뮬레이터가 성공적으로 설치된 것이다.

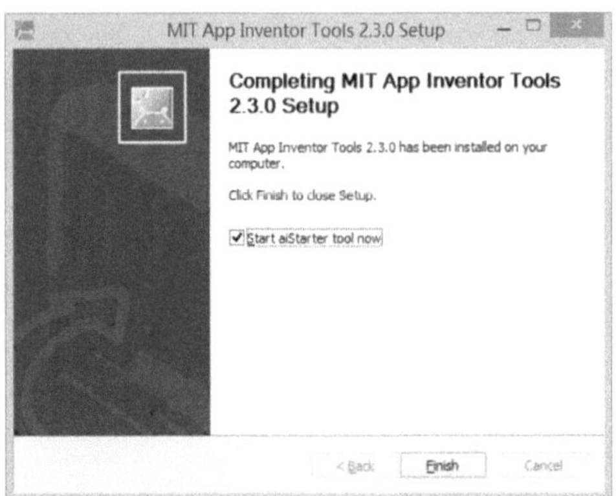

■ 앱 인벤터 접속

앱을 작성할 기본 준비가 되었다면 실제 앱 인벤터 개발 페이지로 이동해야 한다. 앱 인벤터 개발 페이지는 [디자이너]편집기 화면과 [블록]편집기 화면으로 나뉜다.

① 앱 인벤터 사이트에 접속하기 위해 먼저 크롬 브라우저를 실행한다. 구글에서 [로그인]한 다음 앱 인벤터 사이트 『http://appinventor.mit.edu/explorer』로 이동하여 [Create apps!] 버튼을 클릭한다. (http://ai2.appinventor.mit.edu)

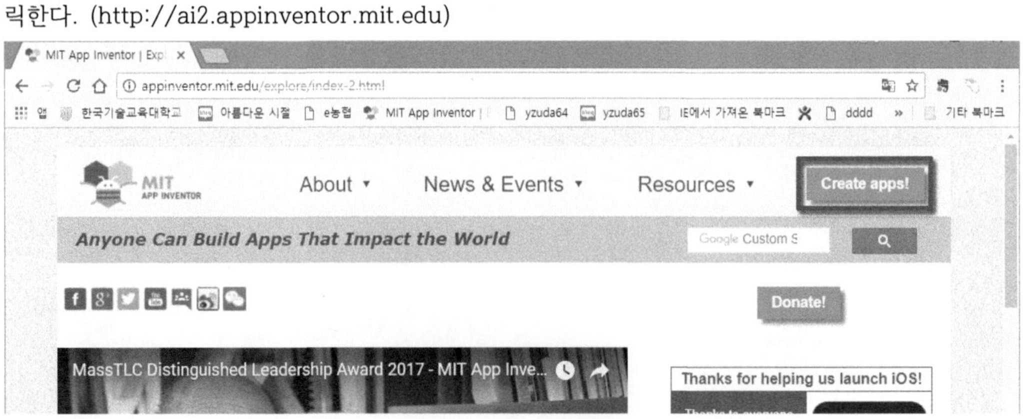

② 앱 인벤터 개발 페이지로 이동하면 다음과 같이 앱 인벤터 공지사항 창이 표시된다. [Continue] 버튼을 클릭하고 [English]를 클릭한 후 [한국어]를 선택한다.
(http://ai2.appinventor.mit.edu/?local=ko_KR)

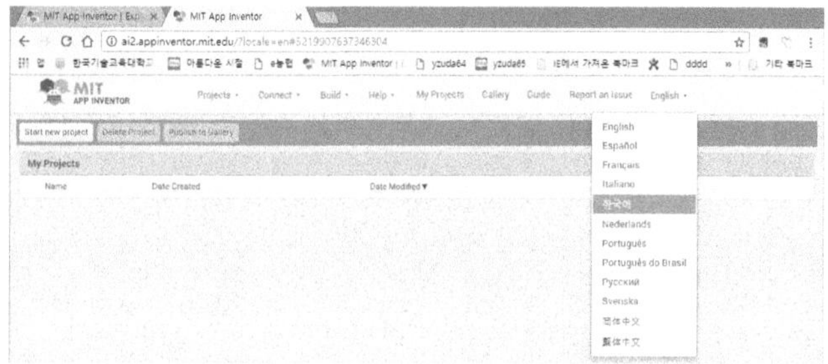

■ **새로운 프로젝트 작성**

새로운 프로젝트를 작성하려면 화면 상단의 [새 프로젝트 시작하기] 버튼을 클릭한다. [새 앱 인벤터 프로젝트 생성] 창이 표시되면 작성하고자 하는 프로젝트 이름을 입력한 후 [확인] 버튼을 클릭한다. 다음과 같은 앱 인벤터 화면이 표시된다.

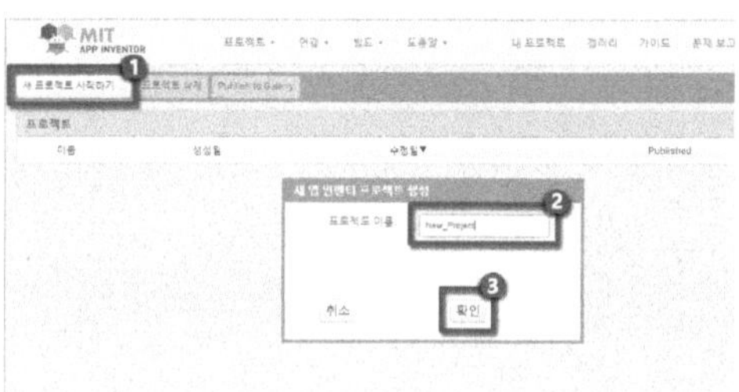

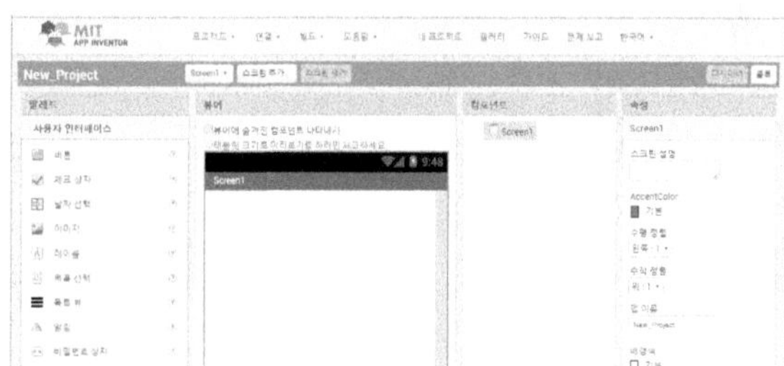

앱 인벤터에서는 개발되는 모든 프로그램을 프로젝트라 한다. 스크래치, 파이썬과 같은 프로그래밍 언어는 프로그램을 작성한 후 작성된 프로그램을 파일로 저장하는 것이 일반적이다. 하지만 앱 인벤터에서는 작성하고자 하는 프로그램을 앱 인벤터 웹 서버에 프로젝트로 먼저 저장한 후 프로그램을 코딩하게 된다. 버튼을 누르면 스마트폰 배경색이 바뀌는 간단한 예제 프로젝트를 만들어 보면서 전체적인 개발 절차를 살펴본다.

1. 프로젝트 만들기

① [새 프로젝트 시작하기]►새 앱 인벤터 프로젝트 생성 : 프로젝트 이름 입력►project_01►[확인]

② 빈 스크린이 생성되어 표시되며 프로젝트 이름이 화면 왼쪽 위에 표시된다. [Screen1]에 삽입되는 모든 컴포넌트가 화면 가운데에 위치하도록 지정하기 위해 [컴포넌트] 패널►[Screen]을 선택한다. [속성] 패널►[수평 정렬]의 목록 버튼►[중앙:3]을 선택한다.

③ [버튼] 컴포넌트를 삽입하기 위해 [팔레트] 패널►[사용자 인터페이스] 영역►[버튼]을 [뷰어] 영역►[Screen1] 내부로 드래그한다.

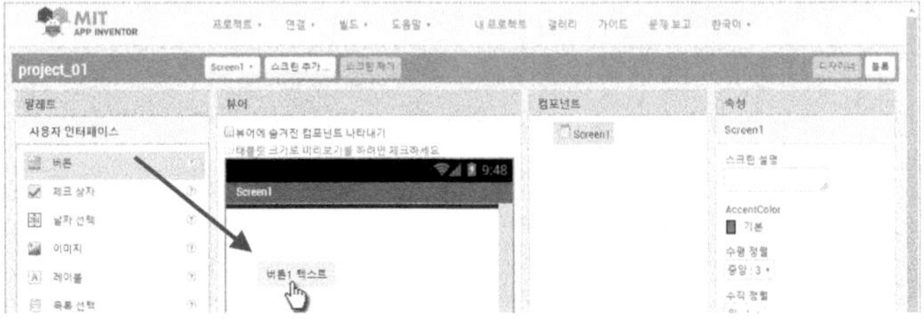

④ 배경색이 변경되도록 코딩하기 위해서 화면 우측 상단의 [블록] 버튼을 클릭►[블록] 편집기로 이동한다. [블록] 패널►[버튼1] 컴포넌트를 클릭한다. [버튼1] 컴포넌드에서 사용가능한 명령 블록이 표시된다. [언제 {버튼1}. 클릭]블록을 [뷰어] 패널 영역으로 드래그한다.

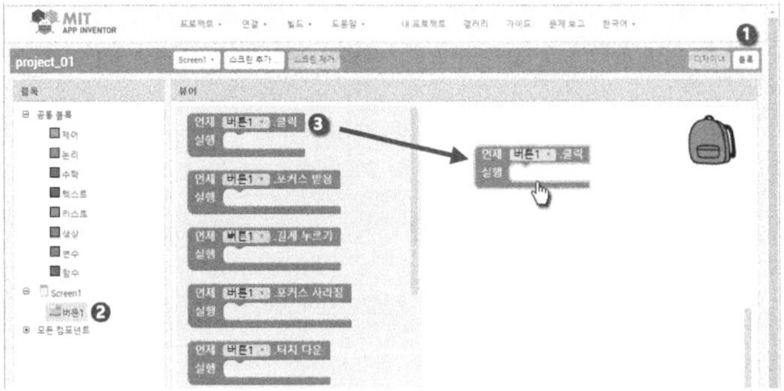

⑤ [블록] 패널►[Screen1]을 클릭한다. [Screen1]에서 사용 가능한 명령 블록이 표시되면 [지정하기 {Screen1}.{배경색}] 블록을 [언제 {버튼1}.클릭] 블록 '실행'에 끼운다.

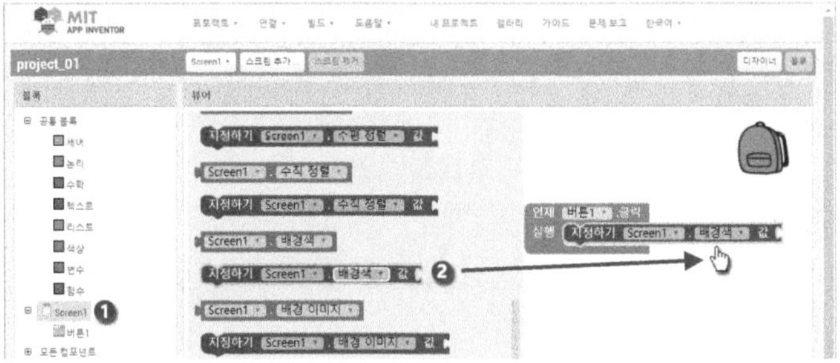

⑥ 배경색을 지정하기 위해 [블록] 패널►[공통 블록]►[색상]을 클릭한다. 배경색으로 변경하고자 하는 색상 블록►[지정하기 {Screen1}.{배경색}] 블록 '값'에 끼운다.

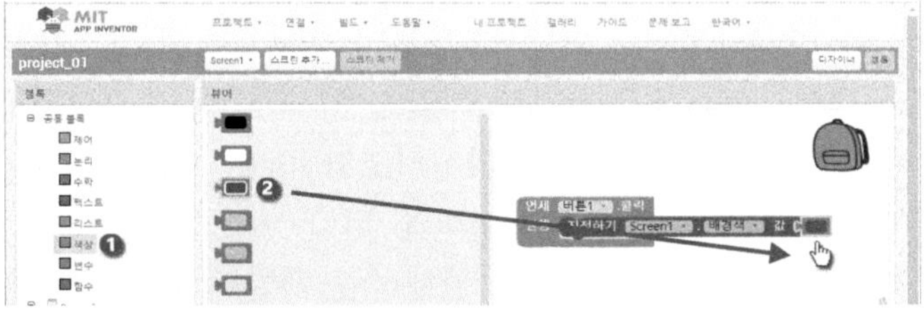

2. 완성된 프로젝트 확인하기

완성된 프로젝트는 직접 스마트폰에서 확인하는 방법과 작업 중인 컴퓨터에서 'aiStarter 에뮬레이터'로 확인하는 방법이 있다. 스마트폰에서 확인하려면 먼저 컴퓨터와 스마트폰이 모두 같은 WIFI에 연결된 상태이여야 한다. 'aiStarter 에뮬레이터'로 확인하려면 USB 케이블로 스마트폰과 컴퓨터를 직접 연결하여 결과를 확인할 수도 있다.

먼저 스마트폰으로 확인하는 방법을 알아본다.

① 앱 인벤터의 [연결] 메뉴►[AI 컴페니언]을 클릭한다.

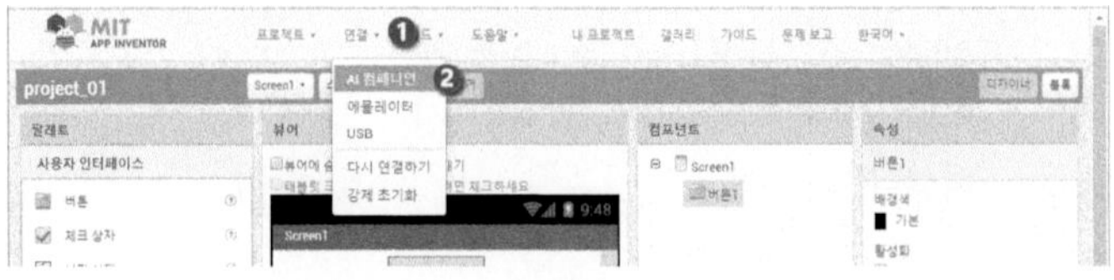

② [컴패니언에 연결하기] 창에 QR 코드가 표시되면 스마트폰의 [MIT AI2 Companion] 앱을 실행하고 [scan QR code] 버튼을 누른다. 카메라가 활성화되면 QR 코드를 스캔한 후 잠시 기다린다. 만약 QR 코드가 스캔되지 않으면 직접 QR 코드 값을 입력한 후 [connect with code] 버튼을 누른다.

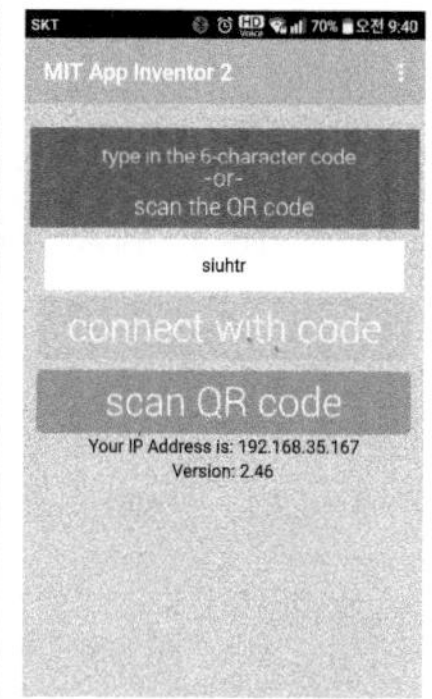

③ 앱이 실행되어 스마트폰에 표시된다. 스마트폰의 화면에 표시되는 [버튼 1 텍스트] 버튼을 누르면 스마트폰의 배경색이 변경된다.

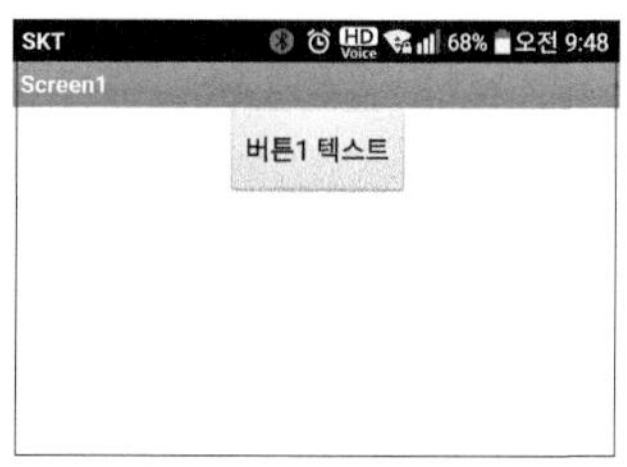

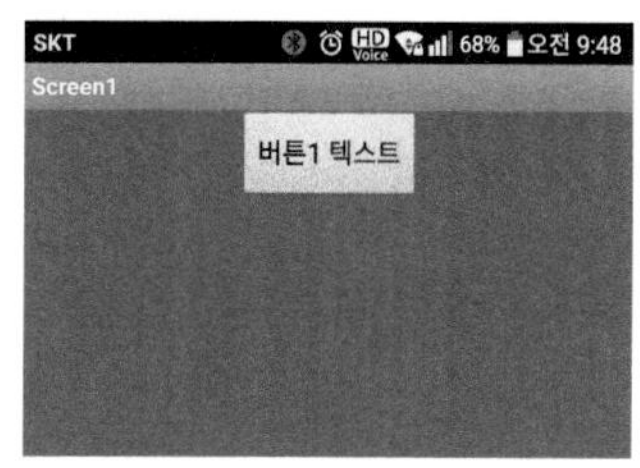

다음은 aiStarter 에뮬레이터로 확인하는 방법이다. aiStarter 에뮬레이터 아이콘 을 더블 클릭해 실행하고 창이 뜨면 앱 인벤터의 [연결] 메뉴►[에뮬레이터]을 클릭한다.

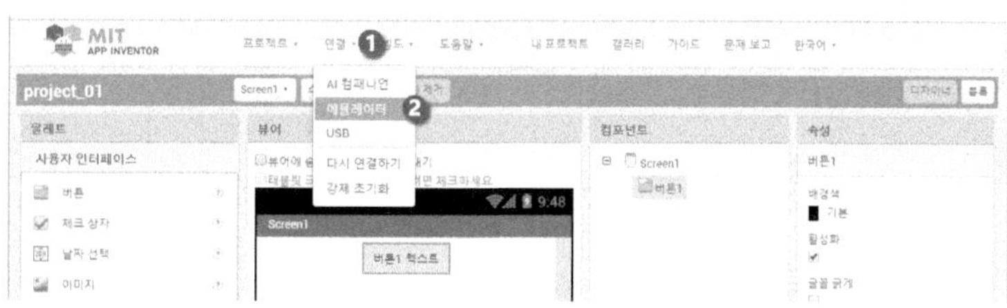

에뮬레이터 연결을 준비하는 화면이 표시된다. 연결이 완료되면 작성된 앱의 결과가 애뮬레이터 화면에 표시된다. [버튼1] 텍스트 버튼을 마우스로 클릭하면 에뮬레이터 배경색이 변경되어 표시된다.

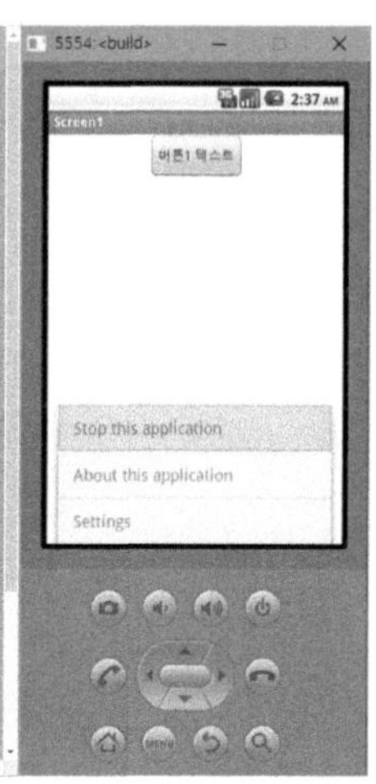

aiStarter 에뮬레이터와 MIT AI2 컴패니언이 모두 설치되어 있는데 WIFI로 연결할 수 없거나 에뮬레이터로 결과 확인이 힘들다면 USB 케이블을 이용하여 작성한 앱의 결과를

확인할 수 있다. 이 경우에는 먼저 스마트폰의 [설정]►[개발자 옵션]►[USB 디버깅] 기능을 활성화시켜야 한다.

USB 케이블을 이용하여 컴퓨터와 스마트폰을 연결한 상태에서 'aiStarter 에뮬레이터'를 실행한다. aiStarter 에뮬레이터가 실행되어 표시되면 앱 인벤터의 [연결] 메뉴►[USB]를 선택한다. "USB 디버깅을 허용할까요?"라는 팝업창이 스마트폰에 표시되면 [확인]을 누르면 USB 케이블에 연결하는 상태를 표시된다.

작성된 앱 결과를 확인하는 도중 앱 인벤터와 연결이 끊기는 경우 앱 인벤터의 [연결] 메뉴►[다시 연결하기]를 클릭하여 기존의 연결을 초기화한 후 다시 연결하면 된다. [강제 초기화]는 aiStarter 에뮬레이터를 공장 초기화한다.

3. 앱 빌드하기

결과를 확인한 앱을 스마트폰에 설치하려면 프로젝트 파일(.aia)을 설치 파일(.apk)로 변환해야 한다. 설치 파일의 확장자 apk는 안드로이드 응용 프로그램 패키지(android application package)를 의미한다. 설치 파일은 QR 코드를 이용하여 직접 스마트폰에 설치하는 방법과 컴퓨터에 저장한 후 스마트폰으로 복사하는 방법이 있다.

QR코드로 설치하는 법을 알아본다.

① 앱 인벤터의 [연결] 메뉴►[앱 (.apk 용 QR코드 제공]을 클릭한다.

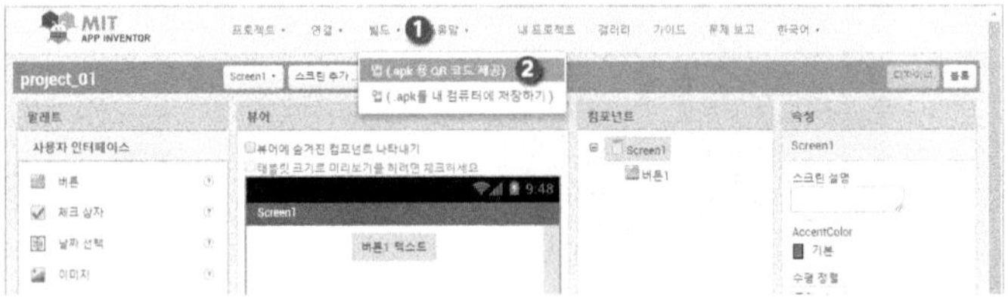

② 변환되는 동안 진행 상태 바가 표시되며 [바코드 링크] 창에 QR 코드가 표시되면 스마트폰의 [MIT AI2 Companion] 앱을 실행하고 [scan QR code] 버튼을 누른다. 카메라가 활성화되면 QR 코드를 스캔한 후 잠시 기다리면 설치가 시작된다.

③ [설치]를 누른다. 만약 [설치 차단] 알림이 표시되면 [설정] 버튼을 누른다. [보안] 설정 화면으로 이동되면 [출처를 알 수 없는 앱]을 체크한 후 [확인] 버튼을 클릭한다. 설치가 끝나면 바탕화면에 [project_01] 앱 아이콘이 나타난다.

4. 서버에 저장하기 및 불러오기, 삭제하기

앱 인벤터로 작성되는 모든 프로젝트 파일은 기본적으로 앱 인벤터 서버에 저장되는 클라우드 방식이 적용된다. 서버에 보관중인 프로젝트 파일 중 이미 완성된 프로젝트는 컴퓨터에 저장하고, 필요 없는 프로젝트 파일은 삭제하는 것이 프로젝트 파일을 관리하는데 효율적이다. 단 삭제된 프로젝트는 서버에서 영구히 삭제되기 때문에 복구가 불가능하다.

① 현재 작성 중인 프로젝트는 앱 인벤터 서버에 자동으로 저장되지만 프로그래밍 작업을 종료할 때는 만약을 대비하여 직접 저장하는 것이 안전하다. 현재 작성 중인 프로젝트 저장은 [프로젝트] 메뉴►[프로젝트 저장]을 클릭한다.
이미 작성된 프로젝트의 특정 기능을 변경하여 다른 이름으로 저장하고자 한다면 [프로젝트 다른 이름으로 저장]►새 프로젝트 이름 입력►[확인] 버튼을 클릭한다.

② 프로젝트 작성 중간에 현재 상태를 저장할 때는 [프로젝트] 메뉴►[체크포인] 클릭►체크포인트 이름 입력►[확인] 버튼을 클릭한다. 체크포인트는 서버에만 저장된다.

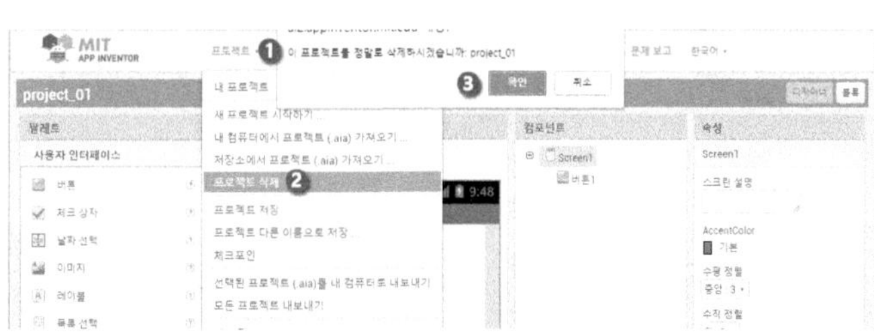

③ 서버에 저장된 프로젝트를 불러오려면 [내 프로젝트] 메뉴를 클릭하고 프로젝트 목록이 나타나면 불러올 프로젝트 이름을 클릭한다.

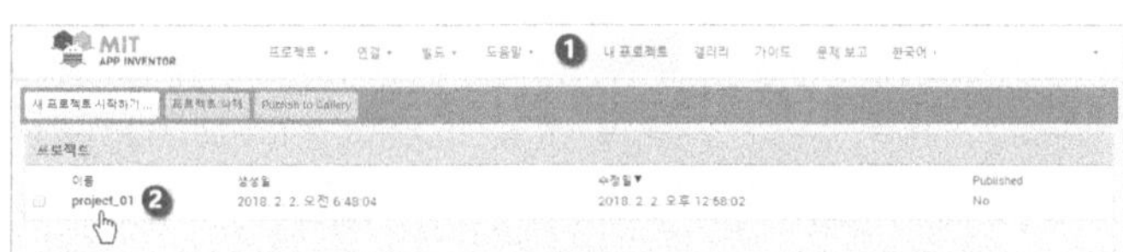

④ 작성 중인 프로젝트를 삭제할 때는 [프로젝트] 메뉴►[프로젝트 삭제] 클릭한다. 경고창이 뜨면 [확인] 버튼을 클릭한다.

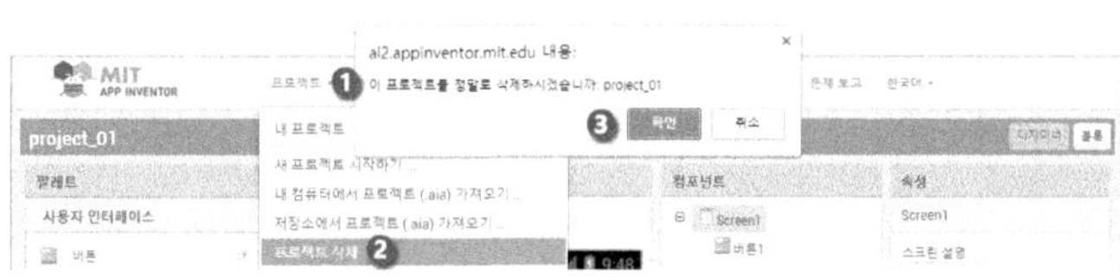

프로젝트 목록에서 삭제할 때는 [내 프로젝트] 메뉴를 클릭한다. 프로젝트 목록이 나타나면 삭제할 프로젝트 체크►[프로젝트 삭제] 버튼 클릭한다. 경고창이 뜨면 [확인] 버튼을 클릭한다.

5. 컴퓨터에 저장하기 및 불러오기

① 앱 인벤터에서 작성된 프로젝트는 서버에 저장되는 것이 기본이기 때문에 작성된 프로젝트를 컴퓨터에 저장하려면 [프로젝트] 메뉴►[선택된 프로젝트(.aia)를 내 컴퓨터로 내보내기] 메뉴를 클릭한다. 저장되는 모든 프로젝트 파일은 컴퓨터의 [다운로드] 폴더에서 확인할 수 있다.

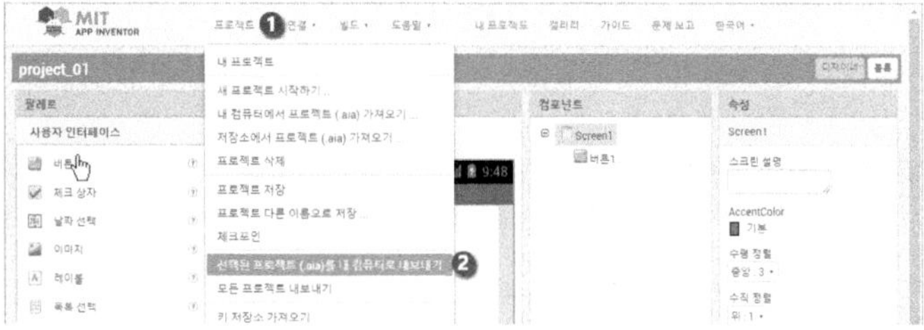

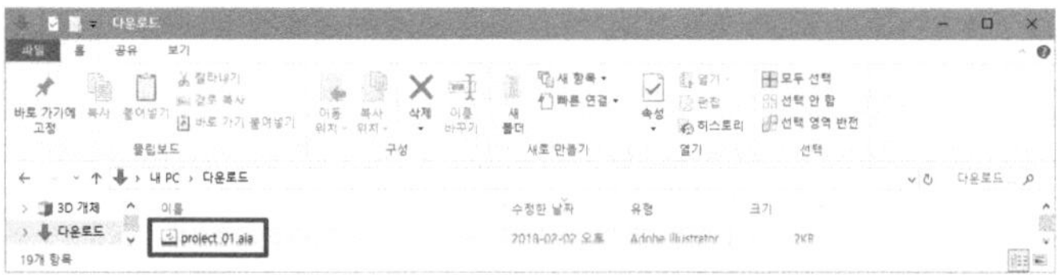

② 컴퓨터(로컬 메모리)에 저장된 프로젝트를 불러오려면 [프로젝트] 메뉴►[내 컴퓨터에서 프로젝트(.aia) 가져오기]를 클릭한다. [내 컴퓨터에서 프로젝트(.aia) 가져오기]창의 [파일 선택]을 누른다. 불러오려는 프로젝트 파일이 저장된 위치를 지정한 후 해당 프로젝트 파일을 선택하고 [열기] 버튼을 누른다. 단 불러오기 하려는 프로젝트의 파일명이 앱 인벤터 서버에 저장된 파일명과 동일하면 불러오기 오류 메시지가 표시된다.

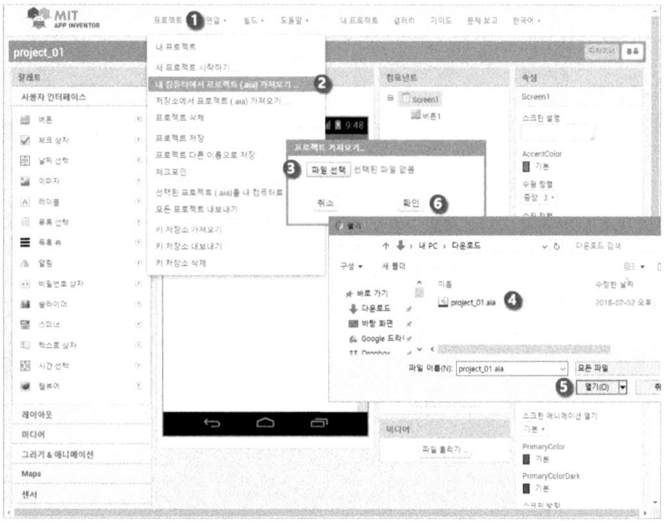

③ 앱 인벤터 서버에 저장되어 있는 모든 프로젝트를 컴퓨터에 저장하려면 [모든 프로젝트 내보내기] 메뉴를 클릭한다. 알림창이 뜨면 [확인] 버튼을 클릭한다.

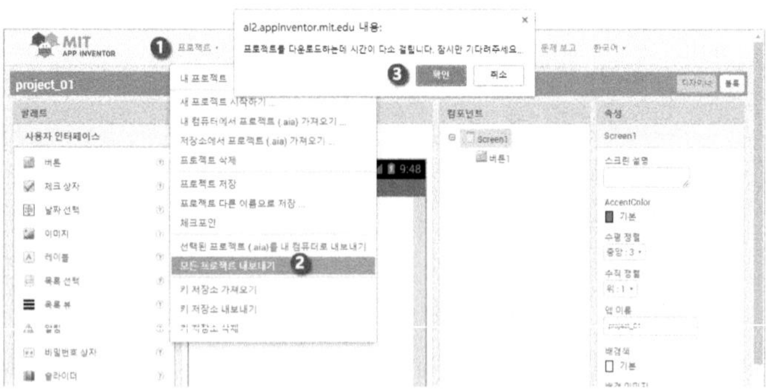

6. 키 저장소

키 저장소는 애플리케이션을 작성한 작성자에 관련된 정보를 삽입하는 가능으로 안드로이드 프로젝트 생성 후 배포할 때 반드시 개발자의 Key Store 파일을 이용하여 서명해야 한다. 서명은 앱 개발자임을 표시하는 수단으로 한 번 서명한 Key Store 파일은 계속 백업 후 유지해야 한다.

7. 갤러리 앱 확인하고 등록하기

갤러리는 전 세계의 앱 인벤터 사용자들이 자신이 완성한 프로제트들을 공유하는 공간이다. 갤러리에 등록된 앱을 다운로드하여 내 프로젝트로 등록하여 확인할 수 있으며 내가 작성한 앱도 간단히 갤러리에 등록할 수 있다.

갤러리에서 다른 사람의 앱을 검색하고 저장하기 위해 [갤러리] 메뉴를 클릭한다. 항목이 표시되면 마음에 드는 항목을 선택하고 표시되는 앱 목록에서 저장하고자 하는 앱을 클릭한 후 [앱 열기] 버튼을 클릭한다. [프로젝트 이름] 입력 창이 표시되면 [확인] 버튼을 클릭한다.

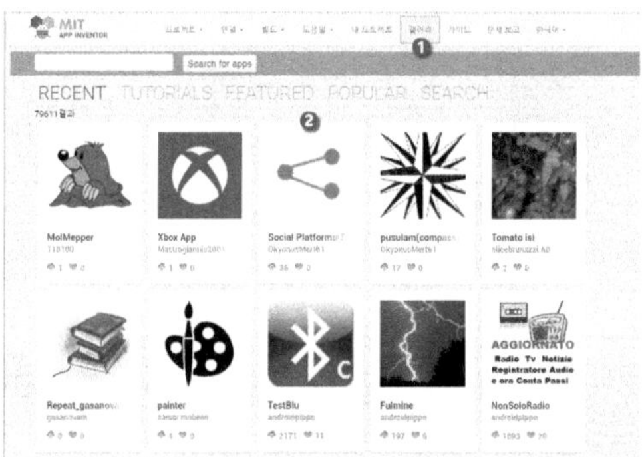

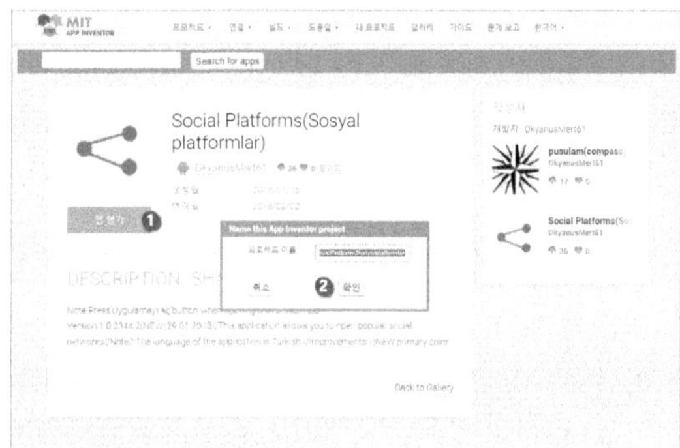

직접 작성한 앱을 등록하려면 [내 프로젝트] 메뉴를 클릭한 후 프로젝트 목록에서 갤러리에 등록하고자하는 앱을 체크한다. [Publish to Gallery] 메뉴를 클릭한 후 등록 페이지로 이동하면 [발행] 버튼을 클릭한다.

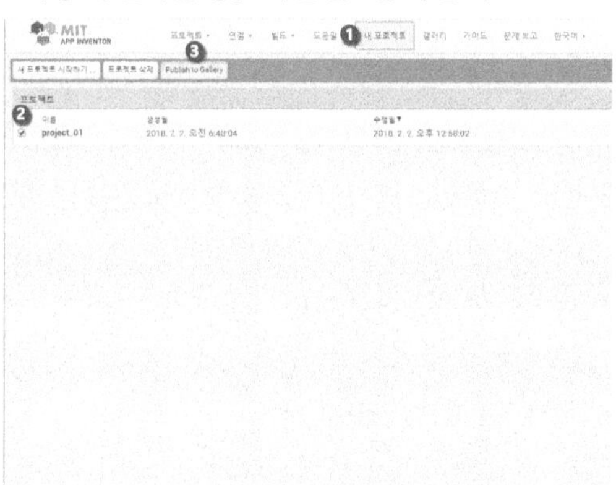

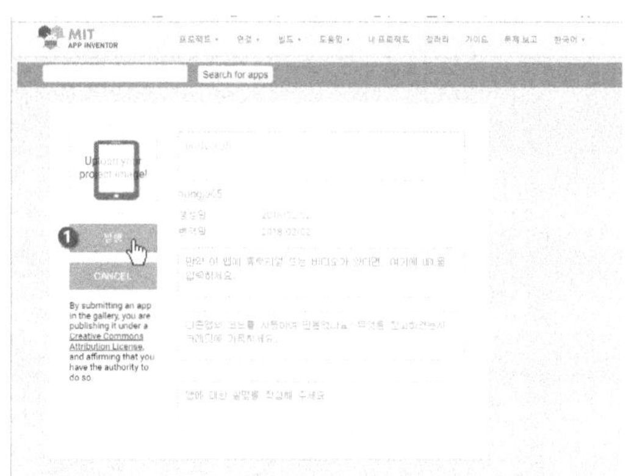

6.1.2 앱 인벤터 구성 요소

■ 앱 인벤터 화면

우리가 작업하는 화면은 디자이너 화면과 블록 편집기 화면으로 구성되어있다. 디자이너 화면은 응용프로그램의 구성 요소와 속성을 다루며 스마트폰 스크린을 디자인하는 틀이고 블록 편집기 화면은 지정 프로그램 블록을 퍼즐 조각처럼 맞추어 구성요소가 작동되도록 하는 틀이다.

1. 디자이너 화면

디자이너 화면 구성은 다음과 같다.

① 프로젝트 메뉴 : 프로젝트를 작성하고 확인하고 빌드할 수 있다.
② 스크린 설정 메뉴 : 스크린 선택, 추가, 삭제할 수 있다. 우측에 프로젝트 이름이 표시된다.
③ 팔레트 : 스크린에 적용할 수 있는 구성 요소들을 뷰어 영역으로 드래그하여 적용할 수 있다.
④ 뷰어 : 스마트폰의 스크린을 디자인하여 미리 볼 수 있다.
⑤ 컴포넌트 : 스크린에 적용된 구성 요소인 컴포넌트들이 표시된다.
⑥ 속성 : 스크린 또는 각각의 컴포넌트에 속성을 지정할 수 있다.
⑦ 미디어 : 사진, 음악, 영상 파일을 앱 인벤트 서버에 업로드하여 앱에서 사용할 수 있다. 업로드한 파일을 선택하여 다시 삭제할 수 있다. 업로드 용량은 5Mb이하를 권장하고 있다.
⑧ 화면 전환 버튼 : 디자이너, 블록 편집기 화면으로 전환할 수 있다.
⑨ 내 프로젝트 메뉴 : 내 프로젝트 목록보기, 갤러리 링크, 언어 설정, 가이드를 볼 수 있다.

앱 이름은 프로젝트 이름으로 자동 지정되지만 다시 지정하려면 [컴포넌트]에서 [Screen1]을 선택하고 좌측의 [속성] 패널에서 [앱 이름] 입력란에 앱 이름을 입력하면 된다. 'Screen1'은 앱 제목으로 속성에서 제목을 다시 지정하거나 화면에 표시할 수 있다.

스크린 크기는 기본적으로 '고정형(360×460 픽셀)'인데 큰 화면의 기기에서는 앱 화면이 너무 크게 되어 오히려 가독성이 떨어지므로 이 경우를 대비하여 앱이 설치될 기기의 크기에 맞게 자동으로 조정되도록 '반응형'으로 수정한다.

화면의 배경색은 '흰색'이지만 [속성] 패널에서 [배경색]항목을 클릭하여 변경할 수 있다. 스크린의 방향은 '정해지지 않음'으로 기기의 방향에 따라 가로 또는 세로로 스크린이 회전된다. 이를 변경하여 '세로'나 '가로'로 고정시킬 수 있다. '센서'를 선택하면 기기의 회전 센서의 값에 따라 방향이 결정되어 기기의 회전기능을 꺼두어도 스크린이 회전된다.

완성된 앱이 기기에 설치되면 기기의 바탕화면에 안드로이드 모양의 아이콘이 표시된다. 이때 특정 모양의 아이콘이 표시되도록 지정하려면 [속성] 패널의 [아이콘]에 이미지를 등록하면 된다.

2. 블록 편집기 화면

블록 편집기 화면 구성은 다음과 같다.

① 블록 : 공통 블록, 컴포넌트 블록, 모든 컴포넌트 블록 중 필요한 블록을 뷰어로 드래그해서 앱에 적용할 수 있다.

② 백팩 : 블록을 백팩에 복사해서 저장할 수 있어 다른 스크린에서 사용할 수 있다.

③ 뷰어 화면 조정 : 뷰어 화면을 중앙에 맞추거나 크기를 조절할 수 있다.

④ 휴지통 : 블록을 휴지통으로 드래그하여 삭제할 수 있다. 한번 삭제된 블록을 복원할 수 없으므로 다시 만들어야 한다. Delete 버튼이나 마우스 오른쪽 버튼으로도 삭제할 수 있다.

⑤ 경고 보이기 : 에러나 경고 내용을 표시하거나 숨길 수 있다.

⑥ 빠른 메뉴 : 블록을 선택하고 마우스 오른쪽 버튼을 클릭하면 나타난다. 블록을 접고 펴거나 주석을 추가할 수 있고 백팩에 추가하거나 블록의 실행 결과를 바로 확인할 수 있다.

■ 이벤트와 블록

앱 인벤터는 미리 등록되어 있는 블록을 이용하여 코딩하는 블록 코딩 프로그램이다. 기본적으로 특정 이벤트가 발생하면 처리해야 할 명령을 속성 블록과 함수 블록을 이용하여 구성한다. 앱 인벤터에서 블록은 공통 블록과 컴포넌트 블록 그리고 모든 컴포넌트 블록으로 나눈다. 공통 블록은 앱 인벤터 화면에 삽입된 컴포넌트와 관계없이 모든 블록에 사용가능한 명령 블록을 의미하고 컴포넌트 블록은 각각의 컴포넌트에 적용하는 명령 블록이다.

1. 공통 블록

공통 블록은 앱 인벤터 화면에 삽입된 컴포넌트와 관계없이 모든 블록에 사용가능한 명령 블록이다. 블록 편집기에서 확인할 수 있으며 제어, 논리, 수학, 텍스트, 리스트, 색상, 변수, 함수 블록으로 구성되어 있다. 각 범주별로 색상이 달라 쉽게 구분할 수 있다. 각 범주별 대표적인 블록은 다음과 같다.

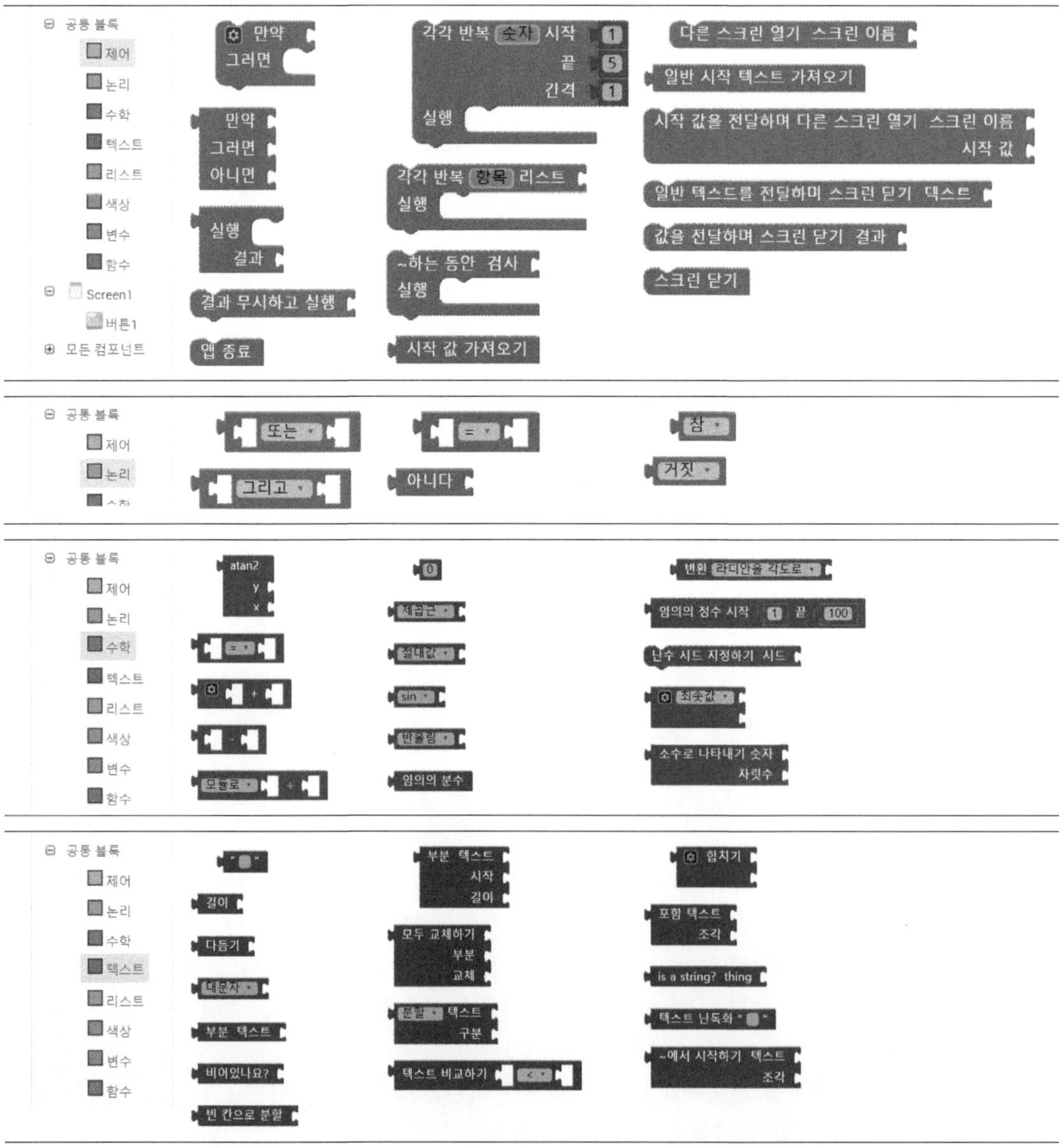

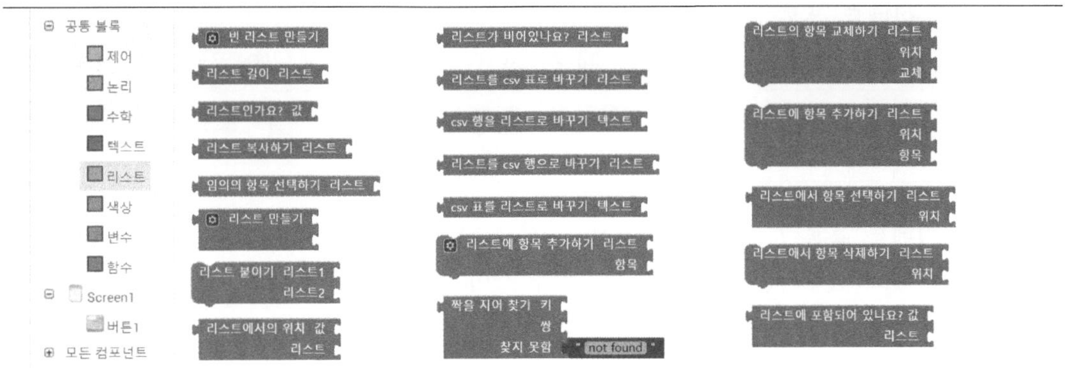

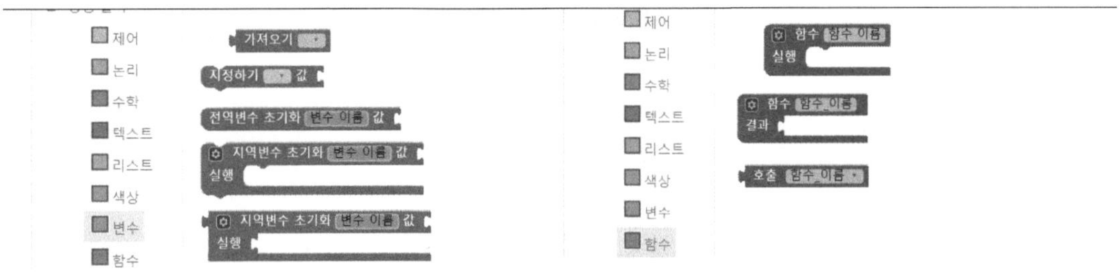

2. 컴포넌트 블록

Screen 영역에 삽입되는 모든 개체를 컴포넌트라 한다. 컴포넌트는 버튼과 같이 스마트폰 화면에 직접 표시되는 일반 컴포넌트와 위치 센서처럼 화면에 표시되지 않는 숨김 컴포넌트로 나뉜다. 컴포넌트 블록으로 컴포넌트를 제어할 수 있으며 블록의 특성에 따라 이벤트 블록, 함수 블록, 속성 블록으로 구분한다.

① 이벤트 블록

이벤트란 사용자가 취하는 일련의 동작이나, 센서 등을 통하여 감지된 외부 상황의 변화 등을 말한다. 특정 동작을 수행하기 위한 신호의 기능을 의미한다.

이벤트(신호)	액션(동작)
버튼을 누르면	소리를 낸다.

이벤트 블록은 이벤트가 발생했을 때 특정 동작을 수행하도록 사용하는 블록이다. 대표적인 이벤트 블록은 다음과 같다.

- **초기화 이벤트 블록** : 앱이 처음 실행되었을 때 자동으로 발생하는 이벤트로 특정 변수의 초기화, 특정 이벤트의 자동 발생 등에 활용된다.

초기화 이벤트 블록

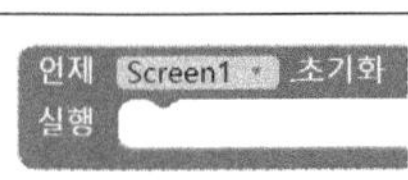

- **사용자 이벤트 블록** : 버튼을 누르거나, 글을 입력하거나, 공을 드래그하는 것과 같이 사용자가 직접 이벤트를 발생시켰을 때 사용한다. 앱에서 가장 많이 사용하는 블록이다.

사용자 이벤트 블록

- **외부 이벤트 블록** : GPS 위치 정보를 수신 받거나, 문자가 도착되었을 때, 전화를 받지 못했을 때, 특정 시간이 지났을 때 등과 같이 스마트폰 내부에서 특정 동작이 감지되었을 때 자동으로 발생하는 이벤트에 사용한다.

외부 이벤트 블록

② 함수 블록

함수 블록은 특정 동작이 가능하도록 앱 인벤터 프로그램에서 미리 만들어놓은 명령 모음 블록인 '기본 함수 블록'과 사용자가 자주 반복되는 명령 블록을 모아 직접 함수로 선언하는 '사용자 지정 함수 블록'으로 구분된다. 사용자 지정 함수 블록은 [공통] 블록의 [함수]를 이용하여 함수 이름을 선언하고 활용한다.

함수 블록

③ 속성 블록

각각의 컴포넌트가 가지고 있는 속성, 에를 들어 색상, 크기, 속도와 같은 값을 기억하거나 변경할 때 사용되는 블록이다.

- 속성 지정 블록 : 컴포넌트의 속성값 을 변경할 때 사용한다.

속성 지정 블록

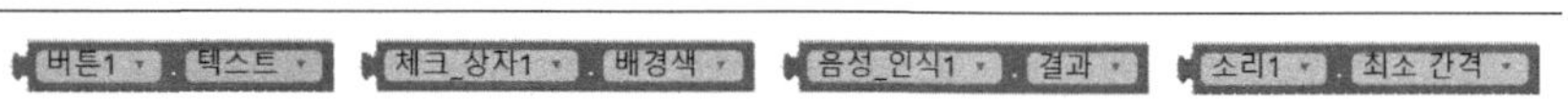

- 속성 값 블록 : 컴포넌트의 속성 값을 저장할 때 사용한다.

속성 값 블록

블록은 색상과 모양으로 기능을 쉽게 구분할 수 있다. 블록의 결합은 오른쪽에서 왼쪽으로, 아래쪽에서 위쪽으로 결합되고 실행은 그 반대 방향으로 실행된다. 따라서 오른쪽이나 위쪽에 굴곡이 없이 평편한 모양은 실행의 신호가 되는 이벤트 블록이거나 변수나 함수의 선언 블록이다. 실행 내용을 결정하는 명령 블록은 상하로 굴곡이 있고 값을 전달하기 위한 표현 블록은 오른쪽에 굴곡이 있어 퍼즐 조각을 맞추듯 굴곡이 맞는 다른 블록과 결합할 수 있다.

이벤트 블록/초기화 블록	명령 블록	표현 블록
	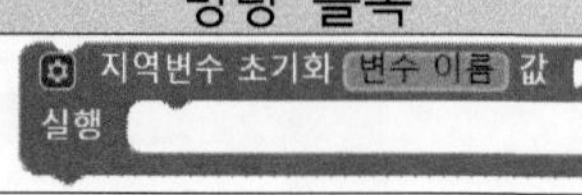	

■ 변수

변수는 리스트와 함께 임시로 데이터를 저장하는 공간으로 숫자형, 문자형 등과 같은 자료형에 관계없이 그냥 선언한 후 값을 저장할 수 있다. 변수는 하나의 값만 저장할 수 있으며 하나의 값만 저장 가능하며 현재 Screen에서 제한 없이 사용가능한 전역변수와 변수가 선언된 이벤트나 함수(프로시저)에서만 사용가능한 지역변수로 나뉜다.

1. 전역변수 선언하기

전역 변수는 모든 이벤트 블록과 프로시저에서 공통으로 사용할 수 있다.

① [공통 블록]►[변수]에서 [전역 변수 초기화 {변수 이름}] 블록을 [뷰어] 영역으로 드래그한 후 {변수 이름} 입력란을 클릭하여 변수 이름을 입력한다.

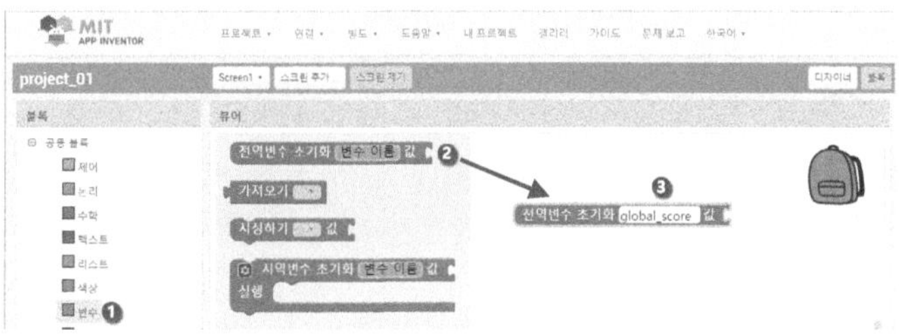

② 선언한 전역 변수는 숫자나 문자로 초기값을 선언해야한다. 숫자값으로 초기화하려면 [전역 변수 초기화 {변수 이름}] 블록의 '값'에 [공통 블록]►[수학]►[{0}] 블록을 끼운 후 값을 지정하고 문자로 초기화하려면 [공통 블록]►[텍스트]►["{}"] 블록을 끼워 값을 지정한다.

③ 변수 이름에 마우스를 이동시키면 [가져오기]라는 블록과 [지정하기]라는 블록이 표시된다. 전역변수로 선언된 변수에는 변수 이름 앞에 "global"이 자동 생성되어 표시된다. [가져오기] 블록은 현재 변수 값을 가져와 다른 명령 블록에 끼워 코딩할 때 사용하며, [지정하기] 블록은 현재 값을 다른 값으로 변경할 때 사용한다.

2. 지역변수 선언하기

지역변수는 하나의 이벤트 또는 하나의 함수에서만 사용할 수 있다. 해당 변수가 선언된 이벤트나 함수 이외의 블록에서 해당 변수를 이용하면 오류가 발생한다. 지역변수는 사용시 변수 앞에 "global"이 생성되지 않는다.

① [공통 블록]►[변수]에서 [지역 변수 초기화 {변수 이름}] 블록을 [뷰어] 영역으로 드래그한 후 {변수 이름} 입력란을 클릭하여 변수 이름을 입력한다.

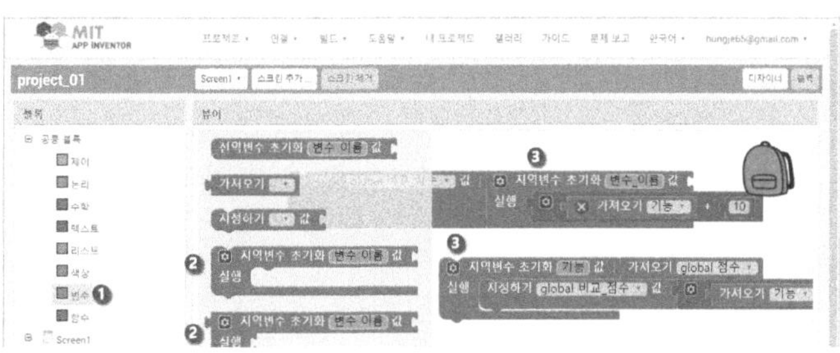

② 선언된 지역변수를 활용하여 처리할 명령 블록은 '실행'에 끼운다.

■ **리스트**

변수는 하나의 값만 저장할 수 있는 반면 리스트는 여러 개의 값을 저장할 수 있는 임시 기억공간이다. 리스트는 고정된 크기를 가지는 정적 리스트와 상황에 따라 리스트의 크기와 입력값을 정할 수 있는 동적 리스트로 나뉜다.

1. 리스트 선언하기

하나의 값만 저장하는 변수와 달리 여러 개의 값을 저장하는 리스트는 [공통 블록]►[리스트]►[리스트 만들기] 블록을 이용한다. 먼저 [전역변수 초기화 {변수 이름}] 블록을 이용하여 전역변수와 같이 리스트의 이름을 입력한 후 [리스트 만들기] 블록을 삽입한다. 리스트도 변수와 같이 데이터 자료형을 구분하지 않는다. 기본적으로 리스트에는 두 개의 데이터 값 저장이 가능하다.

2. 리스트에 항목 추가/삭제하기

기본적으로 [리스트 만들기] 블록은 두 개 데이터 값을 저장할 수 있지만 더 많은 값을 지정하고자 한다면 [리스트 만들기] 블록의 ⚙ 아이콘을 클릭한다. 표시되는 [항목]을 추가하고자 하는 위치에 드래그하여 끼운다. 반대로 추가된 항목을 삭제하려면 항목 목록에서 삭제하고자 하는 항목을 바깥쪽으로 떼어내듯이 드래그한다.

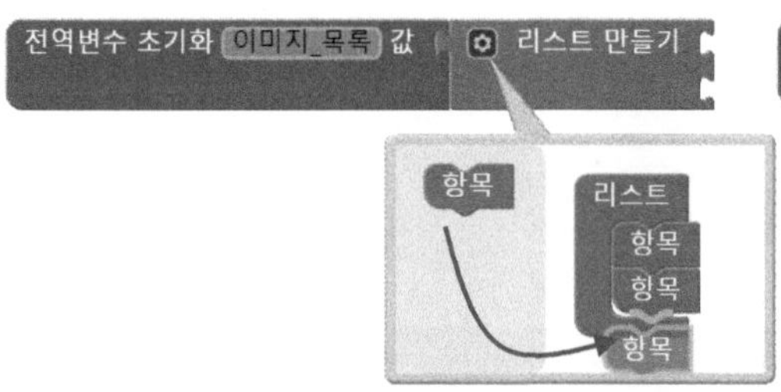

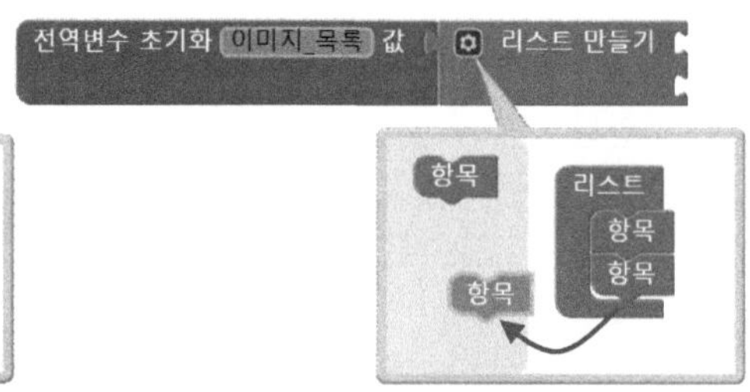

3. 리스트의 특정 항목 선택/삭제하기

리스트로 선언된 값은 입력된 순서대로 즉 첫 번째 항목 값은 1, 두 번째 항목 값은 2라는 위치값(인덱스)을 가지게 된다. 특정 항목을 선택하려면 [리스트]►[리스트에서 항목 선택하기 리스트] 블록에 선택하려고 하는 값이 저장되어 있는 리스트의 이름과 위치 값을 지정하면 된다. 리스트에서 특정 항목을 삭제하려면 [리스트]►[리스트에서 항목 삭제하기 리스트] 블록을 이용한다. 항목 선택과 마찬가지로 삭제하려고 하는 값이 저장되어 있는 리스트 이름과 위치 값을 지정하면 된다.

4. 크기가 고정되지 않은 리스트 선언하고 값 추가하기(동적 리스트)

크기가 고정된 리스트가 아닌 이벤트가 발생하는 상황에 따라 동적으로 리스트를 생성하고 값을 입력하고자 한다면 [리스트]►[빈 리스트 만들기] 블록을 이용하여 리스트를 선언한다. [빈 리스트 만들기] 블록을 이용하여 생성된 리스트는 저장할 데이터의 개수와 데이터가 지정되지 않는다.

값이 지정되지 않은 빈 리스트에 동적으로 값을 입력하려면 [리스트]►[리스트에 항목 추가하기 리스트] 블록을 이용하며, 항목을 추가하려는 리스트 이름과 추가하려는 값을 지정하면 된다. 일반적으로 동적 리스트의 값 지정은 특정 이벤트가 발생할 때 값이 추가되는 형태로 구현된다.

① "문서번호" 리스트에 "문서_2018"을 추가하는 블록

② [버튼1]을 누를 때마다 "문서번호" 리스트에 항목을 추가하는 블록

일반적으로 리스트에 저장되는 항목인 데이터는 추가되는 순서대로 리스트에 저장된다. 하지만 특정 위치 인덱스에 값을 저장하고자 한다면 [리스트에 항목 추가하기 리스트] 블록을 이용하여 저장 위치를 직접 지정해야 한다. 리스트에 저장된 데이터 항목 수는 [리스트 길이 리스트] 블록을 이용하여 확인할 수 있다.

① "문서번호" 리스트의 데이터 개수를 얻는 블록

② [버튼1]을 누를 때 "문서번호" 리스트의 5번째 항목에 추가하는 블록

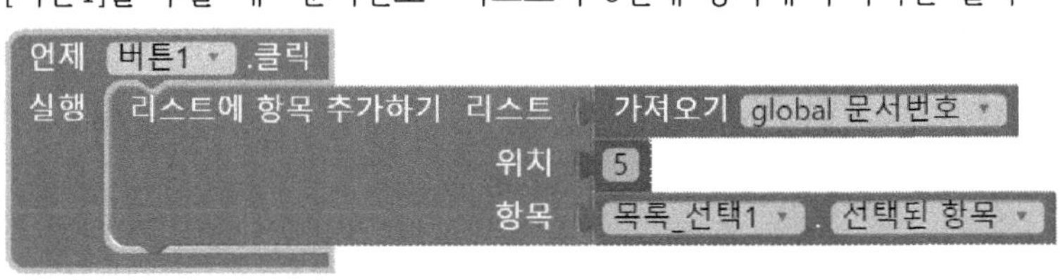

6.1.3 기본 알고리즘과 데이터 저장

■ 조건 처리와 반복

앱 인벤터의 대표적인 제어 명령 블록은 조건 처리 블록과 반복 블록이다. 학점 계산 시 F 학점 포함여부에 따라 학점을 계산하는 식이 달라지는 경우와 같이 특정 조건에 따라 처리해

야 하는 명령 블록이 달라져야 한다면 조건 명령 블록을 이용한다. 리스트에 저장된 데이터를 모두 화면에 출력하는 경우와 같이 동일한 명령 블록을 반복해야 하는 경우에는 반복 명령 블록을 이용한다.

1. 조건 처리 명령 블록

특정 조건을 지정한 후 해당 조건을 만족하는 경우 명령을 처리하고 조건을 만족하지 않으면 명령을 처리하지 않도록 블록을 구성하려면 [공통 블록]►[제어]►[만약] 블록을 이용한다. 조건식은 조건의 결과가 참 또는 거짓으로 판단되도록 구성해야 한다. 참/거짓으로 판단할 수 없는 조건식을 작성하면 [만약] 블록은 실행되지 않는다.

① '상태' 변수값이 "0"이면 [녹음기1]가 호출되어 실행되는 블록

조건에 따라 처리해야 하는 명령 블록이 나뉜다면 [만약 ~ 아니라면] 블록을 이용해야 한다. [만약 ~ 아니라면] 블록은 [만약] 블록의 아이콘을 클릭한 후 [아니면] 블록을 [만약] 블록 사이로 드래그하여 구성한다.

② '상태' 변수값이 "0"이면 [녹음기1]가 호출되고 "0"이 아니면 녹음기가 정지되는 블록

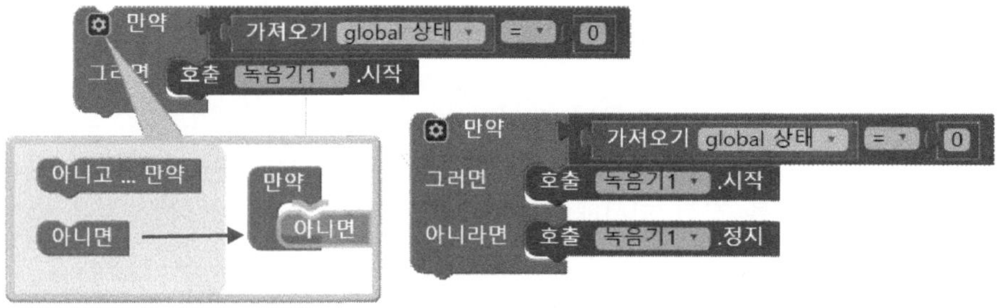

점수에 따라 학점을 구분하여 표시해야 한다면 점수를 비교해야 하는 조건이 학점을 나누는 기준만큼 필요하게 된다. 다중 조건 처리 명령 블록은 이와 같이 여러 개의 조건을 지정한 후 해당 조건에 따라 처리해야 할 명령 블록을 따로 선언하고자 할 때 사용하는 [만약 ~ 아니고 … 라면 ~ 아니라면] 블록이다. [만약 ~ 아니고 … 라면 ~ 아니라면] 블록은 [만약] 블록의 아이콘을 클릭한 후 [아니고 … 만약] 블록과 [아니고] 블록을 [만약] 블록 사이로 드래그하여 구성한다.

③ 점수에 따라 학점이 지정되는 블록

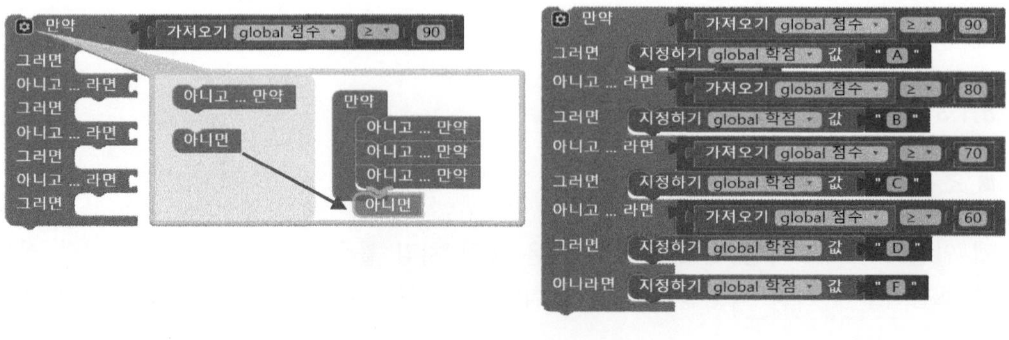

2. 반복 처리 명령 블록

동일한 명령 블록을 반복해서 처리해야 할 때 해당 명령 블록을 반복해서 작성하는 것이 아니라 반복 횟수를 지정하여 명령 블록을 간단히 구성할 수 있도록 제공되는 명령 블록이 [제어]의 [각각 반복 {숫자} 시작] 블록이다. [시작] 값부터 시작하여 [간격] 값이 증가하여 [끝] 값이 될 때까지 반복한다.

① [버튼1]을 누르면 X의 Y승을 구하여 [레이블1]에 결과를 나타내는 [각각 반복] 블록

[각각 반복 {숫자} 시작] 블록을 이용하여 리스트의 각 항목마다 특정 명령 블록을 실행하도록 구성하려면 먼저 리스트에 저장된 데이터의 개수를 알아야 한다. 이러한 번거로움을 제거하고 간단히 사용할 수 있도록 제공되는 명령 블록이 바로 [각각 반복 {항목} 리스트] 블록이다. [각각 반복 {항목} 리스트] 블록은 리스트의 항목을 기준으로 명령 블록을 반복 처리하기 때문에 반복 회수를 따로 지정하지 않아도 된다. 또한 해당 항목의 데이터를 따로 추출하지 않고도 명령 구성이 가능하다.

① 리스트 항목 개수만큼 반복하는 [각각 반복 {숫자} 리스트] 블록

② 리스트 항목 개수만큼 반복하는 [각각 반복 {항목} 리스트] 블록

■ 함수(프로시저) 활용하기

함수(프로시저)란 명령 블록의 묶음으로 정의할 수 있다. 함수에는 앱 인벤터에서 미리 만들어 놓은 기본 함수와 사용자가 직접 만들어 활용할 수 있는 사용자 정의 함수로 나뉜다. 반복되거나 중복되는 명령 블록을 사용자 정의 함수(프로시저)로 선언한 후 해당 명령을 사용해야 하는 경우에 해당 함수를 호출하면 프로그램을 단순하고 간략하게 작성할 수 있을 뿐만 아니라 프로그램 오류도 줄일 수 있다.

1. 사용자 지정 함수(프로시저) 선언하기

함수(프로시저) 선언은 [공통] 블록►[함수]►[함수 {함수 이름}] 블록을 이용한다. 먼저 [함수 {함수 이름}] 블록을 [뷰어] 영역으로 드래그하여 삽입한 후 {함수_이름} 입력란을 클릭하여 함수 이름을 입력한다. 해당 함수에서 처리해야하는 명령 블록을 '실행'에 끼운다.

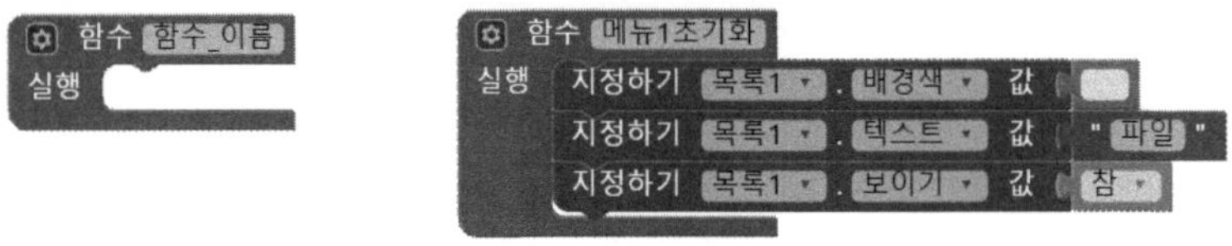

2. 사용자 지정 함수(프로시저) 호출하기

함수를 많이 선언했다 하더라도 해당 함수를 호출하지 않으면 아무런 의미가 없다. 선언된 함수(프로시저)는 [호출]이라는 명령 블록을 이용하여 호출한다. 함수를 선언하면 [공통 블록의 [함수]에 해당 함수의 [호출] 블록이 자동으로 추가되어 표시된다. 호출하고자 하는 함수 블록을 드래그하여 명령 블록에 삽입한다.

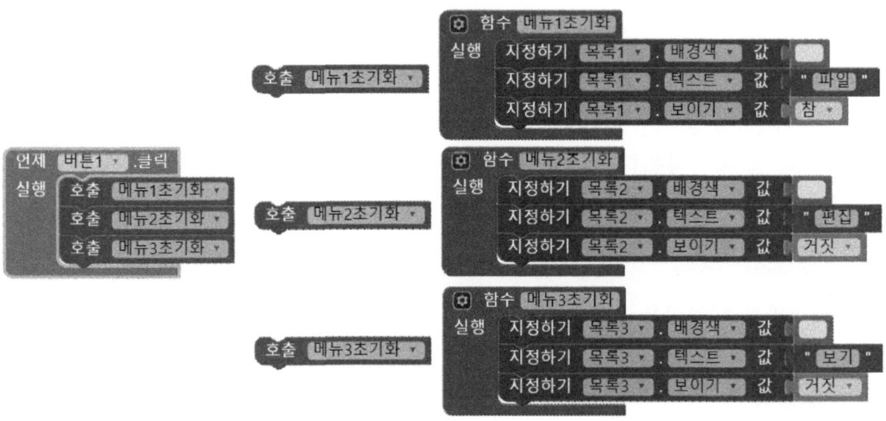

3. 매개변수 사용하기

앞서 살펴본 함수는 특정 값을 전달하거나 또는 전달되는 값을 이용하지 않는 단순한 형태의 함수이다. 즉 함수 외부의 변수 값에 영향을 받지 않는 함수(프로시저)이다. 예를 들어 계산기의 경우 결과가 항상 동일한 것이 아니라 입력된 값에 따라 결과가 달라져야하므로 단순한 형태의 함수가 아닌 입력된 값을 전달받아 명령을 처리하는 함수를 구성해야 한다. 이때 전달하는 값을 저장하는 변수를 '매개변수'라 한다.

매개변수는 [함수 {함수 이름}] 블록의 ⚙ 아이콘을 클릭한 후 [입력: {x}] 블록을 [입력값] 블록 사이에 삽입하여 전달하는 값의 개수만큼 매개변수를 추가한다.

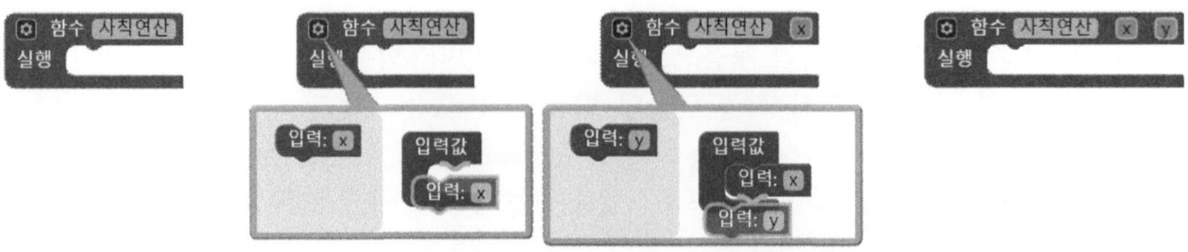

매개변수는 [x], [x2]와 같은 이름을 가지며 사용자가 매개변수 이름을 변경할 수 있다. 매개변수는 함수 내에서 사용되는 지역 변수이기 때문에 해당 값을 이용하여 처리된 결과값을 되돌려 주려면 전역변수를 이용해야 한다. 만약 매개변수를 함수 외부의 블록에 삽입하면 블록에 오류가 표시된다.

함수 호출은 해당 함수의 [호출] 블록을 명령 블록에 삽입하되, 매개변수의 값을 직접 지정한다. 매개변수 값으로 단순한 데이터 값뿐만 아니라 리스트도 전달할 수 있다.

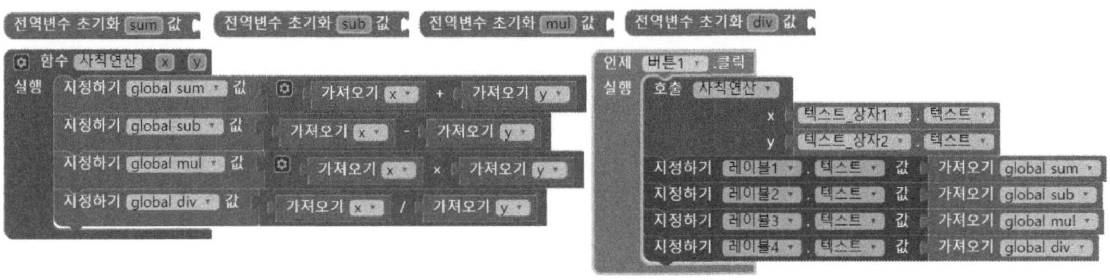

만약 함수에서 반환되는 값이 하나이거나 또는 반환된 값만 단순히 사용한다면 [함수 {함수 이름} 결과] 블록을 이용하여 함수의 결과값을 직접 전달받아 처리할 수 있다.

■ 데이터 저장하기

변수와 리스트는 임시 저장 장소이기 때문에 앱이 종료되면 해당 변수나 리스트에 기억된 값은 모두 처음에 지정된 데이터 값으로 초기화된다. 특정 데이터 값을 계속 저장하여 활용하고자 한다면 스마트폰의 메모리에 직접 값을 저장하거나 또는 앱 인벤터에서 제공하는 데이터베이스에 값을 저장하면 된다.

1. 파일

앱 인벤터로 작성한 내용(데이터)을 텍스트 파일로 스마트폰의 비공개 공간에 저장할 수 있다. 텍스트 파일로 저장하려면 [팔레트] 패널►[저장소]►[파일] 컴포넌트를 이용한다. [파일] 컴포넌트는 비공개 컴포넌트로 파일을 /sdcard/AppInventor/data에 저장하며, 사용자가 직접 파일명을 지정할 수 있다.

2. TinyDB

TinyDB는 스마트폰에 값을 영구적으로 저장하여 활용하고자 할 때 사용한다. 텍스트를 문서로 저장하는 File과는 달리 변수 값이나 리스트 값 등을 저장하는데 활용되기 때문에 값을 저장할 때 파일 이름이 아닌 [태그]라는 식별자를 이용하여 저장하게 된다. 물론 TinyDB에 저장된 값을 불러오기 할 때도 데이터 식별자인 [태그]를 이용한다. TinyDB는 여러 화면을 가지 는 다중 스크린 앱에서는 데이터를 전달하여 값을 공유할 수 있지만 스마트폰의 다른 앱들 사이에 데이터 값 전달은 불가능하다. 또한 TinyDB의 데이터 저장 공간은 별도로 메모리가 할당되는 것이 아니라 메모리를 공유하기 때문에 동일한 [태그]를 이용하여 데이터를 저장하면 이전에 저장된 값이 삭제된다. 그러므로 앱을 작성할 때는 앱 별로 태그가 중복되지 않도록 다른 태그를 지정하여 데이터를 저장해야 한다.

3. WebTinyDB

데이터를 웹 데이터베이스에 저장할 수 있도록 앱 인벤터에서 제공하는 컴포넌트로 서비스 주소가 'http://appinvunywebdb.appspot.com'이다. 데이터를 스마트폰의 메모리가 아닌 웹에 저장하기 때문에 메모리 초기화 등과 같은 작업을 통해 데이터가 삭제되는 것을 방지할 수 있다는 장점을 가진다. 하지만 TinyWebDB 주소만 알면 누구든지 쉽게 접속하고 데이터 삭제가 가능하다는 문제가 있다.

6.2 앱 인벤터 프로젝트

간단한 프로젝트를 만드는 실습을 통해 다양한 컴포넌트 그리고 컴포넌트와 관련된 다양한 속성 및 명령 블록들을 살펴보고 나아가 알고리즘으로 대표되는 프로그래밍 사고력을 기를 수 있는 예제들을 스스로 만들어 본다.

6.2.1 말하는 핸드폰 만들기

버튼을 누르면 음성이 나오도록 만든다.

■ **화면 디자인**

① 팔레트의 [사용자 인터페이스]►[버튼]을 뷰어 영역의 스크린으로 드래그하여 배치한다.

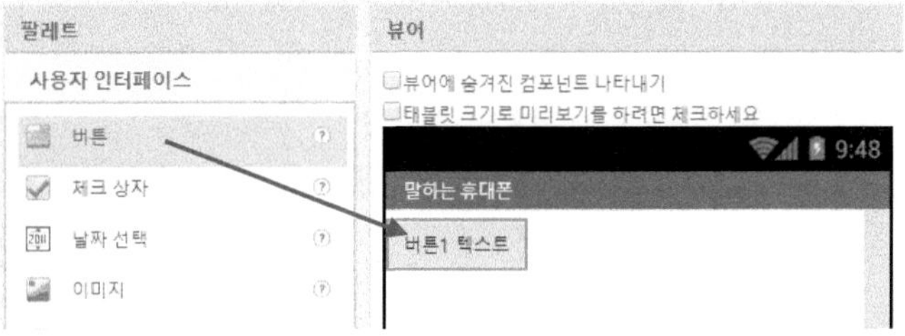

② 팔레트의 [미디어]►[음성 변환]을 뷰어 영역의 스크린으로 드래그하여 배치한다.
음성 변환은 화면에 보일 필요가 없는 컴포넌트이기 때문에 화면 아래로 표시된다.

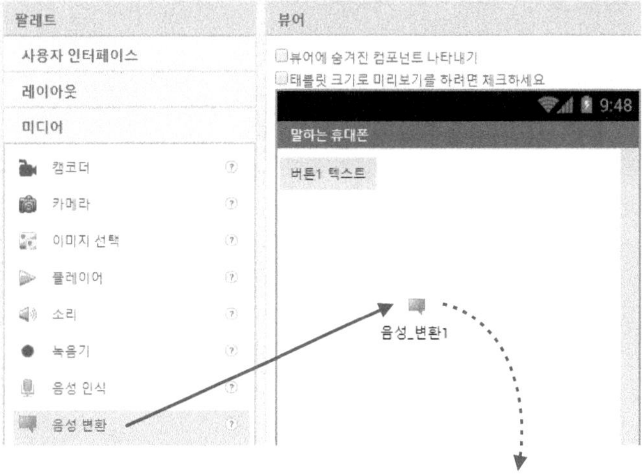

■ **명령 블록 맞추기**

① 화면 우측 상단의 [블록] 버튼을 클릭►[블록] 편집기로 이동한다. [블록] 패널►[버튼1]을 클릭하고 [언제 {버튼1}.클릭] 블록을 뷰어 영역으로 드래그한다.
[버튼1]이 클릭되었을 때 실행하라는 의미이다.

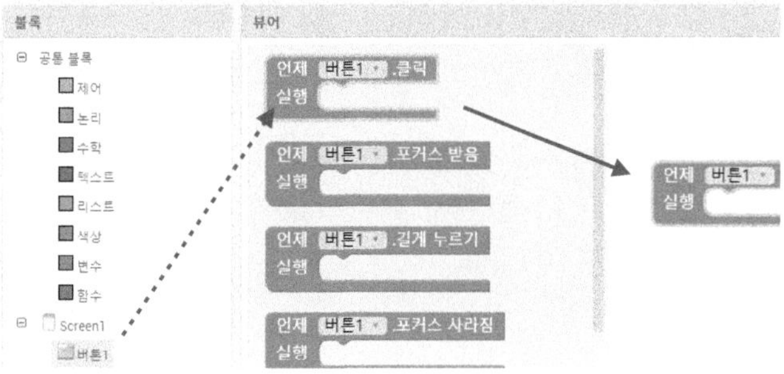

② [블록] 패널►[음성_변환1]을 클릭하고 [호출 {음성_변환1}.말하기] 블록을 [언제 {버튼1}.클릭했] 블록의 '실행'에 끼운다.

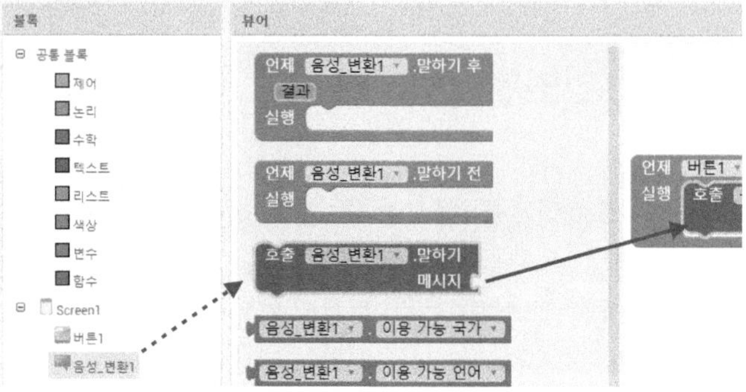

③ [공통 블록]►[텍스트]를 클릭하고 ["{}"] 블록을 [호출 {음성_변환1}.말하기] 블록의 '메세지'에 끼운다.

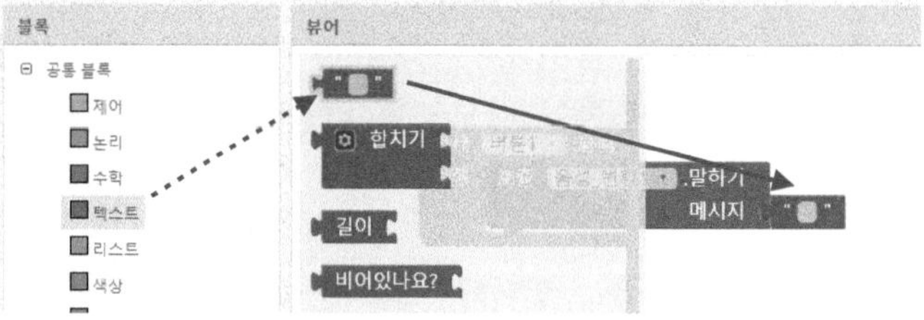

④ ["{}"] 블록의 " "안에 버튼을 클릭하고 "만나서 반갑습니다."를 입력한다.

■ 완성된 프로젝트 확인하기

① 앱 인벤터의 [연결] 메뉴►[AI 컴페니언]을 클릭한다.
[컴패니언에 연결하기] 창에 QR 코드가 표시되면 스마트폰의 [MIT AI2 Companion] 앱을 실행하고 [scan QR code] 버튼을 누른다. 카메라가 활성화되면 QR 코드를 스캔한 후 잠시 기다린다.

② 스마트폰에서 버튼을 눌러서 제대로 음성이 나오는지 확인한다. 앱 인벤터와 스마트폰이 연결된 상태에서 메시지 내용을 "Nice to meet You"로 바꾸고 다시 확인한다.

연결된 상태에서도 수정이 가능하고, 실시간으로 앱에 반영된다는 것을 알 수 있다.

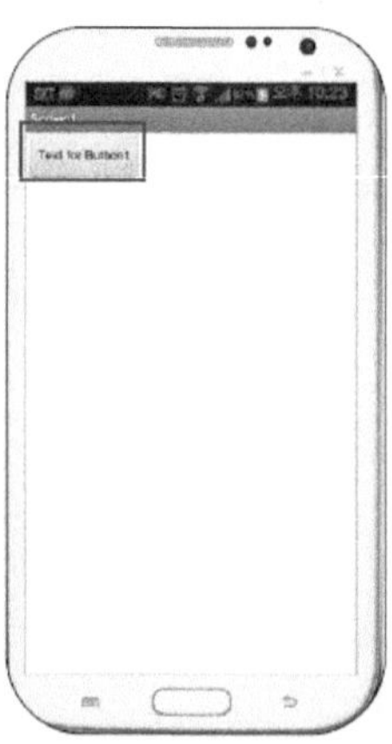

6.2.2 고양이 울음소리 듣기

고양이 사진을 누르면 고양이 울음소리와 진동이 같이 나오도록 만든다.

■ 화면 디자인

① 프로젝트 메뉴에서 [새 프로젝트 시작하기]를 클릭한다. [새 앱 인벤터 프로젝트 생성] 창이 나타나면 프로젝트 이름 “Meow(야옹)” 입력►[확인]을 클릭한다.

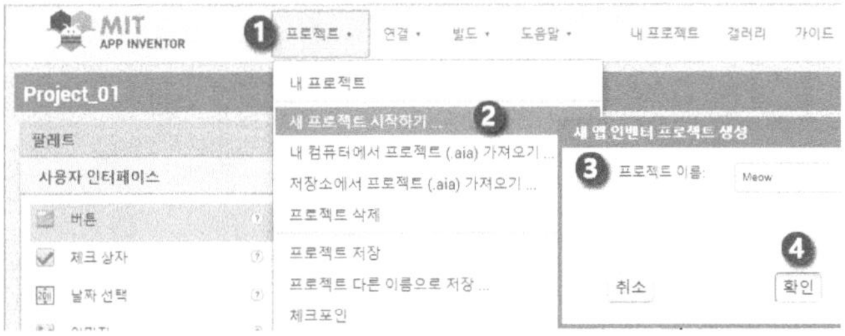

② 포털사이트에서 ‘고양이’ 이미지와 울음 소리를 검색해서 바탕화면에 저장한다.
파일명은 ‘영어’와 ‘숫자’만으로 정한다.

meow.mp3

③ 미디어 패널에서 [파일 올리기]를 클릭하여 고양이 ‘그림’과 ‘소리’를 업로드한다. 업로드 용량에 제한이 있으니 5Mb 이하로 한다.

④ 팔레트의 [사용자 인터페이스]►[버튼]을 뷰어 영역의 스크린으로 드래그하여 배치하고 [컴포넌트] 패널►[버튼1]을 클릭하고 ‘버튼1’의 [속성] 패널►[높이]와 [너비] 항목을 열고 각각 “400”px과 “300px”로 지정한다.

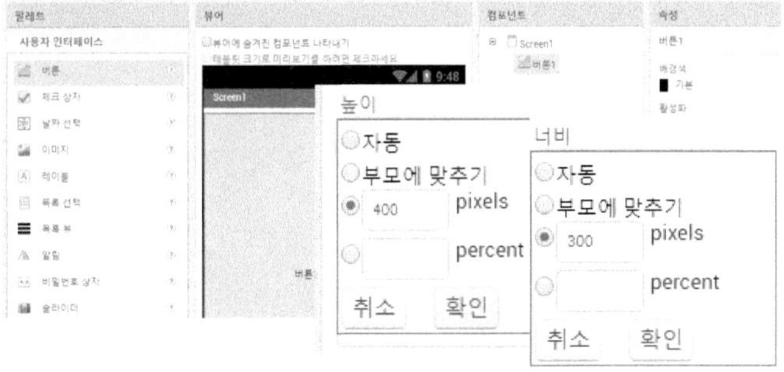

⑤ [속성] 패널►[이미지] 항목에 업로드한 이미지 파일을 선택하고 [확인]을 클릭한다.

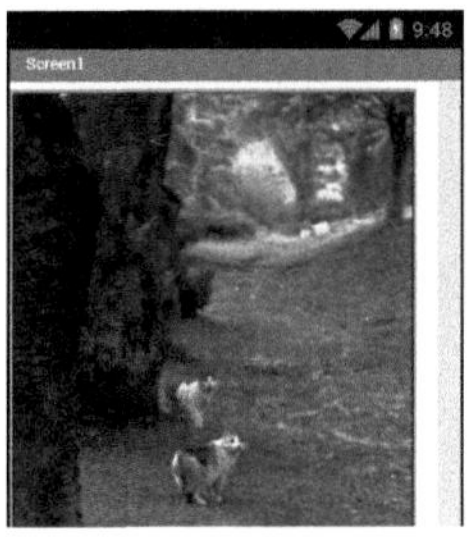

⑥ 팔레트의 [미디어]►[소리]를 뷰어 영역의 스크린으로 드래그하여 배치하고 [컴포넌트] 패널►[소리1]을 클릭하고 '소리1'의 [속성] 패널►[소스] 항목에 업로드한 사운드 파일을 선택하고 [확인]을 클릭한다.

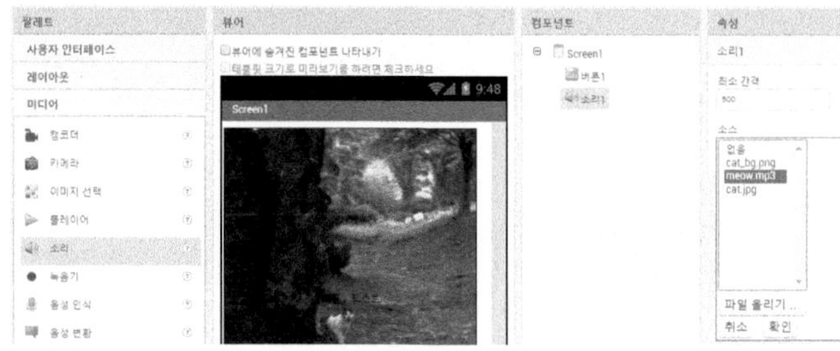

■ **명령 블록 맞추기**

① [블록] 패널►[버튼1]►[언제 {버튼1}.클릭] 블록을 뷰어 영역으로 드래그한다.

② '버튼1'을 눌렀을 때 '소리1'이 재생되도록 한다.
[블록] 패널►[소리1]을 클릭하고 [호출 {소리1}.재생] 블록을 [언제 {버튼1}.클릭] 블록의 '실행'에 끼운다.

③ '버튼1'을 눌렀을 때 '소리1'과 함께 진동하게 한다.
[블록] 패널►[소리1]을 클릭하고 [호출 {소리1}.진동] 블록을 [언제 {버튼1}.클릭] 블록의 '실행'에 끼운다.

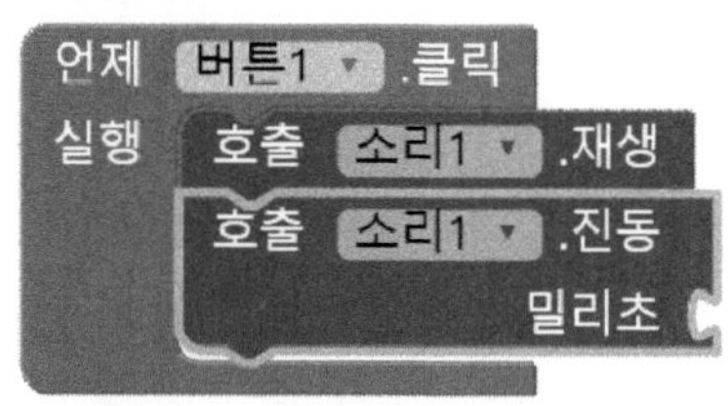

④ 진동할 시간을 지정한다.
[공통 블록]►[수학]를 클릭하고 [{0}] 블록을 [호출 {소리1}.진동 밀리초] 블록의 밀리초'에 끼우고"1000"(10초)를 입력한다.

■ **완성된 프로젝트 확인하기**

① 앱 인벤터의 [연결] 메뉴►[AI 컴패니언]을 클릭한다.

② [컴패니언에 연결하기] 창에 QR 코드가 표시되면 스마트폰의 [MIT AI2 Companion] 앱을 실행하고 [scan QR code] 버튼을 누른다. 카메라가 활성화되면 QR 코드를 스캔한 후 잠시 기다린다.

③ 스마트폰에서 고양이 그림을 클릭하고 소리와 진동이 제대로 작동하는지 확인한다.

6.2.3 음성을 글자로 바꾸기

말을 하면 인식하여 문자로 바꾸어 화면에 출력해주도록 만든다.

■ **화면 디자인**

① 새 프로젝트를 만든다.

내 프로젝트 메뉴에서 [내 프로젝트]를 클릭하면 내 프로젝트 목록이 나타난다. [새 프로젝트 시작하기]를 클릭하여 [새 앱 인벤터 프로젝트 생성] 창이 나타나면 프로젝트 이름 “ListenToMe” 입력►[확인]을 클릭한다.

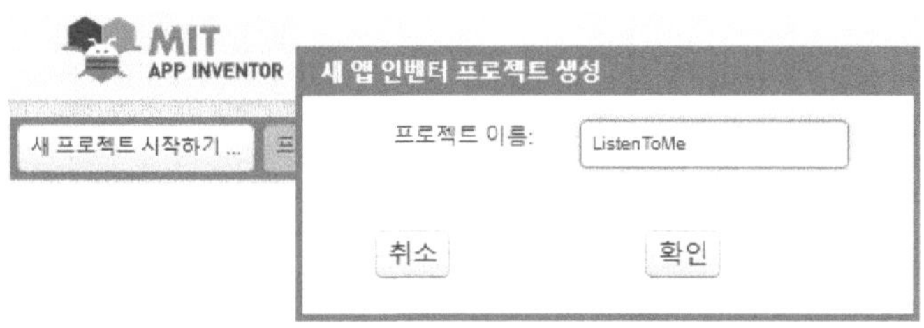

② 레이블을 만들고 색상을 지정한다.

팔레트의 [사용자 인터페이스]►[레이어]를 뷰어 영역의 스크린으로 드래그하여 배치하고 ‘레이어1’의 [속성] 패널►[배경색] 항목에는 ‘주황’을, [높이]와 [너비] 항목에는 각각 “300”px과 ‘부모에 맞추기’로 지정한다.
‘부모에 맞추기’는 상위 개체(Screen1)의 속성(너비)과 같게 한다는 의미이다.

③ 팔레트의 [사용자 인터페이스]►[버튼]을 뷰어 영역의 스크린으로 드래그하여 배치하고 ‘버튼1’의 [속성] 패널►[텍스트] 항목을 “여기를 누르고 말씀하세요.”로 입력하여 변경한다.

④ 팔레트의 [미디어]►[음성 인식]을 뷰어 영역의 스크린으로 드래그하고 [컴포넌트] 패널►[소리1]을 클릭하고 ‘소리1’의 [속성] 패널►[소스] 항목에 업로드한 사운드 파일을 선택하고 [확인]을 클릭한다.

■ 명령 블록 맞추기

① [블록] 패널►[버튼1]►[언제 {버튼1}.클릭] 블록을 뷰어 영역으로 드래그한다.

② '버튼1'을 눌렀을 때 '음성 인식1'이 실행되어 인식된 음성을 텍스트로 가져온다.

[블록] 패널►[음성 인식1]을 클릭하고 [호출 {음성 인식1}.텍스트 가져오기] 블록을 [언제 {버튼1}.클릭] 블록의 '실행'에 끼운다.

③ '음성 인식1'에서 텍스트를 가져온 후 (무엇을) 실행한다.

[블록] 패널►[음성 인식1]을 클릭하고 [언제 {음성 인식1}.텍스트 가져온 후] 블록을 뷰어 영역으로 드래그한다. [언제 {음성 인식1}.텍스트 가져온 후] 블록이 실행되면 '결과' 변수가 생성된다.

④ '음성 인식1'에서 텍스트를 가져온 후 '레이블1'에 (어떤 텍스트)를 지정한다.

[블록] 패널►[레이블1]을 클릭하고 [지정하기 {레이블1}.{텍스트}] 블록을 위 블록의 '실행'에 끼운다.

⑤ '음성 인식1'에서 텍스트를 가져온 후 '레이블1'에 '음성 인식1'의 결과로 지정한다.

[블록] 패널►[음성 인식1]을 클릭하고 [{음성 인식1}.{결과}] 블록을 [지정하기 {레이블1}.{텍스트}] 블록의 '값'에 끼운다.

■ 완성된 프로젝트 확인하기

버튼을 누르고 말을 하여 음성을 인식시킨 다음 텍스트로 정확히 옮겨지는지 확인한다.

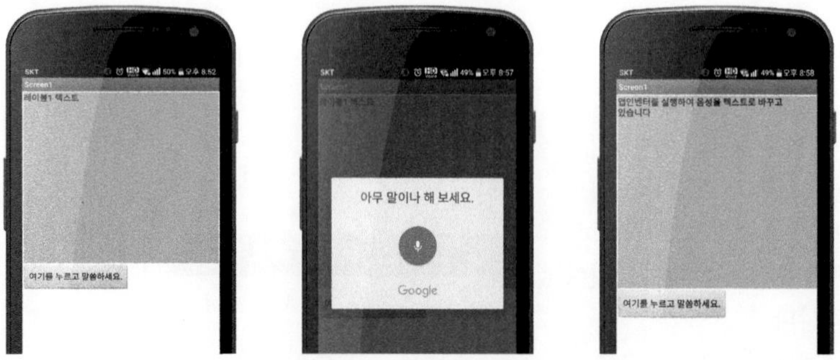

6.2.4 mp3 플레이어 만들기

음악을 재생, 일시 정지, 정지하는 버튼 3개를 만든다.

■ **화면 디자인**

① 새 프로젝트 "MusicPlayer"를 생성한다.

[새 프로젝트 시작하기]를 클릭하여 [새 앱 인벤터 프로젝트 생성] 창이 나타나면 프로젝트 이름 "MusicPlayer" 입력►[확인]을 클릭한다.

② '버튼'을 3개 만들고 각각 이름을 'Play', 'Pause', 'Stop'으로 지정한다.

팔레트의 [사용자 인터페이스]►[버튼]을 3번 드래그하여 스크린에 배치하고 '버튼1', '버튼2', '버튼3'의 [속성] 패널►[텍스트] 항목을 각각 "Play", "Pause", "Stop"로 입력하여 변경한다.

③ '버튼'을 3개의 너비를 모두 '부모에 맞추기'로 지정한다.

'버튼1', '버튼2', '버튼3'의 [속성] 패널►[너비] 항목을 각각 '부모에 맞추기'로 입력하여 변경한다.

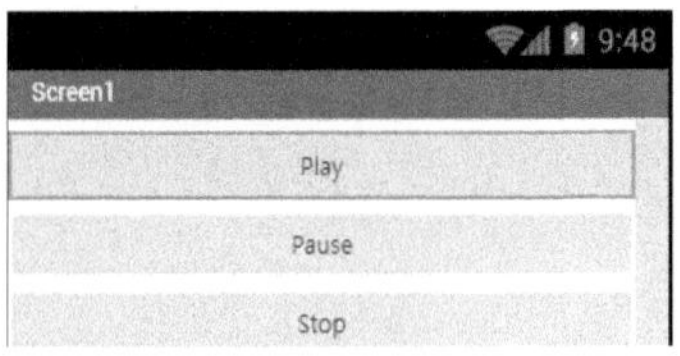

④ 버튼으로 제어할 '플레이어'를 추가한다.

팔레트의 [미디어]►[플레이어]를 스크린에 배치한다.

⑤ '플레이어'에서 제어할 음악 파일을 업로드한다.

'플레이어1'의 [속성] 패널►[소스] 항목을 클릭하여 원하는 음악 파일을 업로드한다.

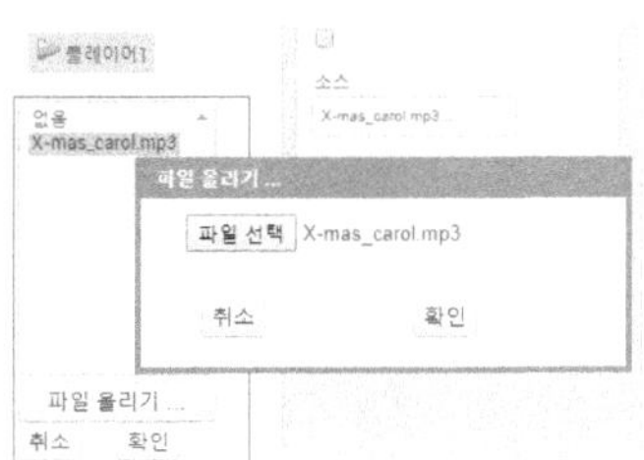

■ 명령 블록 맞추기

① '버튼1'을 클릭했을 때 (무엇이) '실행'되도록 한다.

② '버튼1' 명령 블록을 복제하여 '버튼 2'와 '버튼3' 명령블록을 만든다.

[언제 {버튼1}.클릭] 블록을 선택하고 마우스 오른쪽 버튼을 클릭하여 빠른 메뉴가 나타나면 복제하기를 누른다.
복제된 블록은 {버튼1}이 중복되어 ⊗ 표시가 나타나므로 {버튼1}을 눌러 '버튼2'로 변경한다.
같은 방법으로 [언제 {버튼3}.클릭] 블록을 만든다.

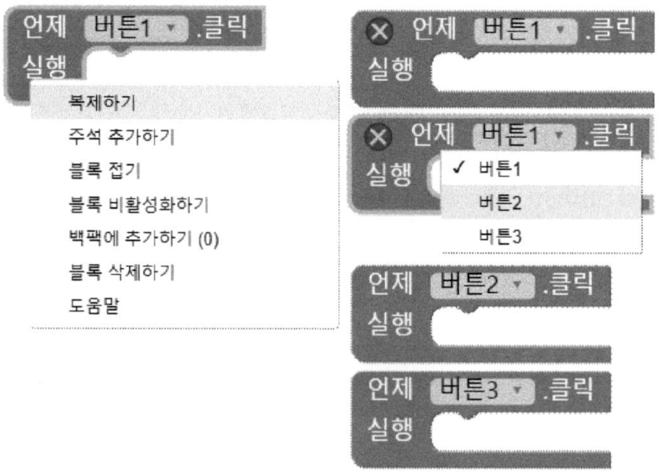

③ '버튼1'을 클릭했을 때 '플레이어1'이 '시작'되도록 호출한다.

[블록] 패널►[플레이어1]을 클릭하고 [호출 {플레이어1}.시작] 블록을 [언제 {버튼1}.클릭] 블록의 '실행'에 끼운다.

④ '버튼2'와 '버튼3'을 눌렀을 때 각각 '플레이어1'이 '일시 정지' 또는 '정지'되도록 한다.

[블록] 패널►[플레이어1]을 클릭하고 [호출 {플레이어1}.일시정지] 블록과 [호출 {플레이어1}.정지] 블록을 각각 [언제 {버튼2}.클릭] 블록과 [언제 {버튼3}.클릭] 블록의 '실행'에 끼운다.

■ 완성된 프로젝트 확인하기

각각의 버튼을 눌러 음악이 재생되고, 일시 정지하고, 멈추는지 확인한다.

6.2.5 녹음기 만들기

녹음하고 녹음한 내용을 재생시키는 기능을 만든다.

■ 화면 디자인

① 기존 프로젝트를 다른 이름으로 저장하여 "Recorder"를 생성한다.

[내 프로젝트 목록]에서 "Music Player"를 클릭하여 디자이너 화면이 나타나면 프로젝트 메뉴에서 [프로젝트 다른 이름으로 저장]을 클릭하고 창이 나타나면 프로젝트 이름 "Recorder" 입력►[확인]을 클릭한다.

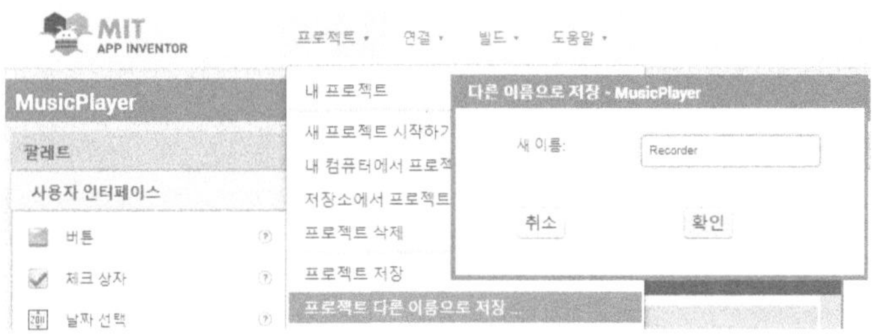

② '버튼'에 사용한 이미지를 검색하여 다운로드한다.

구글에 "control button png"로 검색하여 '재생', '일시정지', '정지'에 사용할 적당한 이미지 4개를 다운로드한다.

③ 다운받은 3개의 이미지를 앱 인벤터 서버에 업로드한다.

미디어 패널에서 이전에 사용했던 음악파일을 선택하여 마우스 우측 버튼을 클릭하고 나타나는 빠른 메뉴에서 [삭제]를 클릭하여 삭제한다.

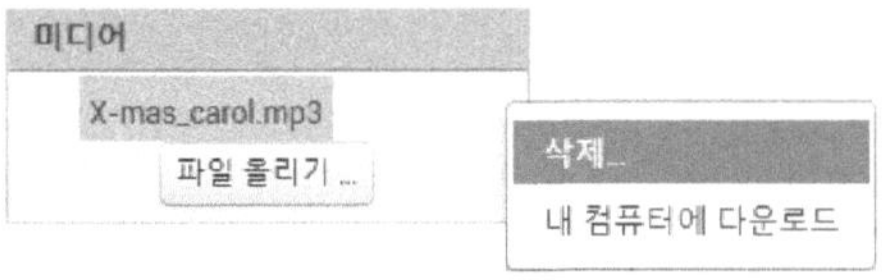

[파일 올리기]를 클릭하여 이미지 3개를 업로드한다.

④ 각각의 버튼에 사용할 이미지를 지정한다.

'버튼1' ~ '버튼3'의 [속성] 수정

높이	"50" pixels
너비	"50" pixels
이미지	이미지 선택
텍스트	""(빈칸)

⑤ 스크린에서 버튼들을 수평으로 나란히 배치한다.

팔레트의 [레이아웃]►[수평배치]를 스크린에 맨 위에 배치하고 버튼들을 차례로 그 안에 집어넣는다.

컴포넌트 패널에서 [수평배치1] 컴포넌트 아래 버튼 컴포넌트들이 포함되어 있는 것을 볼 수 있다.

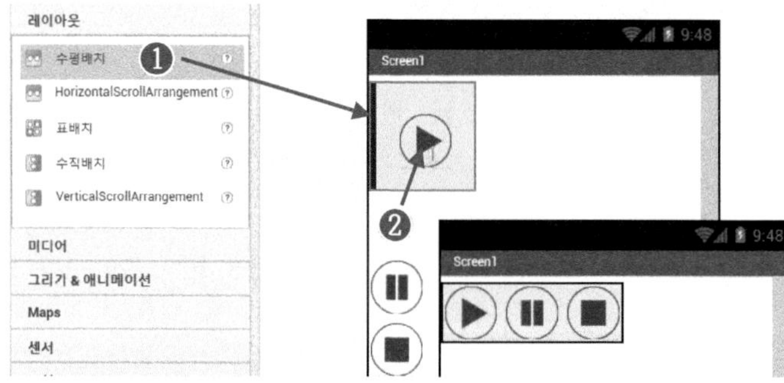

⑥ 버튼 간의 상하좌우 간격이 생기도록 위치를 수정한다.

'수평배치1'의 [속성] 패널►[너비] 항목을 '부모에 맞추기'로 입력하여 변경한다.

버튼의 위아래 간격이 생기도록 팔레트의 [레이아웃]►[수평배치]를 스크린에 맨 위와 맨 아래에 배치한다.

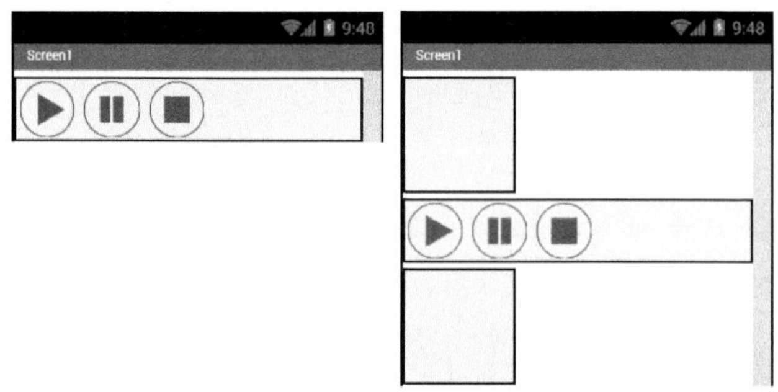

버튼의 좌우 간격이 생기도록 팔레트의 [사용자 인터페이스]►[레이블]을 맨 좌측 버튼 왼쪽에 배치하고 '레이블1'의 속성 패널에서 다음 항목을 수정한다.

너비	"6" percent
텍스트	""(빈칸)

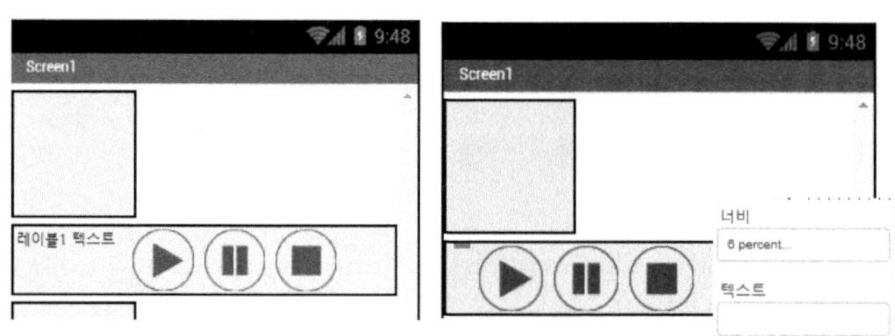

팔레트의 [사용자 인터페이스]►[레이블]을 2개를 더 만들어 버튼 사이에 배치하고 '레이블1', '레이블2'의 속성 패널에서 다음 항목을 수정한다.

너비	"10" percent
텍스트	""(빈칸)

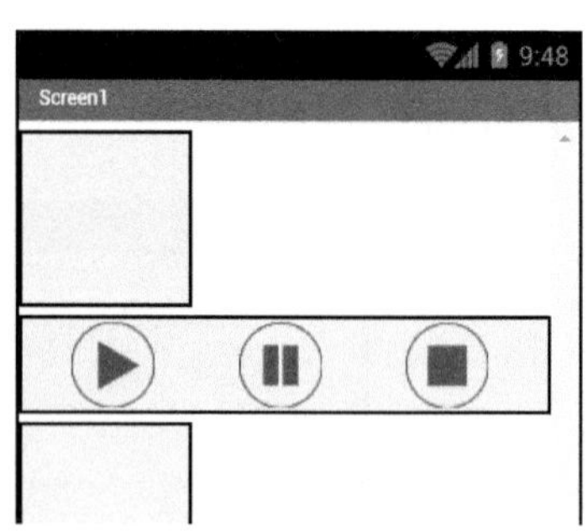

⑦ 맨 아래쪽에 '녹음 시작'과 '녹음 정지' 버튼을 만들어 추가한다.

팔레트의 [레이아웃]►[수평배치]를 스크린에 맨 아래에 배치하고 [레이블]과 [버튼] 2개씩을 번갈아 그 안에 집어넣는다.

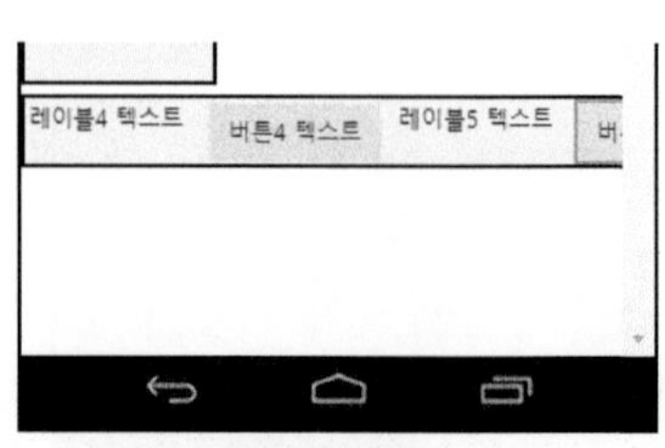

⑧ '녹음 시작' 버튼과 '녹음 정지' 버튼간의 좌우 간격이 생기도록 각 컴포넌트 속성을 수정한다.

'수평배치4'의 [속성]

너비	부모에 맞추기

'레이블4', '레이블5'의 [속성]

너비	"12" percent
텍스트	""(빈칸)

'버튼4'의 [속성]

텍스트	"녹음 시작"

'버튼5'의 [속성]

텍스트	"녹음 정지"

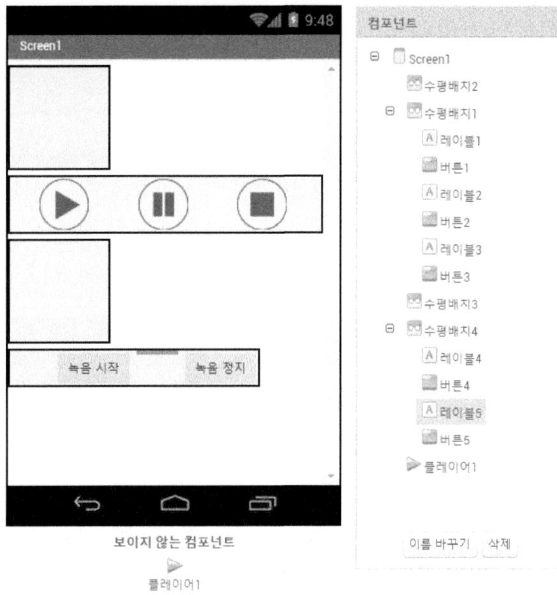

⑨ 블록 작업이 용이하도록 '버튼1' ~ '버튼5' 컴포넌트의 이름을 수정한다.

버튼1	플레이 시작
버튼2	플레이 일시정지
버튼3	플레이 정지
버튼4	녹음 시작
버튼5	녹음 정지

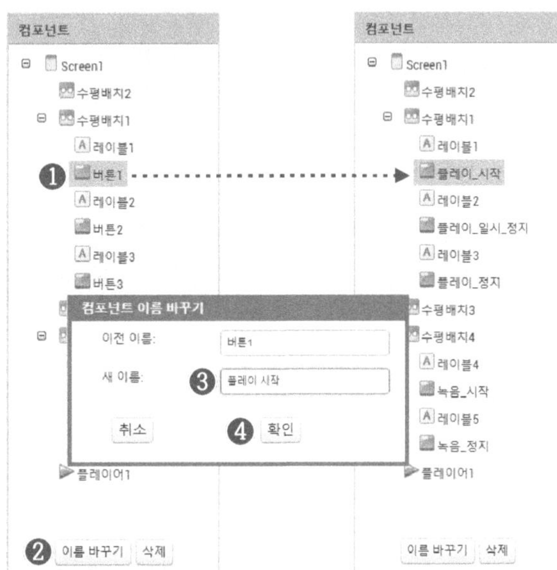

⑩ 녹음기를 추가한다.

팔레트의 [미디어]►[녹음기]를 스크린에 배치한다.

녹음기는 보이지 않는 컴포넌트이므로 스크린 바깥 아래쪽으로 표시된다.

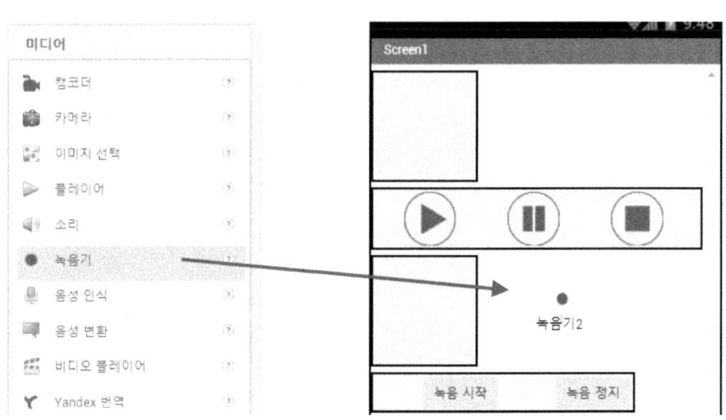

■ 명령 블록 맞추기

① 플레이 버튼들은 앞 예제에서 완성되어 있으므로 '녹음 시작', '녹음 정지' 명령 블록을 만든다.

'녹음 시작'과 '녹음 정지' 버튼을 클릭했을 때 (무엇이) '실행'되도록 한다.

② '녹음 시작'을 클릭했을 때 '녹음기1'이 '시작'되고 '녹음 정지'를 클릭했을 때 '녹음기1'이 '정지'되도록 호출한다.

[블록] 패널►[녹음기1]을 클릭하고 [호출 {녹음기1}.시작] 블록을 [언제 {녹음_시작}.클릭] 블록의 '실행'에 끼우고, [호출 {녹음기1}.중지] 블록을 [언제 {녹음_정지}.클릭] 블록의 '실행'에 끼운다.

③ 녹음 후 (무엇이) '실행'되도록 한다.

[블록] 패널►[녹음기1]을 클릭하고 [언제 {녹음기1}.녹음 후] 블록을 뷰어 영역으로 드래그한다. 녹음된 사운드는 [언제 {녹음기1}.녹음 후] 블록의 '소리' 변수에 저장된다.

④ 녹음 후 '재생'할 '소리'가 (무엇이) 되도록 '지정'한다.

[블록] 패널►[플레이어1]을 클릭하고 [지정하기 {플레이어1}.{소스}] 블록을 [언제 {플레이어1}.녹음 후] 블록의 '실행'에 끼운다.

⑤ 녹음 후 '재생'할 '소리'가 '녹음된 소리'가 되도록 '지정'한다.

[언제 {플레이어1}.녹음 후] 블록의 '소리' 변수에 마우스를 올리면 나타나는 블록 중 [가져오기 {소리}] 블록을 [지정하기 {플레이어1}.{소스}] 블록의 '값'에 끼운다.

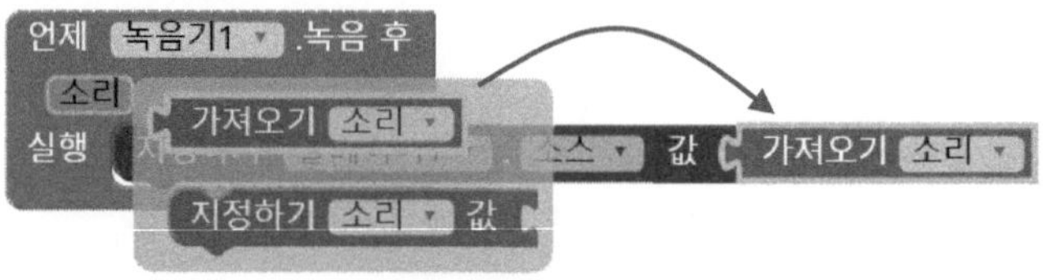

■ 완성된 프로젝트 확인하기

각각의 버튼을 눌러 제대로 작동하는지 확인한다.

6.2.6 더 좋아하는 음식 고르기

체크 상자를 이용해 항목을 선택하면 선택한 결과가 화면에 나타나도록 만든다.

■ **화면 디자인**

① 새 프로젝트 "CheckBox"를 생성한다.

[새 프로젝트 시작하기]를 클릭하여 [새 앱 인벤터 프로젝트 생성] 창이 나타나면 프로젝트 이름 "CheckBox" 입력►[확인]을 클릭한다.

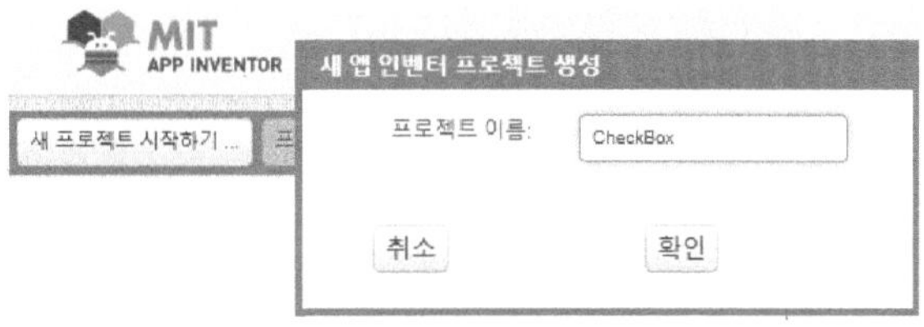

② 앱 제목을 만든다.

[사용자 인터페이스]►[레이블]을 스크린에 배치하고 속성을 수정한다.

배경색	주황
글꼴 굵게	체크
글꼴 크기	"20" point
높이	"30" pixels
너비	부모에 맞추기
텍스트	"좋아하는 음식 고르기"
텍스트 정렬	가운데:1

③ 제목 아래쪽에 문제를 만든다.

[사용자 인터페이스]►[레이블]을 스크린에 배치하고 속성을 수정한다.

배경색	검정
글꼴 굵게	체크
글꼴 크기	"20" point
높이	"30" pixels
너비	부모에 맞추기
텍스트	"짜장면 vs 짬뽕"
텍스트 정렬	가운데:1
텍스트 색상	흰색

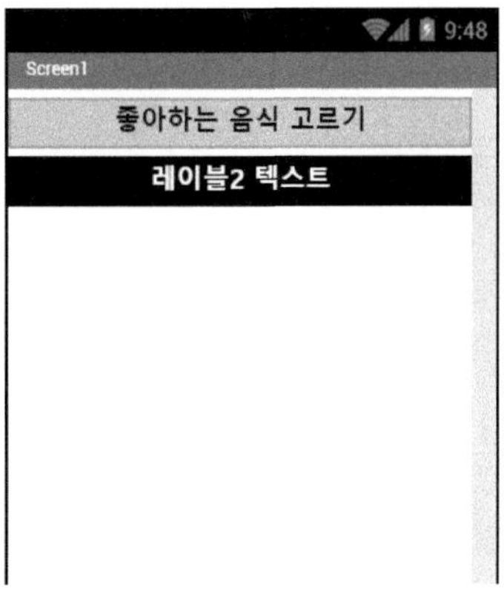

④ 문제 아래쪽에 체크 상자로 선택할 내용을 2개 만든다.

[사용자 인터페이스]►[체크 상자] 2개를 스크린에 배치하고 속성을 수정한다.

[체크_상자1] 텍스트	"짜장면"
[체크_상자2] 텍스트	"짬뽕"

⑤ 체크박스 아래쪽에 선택한 내용이 출력될 공간을 만든다.

[사용자 인터페이스]►[레이블]을 스크린에 배치하고 속성을 수정한다.

배경색	분홍
글꼴 크기	"20" point
높이	"50" pixels
너비	부모에 맞추기
텍스트	""(빈칸)
텍스트 정렬	가운데:1

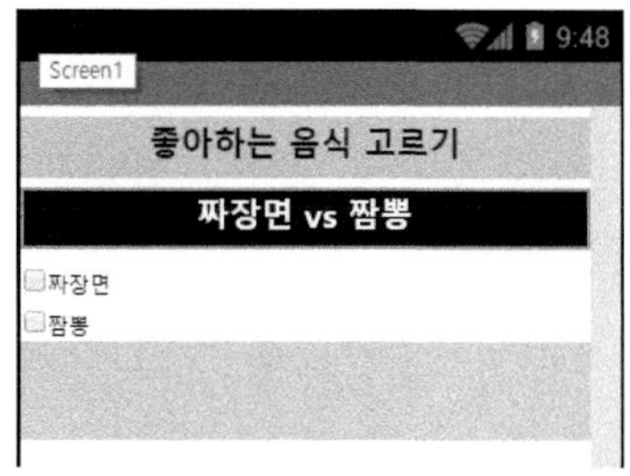

⑥ 블록 작업이 용이하도록 컴포넌트의 이름을 수정한다.

레이블1	제목
레이블2	문제
체크_상자1	짜장면
체크_상자2	짬뽕
레이블3	선택결과

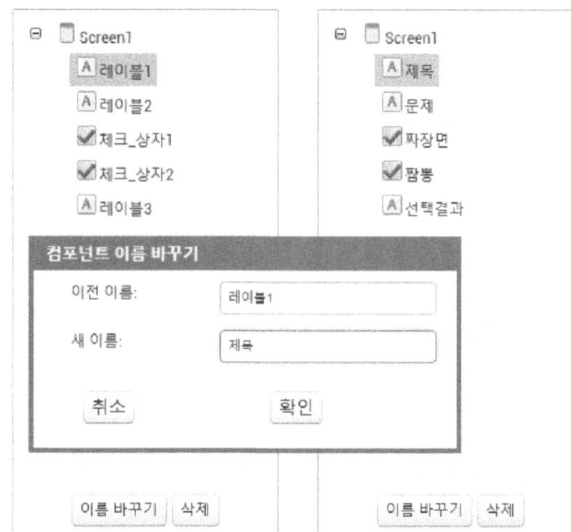

■ 명령 블록 맞추기

① '짜장면'과 '짬뽕' 체크 상자가 변경되었을 때 (무엇을) '실행'되도록 한다.

[블록] 패널에서 [짜장면]►[언제 {짜장면}.변경] 블록과 [짬뽕]►[언제 {짬뽕}.변경] 블록을 뷰어로 드래그한다.

② '짜장면'과 '짬뽕' 체크 상자가 변경되었을 때 '선택결과' 창의 '텍스트'에 (무엇을) '지정'한다.

[블록] 패널►[선택결과]를 클릭하고 [지정하기 {선택결과}.{텍스트}] 블록을 두 이벤트 블록 '실행'에 끼운다.

③ 체크 상자가 변경되었을 때 '선택결과' 창의 '텍스트'에 (무엇들)을 '합쳐서' '지정'한다.

[블록] 패널►[텍스트]을 클릭하고 [합치기] 블록을 [지정하기 {선택결과}.{텍스트}] 블록을 두 [지정하기 {선택결과}.{텍스트}] 블록의 '값'에 끼운다.

[합치기] 블록은 여러 개의 문자열을 결합할 수 있다.

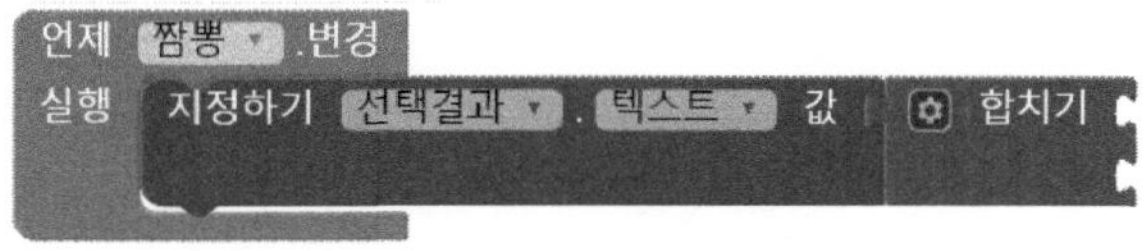

④ 합쳐질 문자열을 체크 상자의 문자를 포함한 문장으로 결합한다.

[합치기] 블록에 문자열을 끼울 수 있는 홈을 하나 더 만든다.

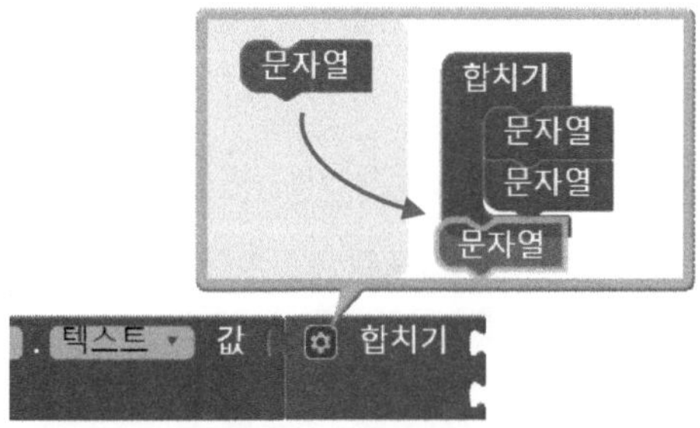

[텍스트]►["{}"] 블록을 2개 만들어 [합치기] 블록의 첫 번째, 세 번째에 끼운다.

[짜장면]►[{짜장면}.{텍스트}] 블록은 [언제 {짜장면}.변경] 블록의 '실행'에 끼워진 [합치기] 블록의 두 번째에 끼운다.

[짬뽕]►[{짬뽕}.{텍스트}] 블록은 [언제 {짬뽕}.변경]블록의 '실행'에 끼워진 [합치기] 블록의 두 번째에 끼운다.

빈 문자열 ["{}"] 블록에 "제가 좋아하는 음식은 "과 " 입니다."를 입력한다.

■ **완성된 프로젝트 확인하기**

각각의 버튼을 눌러 제대로 작동하는지 확인해보면 이상한 점을 발견할 수 있다.

체크했을 때만 선택결과가 나타나는 것이 아니고 체크를 해제했을 때도 선택결과가 나타나는 결함이 발견되었다.

6.2.7 더 좋아하는 음식 고르기 2

체크 상자를 이용해 항목을 선택하면 선택한 결과가 화면에 나타나도록 만들었던 이전 예제에서 발견된 결함을 수정하여 정확한 결과가 나타나도록 한다.

■ 화면 디자인

① 프로젝트 "CheckBox"를 다른 이름 "CheckBox2"로 저장한다.

프로젝트 메뉴에서 [프로젝트 다른 이름으로 저장]을 클릭하여 [다른 이름으로 저장] 창이 나타나면 프로젝트 이름 "CheckBox2" 입력►[확인]을 클릭한다.

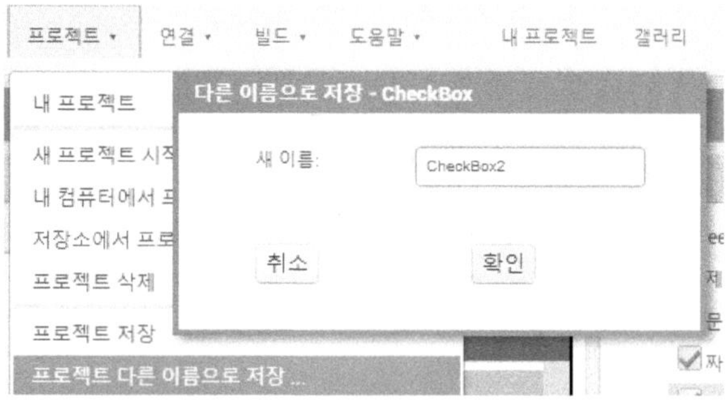

② 디자이너 화면에서는 수정할 내용이 없으므로 블록 편집기 화면으로 전환한다.

■ 명령 블록 맞추기

'짜장면'과 '짬뽕' 체크 상자가 변경되었을 때 실행하는 내용은 동일하므로 어느 하나의 블록을 먼저 만들고 다른 하나는 복제하여 수정하기로 한다.

① '짜장면'과 '짬뽕' 체크 상자가 변경되었을 때 (무엇이) '실행'되도록 한다.

[언제 {짜장면}.변경] 블록과 [언제 {짬뽕}.변경] 블록만 남기고 다 삭제한다.

② '짬뽕' 체크 상자가 변경되었을 때 두 체크 상자의 선택 여부를 확인하기 위해 [만약] 블록이 '실행'되도록 한다.

[블록] 패널►[제어]를 클릭하고 [만약 ~ 그러면] 블록을 [언제 {짬뽕}.변경] 블록의 '실행'에 끼운다.

③ 조건 블록에 들어갈 조건은 '짜장면', '짬뽕' 모두 선택된 경우, 둘 중 하나만 선택된 경우, 둘 다 선택되지 않은 경우의 4가지로 구분되어야 한다. 2가지 경우만 선택하는 기본 모양에 2개의 조건을 추가하고 각각의 조건으로 구분한다.

만약 (조건1이 참) 이다 그러면 (지정1을 하고)
아니고 만약 (조건2가 참) 그러면 (지정2를 하고)
아니고 만약 (조건3이 참) 그러면 (지정3을 하고)
아니라면 (지정4를 한다).

[만약] 블록의 ⚙ 아이콘을 클릭한 후 [아니고 … 만약] 블록을 2개 추가하고 [아니고] 블록 맨 끝에 추가한다.

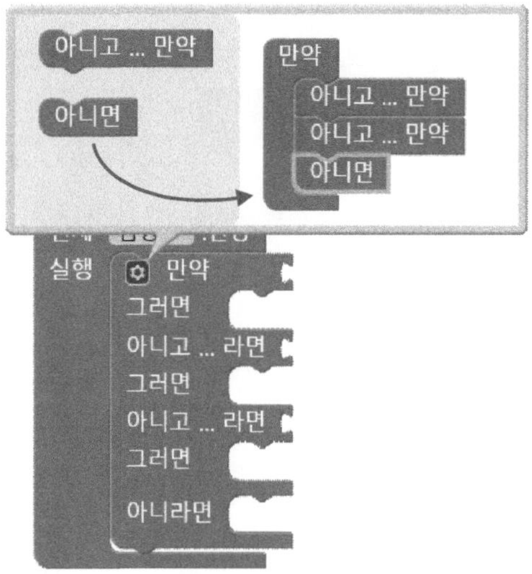

④ 조건1 : 짜장면과 짬뽕 체크 상자가 모두 선택되는 조건이다.

만약 (무엇이 참) 그리고 (무엇이 참)이다 그러면 (지정1을 하고)

[논리]►[{}그리고{}] 블록을 [만약] 블록의 '만약'에 끼운다.

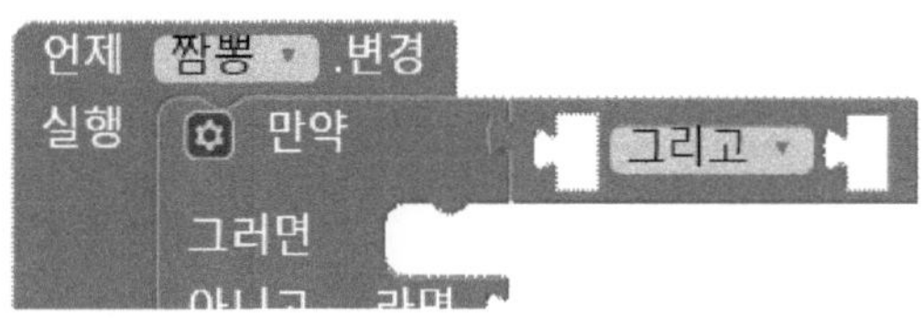

만약 조건1 : '짬뽕' 체크 상자 선택 여부가 참이다 그리고 '짜장면' 체크 상자 선택 여부가 참이다 그러면 (지정1을 한다)

[짬뽕]►[{짬뽕}.{선택 여부}] 블록과 [짜장면]►[{짜장면}.{선택 여부}] 블록을 [{}그리고{}] 블록의 양쪽에 끼운다.

⑤ 조건2~4 : 짜장면과 짬뽕 중 하나만 선택되거나 둘 다 선택되지 않는 조건이다.

만약 조건1 : '짬뽕' 체크 상자 선택 여부가 참이다 그리고 '짜장면' 체크 상자 선택 여부가 참이다 그러면 (지정1을 하고) 아니고 조건2 : 만약 '짬뽕' 체크 상자의 선택 여부가 참이다 라면 그러면 (지정2를 하고) 아니고 조건3 : 만약 '짜장면' 체크 상자가 선택 여부가 참이다 라면 그러면 (지정3을 하고) 아니라면 (지정4를 한다.)

[짬뽕]►[{짬뽕}.{선택 여부}] 블록과 [짜장면]►[{짜장면}.{선택 여부}] 블록을 '아니고 … 라면'에 각각 끼운다.

⑥ 조건1이 참인 경우 실행할 지정1 : 짜장면과 짬뽕 둘 다 선택되었으므로 선택결과 레이블에 "저는 둘 다 좋아합니다."가 나타나도록 한다.

[선택결과]►[지정하기 {선택 결과}.{텍스트}] 블록을 [만약] 블록의 첫 번째 '그러면'에 끼운 다음 '값'에 [텍스트]►["{}"]블록을 끼우고 빈칸에 "저는 둘 다 좋아합니다."를 입력한다.

⑦ 조건2~3이 참인 경우 실행할 지정2~3 : 짜장면과 짬뽕 중 하나만 선택되었으므로 선택결과 레이블에 "저는 짜장면(또는 짬뽕)을 더 좋아합니다."가 나타나도록 한다.

[선택결과]►[지정하기 {선택 결과}.{텍스트}] 블록을 [만약] 블록의 조건에 맞도록 '그리고'에 끼운 다음 '값'에 [텍스트]►["{}"]블록을 끼우고 빈칸에 "저는 짜장면(또는 짬뽕)을 더 좋아합니다."를 입력한다.

⑧ 지정4 : 짜장면과 짬뽕 모두 선택되지 않았으므로 선택결과 레이블에 빈칸이 나타나도록 한다.

[선택결과]►[지정하기 {선택 결과}.{텍스트}] 블록을 [만약] 블록의 '아니라면' 다음에 끼운 다음 '값'에 [텍스트]►["{}"]블록을 끼운다.

⑨ 짬뽕 체크 상자가 변경되었을 때 실행할 내용이 완성 되었으므로 [만약] 블록을 복제하여 짜장면 체크 상자가 변경되었을 때 실행할 내용에 똑같이 적용한다.

[만약] 블록을 선택하고 마우스 오른쪽 버튼을 클릭하여 나타나는 빠른 메뉴에서 복제하기를 클릭한다.
복제된 [만약] 블록을 [언제 {짜장면}.변경] 블록에 끼운다.

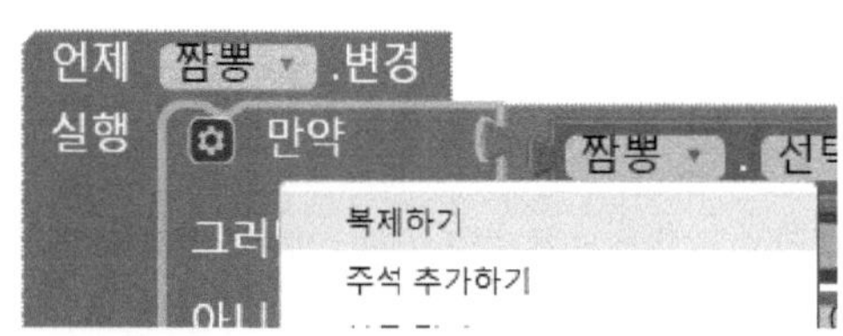

■ 완성된 프로젝트 확인하기

6.2.8 손 안대고 배 움직이기

기울기 센서를 이용해 스마트 폰을 움직이면 화면에서 이미지가 움직이도록 만든다.

■ 화면 디자인

① 새 프로젝트 "Moving_Ship"를 생성한다.

[새 프로젝트 시작하기]를 클릭하여 [새 앱 인벤터 프로젝트 생성] 창이 나타나면 프로젝트 이름 "Moving_Ship" 입력► [확인]을 클릭한다.

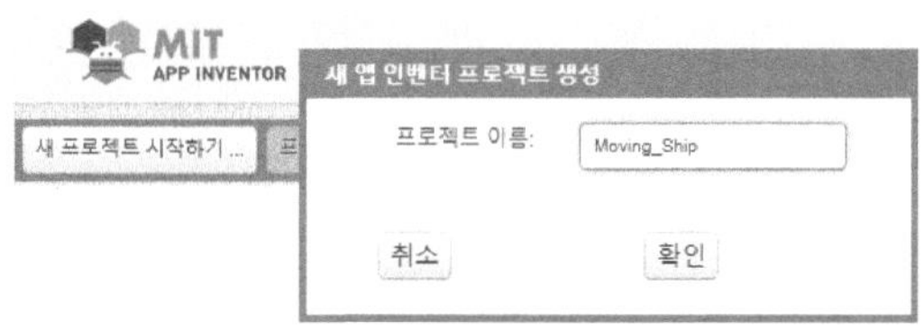

② 스크린 전체에 캔버스를 배치한다. 캔버스는 그리기나 애니메이션을 만들 수 있는 공간이다.

팔레트에서 [그리기나 애니메이션]►[캔버스]를 스크린에 배치하고 속성을 수정한다.

배경색	청록색
높이	부모에 맞추기
너비	부모에 맞추기

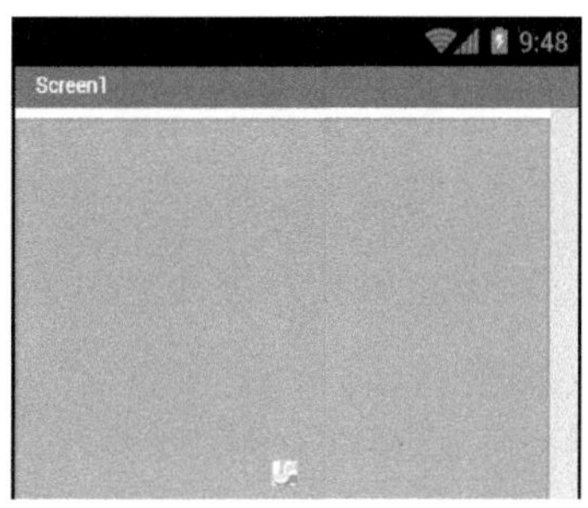

③ 움직이게 될 배 이미지를 준비한다.

"ship top view png"로 재배포 가능한 이미지 검색하여 다운로드한다.

④ 이미지를 넣기 위해 이미지 스프라이트를 캔버스 영역에 배치한다.

팔레트에서 [그리기나 애니메이션]►[이미지 스프라이트]를 [캔버스]에 배치한 후 이름을 "배"로 바꾸고 속성을 수정한다.

사진	배 이미지를 [파일 올리기]

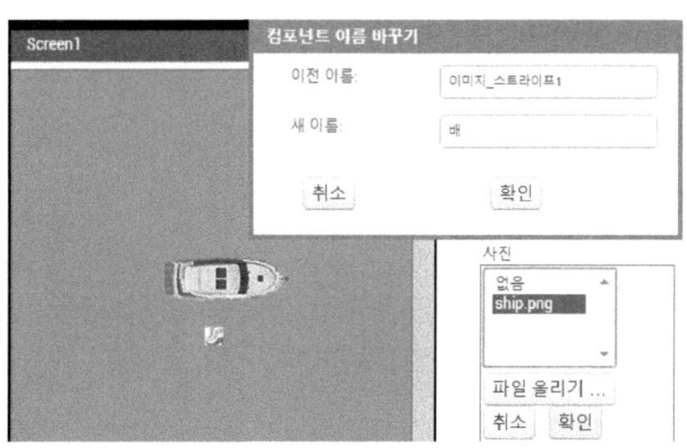

⑤ 적용할 시계와 방향 센서를 스크린에 배치한다.

팔레트에서 [센서]►[방향 센서]와 [시계]을 스크린에 배치한다. 센서는 보이지 않는 컴포넌트로 스크린 바깥에 배치된다.

시계1의 속성을 수정한다.

타이머 간격	"100"(0.1초)

지정한 시간 간격으로 타이머가 작동한다. ms(0.001초) 단위로 표시된다. 작을수록 애니메이션의 움직임이 부드러워진다.

■ **명령 블록 맞추기**

① 시계의 타이머가 작동할 때마다 (무엇을) 실행한다.

[블록] 패널►[시계1]►[언제 {시계1}.타이머] 블록을 뷰어로 드래그한다.
타이머 간격은 시계1의 속성에서 지정한 0.1초이다.

② 타이머가 작동할 때마다 배의 진행 방향을 (무엇으로) 지정한다.

[블록] 패널►[캔버스1]►[배]►[지정하기 {배}.{방향}] 블록을 이벤트 블록의 '실행'에 끼운다.

③ 타이머가 작동할 때마다 배의 진행 방향을 방향 센서의 각도로 지정한다.

[블록] 패널►[방향_센서1]►[{방향_센서1}.{각도}] 블록을 [지정하기 {배}.{방향}] 블록의 '값'에 끼운다.

④ 타이머가 작동할 때마다 배의 진행 속도를 (무엇으로) 지정한다.
속도는 타이머 간격동안 움직이는 거리로 단위는 'pixel'이다. 작을수록 움직임이 느려진다.

[블록] 패널►[캔버스1]►[배]►[지정하기 {배}.{속도}] 블록을 이벤트 블록 안쪽에 끼운다.

⑤ 타이머가 작동할 때마다 배의 진행 속도를 방향 센서의 기울기 크기로 지정한다.

[블록] 패널►[방향_센서1]►[{방향_센서1}.{크기}] 블록을 [지정하기 {배}.{속도}] 블록의 '값'에 끼운다.

■ **완성된 프로젝트 확인하기**

스마트폰을 이리저리 기울려 제대로 작동하는지 확인해보면 움직이기는 하나 움직임이 너무 느리다는 것을 알 수 있다. 움직임이 느린 이유는 기울기 크기(각도)가 0(0도)에서 1(90도)사이의 실수 값이기 때문이다

즉 0.1초(간격)마다 방향 센서의 각도(방향)로 최대 1픽셀(속도)밖에 움직일 수 없기 때문에 움직임이 더 빨라지도록 기울기 크기에 50을 곱한 값을 배의 속도로 수정한다.

① 기울기 크기에 50을 곱할 수 있도록 '방향 센서의 크기' 블록 대신 '곱하기' 블록를 준비한다.

[지정하기 {배}.{속도}] 블록의 '값'에 끼워진 [{방향_센서1}.{크기}] 블록을 빼고 대신 [블록] 패널►[수학]►[{} × {}] 블록을 끼운다.

② 방향 센서의 크기 값에 50을 곱하여 완성한 후 확인하면 움직임이 빨라진 것을 볼 수 있다.

[{방향_센서1}.{크기}] 블록과 [블록] 패널►[숫자]►[{0}] 블록을 [{} × {}] 블록 안쪽에 끼우고 "50"을 입력한다.

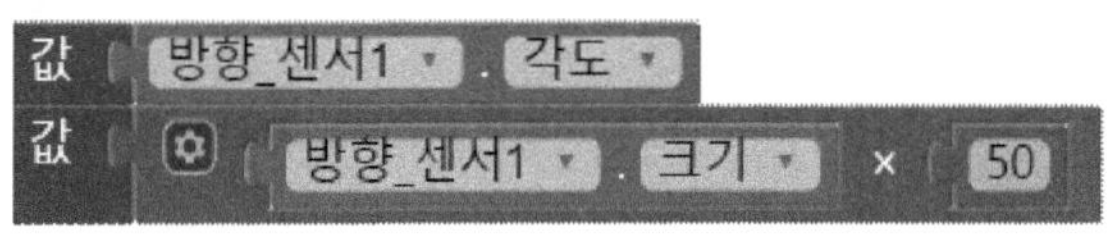

6.2.9 손가락으로 공 튕기기

손가락으로 화면의 공을 밀어서 이미지가 미는 힘과 방향에 따라 움직이도록 만든다.

■ 화면 디자인

① 새 프로젝트 "Ball"를 생성한다.

[새 프로젝트 시작하기]를 클릭하여 [새 앱 인벤터 프로젝트 생성] 창이 나타나면 프로젝트 이름 "Ball" 입력►[확인]을 클릭한다.

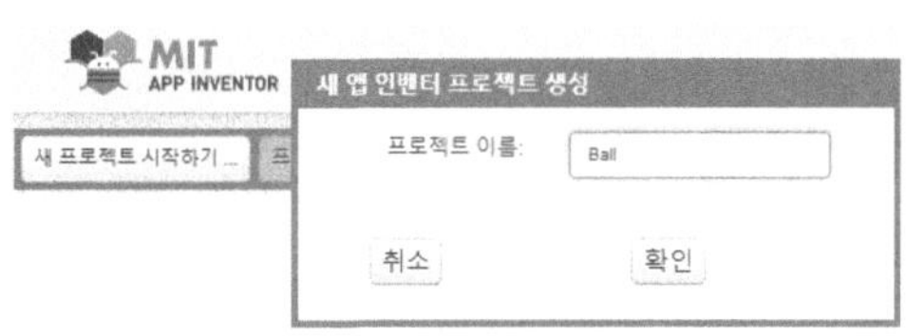

② 스크린 전체에 캔버스를 배치한다.

팔레트에서 [그리기나 애니메이션]►[캔버스]를 스크린에 배치하고 속성을 수정한다.

높이	부모에 맞추기
너비	부모에 맞추기

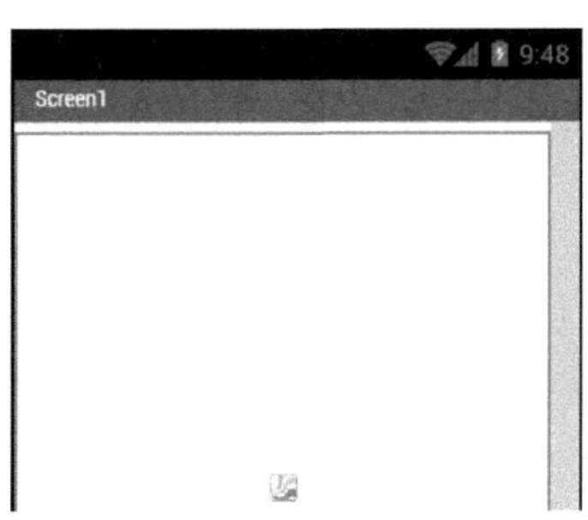

③ 공을 캔버스 영역에 배치한다.

팔레트에서 [그리기나 애니메이션]►[공]을 캔버스에 배치하고 속성을 수정한다.

반지름	"25"

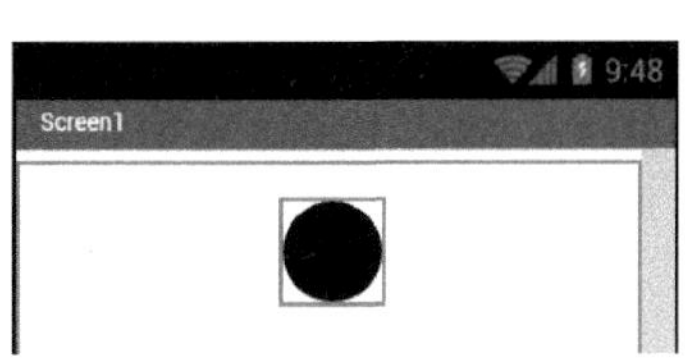

■ 명령 블록 맞추기

① 공이 내던져졌을 때 (무엇을) 실행한다.

[블록] 패널►[공1]►[언제 {공1}.플링] 블록을 뷰어로 드래그한다.
공이 플링(fling)되면 수평(x) 좌표, 수직(y) 좌표, 속도, 방향, x속도, y속도 변수가 생성된다.

② 공이 내던져졌을 때 공의 방향을 (무엇으로) 지정한다..

[블록] 패널►[공1]►[지정하기 {공1}.{방향}] 블록을 이벤트 블록의 '값'에 끼운다.

③ 공이 내던져졌을 때 공의 방향을 공이 내던져졌을 당시의 방향으로 지정한다..

[언제 {공1}.플링] 블록의 변수 중 '방향'에 마우스를 올리고 나타나는 블록 중 [가져오기 {방향}] 블록을 [지정하기 {공1}.{방향}] 블록의 '값'에 끼운다.

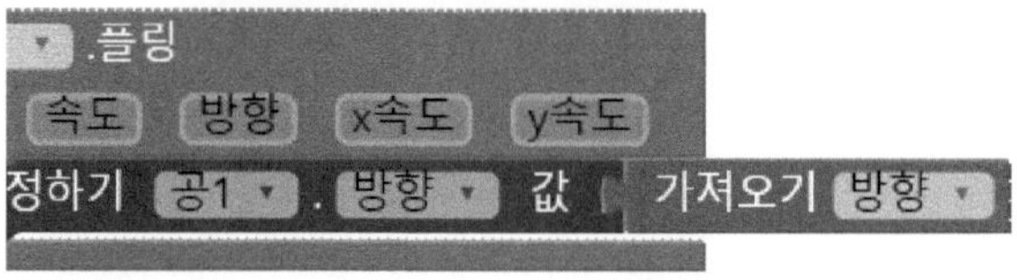

④ 공이 내던져졌을 때 공의 속도를 (무엇으로) 지정한다..

[블록] 패널►[공1]►[지정하기 {공1}.{속도}] 블록을 이벤트 블록 '실행'에 끼운다.

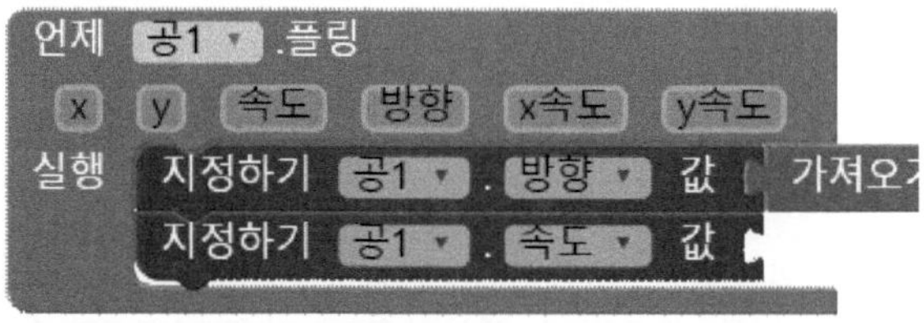

⑤ 공이 내던져졌을 때 공의 방향을 공이 내던져졌을 당시의 속도로 지정한다..

[언제 {공1}.플링] 블록의 변수 중 '속도'에 마우스를 올리고 나타나는 블록 중 [가져오기 {속도}] 블록을 [지정하기 {공1}.{속도}] 블록의 '값'에 끼운다.

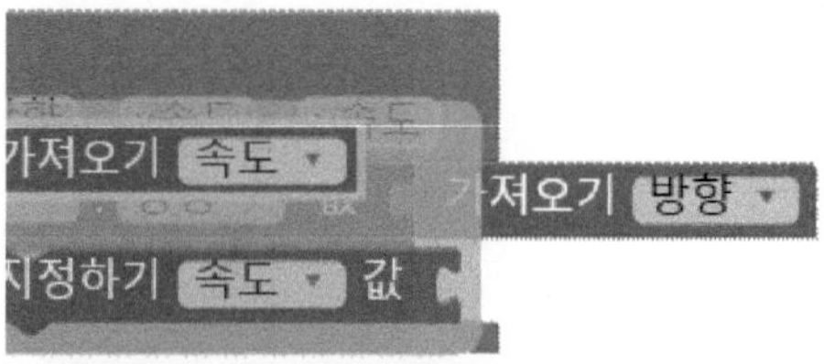

⑥ 공이 벽에 닿았을 때 (무엇을) 실행한다.

[블록] 패널►[공1]►[언제 {공1}.모서리에 닿음] 블록을 뷰어로 드래그한다.
공이 벽에 닿게 되면 '모서리' 변수가 생성된다.

⑦ 공이 벽에 닿았을 때 (어느 모서리로부터) 튕겨지도록 호출한다.

[블록] 패널►[공1]►[호출 {공1}.튕기기] 블록을 이벤트 블록 '실행'에 끼운다.

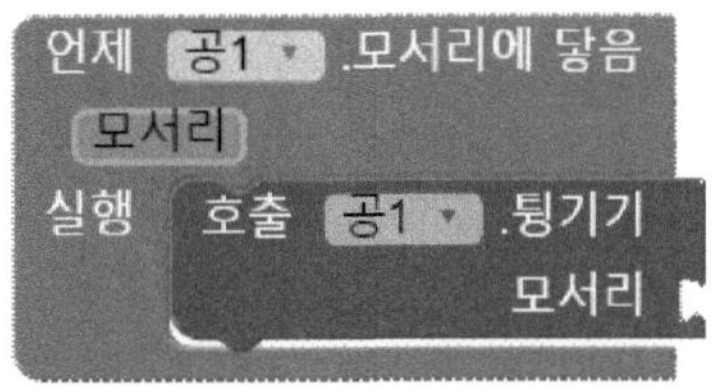

⑧ 공이 벽에 닿았을 때 닿은 모서리로부터 튕겨지도록 호출한다.

[언제 {공1}.모서리에 닿음] 블록의 '속도 변수'에 마우스를 올리고 나타나는 블록 중 [가져오기 {모서리}] 블록을 [호출 {공1}.튕기기] 블록의 '모서리'에 끼운다.

■ **완성된 프로젝트 확인하기**

스마트폰 화면 위의 공을 손으로 밀어보면 미는 방향으로 움직이는 것을 알 수 있다. 움직임 속도가 너무 느리다면 속도를 수정할 수 있다

① 기울기 크기에 10을 곱할 수 있도록 [지정하기 {공1}.{속도}] 블록의 '값'에 끼워진 [가져오기{속도}] 블록을 빼고 대신 [블록] 패널►[수학]►[{} × {}] 블록을 끼운다.

② 속도 값에 10을 곱하여 완성한 후 확인하면 속도가 빨라진 것을 볼 수 있다.

6.2.10 넌센스 퀴즈 만들기

넌센스 퀴즈를 보여주고 퀴즈를 풀면 정답이라는 결과를 보여주도록 만든다.

■ 화면 디자인

① 새 프로젝트 "Quiz_Game"를 생성한다.

[새 프로젝트 시작하기]를 클릭하여 [새 앱 인벤터 프로젝트 생성] 창이 나타나면 프로젝트 이름 "Quiz_Game" 입력►[확인]을 클릭한다.

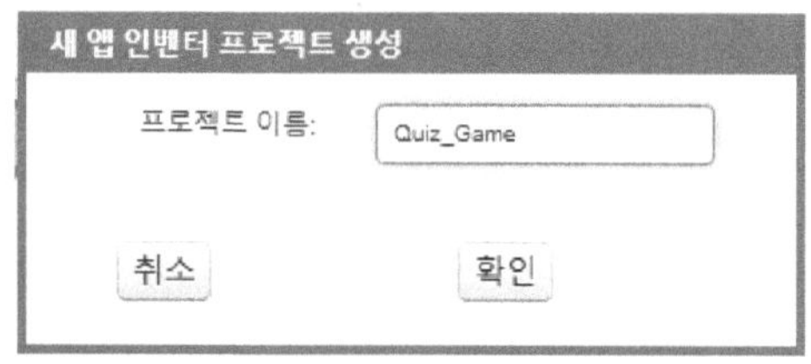

② 아래의 뷰어를 참조하여 스크린에 컴포넌트들을 배치한 후 속성을 수정하고 이름을 바꾼다.

③ 각 컴포넌트 속성은 다음과 같다. (텍스트 속성은 스크린 참조)

수평정렬_제목	
수평 정렬	중앙 : 3
수직 정렬	가운데 : 2
너비	부모에 맞추기
수직간격1	
높이	"20" pixels
수직간격2	
높이	"50" pixels

제목	
배경색	분홍
글꼴 굵게	체크
글꼴 크기	"30"
텍스트 정렬	가운데 : 1
수평정렬_답1, 2	
수직 정렬	가운데 : 2
수평 간격1, 2	
너비	"10" pixels

문제1, 2	
배경색	주황
글꼴 굵게	체크
글꼴 크기	20
너비	부모에 맞추기
버튼1, 2	
글꼴 굵게	체크
글꼴 크기	"15"
텍스트 정렬	가운데 : 1

입력창1, 2	
글꼴 크기	"15"
결과1, 2	
글꼴 굵게	체크
글꼴 크기	20
높이	"28" pixels
너비	부모에 맞추기
텍스트 정렬	가운데 : 1
텍스트 색상	흰색

■ 명령 블록 맞추기

① 스크린의 초기화면은 결과가 보이지 않도록 한다.

스크린의 처음 실행되면

- [Screen1]►[언제 {Screen1}.초기화]

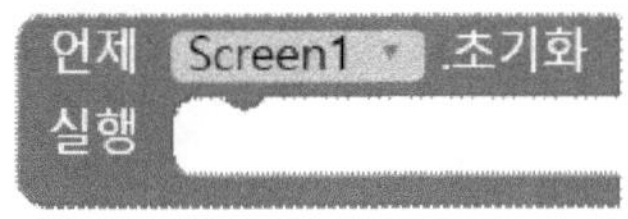

'결과1'과 '결과2'의 보이기 속성이

- [결과1]►[지정하기 {결과1}.{보이기}]
- [결과2]►[지정하기 {결과2}.{보이기}]

모두 보이지 않도록 한다.

- [논리]►[{거짓}]

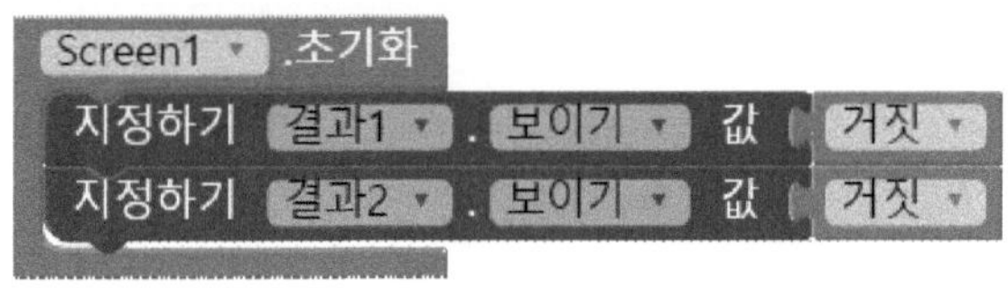

② '입력창1'에 입력한 값이 '문제1'의 정답과 같을 때 '결과1'이 보이도록 한다.

'버튼1'을 클릭했을 때

- [버튼1]►[언제 {버튼1}.클릭]

만약

- [제어]►[만약]

'입력창1'의 텍스트와 '창문'이 같으면

- [입력창1]►[{입력창1}.{텍스트}]
- [텍스트]►["{}"]►"창문 입력"
- [논리]►[{}{=}{}]

'결과1'의 보이기 속성이 보이도록

- [결과1]►[지정하기 {결과1}.{보이기}]
- [논리]►[{참}]

블록을 결합하여 완성한다.

③ '문제2'도 동일하므로 [언제 {버튼1}. 클릭] 블록을 복제하여 '입력창2'에 입력한 값이 '문제2'의 정답과 같을 때 '결과2'가 보이도록 수정한다.

'문제2'의 정답은 "열바다"이다. 뷰어 영역에 키보드를 이용하여 "열바다"(큰따옴표 포함)라고 입력하면 텍스트 블록이 자동으로 만들어진다.

④ 완성된 전체 블록을 확인한다.

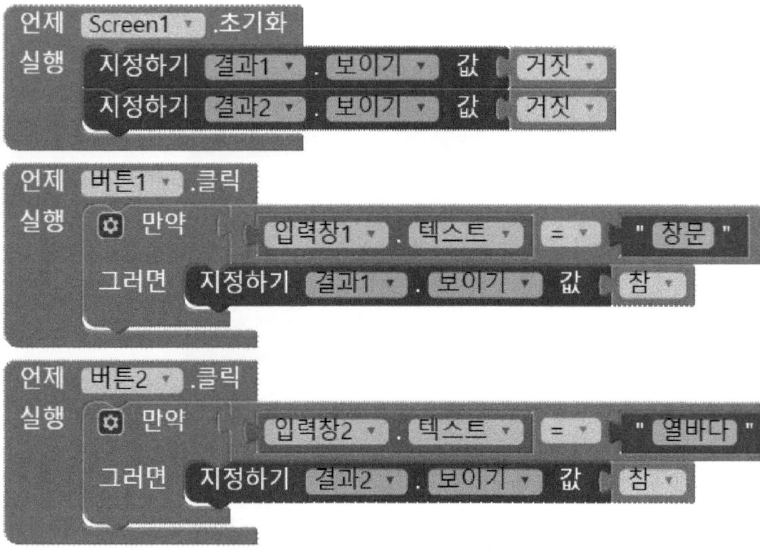

■ **자주 쓰는 블록 쉽게 만들기**

뷰어 영역에서 키보드를 이용하여 블록 검색이 가능하며 이를 이용해 블록을 쉽게 만들 수 있다.

예를 들어 뷰어 영역에서 119를 입력하고 엔터를 치면 숫자 블록이 만들어진다. 그 외에도 키보드로 쉽게 블록을 찾고 만들 수 있다.

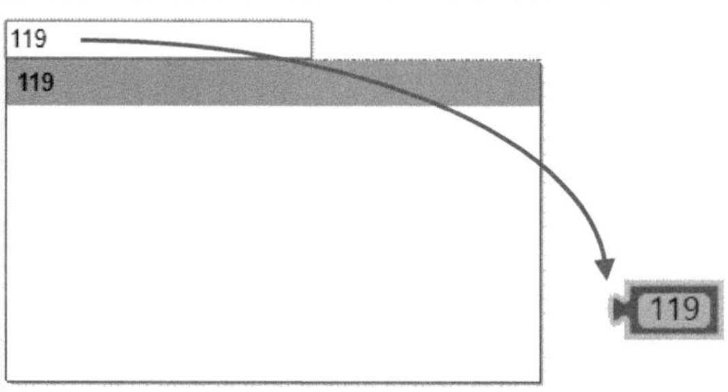

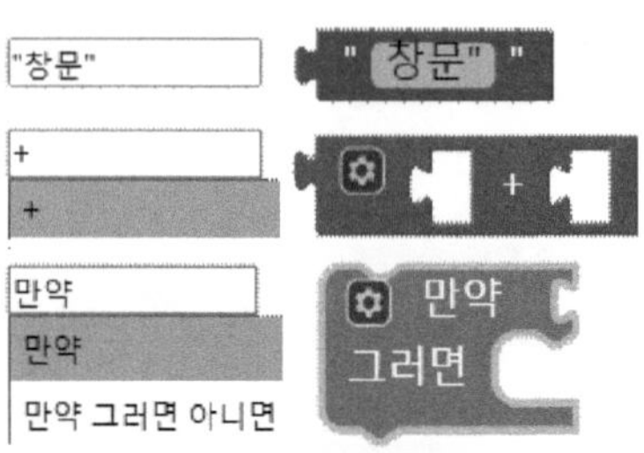

■ **완성된 프로젝트 확인하기**

제대로 작동하는지 확인하고 정답이 제대로 입력되지 않았을 때 결과 레이블에 다른 내용이 나타나도록 만들어 본다.

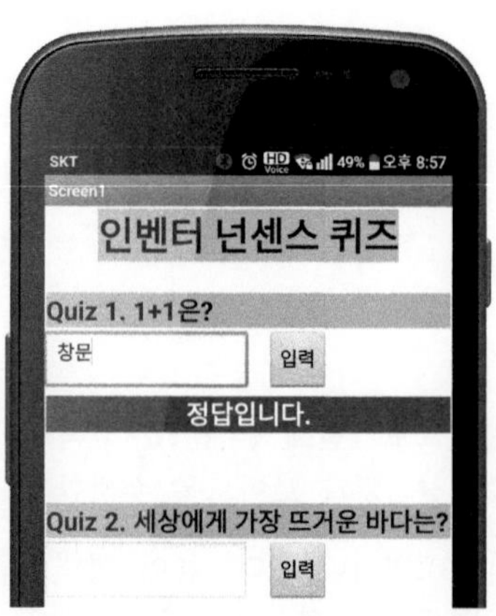

6.2.11 그림 그리기

입력창에 색상과 선 굵기를 결정하여 선을 그리고 또 그린 선을 지울 수 있도록 만든다.

■ 화면 디자인

① 새 프로젝트 "Draw_Line"를 생성한다.

[새 프로젝트 시작하기]를 클릭하여 [새 앱 인벤터 프로젝트 생성] 창이 나타나면 프로젝트 이름 "Draw_Line" 입력►[확인]을 클릭한다.

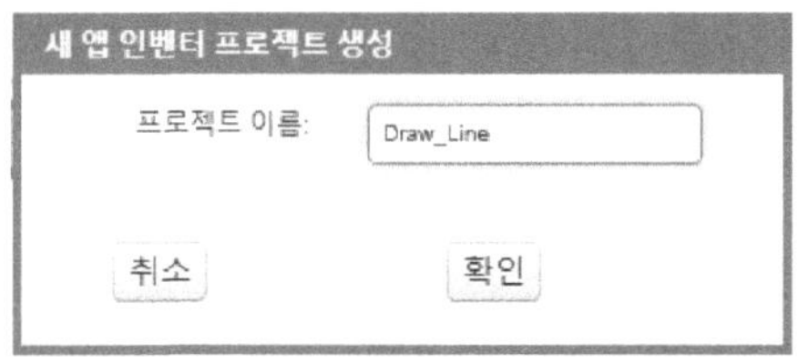

② 아래의 뷰어를 참조하여 스크린에 컴포넌트들을 배치한 후 속성을 수정하고 이름을 바꾼다.

③ 각 컴포넌트 속성은 다음과 같다.

수평_색상, 수평 그리기	
수평 정렬	중앙 : 3
너비	부모에 맞추기
캔버스1	
높이	부모에 맞추기
너비	부모에 맞추기

	빨강	초록	파랑
배경색	빨강	초록	파랑
글꼴 굵게		체크	
너비		"60" pixels	
모양	둥근 모서리		
텍스트	Red	Green	Blue
텍스트 정렬		가운데 : 1	
텍스트 색상		흰색	

	지우기	굵게	가늘게
글꼴 굵게		체크	
너비		"60" pixels	
텍스트	지우기	굵게	가늘게
텍스트 정렬		가운데 : 1	

■ 명령 블록 맞추기

① 캔버스를 터치하면 선을 그릴 수 있도록 한다.

원리는 캔버스를 터치할 때 위치의 X 좌표와 Y 좌표의 위치를 구해서 그 위치에 지정한 선 두께 속성과 페인트 색상 속성으로 그리기 시작해서 드래그하는 동안 좌표를 따라 그리는 것이다.

'캔버스1'을 터치했을 때

- [캔버스1]►[언제 {캔버스1}.터치]
  'x', 'y', '터치된 스프라이트' 변수 생성

'x'좌표와 'y'좌표의 위치를 중심으로

- [언제 {캔버스1}.터치]►'x'►[가져오기{x}]
- [언제 {캔버스1}.터치]►'y'►[가져오기{y}]

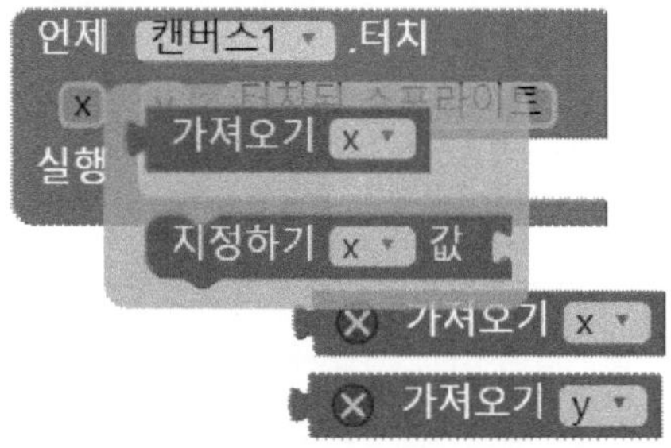

반지름 5픽셀의 원을 그린다.

- 뷰어에서 "5"입력
- [캔버스1]►[호출 {캔버스1}.원 그리기]

'fill'은 그리는 원의 채우기 속성으로 '참'이면 채우고 '거짓'이면 비운다.

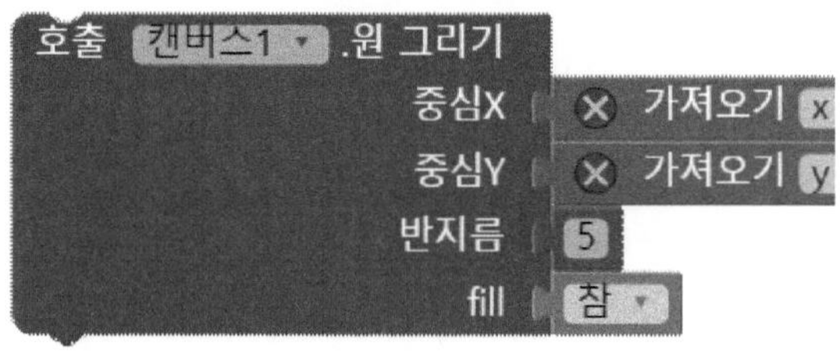

블록을 결합하여 완성하고 스마트폰으로 중간 결과를 확인한다.

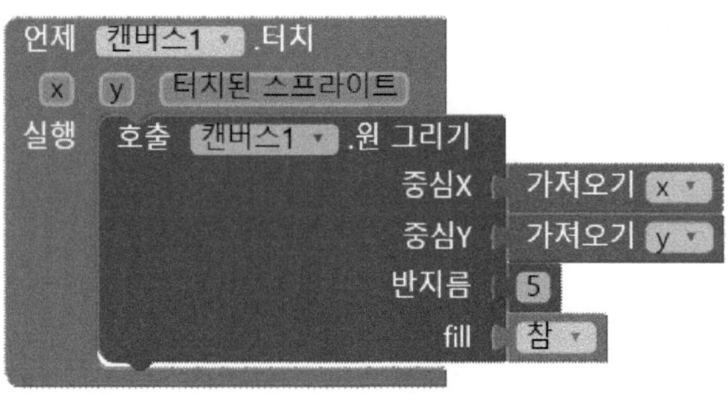

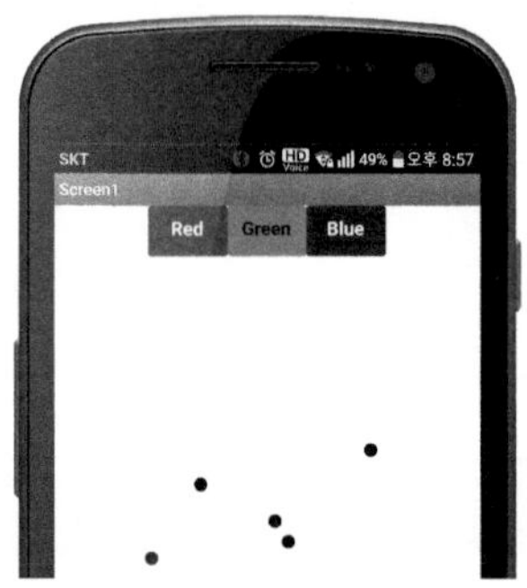

② 색상 버튼이 동작하도록 만든다.

'빨강'을 클릭했을 때

- [빨강]►[언제 {빨강}.클릭]

'캔버스1'의 색상을

- [캔버스1]►[지정하기 {캔버스1}.{페인트 색상}]

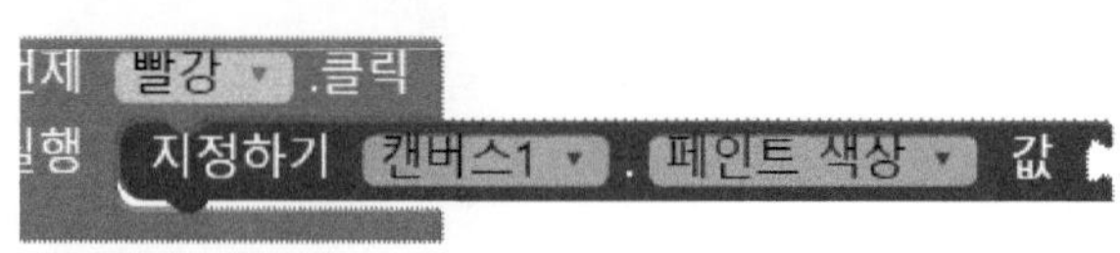

'빨강'으로 지정한다.

- [색상]►[빨간색]

'초록'과 '파랑도 같은 방법으로 만들어 완성한다.

③ 지우기 버튼이 동작하도록 만든다.

'지우기'를 클릭했을 때

- [지우기]►[언제 {지우기}.클릭]

'캔버스1'을 모두 지운다.

- [캔버스1]►[호출 {캔버스1}.지우기]

④ 굵게 버튼이 동작하도록 만든다.

'굵게'를 클릭했을 때

- [굵게]►[언제 {굵게}.클릭]

'캔버스1'의 선 두께 속성을 이전보다 2픽셀 커지게 만든다.

- [캔버스1]►[지정하기 {캔버스1}.{선 두께}]
- [수학]►[{} + {}]
- [캔버스1]►[{캔버스1}.{선 두께}]
- [수학]►[{2}]

⑤ 가늘게 버튼이 동작하도록 만든다.
④번 블록을 복제한 후 수정한다. 복제할 때 마우스 오른쪽 버튼을 눌러 빠른 메뉴를 이용하는 방법이외에 Ctrl+C와 Ctrl+V를 사용할 수도 있다.

- [수학]►[{} - {}]

⑥ 캔버스를 드래그하는 동안 선을 그릴 수 있도록 한다.

원리는 캔버스를 드래그할 때 이전 좌표와 현재 좌표사이를 지정한 선 두께와 페인트 색상으로 이어서 그리는 것이다.

'캔버스1'을 드래그했을 때

- [캔버스1]►[언제 {캔버스1}.드래그]
'시작x', '시작y', '이전x', '이전y','현재x', '현재y', '드래그된 스프라이트' 변수 생성

이전 좌표와 현재 좌표사이를 지정한 선 두께와 페인트 색상으로 이어서 그린다.

- [언제 {캔버스1}.드래그]의 변수에서 '이전x', '이전y','현재x', '현재y'값을 가져온다.

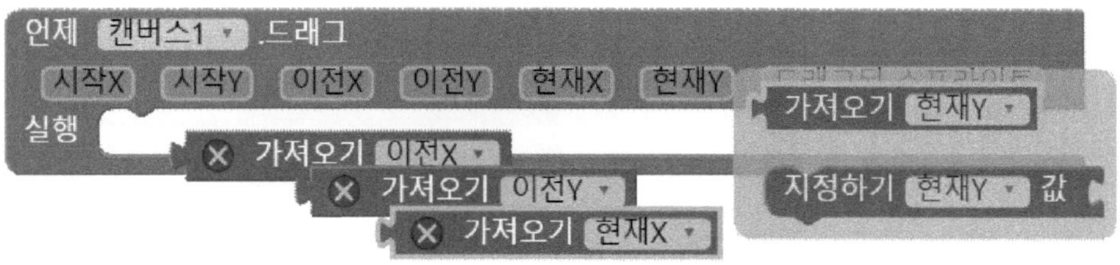

- [캔버스1]►[호출 {캔버스1}.원 그리기]를 [언제 {캔버스1}.드래그]의 '실행'에 끼우고 해당 속성값에 가져온 변수들을 끼운다.

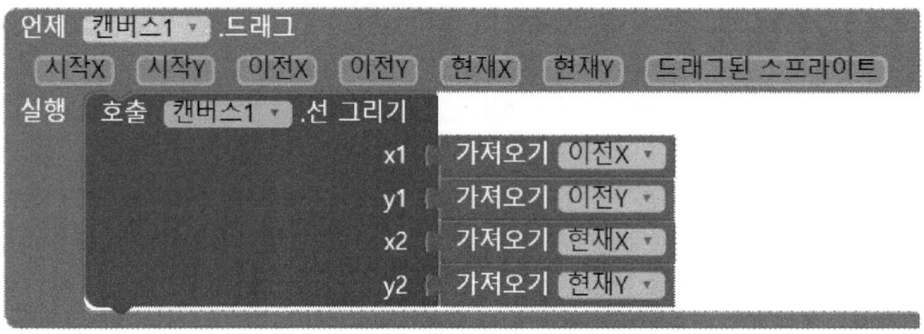

■ 완성된 프로젝트 확인하기

제대로 작동하는지 확인하고 지우개를 추가하여 만들어 본다.

찾 아 보 기

[0~9]

[A~Z]

[ㄱ~ㅎ]

저자 약력

박흥재

폼·아트 대표

정구철

한국기술교육대학교
컴퓨터공학부 교수

4차 산업과 과학

2018년 2월 23일 1판 인쇄
2018년 3월 2일 1판 발행

저 자 • 박흥재 · 정구철
발행자 • 이영애
발행처 • 공감북스
주 소 • 02011 서울시 중랑구 중랑천로 256
전 화 • 02-971-9683
팩 스 • 02-972-9683
등 록 • 제 25100-2015-18호
등록일 • 2015년 7월 15일
e-mail • sympathybook@naver.com

ISBN 979-11-86898-34-5 (93560)
정 가 25,000원